IFCD083PO

INFORMÁTICA FORENSE Y CIBERSEGURIDAD

IFCD083PO

INFORMÁTICA FORENSE Y CIBERSEGURIDAD

Mario Guerra Soto

La ley prohíbe
fotocopiar este libro

IFCD083PO - INFORMÁTICA FORENSE Y CIBERSEGURIDAD
© Mario Guerra Soto
© De la edición: Ra-Ma 2024

Editado por:
RA-MA Editorial
Calle Jarama, 3A, Polígono Industrial Igarsa
28860 PARACUELLOS DE JARAMA, Madrid
Teléfono: 91 658 42 80
Fax: 91 662 81 39
Correo electrónico: editorial@ra-ma.com
Internet: www.ra-ma.es y www.ra-ma.com
ISBN: 978-84-1036-003-7
Depósito legal:M-11529-2024
Maquetación: Antonio García Tomé
Diseño de portada: Antonio García Tomé
Filmación e impresión: Safekat
Impreso en España en abril de 2024

A mi familia,
de la que escribir este libro
me ha privado tanto tiempo.

ÍNDICE

ACERCA DEL AUTOR

Mario Guerra Soto es Ingeniero de Telecomunicación por la Universidad de Cantabria (UC). Durante siete años trabajó en el Mando Conjunto de Ciberdefensa como DFIR, *threat hunter*, analista de ciberinteligencia, y analista de *malware*. Es Máster en Seguridad de Tecnologías de Información y Comunicación por la Universitat Oberta de Catalunya (UOC), y Máster en Análisis de Evidencias Digitales y Lucha contra el Cibercrimen por la Universidad Autónoma de Madrid (UAM). Dispone de las certificaciones en ciberseguridad GCFA, GCTI, GREM, CEH, CHFI, CND, CCPA, CASA y KAPE. Además, ha realizado otros cursos relacionados con la ciberseguridad, como el de Cyber Security Professional por la NATO School of Oberammergau, y el Curso de Especialidades Criptológicas por el Centro Criptológico Nacional (CCN). Ha colaborado como ponente en diferentes CON nacionales como RootedCON, Cybercamp, C1b3rwall, IntelCon, Hackron y TACS. Colabora como docente en el programa de postgrado de la UAM y de la Universidad de Salamanca (USAL).

1

INTRODUCCIÓN A FORENSE DIGITAL

1.1 CONCEPTOS BÁSICOS

1.1.1 Definición de forense digital

La Ciencia Forense juega un papel fundamental en las investigaciones criminales. Debe entenderse como una aproximación multidisciplinar que permite juntar todo tipo de evidencias en una investigación. Normalmente, durante el transcurso de una investigación, deberán aplicarse los principios y metodologías de diferentes disciplinas científicas para la presentación de evidencias ante un tribunal.

En 1910, el francés Edmond Locard establece el primer laboratorio forense policial en Lyon. Pasa además a la historia de la ciencia forense por enunciar el denominado **Principio de Locard** "*Todo contacto deja una huella*". Es decir, que la presencia del autor de los hechos en la escena del crimen conlleva una transferencia de evidencias, pues el criminal deja rastros en la escena del crimen, pero también lleva consigo evidencias que demuestran su presencia en dicho lugar. Dicho de otra forma, las acciones físicas dejan evidencias físicas en el mundo físico; las acciones digitales dejan evidencias digitales en el mundo digital.

Actualmente, entre las diferentes ramas de la Ciencia Forense destacan: Toxicología, Psicología, Podología, Patología, Odontología, Lingüística, Geología, Entomología, Ingeniería, Análisis de ADN, Botánica, Arqueología, Antropología, Balística y Digital.

Podría definirse Forense Digital como la disciplina que combina elementos legales, informáticos y de telecomunicaciones para obtener y analizar evidencias digitales (Ej. Ordenadores, tráfico de red, dispositivos de almacenamiento, teléfonos móviles, *smartphones*, *wearables*) de modo que sean admisibles ante un tribunal. Si bien a primera vista su principal aplicación sería la investigación de cibercrímenes, el nivel de digitalización de la sociedad moderna provoca que, en la mayoría de los casos, sea necesario el análisis de una o más evidencias digitales.

A su vez, Forense Digital puede subdividirse en diferentes ramas: forense de ordenadores, análisis forense de información, forense de bases de datos, forense de red, forense de dispositivos móviles y forense de vídeo/audio.

Uno de los aspectos más complejos de las investigaciones forenses digitales consiste en determinar el papel que desempeña el dispositivo en el incidente objeto de estudio. En general, los dos roles que puede adoptar el dispositivo son:

  ▼ La herramienta empleada para realizar la acción objeto de estudio, es decir, el *arma del crimen*.

  ▼ El objetivo de la acción objeto de estudio, es decir, el *cadáver*.

Un ejemplo que permite ilustrar la clasificación anterior sería un escenario en el que un agente malicioso consigue tomar el control del equipo de un usuario de una organización. El atacante podría utilizar ese equipo bajo su control para intentar acceder a un servidor de ficheros dentro de dicha organización y exfiltrar información (entiéndase por exfiltrar la extracción ilícita de información sin conocimiento de su legítimo propietario). En este escenario, el equipo controlado por el atacante es la herramienta, mientras que el servidor es el objetivo. No obstante, si el atacante hubiese exfiltrado información del equipo corporativo bajo su control, este equipo sería a la vez la herramienta y el objetivo del ataque.

El dispositivo debe ser considerado la escena del crimen digital, pues contiene las evidencias digitales que permitirán al investigador forense digital determinar cuándo (*When*) y cómo (*How*) el ataque tuvo lugar. Adicionalmente, podrían obtenerse evidencias que demostraran quién (*Who*), qué (*What*), dónde (*Where*) y por qué (*Why*) realizó el ataque. Las famosas 5WH a obtener en toda investigación forense.

En forense digital, separar la parte legal de la parte técnica puede ser en ocasiones complicado. Los avances técnicos alteran los tipos de evidencia que pueden ser obtenidos; las modificaciones en las leyes afectan el modo en el que las evidencias pueden ser obtenidas y si esas evidencias serán admisibles ante un tribunal.

El reconocimiento de la importancia de las investigaciones forenses digitales tiene su primer hito con la creación en 1984 por el FBI del CART (*Computer Analysis and Response Team*).

La capacidad de determinar con prontitud el impacto de un ataque, la identidad del atacante y sus posibles objetivos son una muestra de los beneficios aportados a una organización por la disciplina de forense digital. Otros beneficios adicionales serían el mantenimiento del estado operacional de sistemas informáticos y redes, además de poder facilitar a las FCSE (Fuerzas y Cuerpos de Seguridad del Estado) la información necesaria de las actividades maliciosas llevadas a cabo por empleados maliciosos haciendo uso de los equipos y redes corporativas.

Existe cierta controversia a la hora de determinar qué es un cibercrimen. En general, suele considerarse que una actividad delictiva es un cibercrimen cuando solo pueda cometerse empleando ordenadores o comunicaciones digitales. Es decir, acceso ilegal a sistemas informáticos, distribución de *malware*, manipulación de aplicaciones informáticas, fraude en apuestas ilegales, ataques DoS (*Denial of Service*), *webjacking*, contrabando de identidades digitales y uso ilegal de equipos de telecomunicaciones contra dispositivos en red (Ej. *Eavesdropping*, creación de identidades digitales fraudulentas).

Por un lado, el atacante podría haber utilizado el dispositivo como herramienta para la comisión del delito (Ej. Acceder a un sistema remoto, envío de mensajería digital, videoconferencia). Por otro, el dispositivo pudiera ser el objetivo del ataque (exfiltración, modificación o borrado de información). Por tanto, el dispositivo será la escena del crimen en la cual hay que preservar las evidencias (Ej. Archivos de *log*, aplicaciones instaladas, línea temporal de actividades). Algunas de estas evidencias (Ej. Memoria RAM, tablas ARP, conexiones de red) tendrán un elevado grado de volatilidad (es decir, que su grado de permanencia con respecto del tiempo es limitada), debiendo ser por tanto obtenidas con la mayor presteza posible o desaparecerían. En cambio, otras evidencias (Ej. Archivos en disco duro, soporte óptico) tendrán un grado de volatilidad menor o, dicho de otro modo, su grado de persistencia será mayor.

Resulta por tanto necesario dentro de una organización que exista un equipo con las capacidades técnicas y recursos necesarios para poder hacer frente a un incidente concreto. La seguridad informática puede ser vista como un triángulo donde uno de sus lados lo constituye la detección y respuesta a intrusiones, siendo sus otros dos lados el análisis de vulnerabilidades y las investigaciones informáticas.

La detección de intrusiones, el análisis de vulnerabilidades y las investigaciones informáticas están directamente relacionadas con diferentes controles de seguridad que pueden ser implementados en una organización. El análisis de vulnerabilidades identifica los fallos a corregir o mitigar; la detección y respuesta a intrusiones representan controles de investigación y compensación; y las investigaciones intentan analizar el origen y establecer los pertinentes controles preventivos.

1.1.2 Investigaciones corporativas e investigaciones criminales

Existen dos tipos de investigaciones en el ámbito forense digital:

▼ **Investigaciones criminales**. Son aquellas que tienen lugar dentro del ámbito de un delito (civil o penal). Las consecuencias legales para los autores pueden ser económicas y/o pena de prisión, según el delito cometido.

▼ **Investigaciones corporativas**. Son aquellas que persiguen la violación de la política corporativa. Ejemplos de violación de la política corporativa serían acceder a sitios de apuestas deportivas o con contenido pornográfico utilizando los recursos de la red corporativa. Algunas investigaciones corporativas pueden derivar en investigaciones criminales (Ej. Distribución de pornografía infantil o exfiltración de propiedad intelectual desde el ordenador corporativo). Las consecuencias legales de las investigaciones corporativas pueden conllevar el despido y/o resarcimiento económico a alguna de las partes.

Dado que algunas investigaciones corporativas pudieran desembocar en investigaciones criminales, resulta una buena estrategia implicar a los equipos legales y de recursos humanos de la corporación desde el comienzo de la investigación.

Es importante señalar que hay que estar autorizado para llevar a cabo una investigación forense digital. La autoridad responsable de autorizar una investigación varía en función de la naturaleza de la investigación. Para las investigaciones criminales, será necesario disponer de una orden judicial. Para las investigaciones corporativas, tendrá que estar regulado previamente el ámbito de la investigación por el departamento legal y de recursos humanos.

Un investigador forense digital actuará como experto en los procesos de detección y obtención de evidencias, garantizará el mantenimiento de la cadena de custodia de la evidencia, analizará la evidencia y presentará los resultados de la investigación.

El rol del investigador forense digital se solapa con el del respondedor de incidentes. Pese a que se utilizan las mismas herramientas en ambos roles, el objetivo de ambos es muy diferente, y cada actividad tiene su propio conjunto de procesos y procedimientos.

1.1.3 Diferencias entre E-Discovery y forense digital

Se entiende por *E-Discovery* (*Electronic Discovery*) el proceso que implica la recogida, preparación, revisión, interpretación y presentación de documentos electrónicos procedentes de soportes de almacenamiento en litigios civiles.

E-Discovery	Forense digital
Litigios civiles	Investigaciones criminales
No implica datos eliminados	Pueden recuperarse datos eliminados
Centrado en los datos del espacio asignado del soporte de almacenamiento	Incluye los datos presentes en el espacio asignado y en el espacio no asignado.
Recuperación de datos limitada	Búsqueda de datos sin límite
Testimonio basado en hechos	Testimonio basado en la experiencia del forense

Tabla 1. Diferencias entre E-Discovery y forense digital.

1.1.4 Definición de evidencia digital

A medida que fueron apareciendo un mayor número de dispositivos (Ej. *Smartphones*, tabletas, ordenadores portátiles, *netbooks*, reproductores de audio) que hacían uso de las comunicaciones digitales, el término forense digital fue aumentando su popularidad al resultar más preciso para definir el amplio abanico de dispositivos que puede abarcar una investigación forense digital.

La información digital se representa mediante una serie de dígitos binarios ('*1*' y '*0*'), generalmente referenciados como bits; 4 bits conforman un *nibble* (útil por ejemplo para representar la información en base hexadecimal, con valores de *0* a *F*); 8 bits conforman un byte. Estos bits son únicamente inteligibles para el ser humano cuando se establece un formato sobre la información y se interpreta la información bajo las reglas de esa estructura. Si se intenta visualizar un archivo binario en código ASCII, obtendremos que algunos de sus bytes son representables (tienen un valor correspondiente dentro de la tabla de caracteres ASCII) y otros no. Cualquier tipo de información puede representarse digitalmente: audio, vídeo, texto, imágenes y aplicaciones informáticas. Toda esta información puede ser transmitida y almacenada en un conjunto de bytes denominado archivo o fichero.

Se conoce como investigación digital al examen realizado sobre una evidencia digital motivado por la relación existente entre el dispositivo del que se obtuvo la evidencia digital con el incidente objeto de estudio. La investigación se lleva a cabo desarrollando una hipótesis de lo ocurrido y buscando evidencias que puedan refutar dicha hipótesis.

Evidencia digital es un objeto digital que contiene información fiable que apoya o refuta una hipótesis. Esta definición de evidencia refleja su utilización en investigaciones científicas.

Desde un punto de vista legal, una evidencia digital (o electrónica) es cualquier información probatoria almacenada o transmitida en formato digital que cualquiera de las partes presenta como prueba ante un tribunal.

Por tanto, una investigación forense digital es un proceso que utiliza la ciencia y la tecnología para analizar los objetos digitales obtenidos, desarrollando hipótesis y comprobando teorías para ser llevadas ante un tribunal, pudiendo contestar a las preguntas referentes a lo ocurrido.

Las investigaciones forenses digitales son un subconjunto de las investigaciones digitales, a las cuales se las aplica un conjunto restrictivo de normas motivadas por el propio proceso forense. Ambas investigaciones utilizan objetos digitales, pero difieren en el modo de utilizarlos.

El DFIR deberá tener cuidado en la obtención, procesado y almacenamiento de objetos digitales. Salvo que se esté completamente seguro de que la evidencia no va a ser utilizada ante un tribunal, resulta conveniente extremar las precauciones con las evidencias digitales, de modo que el investigador no acometa ninguna acción que anule la validez de la evidencia ante un tribunal. En muchas ocasiones, lo que comienza como una simple investigación corporativa de un incidente, termina convirtiéndose en una investigación criminal.

El National Justice Institute de EE.UU. publicó en noviembre de 2009 un documento referencia, *"Electronic Crime Scene Investigation: An On-the-Scene Reference for First Responders"*. Este documento lista 14 categorías diferentes de crimen y 60 tipos diferentes de crímenes electrónicos y evidencias digitales. En general, si es un dispositivo electrónico que pueda almacenar información, entonces es una potencial fuente de evidencias.

1.1.5 Principios internacionales de evidencia digital

El crecimiento del número de dispositivos electrónicos existentes durante los años 90 hizo necesario la elaboración de estándares internacionales para facilitar la comunicación y compartición de información, además de estandarizar los procedimientos.

La IOCE (*International Organization on Computer Evidence*) se creó en 1995 para desarrollar estándares internacionales relativos a evidencias digitales. En su guía de 2002, titulada *"Guidelines of Best Practice in the Forensic Examination of Digital Technology"*, se sustituye el concepto de evidencia informática por el de evidencia digital. Esta guía cubre un amplio espectro de buenas prácticas para implementar una capacidad forense, incluyendo equipamiento, formación y necesidades organizacionales.

1.1.6 Registros generados y registros almacenados por un ordenador

El Departamento de Justicia de los EE.UU. define como registros generados por ordenador aquellos generados por una aplicación informática en ejecución, mientras que se define como registros almacenados por ordenador aquellos registros o archivos que contienen información generada por un agente humano.

Registros generados por ordenador

En general, los registros almacenados en un ordenador se consideran evidencias "de oídas" (*hearsay*). En los países anglosajones, este término hace referencia al informe que un testigo aporta sobre las palabras pronunciadas por un tercero, siendo poco frecuente que sean aceptadas ante un tribunal. En cambio, cada vez es mayor la aceptación de los registros generados por ordenador (Ej. *Registro de Windows, Eventos de Windows*), especialmente si constituyen parte de la actividad habitual del negocio de la organización. Es decir, que si la organización recopila de forma sistemática la actividad de los dispositivos (Ej. Archivos de *log* de navegación de los usuarios) del entorno corporativo, la probabilidad de que sean aceptados ante un tribunal será mayor.

Conviene reseñar que los archivos de *log* adquiridos de manera adicional pueden no ser admitidos ante un tribunal. Un ejemplo sería cuando, ante la sospecha de que se está llevando a cabo actividad maliciosa desde un dispositivo del entorno corporativo, se decide realizar un volcado completo del tráfico de red, cuando normalmente solo se registran las URL accedidas por los usuarios. No obstante, si el incremento de los archivos de *log* estuviese tipificado previamente dentro del procedimiento de respuesta a incidentes de la organización, aumentarían las probabilidades de que la evidencia resultase admisible ante un tribunal.

Los registros generados por ordenador deben ser autenticados. La autenticidad (identificación) de ese registro generado por ordenador puede ser establecida mediante testimonio del individuo que creó o configuró la creación de ese archivo (Ej. El administrador del sistema). No obstante, para saber si el software que generó el registro es o no de confianza, suele ser de ayuda el demostrar que el registro generado por ese software es utilizado a nivel interno de la corporación como entrada de otro proceso durante el funcionamiento normal del negocio. De este modo, demostrar la fiabilidad del software que generó el registro aumentará las probabilidades de admisión ante un tribunal de un registro obtenido fuera del funcionamiento normal del negocio.

1.1.7 Cadena de custodia

La cadena de custodia contribuye a garantizar la autenticidad de los registros generados por ordenador. Una cadena de custodia es un registro documental de quién estaba en posesión y control de una determinada evidencia en cada momento, hasta que dicha evidencia es presentada ante un tribunal. Existen documentos estándar para estos formularios de cadena de custodia. En general, la información principal que deben recoger estos formularios es la fecha y hora de transferencia, quién hizo la entrega, quién la recepción y el motivo de la transferencia de la evidencia.

La cadena de custodia es una parte significativa de toda la cadena de evidencia. Un formulario de cadena de evidencia incluye la búsqueda, recogida y catalogación de una evidencia una vez que ha sido obtenida. El formulario generalmente incluye información como número de caso, fecha de obtención de la evidencia, lugar de obtención y la lista y números de objetos de esta evidencia. Esto permite realizar el seguimiento de una evidencia en particular dentro del sistema judicial.

1.1.8 Recopilación de evidencias digitales

Recopilación de evidencias "en vivo" (*live*)

La recopilación de datos se realiza con el dispositivo encendido, y su sistema operativo, servicios y herramientas en ejecución. Es decir, el investigador estará *logueado* en el sistema, ya sea utilizando su consola local, su GUI o mediante software de acceso remoto, y la recopilación se realizará mientras están siendo utilizados los recursos del propio sistema objeto de la investigación (Ej. Memoria RAM, conexiones de red).

El normal funcionamiento del sistema operativo irá modificando rápidamente el contenido de los registros del procesador (datos necesarios para la ejecución de los programas) y los datos presentes en la memoria RAM (Ej. Procesos en ejecución, conexiones de red abiertas, contraseñas de usuario, archivos en uso). Adicionalmente, si el sistema operativo se reiniciase o el dispositivo se apagase, esta información se perderá, de ahí que se considere altamente volátil.

Por tanto, la recopilación de datos altamente volátiles será equivalente a una "fotografía" (*snapshot*) del instante en el cual se produjo la recopilación de evidencias, pudiendo variar los resultados de manera notoria dependiendo del instante en el cual se realice la captura. Estos datos serán de especial importancia cuando el objeto de la investigación es determinar la presencia de actividad potencialmente maliciosa en el sistema, pero también pueden permitir recopilar credenciales que habiliten el acceso a potenciales fuentes de evidencias (Ej. Perfiles del usuario en redes sociales, correo electrónico web, almacenamiento en la nube, volúmenes cifrados).

No obstante, cuando en una investigación la recopilación de evidencias se realiza "en vivo", las propias acciones llevadas a cabo por el investigador (Ej. Ejecución de una herramienta de volcado de memoria RAM desde la consola del sistema operativo) contaminarán el escenario, debiendo ser pertinentemente documentadas como apoyo para la posterior fase de análisis de las evidencias.

Recopilación de evidencias "en muerto" (*dead*)

Este tipo recopilación de evidencias se realiza cuando el dispositivo objeto de la investigación se encuentra inicialmente apagado o resulta absolutamente necesario apagarlo para proceder a la extracción de los datos de sus soportes de almacenamiento. También hace referencia a la copia o clonado de soportes de almacenamiento externos (Ej. Memorias USB, discos externos USB, soportes de almacenamiento ópticos) que no estuviesen conectados a un dispositivo encendido cuando se fuese a proceder a la recopilación de evidencias.

En determinados escenarios, será posible extraer los soportes de almacenamiento internos del dispositivo objeto de la investigación y proceder a su copia bit a bit (clonado), garantizando de esta manera la integridad del proceso de recopilación de evidencias, puesto que al no estar *logueado* el investigador en el sistema operativo del dispositivo, no contaminará con sus acciones "el escenario".

En cambio, en otros escenarios, será necesario realizar la extracción del contenido de los soportes de almacenamiento del dispositivo empleando sus propios recursos hardware (Ej. BIOS, Procesador, memoria RAM, puerto USB, teclado, ratón), pero utilizando para el arranque un dispositivo externo (Ej. Memoria USB, un dispositivo óptico) con sistema operativo en modo *live*. De este modo, no se ejecutaría el sistema operativo instalado en los soportes de almacenamiento del dispositivo objetivo, evitándose la contaminación de sus evidencias.

No obstante, la recopilación de evidencias "en muerto" únicamente permitirá obtener evidencias presentes en el almacenamiento persistente (baja volatilidad) del dispositivo.

Aproximaciones para la recopilación de evidencias

La recogida de evidencias puede realizarse conforme a dos posibles aproximaciones:

- ▼ Respuesta a incidentes orientada a la continuidad del negocio. Prevalece la contención, erradicación y vuelta al normal funcionamiento de los sistemas para minimizar el impacto económico, aunque las acciones adoptadas puedan invalidar las evidencias obtenidas sobre la autoría del ataque o impedir la recopilación de evidencias que permitan determinar una potencial autoría.

- ▼ Investigación forense digital. Prevalece la detección, extracción forense y posterior análisis de las evidencias, preservando su integridad y manteniendo la debida cadena de custodia, de manera que pudieran ser posteriormente presentadas, si llegase a ser necesario, ante un tribunal.

Principios generales para la recopilación forense de evidencias digitales

Las guías de la IOCE destacan los siguientes principios generales para recopilación forense de evidencias digitales:

1. Los laboratorios forenses de los países del G8 deben cumplir los siguientes principios generales:

    a. Las reglas generales de las evidencias deben ser aplicadas a todos los dispositivos digitales.

    b. Cuando se recoge una evidencia digital, las acciones llevadas a cabo para recoger dicha evidencia digital no deben modificar la evidencia.

    c. Cuando sea necesario que una persona acceda a la información original de la evidencia, esa persona deberá tener la formación necesaria para dicho propósito.

    d. Toda actividad relacionada con la obtención, acceso, almacenamiento o transferencia de evidencias digitales debe estar completamente documentada, preservada y disponible para su revisión.

    e. Un individuo es responsable de lo acaecido en las evidencias digitales bajo su posesión.

2. Toda actividad relacionada con la recogida, proceso examinador y presentación de acceso a la evidencia, almacenamiento o transferencia de evidencia digital debe estar documentado, preservado y disponible para su revisión.

3. La responsabilidad de mantener el valor de las evidencias es de carácter individual, no corporativo. Si un individuo asume la responsabilidad de un objeto firmando el registro de acceso, es responsable de todo lo que ocurra con dicho objeto desde ese momento y hasta que sea devuelto a su punto de almacenamiento o formalmente transferido a otro individuo.

1.1.9 El método científico

La recogida de evidencias digitales sigue el denominado método científico, es decir, comprobar nuestras hipótesis de cómo y por qué sucedió un determinado evento. Básicamente, el método científico requiere:

1. Definir/aceptar una pregunta. Recoger información y evidencias.

2. Formular una hipótesis de lo sucedido.

3. Comprobar la hipótesis experimentalmente y recoger la información de una manera reproducible.

4. Analizar la información.

5. Obtener unas conclusiones, las cuales apoyarán o refutarán la hipótesis original. Si la información y las conclusiones del investigador no apoyan la tesis, debe volverse al punto 2.

6. Comunicar los resultados (presentación de informe).

Las evidencias pueden ser de dos tipos:

▸ **Inculpatorias**. Aquellas que tienden a demostrar que el acusado es culpable o tenía intención criminal, y apoyan la hipótesis inicial del investigador sobre lo que podría haber ocurrido.

▸ **Exculpatorias**. Aquellas que tienden a demostrar que el acusado no realizó las acciones por las que se le acusa, refutando por tanto la hipótesis inicial del investigador.

No obstante, conviene reseñar que la ausencia de evidencias inculpatorias no significa necesariamente que la hipótesis inicial realizada por el investigador sea errónea.

1.1.10 Mejor evidencia

Cuando se presenta una evidencia ante un tribunal, se requiere presentar la *mejor evidencia* (*best evidence*). Se entiende como mejor evidencia cualquier salida legible por el ojo humano si refleja fielmente la información.

Se aplica el concepto de mejor evidencia cuando una de las partes quiere que se admita como evidencia los contenidos de un documento ante un tribunal, pero el documento original no está disponible. En este caso, la parte que presenta la evidencia deberá presentar una justificación razonable para justificar su ausencia. Si está justificación es aceptada, entonces se permitirá a la parte utilizar una evidencia secundaria para probar los contenidos del documento para que finalmente sea admitido como evidencia.

El concepto de mejor evidencia se aplica en forense digital para evidencias como el del volcado de memoria RAM del ordenador del sospechoso. En este ejemplo, la mejor evidencia sería el contenido de la memoria en el momento de su captura. La imposibilidad de presentar el contenido de la memoria en ese momento concreto habilita que pueda presentarse como evidencia secundaria el volcado de la memoria RAM. De modo similar, la presentación del listado de conexiones de red sería admitida como evidencia secundaria porque, cuando un dispositivo se apaga, se finalizan las conexiones de red establecidas.

En algunas ocasiones, presentar la evidencia original no resulta práctico. Sirvan como ejemplos un *rack* de servidores *blade* o un conjunto de cabinas de bandejas de discos en una SAN (*Storage Array Network*). Dado que la recogida de estos dispositivos físicos no resulta práctica, e impactaría en la continuidad de negocio de la organización, normalmente ser realizará una copia forense de ese dispositivo. Se entiende por copia forense a una copia bit a bit del contenido del dispositivo. En ocasiones, la recogida de datos se limitará a aquellos de interés para la organización, pues en escenarios como la recogida de datos de una SAN, no resulta práctico copiar TB de información almacenada cuando el interés se centra en una única carpeta del soporte de almacenamiento.

1.1.11 Antiforense digital

El peor error que puede cometer un DFIR es subestimar a su adversario. Quizás el mejor punto de partida a la hora de acometer una investigación forense digital sea asumir que el atacante es más inteligente que el investigador, que tiene mejor equipamiento y que ha tenido más tiempo y paciencia para preparar el ataque del que tendrá el investigador forense digital para obtener y analizar las evidencias disponibles. Como en el ajedrez, no hay que depender del movimiento erróneo del oponente, pero sí hay que estar atento para aprovecharlo al máximo si se produce.

Se conoce como antiforense digital al conjunto de métodos y herramientas utilizadas para destruir u ofuscar objetos digitales de modo que no puedan ser empleados como evidencias digitales. Entre estas técnicas destacan el cifrado, la esteganografía, la compresión, el empaquetado, compresión y cifrado, la modificación de los metadatos de un archivo (Ej. *MAC time*), borrado de ficheros, ocultación de sistemas de ficheros (Ej. Empleando *TrueCrypt*).

El resultado de utilizar estas técnicas puede conllevar que no queden evidencias de la existencia del archivo, que el archivo existiese pero que fuera borrado de manera segura, o que el archivo exista pero que el contenido no se encuentre accesible.

1.2 GESTIÓN DE UN CASO FORENSE DIGITAL

1.2.1 Introducción

El jefe del departamento forense digital debe establecer un procedimiento que sirva de guía a los investigadores para la gestión de los casos encomendados. Antes de proceder con un caso, el jefe del departamento debe asegurarse de que todas las acciones que se vayan a acometer se adecúen a la legislación nacional y/o internacional vigente. Así, debe siempre existir un permiso (Ej. Orden judicial) que garantice el procesado de la evidencia. La finalidad de llevar a cabo una investigación forense digital es utilizar las evidencias disponibles para demostrar o refutar unos hechos, de ahí la importancia de que las evidencias digitales sean obtenidas conforme con la legislación vigente. Durante toda la gestión del caso, deberá garantizarse que la evidencia electrónica resulta admisible y el informe forense aceptable ante un tribunal.

Suelen considerarse siete etapas en la gestión de un caso forense digital: recibir la petición; registrar el caso; registrar la prueba documental (*exhibit*); fotografiar la prueba documental; ejecutar el análisis; devolver la prueba documental; cerrar el caso.

1.2.2 Recepción de la petición

El flujo de trabajo en el laboratorio forense digital (DFL, *Digital Forensics Laboratory*) comienza con la recepción de una petición formal (Ej. Carta, correo electrónico, burofax). La información suministrada en la petición formal debe incluir una descripción del caso, detalles de la evidencia electrónica, el objetivo del caso y, probablemente, adjuntará una orden judicial si se trata de un laboratorio de las FCSE.

El jefe del laboratorio revisará la petición y determinará si el caso es factible en base a los siguientes criterios:

▶ El caso entra dentro del ámbito forense digital, es decir, la evidencia es electrónica y no de otro tipo (Ej. Huellas dactilares, muestra de ADN).

▶ Métodos y herramientas disponibles.

▶ Personal disponible para llevar a cabo el caso.

▶ Se cumplen los requisitos legales para llevar a cabo la investigación.

El jefe del laboratorio responderá formalmente a la petición tanto si la respuesta fuese en sentido afirmativo como negativo. En caso afirmativo, el jefe del laboratorio coordinará con el peticionario (*requestor*) una fecha para la recepción de la evidencia electrónica.

1.2.3 Registro de un caso

Aceptado el caso, el peticionario hará entrega de la evidencia electrónica. El personal del laboratorio generará un número de caso único para ese caso, y rellenará un formulario de registro, como el ejemplo de la Ilustración 1. Este documento deberá ser firmado tanto por el peticionario como por un representante del laboratorio forense digital que recepciona la evidencia.

Requesting Agency Information	
Name:	Department/Unit:
Job Title:	Agency:
Tel Number:	Requestor Case Number:
Email:	DFL Case Number: fill in by DFL

Case Information
Case Background: Describe the background of the case that may help DFL with the analysis
Case Specific Request: List all keywords or analysis scope here

Terms and Conditions

1 Selection of Method: DFL shall select the best available method to conduct digital forensics analysis.

2 Statement of Confidential: DFL ensures that any information supplied by Requestor and any information gathered from the work performed will be treated with STRICTEST CONFIDENCE.

3 Damage or Loss of Profit: DFL shall not be held liable for any damaged exhibit or loss of profit caused by the Requestor in connection to the work performed. DFL,however, shall take reasonable precautions, care and steps in preserving the integrity of evidence at all times.

4 Abandoned or Unclaim Exhibit: Exhibit unclaimed or abandoned at DFL's location in excess of 30 days after communication has been made with the Requestor will be disposed of at DFL's discretion. DFL will not be responsible for exhibit left in its possession beyond 30 days. DFL, however,will inform the Requestor prior to disposing the exhibit.

Requestor	DFL
I have read, understood and agreed to the Terms and Conditions.	
	Name:
Date :	Date :

Ilustración 1. Ejemplo de formulario de registro de evidencias. Fuente: Interpol.

Para poder examinar de manera efectiva las evidencias electrónicas recibidas, los investigadores necesitan disponer por parte del peticionario de una petición clara y precisa de la información que desea obtener de la prueba documental. Debido a la gran cantidad de información que almacenan los dispositivos y la diversidad de tipos de datos existentes (Ej. Documentos, vídeos, llamadas, mensajería, datos de monitorización de salud, ubicaciones), resultará muy difícil proporcionar al peticionario una respuesta adecuada a sus necesidades de información si no se ha proporcionado previamente una petición clara y específica. Esta petición permitirá al investigador planificar los métodos y herramientas que debe emplear para procesar la evidencia.

1.2.4 Registro de la prueba documental

Cuando se recibe una evidencia digital o, en el caso general, una prueba documental, es importante que su envoltorio se encuentre convenientemente cerrado y sellado antes de ser transferida al laboratorio forense digital para garantizar la integridad de la cadena de la evidencia. Adicionalmente, para eliminar cualquier duda razonable sobre la integridad de la evidencia, tanto el peticionario como el examinador deben ser capaces de demostrar que no hubo acceso de terceros a la evidencia durante su proceso de transferencia.

Cada evidencia digital que llegue al laboratorio debe ser registrada y asignada una codificación única visible que será añadida al formulario de registro de la evidencia. Este documento incluirá cada uno de los elementos en los que puede dividirse la evidencia digital, utilizando una nomenclatura que permita relacionar fácilmente cada uno de los elementos con la evidencia digital completa. A modo de ejemplo:

20210622-TM01	Smartphone
20210622-TM01-Smartphone01	Terminal
20210622-TM01-SIM01	Tarjeta SIM
20210622-TM01-microSD01	Tarjeta microSD

Cuando se recibe la evidencia, deberá anotarse en el formulario cualquier imperfección apreciable a simple vista (Ej. La pantalla del dispositivo está rota). El formulario debe ser firmado tanto por el peticionario como por el examinador. Es recomendable almacenar una copia digital del documento en la carpeta del sistema de ficheros asignada al caso, por si se estropeara el documento original en papel.

Una vez realizada la transferencia de la evidencia digital, comienza la custodia de la evidencia por parte del laboratorio. Normalmente, la evidencia será almacenada en la sala de almacenaje de evidencias o depositada en la caja fuerte hasta que pueda ser procesada por el personal de laboratorio.

Section A: Exhibit Receive

No	DFL Exhibit Label	Manufacturer	Capacity	Description Include any defects of the item here	Serial Number

Requestor	DFL
Sender of the exhibit sign here	Sign here
Name:	Name:
Date:	Date:

Section B: Exhibit Return

I have agreed that DFL has returned all the exhibits listed in Section A to me. Upon signing the above column, both parties agreed that the work has completed and the case is signed off.

Requestor	DFL
Sender of the exhibit sign here	Sign here
Name:	Name:
Date:	Date:

Ilustración 2. Ejemplo de formulario de registro de una evidencia. Fuente: Interpol.

1.2.5 Fotografiar la prueba documental

Se fotografiará una prueba documental tanto para registrar el estado de la evidencia digital en el momento de su recepción como para poder identificar la prueba posteriormente. Se recomienda tomar tanto fotografías que proporcionen una visión general como otras que proporcionen una visión más detallada (Ej. La etiqueta de identificación de un disco duro, la etiqueta que identifica el modelo y número de serie de un ordenador portátil). Las fotos realizadas serán añadidas a la carpeta del sistema de ficheros del caso.

La obtención de fotografías de la evidencia digital es especialmente recomendable en aquellos casos en los que la evidencia digital original debe ser devuelta al peticionario tras la copia forense de sus datos (Ej. Un disco duro, un teléfono móvil).

1.2.6 Análisis de la prueba documental

El análisis de la evidencia digital se realizará conforme al modelo de análisis establecido en el laboratorio. Durante este proceso, el analista deberá mantener comunicación con el peticionario y transmitirle cualquier desviación o limitación que pudiera surgir durante la ejecución del análisis de la evidencia. La experiencia del analista suele facilitar la fluidez de información con el peticionario.

1.2.7 Devolución de la prueba documental

Una vez que se ha completado el análisis, el laboratorio contactará con el peticionario para devolverle la evidencia digital. Normalmente, el laboratorio devolverá la evidencia junto con una copia del informe elaborado a partir de su análisis. Antes de devolver la prueba documental, esta será sellada convenientemente, indicándose en una etiqueta el analista que procedió a su sellado, junto con la fecha y hora de esta acción.

1.2.8 Cierre del caso

El proceso se completa cuando el peticionario retira la evidencia digital, procediéndose al cierre del caso. Para poder cerrar el caso, tanto el peticionario como el jefe del laboratorio deben estar conformes con el alcance del trabajo realizado y el contenido del informe, formalizándose normalmente esta conformidad con la firma de un documento. A modo de ejemplo, la firma de la sección B de la Ilustración 2 por ambas partes serviría como conformidad con la completitud del trabajo llevado a cabo por el laboratorio.

En ocasiones, el analista que realizó la investigación acudirá ante un tribunal a prestar testimonio experto de los resultados presentados en el informe. El analista será notificado convenientemente en caso de resultar necesaria su comparecencia ante el tribunal.

1.3 PROCEDIMIENTO DE INVESTIGACIÓN

1.3.1 Importancia del procedimiento investigador

Independientemente de que se esté realizando una investigación forense digital con el rol de investigador forense digital (DFI, *Digital Forensics Investigator*), con el rol de respuesta a incidentes (IR, *Incident Responder*), o con una figura híbrida entre ambos, DFIR (*Digital Forensics and Incident Responder*), es necesario seguir un procedimiento. El procedimiento y la formación del investigador son fundamentales para alcanzar el objetivo final de la investigación.

Un procedimiento correctamente diseñado indica al investigador qué debe hacer en primer lugar, los pasos siguientes a seguir, cuándo dar por terminada cada fase y qué es necesario para pasar a la siguiente fase. Una vez completada la investigación, el procedimiento sirve como *checklist* para garantizar que se han realizado todas las tareas y que se ha generado la documentación apropiada para cada paso.

1.3.2 Pasos previos a la preparación de la investigación

Antes de comenzar una investigación hay que realizar ciertas actividades. Entre ellas se encuentran comprobar que se dispone del material necesario, repasar la legislación y/o políticas corporativas vigentes, asegurarse de disponer de la autorización necesaria de las autoridades pertinentes, bien sea de una orden judicial o del departamento legal de la corporación (según corresponda). Por último, comprobar nuevamente que el kit de herramientas forenses está listo y preparado para desplegar.

Comprobar el material forense digital

Resulta una buena práctica el reponer todos los elementos consumibles utilizados durante una investigación a la conclusión de esta. De este modo, se simplifica la tarea de preparar un posterior despliegue.

Otra buena práctica es el borrado forense de todo medio reutilizable empleado durante la investigación.

Actualmente, disponer de un entorno concreto de trabajo (la eterna duda de elegir entre una plataforma *Microsoft Windows*, una distribución Linux orientada a forense o *macOS*) resulta menos traumático debido a la facilidad de disponer de entornos de virtualización muy maduros (Ej. *Oracle VirtualBox*, *QEMU*, *VMware Workstation*, *VMware Fusion*, *Parallels Desktop*, *Microsoft Hyper-V* o *Citrix XenDesktop*), que permiten crear máquinas virtuales de diferentes sistemas operativos, lo que aumenta la versatilidad de la plataforma de análisis forense digital.

Por tanto, resulta clave el invertir buena parte del recurso económico en una potente plataforma forense digital (ya sea en configuración *workstation* o portátil), equipada con un procesador potente que permita virtualización hardware, la mayor cantidad posible de memoria RAM y espacio en disco duro suficiente para instalar aplicaciones y guardar temporalmente copias (insistir en trabajar con copias, nunca con la evidencia digital original) de las evidencias digitales de la investigación en curso. Si el presupuesto lo permitiera, instalar una o más tarjetas gráficas de gama alta (las de *gamer* en configuración SLI son una opción muy recomendable) para cuando haya que acometer ataques de fuerza bruta mediante *GPU cracking*. En el caso de las *workstation*, resulta interesante disponer de salida de monitor dual, pues permite al analista procesar varias evidencias digitales al mismo tiempo.

Para el *kit* de recogida de evidencias resulta también interesante disponer de diferentes sistemas operativos *live* y una variedad de herramientas que permitan obtener evidencias digitales en diferentes escenarios. En forense digital resulta muy difícil, por no decir imposible, encontrar una herramienta universal que valga para todos los escenarios posibles.

Además, es necesario disponer de un entorno de trabajo que permita almacenar y garantizar la integridad de las evidencias digitales.

Revisión de leyes y políticas corporativas en vigor

El DFIR necesita conocer las leyes que afectan el modo en el que realiza la recogida de evidencias para poder llevar a cabo sus investigaciones forenses digitales. En el caso de las investigaciones corporativas, además de las leyes en vigor que pudieran aplicarse, es necesario conocer las políticas corporativas aplicables.

Notificar a las autoridades y obtener los permisos pertinentes

La responsabilidad principal de un DFIR es elevar un informe relatando los hechos de la investigación a una instancia superior de la manera más clara y precisa posible. En general, el destinatario del informe no será personal técnico, debiendo por tanto el investigador elaborar el informe de manera que sea comprensible para el lego en la materia, adjuntando al informe un anexo donde se detallen los aspectos técnicos de la investigación.

En la mayoría de los escenarios, el DFIR deberá notificar o solicitar una autorización a una entidad superior como paso previo al comienzo de la investigación. En el caso de las investigaciones criminales, esta autorización vendrá dada mediante una orden judicial. En el caso de las investigaciones corporativas, esta autorización podrá ser una autorización marco otorgado a la unidad forense dentro del entorno corporativo o, por el contrario, la autorización realizarse de manera concreta para cada incidente, dependiendo de la importancia del incidente como para asignarle recursos de la unidad forense.

Independientemente del tipo de investigación, el DFIR debe asegurarse de que los niveles adecuados de dirección de la organización han aprobado sus actividades y el alcance de la investigación. No hay que olvidar que sobrepasar el marco de la investigación puede conllevar la anulación de la evidencia o incluso la suspensión del caso.

Material mínimo recomendado para un DFIR

El Departamento de Justicia de EE.UU. recomienda que el kit básico de trabajo de un DFIR incluya: cámara fotográfica y de vídeo; cajas; cuadernos de notas; guantes; registros de evidencias; cinta de evidencias; bolsas de papel para evidencias; pegatinas de evidencias; etiquetas; cinta de escenario del crimen; bolsas anti-ESD (*Electrostatic Discharge*); rotuladores permanentes, kit de herramientas no magnetizadas, material para apantallar electromagnéticamente un dispositivo; soportes DVD y CD vírgenes; material extra (Ej. Memorias USB, pegatinas, soportes ópticos).

Especialmente cuando el marco de la investigación incluya el decomiso de un dispositivo móvil, es necesario utilizar bolsas de Faraday o papel de aluminio envolviendo el dispositivo para evitar que este se conecte a una red inalámbrica (ya sea WiFi o de datos de telefonía móvil), debido a que muchos dispositivos permiten de fábrica como medida de seguridad el borrado remoto de la información almacenada en el dispositivo.

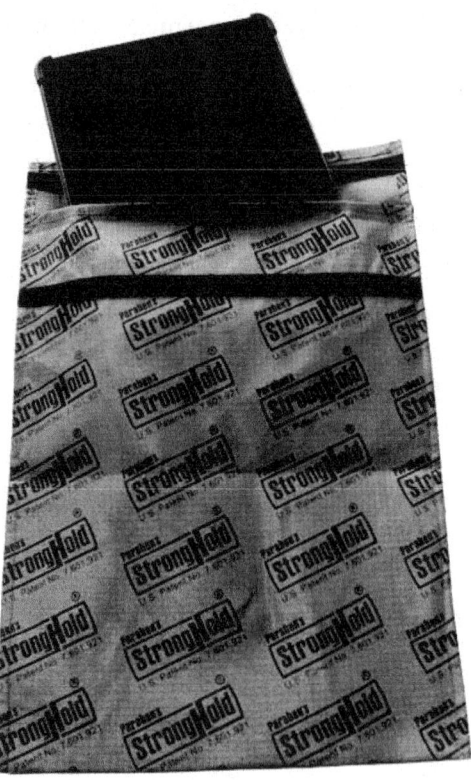

Ilustración 3. Ejemplo de bolsa de Faraday del fabricante Paraben.

1.3.3 Preparación de la investigación

Tras la notificación al departamento forense digital de un caso, suele ser habitual establecer una breve entrevista (oral o escrita) con el notificador (en el caso de que haya sido notificado a través del nivel de respuesta a incidentes) o el usuario del equipo (si es colaborativo con la investigación) para intentar establecer las 5WH de la investigación en curso:

- ☛ **Quién** (*Who*). ¿Quién es el gestor del incidente? ¿Existe un identificador para el incidente?

- ☛ **Qué** (*What*). ¿Qué ha ocurrido?

- ☛ **Cuándo** (*When*). ¿Cuándo es necesaria la presencia del DFIR?

- ☛ **Dónde** (*Where*). ¿Dónde se encuentra la escena del incidente localizada? Jurisdicción aplicable.

▶ **Por qué** (*Why*). ¿La investigación es abierta o encubierta? ¿Es corporativa o criminal?

▶ **Cómo** (*How*). ¿Qué dispositivos van a ser decomisados? ¿Cuánto trabajo va a llevar el incidente?

Antes de proceder a capturar las evidencias, es necesario desarrollar un análisis del caso, es decir, crear un plan previo. El DFIR deberá desarrollar una hipótesis previa a partir de las respuestas a las preguntas anteriores y su experiencia previa en la materia. Por ejemplo, hay que tener en consideración la pericia técnica del sospechoso, especialmente ante aquellos con conocimientos suficientes como para haber preparado medidas antiforenses para tratar de impedir su identificación.

En caso de tratarse de una investigación criminal será necesario solicitar una orden judicial. Dicha orden deberá incluir detalladamente el alcance de la investigación y los dispositivos incluidos en la misma.

Una de las primeras tareas que debe acometer el DFIR al llegar al escenario donde se encuentran los dispositivos de los cuales se obtendrán las evidencias digitales es asegurarse de que las evidencias digitales están correctamente preservadas y hacer un croquis en papel del escenario como respaldo físico de las fotos y/o vídeos que se tomen en el escenario. De esta forma se mitiga la posibilidad de que el DFIR pierda la composición del lugar por un eventual accidente que afectara a su cámara.

Un DFIR necesita tener la imaginación de un *hacker* y las capacidades organizativas y atención a los detalles de las que disponen los auditores del Tribunal de Cuentas.

Se asignará un número de caso (siguiendo un estándar de generación de números identificativos, como incluir la fecha en formato *aaaammdd* y el número del caso del día, *xxx*, quedando por tanto el caso identificado como *aaaammddxxx*), un nombre de investigador y todas aquellas etiquetas necesarias para identificar la evidencia recogida.

Debe establecerse una diferencia entre la información recogida como parte de la gestión del caso y las notas tomadas por el DFIR durante su investigación. En general, las notas escritas por el DFIR contendrán algo más que hechos, resultando de gran ayuda posteriormente durante la investigación.

La integridad del escenario debe ser preservada, generalmente empleando cinta para escenario del crimen y garantizando que los dispositivos digitales sean manipulados de manera apropiada. En caso de colaborar en una investigación con las FCSE deberá el DFIR identificarse como tal ante ellos.

El DFIR deberá:

▼ Anotar todos los dispositivos que encuentre en la escena, su estado y ubicación.

▼ Fotografiar todos estos dispositivos para determinar su ubicación en el local y su estado (apagado; encendido, y lo que se ve en pantalla).

▼ Etiquetar unívocamente dichos dispositivos y sus conexiones.

▼ Fotografiar nuevamente toda la escena con los dispositivos y conexiones etiquetadas.

Por cada dispositivo que se encuentre encendido, el DFIR deberá anotar y capturar una imagen de las aplicaciones en ejecución. Si la pantalla del dispositivo no muestra información pese a encontrarse este encendido, se puede desplazar el dispositivo puntero (Ej. Ratón, *touchpad*) para quitar el protector de pantalla o hacer que el dispositivo salga del estado de suspensión.

1.3.4 Recopilación de evidencias digitales

Cualquiera que sea la evidencia digital que el DFIR pretende obtener del escenario debe ser en concordancia con la legislación vigente y/o las políticas corporativas existentes, empleando para ello procedimientos forenses seguros que garanticen la integridad del procedimiento de obtención de evidencias digitales.

En el caso de encontrarse el DFIR en el escenario con dispositivos no previstos (Ej. Memoria USB sobre la mesa) inicialmente durante la fase de planificación, deberá tener en cuenta que durante el transcurso de una investigación criminal necesitará en la mayoría de los casos una extensión de la orden judicial existente para que se incluya dentro del alcance de la investigación dichos dispositivos imprevistos.

Resulta una buena práctica examinar el escenario en busca de notas, *Post-it*, cuadernos (son lugares habituales donde podrían estar anotadas credenciales de usuario a distintos sistemas), dispositivos de almacenamiento ópticos (pudieran contener material multimedia constitutivo de delito o copias de seguridad del sistema o de la información del usuario), etc.

Incluso en escenarios domésticos, el DFIR deberá identificar la electrónica de red local existente (Ej. *Switches*, puntos de acceso inalámbricos) y dispositivos móviles. Además, otros dispositivos, como impresoras, pueden tener en caché información de los últimos documentos impresos.

Adicionalmente, el DFIR buscará aquellos dispositivos que deberían encontrarse en el escenario de la investigación pero que no se encuentran presentes (Ej. Se encuentra el manual de un dispositivo electrónico que no se encuentra en el escenario).

La doctrina legal del "fruto del árbol envenenado" (*fruit of the poisonous tree*) es una derivación de la doctrina de las reglas de exclusión consistente en la desestimación de cualquier medio probatorio obtenido empleando vías ilegítimas. No obstante, la doctrina del fruto del árbol envenenado no se refiere únicamente a las pruebas obtenidas de manera ilícita, sino que extiende sus efectos a cualquier prueba que directa o indirectamente y por cualquier nexo esté viciada, arrastrando sus efectos a todas aquellas pruebas relacionadas y derivadas. Es decir, mientras que las reglas de exclusión desestiman cualquier medio probatorio obtenido ilegalmente, con la doctrina del fruto del árbol envenenado se extienden sus efectos a todos aquellos medios que por alguna razón o nexo estén relacionados de manera directa o indirecta con la primera prueba viciada.

Un ejemplo sería la obtención de evidencias digitales del domicilio de un sospechoso sin disponer de la pertinente orden judicial. Estas evidencias se convertirían automáticamente en ilegítimas y, por tanto, su radical nulidad, conllevando que todas aquellas otras evidencias directamente relacionadas y derivadas en el procedimiento seguido fuesen también nulas de pleno derecho.

Otros ejemplos serían los supuestos de obtención de evidencias vulnerando el derecho a la intimidad, el secreto de las comunicaciones o la inviolabilidad del domicilio del sospechoso.

No obstante, esta doctrina está sujeta a cuatro excepciones y una evidencia envenenada será admitida ante el tribunal si:

- ⯈ Fue descubierta en parte como resultado de una fuente independiente no envenenada.

- ⯈ Habría sido descubierta inevitablemente pese a la fuente envenenada.

- ⯈ La cadena de causalidad entere la acción ilegal y la fuente envenenada se encuentra muy atenuada.

- ⯈ Excepción de la buena fe (*good-faith exception*). Esta excepción permite que las evidencias recopiladas violando los derechos de privacidad protegidos por la Cuarta Enmienda de la Constitución de los EE.UU. puedan ser admitidas ante un tribunal siempre que los agentes de la autoridad actuasen de buena fe, es decir, careciendo de motivo para dudar de la legalidad de la orden de registro utilizada.

1.3.5 Preservación de las evidencias

A la hora de obtener la evidencia el DFIR siempre debe recordar que el objetivo es preservar la evidencia. Por tanto, estas deben almacenarse en contenedores de almacenamiento apropiados y debidamente etiquetados (Ej. Bolsas de Faraday, bolsas anti ESD), comenzando así su cadena de evidencia.

Cada vez que una evidencia digital cambie de manos, este cambio deberá ser correctamente reflejado tanto en la cadena de custodia como en la cadena de evidencia. El correcto mantenimiento de estos dos formularios resultará vital para poder presentar la evidencia ante un tribunal, pues en caso contrario, se cuestionará su integridad.

1.3.6 Análisis de las evidencias

En el caso general, para garantizar la integridad de la evidencia original es necesario trabajar con una copia de la evidencia, y solo en casos excepcionales con el original (Ej. *Smartphone* encendido del que se quiera obtener información de oportunidad).

La copia debe ser realizada en un entorno medioambiental que garantice que el original no va a ser dañado (Ej. Cambios bruscos en condiciones de humedad, gradiente térmico). La copia debe ser segura desde un punto de vista forense, es decir, debe representar una copia exacta del original (copia bit a bit). El modo de demostrar que se realizó una copia segura es obtener el valor resumen (*hash*) de ambas evidencias (el original y la copia) y compararlos. Preferiblemente el valor resumen empleado será uno que garantice bajas colisiones (Ej. SHA-2).

Existen diferentes modos de analizar una evidencia digital. Por ejemplo, si la evidencia a analizar fuese un disco duro, un análisis físico realizaría sus búsquedas a nivel hexadecimal en los bloques del disco; en cambio, un análisis lógico examinaría la información a nivel sistema de ficheros.

Los análisis físicos permiten obtener información que no se encuentra accesible al realizar análisis lógicos. Por ejemplo, permite realizar búsquedas de palabras clave a través de los bloques físicos del disco, extraer archivos del disco empleando la técnica conocida como *carving*, y recuperar espacio libre en el disco. Un análisis lógico resulta muy útil a la hora de recuperar información del disco como el nombre, tamaño, tipo (Ej. PDF, JPG, EXE) y otros metadatos almacenados relativos al estado del sistema de ficheros (Ej. *Slack space*, espacio no asignado).

Una clasificación habitual de las diferentes formas en las que un DFIR puede analizar una evidencia digital es la siguiente:

▶ **Análisis temporal**. Determina la actividad a nivel de archivo ocurrida en el dispositivo en una determinada horquilla temporal, examinando diferentes archivos de eventos del sistema para correlar las actividades del sistema de ficheros con otras actividades.

▶ **Análisis de información oculta**. Busca información oculta ya sea en el sistema de ficheros o en partes del disco normalmente inaccesibles al acceso estándar del sistema de ficheros.

▶ **Análisis de aplicaciones y archivos**. Busca en el contenido de archivos, relaciona archivos con aplicaciones y actividad de aplicaciones con la creación y eliminación de archivos.

▶ **Análisis de propiedad y posesión**. Ayuda a identificar actividades relacionadas con la actividad de una determinada cuenta de usuario (Ej. Eliminado de archivos, modificación o intentos de cambiar el propietario de un archivo particular).

Normalmente, durante el transcurso de una investigación, se utilizarán varios o todos de estos modos de análisis para intentar contestar las 5WH.

Es importante señalar que, si durante el curso de una investigación criminal, se descubrieran evidencias de otra actividad criminal diferente, debería pararse inmediatamente el análisis y obtener la autorización pertinente para poder proseguir con esa línea de investigación (o transferirla, si fuera pertinente).

1.3.7 Presentación de informes de la investigación

Una vez completado el análisis de las evidencias, y en ocasiones durante el propio análisis, será necesario presentar un informe escrito con las conclusiones del análisis. Dependiendo del estado del avance de las investigaciones, se tratará de un informe preliminar o un informe final de la investigación. El informe final de la investigación será más completo, abarcando todas las evidencias recogidas y analizadas durante el caso; mientras que un informe preliminar únicamente hará referencia a las evidencias analizadas hasta la presentación de dicho informe preliminar.

A la hora de elaborar un informe, resulta de gran ayuda ir documentando cada paso del proceso de la investigación, pues reduce el tiempo necesario para elaborar el informe y evita omitir pasos que pudieran resultar de importancia a la hora de justificar el proceso investigativo.

La prioridad para el DFIR a la hora de redactar el informe será conocer la audiencia objetivo (destinatarios) del informe, especialmente si su perfil no es técnico. El informe debe ser una presentación sistemática, concienzuda e imparcial de los hechos averiguados durante la investigación.

1.3.8 Presentación de informes de la investigación ante un tribunal

En el caso de que el DFIR actúe como perito de parte ante un tribunal, es probable que tenga que presentar declaración ante dicho tribunal exponiendo las conclusiones del informe. Es muy probable también que la otra parte presente un contra análisis de la/s evidencia/s digitales, intentando ofrecer "otra visión de la misma realidad" o buscando argumentos para invalidar las evidencias presentadas (Ej. no se mantuvo toda la cadena de custodia o alegar que las evidencias pudieron ser de algún modo fabricadas o manipuladas).

1.3.9 Cierre del caso

Una vez que se da por concluida una investigación relacionada con un caso, se ha presentado el pertinente informe, e incluso se ha declarado ante un tribunal, no hay que dar por sentado que no se tendrá más relación con dicho caso.

En primer lugar, y especialmente en aquellos casos en los que se declara ante un tribunal, pueden existir servidumbres vinculadas a la confidencialidad de las investigaciones.

Resulta también de gran importancia para el DFIR realizar un análisis retrospectivo del caso y del modo en el que se llevó a cabo la investigación para obtener unas "lecciones aprendidas" del mismo. Una buena dosis de autocrítica permitirá ser más efectivo en casos futuros, especialmente cuando se detecten carencias (Ej. Material, formativas) durante el proceso de la investigación.

Finalmente, y como se comentó anteriormente, deben ser repuestos todos los materiales consumibles utilizados y sanitizar los dispositivos de almacenamiento empleados del kit forense del DFIR.

1.4 RAMAS DE LAS INVESTIGACIONES FORENSES DIGITALES

1.4.1 Introducción

Los aspectos técnicos de una investigación forense digital pueden subdividirse en varias ramas, conforme al tipo de dispositivo digital implicado en la investigación. Así, suele distinguirse entre forense de ordenadores (*computer forensics*), forense de dispositivos móviles (*mobile device forensics*), forense de red (*network forensics*) y análisis de *malware* (*malware forensics*).

1.4.2 Forense de ordenadores

Comprende la obtención y el análisis de evidencias físicas o lógicas encontradas en el hardware, sistemas operativos, sistemas de ficheros e información almacenada de servidores, equipos sobremesa, ordenadores portátiles y tabletas (*Microsoft Windows* y *Windows RT*). Según el sistema operativo del dispositivo a analizar suele subdividirse en:

▸ **Forense de *Windows* (*Windows forensics*)**. Comprende el análisis forense digital de aquellos equipos en los que se ejecutan sistemas operativos de Microsoft, tanto destinados al usuario (*Windows XP*, *Vista*, *7, 8* y *10*) como a servidores (*Server 2003, 2008, 2012, 2016* y *2019*). Debido a que en la actualidad los sistemas operativos de Microsoft son los más extendidos especialmente a nivel de usuario final, esta rama suele ser la que engloba el mayor número de casos de análisis en la mayoría de los entornos de trabajo.

▸ **Forense de Linux/UNIX (*Linux forensics*)**. La elevada cuota de mercado de sistemas operativos Linux/UNIX en servidores dedicados a prestar servicios en la nube (Ej. *Web hosting*) hace que la importancia de esta rama sea mayor en entornos empresariales.

▸ **Forense de *macOS* (*Mac forensics*)**. El porcentaje de equipos con este sistema operativo ha incrementado en los últimos años especialmente en entornos domésticos y orientados a la creación multimedia. Pese a tratarse de un sistema operativo UNIX modificado, debido a sus muchas peculiaridades se le considera una rama independiente de la anterior.

Según el tipo de datos almacenado, la información a analizar se clasifica en:

▸ **Datos no estructurados**. Comprende el análisis de la información presente en archivos de *log*, mensajería (Ej. Correos electrónicos, mensajería instantánea), documentos de texto y sitios web (E. *Blogs* y *microblogging*, redes sociales, *YouTube*).

▸ **Datos estructurados (*Forensic data analysis*)**. Comprende el análisis forense de información estructurada. Es decir, la información almacenada en bases de datos relacionales (Ej. Registros financieros, información logística), hojas de cálculo y credenciales de acceso a los sistemas. El análisis de esta información suele estar relacionado con crímenes de tipo financiero o análisis de intrusión. Su objetivo es descubrir y analizar patrones de actividades fraudulentas.

▸ **Contenido multimedia (*Forensic video analysis*)**. Comprende el examen científico, comparación y/o evaluación de contenido multimedia digital (audio, fotografía y/o vídeo) con fines legales.

▸ ***Big Data* (*Big Data analytics*)**. Se conoce como *Big Data* la combinación de cualquier tipo de información, ya sea estructurada, no estructurada o contenido multimedia. Este tipo de información resulta compleja de analizar por su velocidad de generación/tránsito, volumen y variedad de datos implicados, además de la diversidad de las fuentes origen. La localización de estas fuentes conlleva consideraciones transnacionales y el análisis de información proveniente de mensajería instantánea, correos electrónicos, etc. Tiene implicaciones de privacidad de datos.

1.4.3 Forense de dispositivos móviles

Comprende la obtención y el análisis de evidencias físicas o lógicas encontradas en teléfonos móviles, agendas electrónicas, *e-books*, *smartphones*, *wearables* (Ej. *Smartwatches*, *fit bands*), tabletas y dispositivos de geolocalización (Ej. Navegadores GPS manuales, vehiculares) y *drones*. Para ello debe disponerse, por un lado, de la capacidad de extracción física y/o lógica de evidencias digitales (memoria RAM y del almacenamiento interno y externo) del mayor espectro posible de sistemas operativos y sus diferentes versiones (Ej. *Symbian OS*, *Google Android*, *Apple iOS*, *BlackBerry OS*, *Tizen*). Por otro lado, debe disponerse de una herramienta software para el análisis de estas evidencias digitales, la cual debe ser capaz de leer los sistemas de ficheros del mayor espectro posible de sistemas operativos móviles, analizar los datos procedentes de la agenda de contactos (y la relación de éstos con el usuario del dispositivo), calendario, registro de llamadas, mensajería (Ej. Correo electrónico, SMS/MMS, *WhatsApp*, *Line*, *Telegram*, *Skype*), histórico de navegación web, redes sociales (Ej. *Facebook*, *Google+*) y *microblogging* (*Twitter*), contenido multimedia (Ej. Fotografías, vídeos), información de localización y *geotags*, recuperación de archivos borrados, *trip-logs* de dispositivos de geolocalización, detectar la presencia de *malware* en el dispositivo, etc. englobadas en lo que se conoce como *Internet artifacts*.

1.4.4 Forense de red

Orientado a la monitorización y el análisis del tráfico de las redes de datos con objeto de obtener información, adquirir pruebas legales o detectar una intrusión en la red. Al tratarse de información dinámica y volátil, la investigación debe tener un carácter proactivo.

1.4.5 Análisis de malware

De aplicación en todas las ramas anteriores. Comprende las actividades de ingeniería inversa necesarias para detectar la presencia de *malware* en un dispositivo, conocer su funcionamiento, evaluar los daños potenciales y/o producidos y determinar su autoría. Las aproximaciones más habituales son: análisis estático de *malware*, análisis dinámico de *malware*, y análisis *post-mortem*.

Análisis estático de *malware*

El análisis del código malicioso se lleva a cabo sin ejecutarlo. Las herramientas más empleadas son desensambladores, decompiladores, analizadores de código fuente, etc.

En aplicaciones con una cantidad de líneas de código reducida, permite conocer a priori su comportamiento en condiciones diferentes a las habituales, pues se pueden examinar fragmentos de dicha aplicación que normalmente no se ejecutarían.

Análisis dinámico de *malware*

El estudio de la muestra se realiza durante su ejecución. Las herramientas más empleadas en este tipo de análisis son *sandboxes* (entornos virtuales confinados donde se puede ejecutar y observar el comportamiento de muestras concretas de código malicioso), *debuggers*, trazadores de llamadas de función, analizadores lógicos, emuladores, capturadores de tráfico (*sniffers*) de red, y analizadores de protocolos de red.

La principal ventaja que proporciona este tipo de análisis es que, dependiendo de la muestra objeto de estudio, puede ofrecer una caracterización rápida y precisa. Su principal inconveniente es que el resultado del análisis sólo recogerá aquellas características de la muestra observadas directamente, pudiendo quedar parte de sus funciones adicionales ocultas. Esto es debido a que resulta complejo conseguir una ejecución controlada de todas las posibles rutas que puede seguir el flujo del código.

Además, esta aproximación permite el análisis completo del ciclo de vida del *malware* si se habilita en el entorno de estudio la conectividad de red. De este modo, el analista podría intentar seguir el rastro de los ciberataques a través de sus múltiples fases y diferentes vectores.

Análisis *post-mortem*

Este tipo de análisis se basa en el estudio del comportamiento de la muestra a partir de los artefactos generados en el sistema durante su ejecución. Este tipo de análisis suele ser el llevado a cabo tras un incidente de seguridad.

Ejemplos de actividades llevadas a cabo en este tipo de análisis serían la comprobación de los archivos de *log* de los accesos al sistema, modificaciones en el contenido de archivos o en los patrones de acceso a dichos archivos, archivos eliminados, información escrita en el espacio *swap* del sistema operativo, información *exfiltrada*, trazas de información todavía presentes en la memoria, etc.

La principal desventaja de este tipo de análisis es su total dependencia del grado de volatilidad de los diferentes artefactos forenses generados por la muestra y de la posible aplicación de medidas antiforenses por el atacante.

1.5 EL LABORATORIO FORENSE DIGITAL

1.5.1 Generalidades

Un laboratorio de análisis forense digital es el local donde el analista forense digital realiza sus investigaciones, almacena de forma segura las evidencias físicas y digitales y realiza la mayor parte de su trabajo. Por tanto, el laboratorio debe disponer tanto del espacio suficiente para ubicar los equipos de los puestos de trabajo de los analistas como de capacidad para almacenar de forma segura las evidencias hardware/software obtenidas hasta su destrucción una vez concluido su ciclo de vida.

Las instalaciones y el control de accesos al laboratorio deben garantizar que los analistas puedan llevar a cabo sus pesquisas sin exponer la integridad de la cadena de custodia de las evidencias que almacenan y analizan.

El laboratorio deberá diseñarse siguiendo los criterios de eficiencia de material y personal para poder desempeñar el amplio abanico de casos que puedan plantearse en los cuales haya que obtener y analizar evidencias digitales.

Por tanto, a la hora de diseñar el laboratorio se tendrán en cuenta tanto la disponibilidad presupuestaria como el tiempo necesario para la adquisición de nuevas capacidades o la acometida de actualizaciones para seguir el ritmo de los cambios tecnológicos.

1.5.2 Emplazamiento del laboratorio

A continuación, se enumeran algunos de los principales factores que deben ser tenidos en consideración a la hora de seleccionar la ubicación del laboratorio forense digital:

- Disponer de potencia eléctrica suficiente para operar los dispositivos necesarios. Considerar la necesidad de equipamiento adicional para garantizar el suministro eléctrico (Ej. Generadores de respaldo, SAI).

- Si el laboratorio se encuentra en un nivel del edificio superior a la planta baja, determinar si sería necesario disponer de un ascensor/montacargas para facilitar el transporte de grandes cantidades de evidencias electrónicas.

- Determinar el nivel de seguridad del edificio y del laboratorio, de modo que se pueda garantizar la seguridad física de los datos almacenados y de los investigadores.

- Determinar la resistencia de paredes, techos y suelos para resistir a daños físicos o medioambientales.

- Determinar el riesgo de inundaciones, incendios, desastres naturales y malestar social.

- Tomar las medidas de seguridad necesarias para minimizar los riesgos ante posibles ataques de grupos organizados motivados en la destrucción de las evidencias almacenadas.

▸ Determinar la capacidad de refrigeración disponible para garantizar el adecuado funcionamiento de los equipos en todas las épocas del año, aumentándola si fuera necesario.

1.5.3 Seguridad física del laboratorio

El laboratorio forense digital deberá garantizar la seguridad de las evidencias electrónicas custodiadas, del personal que trabaja en él, y del material que utiliza para trabajar. Entre las principales capacidades de seguridad física, deben ser tenidas en consideración las siguientes:

▸ Sistema de vigilancia. El sistema de vigilancia se utiliza para monitorizar las instalaciones frente accesos no autorizados. Deberá seleccionarse la mejor ubicación posible de las cámaras y un nivel de resolución de lente que garantice un nivel de seguridad máxima, siempre dentro del presupuesto.

▸ Control de accesos. El control de accesos se implementará, en función del presupuesto, empleando cerraduras y llaves, teclados electrónicos, tarjetas smartcard y/o controles biométricos.

▸ Sistema de control de incendios. El laboratorio debe disponer de un sistema de detección y extinción de incendios. El agente extintor seleccionado no debe provocar daños sobre el personal, el equipamiento o las evidencias electrónicas almacenadas.

▸ Protección de puertas, ventanas y paredes. De considerarse necesario, las ventanas deberán ser reforzadas con barrotes para prevenir accesos desde el exterior. Si el laboratorio tuviera paredes y/o ventanas de vidrio, deberán adoptarse medidas para que la información sensible no pueda ser vista desde el exterior.

▸ Provisionar las tomas de corriente necesarias. Deben instalarse suficientes tomas de corriente, fusibles y diferenciales para garantizar el normal funcionamiento y evitar picos de corriente eléctrica que pudieran producir un incendio.

▸ Suelo antiestático. La disposición de un suelo antiestático reduce el riesgo de posibles descargas electrostáticas que pidieran afectar a los empleados, el equipamiento o las evidencias digitales.

▸ Sistema de inhibidores radioeléctricos. Se recomienda la instalación de un sistema de bloqueo de señales de red (Ej. Jaula de Faraday, Inhibidor de frecuencias). Un inhibidor de frecuencias bloqueará cualquier señal de red, evitando así la posibilidad de que las evidencias digitales puedan verse alteradas o eliminadas. Esto es de especial relevancia en el caso de teléfonos móviles, *smartphones*, *wearables*, tabletas, ordenadores portátiles, etc. pues disponen de diferentes interfaces de red (Ej. 2G/3G/4G/5G, WiFi, Bluetooth, NFC). Deberá verificarse que el inhibidor de frecuencias no interfiera con otros sistemas del entorno.

▸ Sistema de refrigeración. Los dispositivos de trabajo del laboratorio generarán calor cuando son operados. Como el sobrecalentamiento puede provocar la pérdida de datos y daños en los equipos, deberá instalarse un sistema de refrigeración que permita controlar la temperatura del laboratorio. Además, deberá controlarse la temperatura de la sala de almacenamiento de evidencias y, si hubiere, la sala de servidores o el CPD.

▸ Almacenamiento de respaldo en una ubicación diferente. Cuando se dispone de servidores para el almacenamiento de datos, una buena práctica es realizar una copia de seguridad de esos datos en un servidor ubicado en otro emplazamiento alejado del laboratorio. De este modo, si se produjese un incendio o un desastre natural (Ej. Terremoto, riada), el almacenamiento de respaldo permitiría recuperar los datos. La disposición de un centro de almacenamiento de respaldo debe formar parte del plan de recuperación ante desastres (DRP, *Disaster Recovery Plan*) de la organización.

▸ Almacenamiento de datos a largo plazo. Tras su análisis las evidencias digitales deben almacenarse de modo que puedan ser posteriormente recuperadas y/o nuevamente analizadas con posterioridad como parte de un procedimiento judicial. El tiempo de almacenamiento de las evidencias digitales debe adecuarse a la normativa nacional donde se encuentre el laboratorio.

1.5.4 Tamaño y disposición del laboratorio

Los requisitos mínimos imprescindibles para trabajar en el laboratorio serán disponer de mesas y sillas para que los DFIR puedan llevar a cabo sus investigaciones. Adicionalmente, es deseable disponer de una mesa o tablero de grandes dimensiones donde depositar las evidencias para su registro, etiquetado, duplicado y precintado. Las evidencias digitales normalmente se almacenarán en un armario ignífugo, y las copias en papel de los informes forenses, en un archivador.

Si el volumen de evidencias digitales a procesar es elevado, frecuentemente se opta por desarrollar actividades específicas de manera separada para evitar tanto la contaminación cruzada como la pérdida de evidencias (Ej. Reservar un área para la recepción de evidencias).

En caso de necesitarse un servidor con una cabina de discos para almacenar las evidencias digitales, este se encontrará en el propio laboratorio o, de ser posible, en una sala dedicada debidamente securizada.

El acceso al laboratorio estará restringido, de modo que únicamente pueda acceder al laboratorio el personal conveniente habilitado.

Se reservará un área para el procesado y la clonación de evidencias digitales. Debe estar separada de la estación de trabajo del analista y próxima a la sala de almacenamiento de evidencias para minimizar su manipulación. No obstante, en laboratorios donde el espacio sea reducido, podrá optarse por utilizar una estación de trabajo forense con capacidad integrada de clonado de soportes de almacenamiento y un NAS para el almacenamiento de las copias de las evidencias digitales.

Ilustración 4. Ejemplo de estación de trabajo forense. Fuente: Sumuri.

Si se dispone de espacio suficiente, se habilitará una sala de reuniones y un despacho para el jefe del laboratorio.

Habitualmente, el laboratorio dispondrá de su propia LAN aislada, o una VLAN dedicada, reduciendo así el riesgo de infección proveniente de otras subredes o VLAN de la organización. Además, deberá disponer de una conexión a Internet sin filtrar, de modo que los analistas de *malware* puedan interactuar con la infraestructura IT empleada por los operadores de la campaña a la que pertenece la muestra de *malware* objeto de estudio. Esta LAN/VLAN forense deberá dotarse de ciertas medidas de seguridad y un sistema básico de almacenamiento de archivos de *log* de eventos de red y capacidad de detección de intrusiones.

1.5.5 Normativa aplicable a un laboratorio forense digital

La normativa *UNE-EN ISO/IEC 17025:2005 "Evaluación de la conformidad. Requisitos generales para la competencia de los laboratorios de ensayo y calibración"* establece en España los requisitos que deben cumplir los laboratorios de ensayo y calibración, siendo su principal objetivo la acreditación de la competencia de las entidades de ensayo y calibración.

Esta normativa es aplicada por los laboratorios de ensayo y calibración con objeto de demostrar que son técnicamente competentes y de que son capaces de producir resultados técnicamente válidos.

El transporte de evidencias almacenadas en dispositivos electrónicos, en tanto en cuanto no exista una legislación nacional o Directiva de la UE al respecto, se realizará en bolsas de Faraday, conforme a las directrices establecidas por la Corte Suprema de los EE.UU.

La cabina de flujo laminar para manipulación de dispositivos electrónicos deberá ser *Clase 100*, conforme a la normativa *Fed. Std. 209* y *BS 5295*.

1.5.6 Departamentos dentro del laboratorio forense digital

El amplio abanico de evidencias hardware/software a obtener y analizar y la específica preparación técnica que conlleva cada una de las ramas de las investigaciones forenses digitales invitan a dividir el laboratorio en departamentos, debiendo cubrirse cada uno de ellos por un analista especializado en la respectiva rama en el mejor escenario de plantilla posible.

Por tanto, un laboratorio podría estar constituido en los siguientes departamentos:

▶ **Forense de ordenadores**. Orientado a la obtención y análisis de evidencias procedentes de equipos (Ej. Servidores, terminales de usuario, ordenadores portátiles) y los datos almacenados en ellos. La obtención de datos del dispositivo a analizar puede implicar la recuperación física de dicho dispositivo.

▶ **Forense de dispositivos móviles**. Orientado a la obtención y análisis de evidencias procedentes de dispositivos móviles (Ej. Teléfonos móviles, *smartphones*, *wearables*) y de geolocalización y de los datos almacenados en ellos.

▶ **Forense de red**. Orientado al análisis masivo del tráfico de red de un entorno corporativo para determinar el origen y actividades acaecidas (Ej. Espionaje de las comunicaciones, control remoto de equipos, exfiltración, modificación o destrucción de información) durante un incidente de ciberseguridad.

▶ **Forense de *malware***. Orientado al análisis de dispositivos y software potencialmente maliciosos para determinar su origen, comportamiento y efectos potenciales en los sistemas TIC (Ej. Espionaje de las comunicaciones, control remoto de equipos, exfiltración, modificación o destrucción de información).

1.6 EVIDENCIAS DIGITALES

1.6.1 Introducción

Para poder ser utilizadas ante un tribunal, las evidencias digitales requieren ser objeto de un análisis forense detallado que confirme la existencia de un incidente, las causas que lo originaron, así como sus consecuencias. Para ello, se requiere que el DFIR realice una labor previa de localización de estas, para poder ser posteriormente analizadas conforme a una metodología forense.

A nivel nacional, puede recomendarse seguir la metodología expuesta en la *UNE 71506 "Metodología para el análisis forense de las evidencias electrónicas"*, de julio de 2013 (o sus posibles actualizaciones posteriores). Esta norma ha sido elaborada por el Comité Técnico *AEN/CTN 71 "Tecnología de la Información"*.

En esta norma se detalla una metodología para la obtención de resultados válidos en un procesado forense de las evidencias digitales. De esta forma, se pretende dar cumplida respuesta a la problemática causada por infracciones legales e incidentes informáticos acaecidos en entornos corporativos, ya que la obtención de evidencias digitales fiables y robustas ayuda a atribuir correctamente dichos hechos, pudiendo discernir si su causa tuvo como origen un carácter intencional o negligente por parte del usuario. Con dicha información se pretende conseguir ubicar de forma acertada los instrumentos, acciones, fines y demás parámetros concernientes a dichas conductas.

La información que puede ser investigada abarca el almacenamiento interno del dispositivo, la encontrada en los sistemas distribuidos y la ubicada en entornos virtuales, siempre y cuando esta información a analizar esté perfectamente localizada y ubicada en un espacio físico (*Where*).

1.6.2 Objeto y campo de aplicación

La *UNE 71506* tiene por objeto establecer una metodología para la preservación, adquisición, documentación, análisis y presentación de evidencias digitales.

Su ámbito de aplicación abarca cualquier organización con independencia de su actividad o tamaño. Además, este tipo de normas sirven de referencia tanto a los equipos de respuesta a incidentes y seguridad (IR Team, *Incident Responder Team*) como a los DFIR.

La presente norma se ha elaborado para definir el proceso de análisis forense dentro del ciclo de gestión de las evidencias digitales, complementando todos aquellos otros procesos que conforman dicho sistema de gestión de las evidencias digitales, según se describe en las partes de la Norma *UNE 71505*.

1.6.3 Términos y definiciones

La Norma *UNE 71505-1 "Tecnologías de la Información (TI). Sistema de Gestión de Evidencias Electrónicas (SGEE). Parte 1: Vocabulario y principios generales"* define como **evidencia digital** cada uno de los datos digitales recogidos en la escena de interés susceptibles de ser analizados con una metodología forense. Por su parte, una **muestra** es la parte representativa o significativa de una evidencia.

Se entiende por **información original** el conjunto organizado de datos que mantiene su integridad desde el inicio hasta el final del archivo o soporte informático que los contiene.

Se define como **cadena de custodia** el procedimiento de trazabilidad controlado que se aplica a las evidencias, desde el momento de su adquisición hasta su análisis y presentación final (ciclo de vida de la evidencia), el cual tiene como fin no alterar la integridad y autenticidad de estas, asegurando en todo este proceso que los datos originales no son alterados.

Se entiende por **clonado** el proceso de copia, realizada a bajo nivel y firmada digitalmente (mediante un algoritmo de resumen como MD5, SHA-1 o SHA-2), de la información original por el cual se traslada ésta a un nuevo soporte de almacenamiento digital, preservando la inalterabilidad de la información en el sistema o soporte de origen y asegurando la identidad total entre aquella y la extraída.

Una **imagen forense** es el producto de realizar un proceso de clonado de cualquier evidencia digital en un formato de archivo (Ej. RAW), sin tener en cuenta el soporte que la contiene.

El **entorno de análisis forense digital** es el lugar físico aislado del resto de actividades de la empresa u organismo donde se analiza la información digital, y que está dotado de los medios técnicos necesarios para poder llevar a cabo los trabajos forenses digitales. Dependiendo de la entidad de la organización, suele asociarse con la idea de laboratorio forense digital.

Un **informe pericial forense digital** es el documento donde se recoge y expone por escrito todas las tareas realizadas durante las diferentes fases del análisis forense digital, así como las tesis elaboradas a partir de las conclusiones extraídas durante la investigación en base a las evidencias encontradas.

Se entiende por **metadato** la información que describe el contenido de un dato. Los metadatos han cobrado gran relevancia debido la extensión del uso de Internet, por surgir la necesidad de utilizar los metadatos para la clasificación de la enorme cantidad de datos. Además, los metadatos pueden ayudar en la realización de búsquedas. Por ejemplo, si buscamos un artículo sobre vehículos, este dato tendrá sus correspondiente metadatos clave adjuntos, como cuatro ruedas, motor, etc. Otros ejemplos de usos de metadatos son las *metatags* en HTML, es decir, etiquetas con información sobre el propio documento web (Ej. Autor, editor, codificación); información en el propio sistema de ficheros (Ej. FAT, FAT32, NTFS, ext4, HFS); clasificaciones de contenido multimedia (fotografía, audio o vídeo).

Una **prueba electrónica** es la demostración en un procedimiento judicial de los hechos que fundamentan la aplicación de requerimientos formales, procesales y/o legales.

El *Registro* del sistema operativo es un conjunto de datos que almacena la información y configuraciones de todo el hardware, software, usuarios y preferencias. Por su parte, un **sistema de ficheros** recoge la organización lógica del almacenamiento de un dispositivo.

El concepto de **trazabilidad** hace referencia a la propiedad de la información de ser rastreada o reconstruida hasta su origen.

Se entiende por **virtualización** la emulación del funcionamiento del hardware, sistema operativo y aplicaciones de un dispositivo físico.

En general, se consideran como **artefactos volátiles** aquellos que se pierden al apagar o reiniciar el dispositivo objeto de la adquisición de evidencias. El orden de la adquisición de evidencias digitales en un sistema encendido viene determinado por el **orden de volatilidad** (*order of volatility*), que es el inverso de la persistencia, debiendo iniciarse el proceso con la recogida de los datos más volátiles (los menos persistentes) y finalizar con los menos volátiles (más persistentes). Puede tomarse como referencia el orden de volatilidad reflejado en la Tabla 2:

Orden de volatilidad	Artefacto	Modificación
Extrema volatilidad	Registros y caché del procesador.	Inferior a microsegundos.
Ultra volátil	Memoria RAM.	Microsegundos.
Muy volátil	Red (Ej. Tablas de enrutamiento, caché ARP).	Milisegundos.
Volátil	Tabla de procesos en ejecución, estadísticas del *kernel* del sistema operativo.	Segundos.
Volátil	Tráfico de red.	Segundos.
Volátil	Archivos temporales del sistema de ficheros.	Segundos.
No-Volátil	Sistema de ficheros del almacenamiento del dispositivo.	Minutos.
Estable	Configuración física, topología de red física.	Necesaria acción humana.
Estable	Cintas, disquetes, memorias USB, soportes ópticos (Ej. CD, DVD).	Años.

Tabla 2. Orden de volatilidad de las evidencias digitales.

Adicionalmente, el personal responsable de la recopilación de evidencias deberá tener en cuenta otros factores como: la efectividad, entendida como la probabilidad de que un dispositivo contenga información útil para la investigación; el nivel de esfuerzo, o recursos empleados para recopilar las evidencias, especialmente el tiempo necesario para extraer la evidencia (Ej. Extraer toda la información almacenada en una cabina de discos); la compatibilidad, o tiempo necesario para lograr los prerrequisitos para extraer las evidencias de un dispositivo; el nivel de pericia del propio personal para llevar a cabo la tarea; la alimentación del dispositivo (Ej. Batería restante, posibles caídas de tensión), por si se considera oportuno utilizar baterías externas para mantener el dispositivo encendido; la conectividad, pues los dispositivos conectados a redes cableadas o inalámbricas pueden ser manipulados remotamente para destruir las evidencias en almacenadas en ellos; o la aplicación de otras medidas antiforenses cuya intención sea denegar la extracción o destruir las evidencias.

1.6.4 Preservación de la evidencia

El análisis de la información digital exige preservar las evidencias originales para que éstas no pierdan en ningún momento su validez y confiabilidad, garantizando también la reproducibilidad de los estudios efectuados por cualquier entorno de análisis forense o laboratorio designado para su análisis, caso de existir contraanálisis o contrapericias sobre esta misma información.

Toda organización debe tener en cuenta los siguientes principios a la hora de interactuar con las evidencias digitales a las cuales se les pueda realizar un análisis forense:

   ▸ Poseer protocolos detallados que aseguren la integridad de las evidencias objeto del estudio forense, de tal forma que se evite la manipulación de estas de manera intencionada (*tampering*), o por los efectos de descargas electrostáticas, campos electromagnéticos o la conexión accidental a redes inalámbricas.

   ▸ El personal técnico encargado de una primera respuesta sobre las evidencias objeto de estudio debe poner especial cuidado en su almacenamiento en soportes adecuados para, además de garantizar esta integridad, poder preservar posibles evidencias físicas (Ej. Huellas dactilares, tejidos celulares, fluidos corporales) presentes en los soportes digitales.

▶ El personal técnico debe manipular las evidencias con la indumentaria adecuada, especialmente adaptada para evitar descargas electrostáticas, así como ser conscientes de que no deberían portar equipos que puedan crear señales de radiofrecuencia y alterar el espectro radioeléctrico de la escena de interés, lo cual lleva en ocasiones a la necesidad de utilizar soportes estancos o aislados (Ej. Bolsas de Faraday) que eviten las interferencias externas que puedan modificar los datos originales.

Simultáneamente a los principios de actuación anteriores, el personal técnico encargado de la preservación de las evidencias electrónicas debería llevar a cabo las siguientes pautas:

▶ Proceder a precintar y sellar en soportes adecuados todas las evidencias encontradas, hasta que se active su análisis por los peritos o especialistas designados para dicho cometido dentro del laboratorio o entorno de análisis forense, poniendo especial atención en los dispositivos que requieran estar alimentados por una fuente de energía externa.

▶ Todas las evidencias o muestras por analizar, y hasta que se finalice la pericia correspondiente, se deben almacenar en un lugar seguro dedicado a tal fin, siempre y cuando los medios así lo permitan, y en ausencia de dicho lugar, en una caja fuerte en el mismo entorno de trabajo.

1.7 ADQUISICIÓN DE EVIDENCIAS DIGITALES

1.7.1 Inteligencia digital y recolección de evidencias de un escenario

La inteligencia digital y la recopilación de evidencias, como parte de la explotación de información disponible en un escenario, representan una nueva aproximación del método de procesar información de modelos de la amenaza móviles, sociales, virtuales y colaborativos.

Conforme a la publicación del Ejército de los EE.UU. *ATP 3-90.15 "Site Exploitation"* de 2015, la explotación de información de un escenario está compuesta por explotación táctica (*tactical exploitation*) y explotación técnica (*technical exploitation*).

Se entiende por explotación táctica el conjunto de actividades desarrolladas en un escenario o sus proximidades. Estas actividades permitirán detectar, recopilar y procesar el material de forma efectiva. La explotación del material recopilado permitirá contestar los requisitos de información y facilitar nuevas operaciones.

Por su parte, se entiende por explotación técnica el conjunto de actividades llevadas a cabo en entornos seguros (Ej. Un laboratorio forense en las dependencias de las FCSE) y con capacidades de procesado avanzadas.

Esta publicación también describe la utilización de procedimientos forenses para que las tareas de identificación y recolección de evidencias apoyen las fases de análisis y difusión de información del ciclo de *targeting* F3EAD (*Find, Fix, Finish, Exploit, Analyze, Disseminate*).

Ilustración 5. Ciclo F3EAD. Fuente: CCDCoE.

A medida que evolucionan las capacidades de explotación táctica de un escenario, el personal responsable de la recopilación de evidencias debe a su vez mejorar sus capacidades técnicas sobre el terreno, entre las que se encontrarían:

- Técnicas de búsqueda.
- Biometría.
- Forense.
- Explotación de documentos y soportes de información (Ej. Citas de vídeo, DVD, discos duros).

Desde un punto de vista del ciclo de *targeting*, los soportes de información digitales encontrados en un escenario son fuentes potenciales de evidencias que ofrecerán actividad C2 (*Command and Control*) con nodos de las redes del adversario (*proxies*). Si se realiza un interrogatorio a táctico concienzudo a los detenidos, podrían obtenerse pistas que condujeran a la atribución de cuentas en redes sociales desde las cuales se llevan actividades encubiertas de C2. Una operación de vigilancia de la ubicación de los *proxies* podría generar nueva inteligencia y nuevas intervenciones en diferentes escenarios, lo que a su vez proporcionará nuevas evidencias y más inteligencia.

La explotación de información de un escenario está compuesta por las siguientes cinco actividades fundamentales:

- ▶ Detección.
- ▶ Recolección.
- ▶ Procesado.
- ▶ Análisis
- ▶ Difusión.

Estas actividades proporcionan la metodología que deberá adoptarse durante la recolección de soportes de información y de dispositivos electrónicos de telefonía móvil en el escenario.

1.7.2 Retos de la recogida de evidencias digitales

Cada vez es mayor el número de escenarios en los cuales deben intervenirse equipos electrónicos y soportes de información digital por su relevancia para una investigación en curso, o para explotar la información almacenada en ellos. Estos dispositivos y soportes de almacenamiento deberán ser adecuadamente identificados, conservados y asegurados para poder ser explotados o utilizados durante un proceso legal.

La información digital es inherentemente volátil debido a la complejidad de su estructura y la fragilidad del almacenamiento en la que se encuentra. La corrupción de unos pocos bits de información puede inhabilitar la correcta extracción del resto de la información almacenada. Además, para no contravenir la normativa de admisibilidad ante un tribunal, las evidencias digitales tendrán que ser presentadas de manera conveniente.

Cuando se manipulan evidencias digitales deben aplicarse los siguientes procedimientos forenses:

- ▶ Recolectar, securizar, y transportar las evidencias digitales de tal forma que no puedan ser alteradas.

- ▶ Las evidencias digitales deberán ser procesadas únicamente por personal cualificado para realizar esa tarea.

- ▶ Todas las tareas llevadas a cabo durante la incautación, transporte y almacenamiento de evidencias digitales deberán ser correctamente documentadas, almacenadas y encontrarse disponibles para su revisión.

El personal que recopila evidencias deberá detectar con rapidez y precisión todas las potenciales fuentes de evidencias (Ej. Contenido de la memoria RAM, tráfico de red, soporte de almacenamiento) y priorizar adecuadamente el orden de recopilación de evidencias conforme a su potencial criticidad y a su orden de volatilidad. Una vez recopiladas las evidencias, deberá garantizarse su integridad a lo largo del ciclo de vida de la evidencia.

1.7.3 Triaje de evidencias en un escenario

El personal responsable de la recopilación de evidencias en un escenario debe seguir un conjunto de principios que faciliten la búsqueda e incautación de información digital y dispositivos electrónicos. El CCDCoE (NATO *Cooperative Cyber Defence Centre of Excellence*) propone las siguientes fases, si bien el orden o el lugar para llevarse algunas de ellas quedarán al criterio del personal responsable de la recopilación de evidencias en el escenario. A modo de ejemplo, podría priorizarse la recopilación de evidencias volátiles sobre la documentación si se considera que la información de interés podría encontrarse en riesgo de no poder ser obtenida si se demora la acción.

Reconocimiento (*scan*)

▸ Examen visual del escenario para identificar todos los dispositivos electrónicos y soportes de almacenamiento existentes (Ej. Ordenadores sobremesa, ordenadores portátiles, servidores, soluciones RAID de almacenamiento, NAS inalámbricos, reproductores de música, memorias USB, discos duros externos, CD/DVD/Blue-Ray, teléfonos móviles, *tablets*, *wearables*, dispositivos GPS, videoconsolas, televisiones inteligentes, impresoras). Deberá tenerse en cuenta la posible aplicación de medidas antiforenses para ocultar dispositivos y/o soportes de almacenamiento (Ej. Numerosos objetos comunes sirven para ocultar memorias USB, como navajas suizas u objetos de *merchandising*).

▸ Examinar el área en busca de la presencia de redes cableadas y/o inalámbricas. Utilizar la información obtenida para descubrir otros dispositivos actualmente conectados, u otros que podrían estar temporalmente desconectados o apagados. En ocasiones, los dispositivos detectados podrían encontrarse ocultos a la vista. En el caso de las redes cableadas, bastará con seguir cada cable desde la boca del switch al dispositivo. En el caso de las redes inalámbricas, el límite de propagación de la señal limitará el área en la cual se encuentra el dispositivo. Deberá tenerse en cuenta la posible aplicación de medidas antiforenses para crear redes falsas.

Identificación (*identify*)

- Identificar los dispositivos electrónicos, los soportes de almacenamiento, la electrónica de red y los conectores.

- Identificar los dispositivos que se encuentran conectados a alguna red, ya sea interna o externa.

- Examinar los dispositivos en busca de cualquier posible daño físico.

- Identificar posibles trampas, *kill switches* o cualquier otro tipo de dispositivo que pueda representar una técnica antiforense. En determinados escenarios, no deberá descartarse la posible presencia de bombas trampa (*booby-traps*) con la intención de atentar contra la integridad física del personal de FCSE o FAS.

Documentar (*document*)

- Registrar documentalmente cualquier tipo de daño físico apreciable en los dispositivos o soportes de almacenamiento.

- Documentar gráficamente (Ej. Vídeo, fotografía) el escenario del cual se recogen los dispositivos y soportes de almacenamiento. Del mismo modo, deberá también documentarse las partes frontal y trasera de los dispositivos que serán incautados, anotando cualquier evidencia física (Ej. Conectores, cables, *dongles*, soportes de almacenamiento) antes de ser retirados.

- Se limitará la interacción con los dispositivos, salvo que esta esté previamente planificada.

- Utilizar etiquetas que incluyan las credenciales del personal que realizó la recogida de evidencias (Ej. Número identificativo, iniciales), marcando adicionalmente los dispositivos con cinta de evidencias para su correcta identificación visual.

- Generar listados del contenido de cada contenedor empleado para transportar las evidencias y sellarlos convenientemente con cinta de evidencias siempre que sea posible.

- Documentar gráficamente todas las actividades llevadas a cabo y mantener la cadena de custodia.

Securizar (*secure*)

▸ Preservar cualquier material impreso o evidencia en papel.

▸ Determinar si los dispositivos se encuentran apagados o encendidos. Cuando se encuentren encendidos, la pantalla podría contener información de interés, debiendo entonces ser documentado gráficamente. En caso contrario, deberá tratar de identificarse luces o sonidos que indiquen la presencia de dispositivos encendidos.

▸ Intentar acceder al contenido de datos con un alto índice de volatilidad. En ocasiones, podrían haberse empleado técnicas antiforenses para evitar el volcado del contenido de la memoria RAM del dispositivo.

▸ Apagar los dispositivos únicamente si es estrictamente necesario (Ej. Extracción de los soportes de almacenamiento de un ordenador) y anotar la fecha y hora de su apagado.

▸ Preservar la integridad de los dispositivos electrónicos y los soportes de almacenamiento incautados transportándolos en cajas rugerizadas, bolsas de Faraday, bolsas antiestáticas o paños de algodón.

Mantener la presencia (*sustain*)

▸ En determinados escenarios, la acción principal consistirá en la instalación de software en los dispositivos que permita controlar la actividad de su usuario sin su conocimiento.

▸ Utilizar la conexión a Internet del dispositivo o crear un canal de comunicación temporal para extraer los datos de interés almacenados en los dispositivos digitales.

▸ Emplear redes inalámbricas y otras tecnologías de comunicación acordes al escenario.

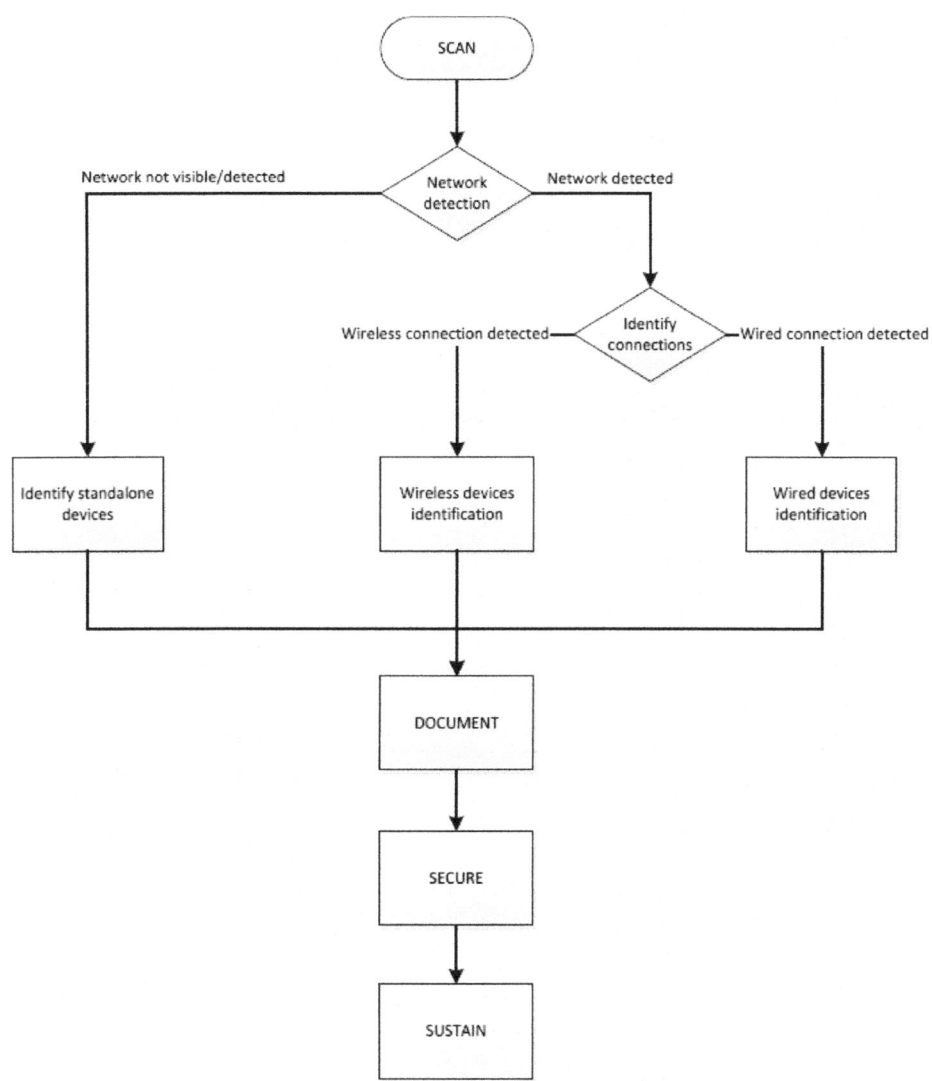

Ilustración 6. Recolección de evidencias digitales. Fuente: CCDCoE.

El organigrama de recolección de evidencias digitales representado en la Ilustración 6 puede ser ampliado en caso de detectarse medidas antiforenses a otro como el representado en el organigrama de la Ilustración 7.

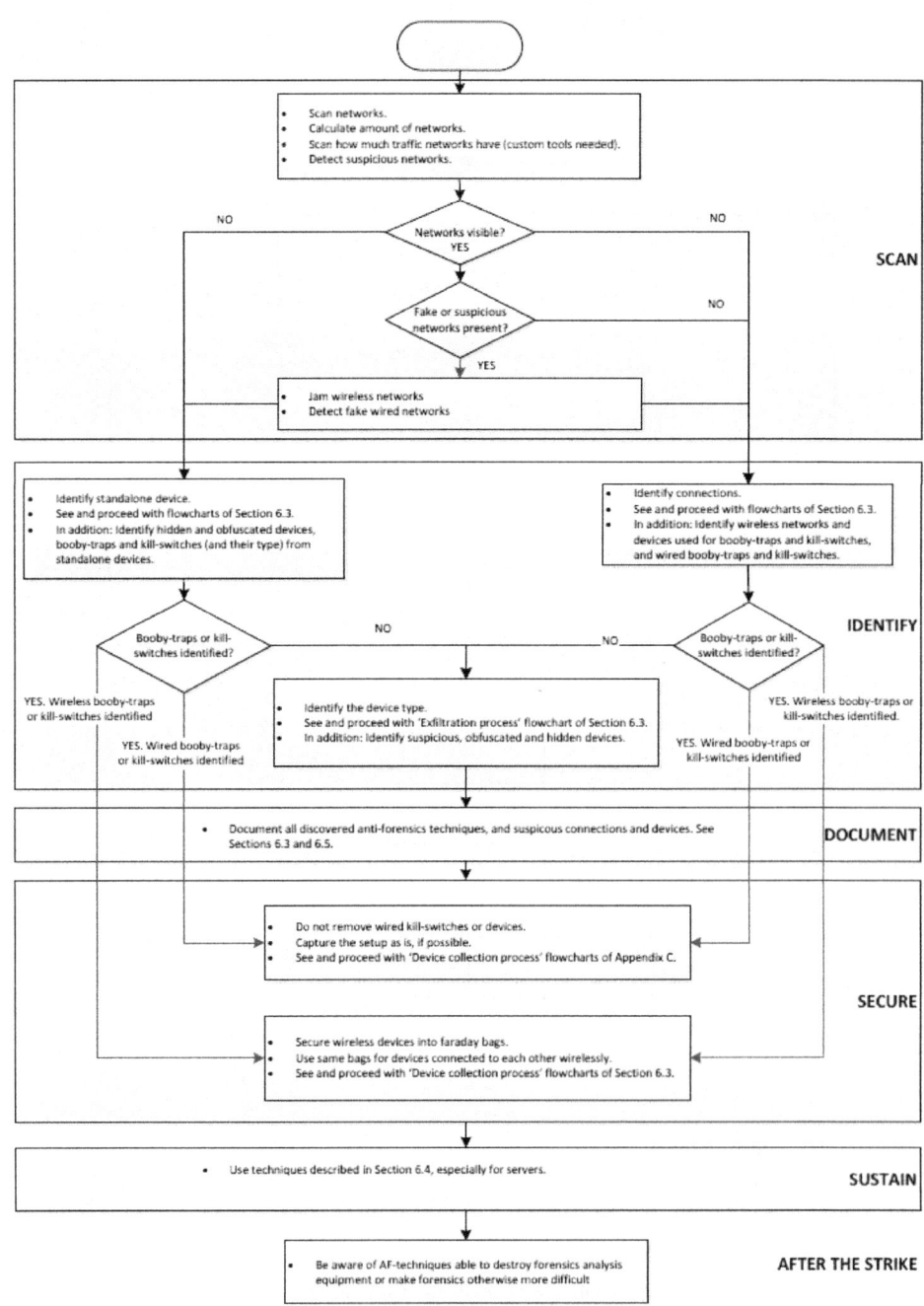

Ilustración 7. Recolección de evidencias digitales en escenarios donde se aplican medidas antiforenses.
Fuente: CCDCoE.

1.7.4 Proceso de adquisición de evidencias digitales

El proceso de adquisición o captura forense de las evidencias digitales debe incluir, según los casos:

- Un clonado forense;
- La realización de imágenes completas o lógicas de la información de interés.

A tal fin, se debe seguir un procedimiento documentado por cada organización, de tal forma que se asegure que es reproducible y repetible.

Para la adquisición forense de los datos de interés almacenados en los distintos soportes digitales se distinguen en esta norma dos situaciones:

- La adquisición de información de dispositivos apagados (*muertos*);
- La adquisición de información de dispositivos encendidos (*live*), donde la aplicación de métodos intrusivos, aunque sean mínimos, puede comprometer de algún modo la integridad de la información original a investigar.

En el caso de que la organización no contase en el emplazamiento con un equipo de adquisición de evidencias especializado, es recomendable que el equipo de adquisición actuando como primer escalón de respuesta cuente con al menos con dos personas y que se asista, en su caso, de otro personal técnico especializado.

En todo caso, los técnicos que vayan a realizar la adquisición de evidencias digitales deben estar previamente debidamente autorizados por la organización propietaria del sistema. En el caso de personal externalizado, debe existir un contrato de servicio previamente firmado entre las partes, y en el caso de técnicos internos o en plantilla de la empresa, éstos deben disponer de una autorización escrita por una persona autorizada por la organización, que deje constancia de que los técnicos involucrados en la adquisición actúan por cuenta y mandato de la organización.

En todos los casos, para asegurar la independencia de las actuaciones forenses, se recomienda la presencia de un fedatario público (Ej. Secretario judicial, notario) o de terceros independientes (Ej. Delegados sindicales, peritos terceros) que den fe de este proceso. En determinadas investigaciones corporativas, la adquisición de evidencias digitales tendrá que realizarse en presencia del propio usuario del dispositivo (y quizás este pueda requerir la presencia de un abogado de parte durante el proceso, o el ya mencionado representante sindical, o ambos). Se recomienda también, siempre que sea posible, realizar la grabación en vídeo (con *timestamp*) de todo el proceso de recogida y clasificación de evidencias.

El personal encargado de la adquisición de evidencias digitales debe seguir un procedimiento de adquisición documentado y aprobado previamente, utilizando además herramientas de hardware y software reconocidas en el ámbito forense (a ser posible, certificadas por un organismo de reconocido prestigio, como el Departamento de Justicia de los EE.UU.), dejando constancia documental o telemática, a su vez, de los pasos básicos realizados y la metodología seguida en dicha adquisición, que deben ir acompañados del correspondiente historial temporal, asegurando así la cadena de custodia.

Es recomendable que el personal técnico encargado de efectuar la adquisición de la información almacenada en los distintos equipos y dispositivos objeto de investigación sea previamente informado y conozca la política de seguridad que posee la organización, especialmente en lo relativo a los cuatro aspectos siguientes:

- **Control de acceso a dispositivos**. Permite acceder a los dispositivos con los privilegios necesarios. El personal de la organización no sólo tiene que acceder al local donde se ubica el dispositivo, sino autenticarse para poder acceder al propio dispositivo (o a un entorno en red desde dicho dispositivo), ya sea empleando un único factor de autenticación (Ej. usuario/contraseña, factor biométrico, *token* RFID) o uno múltiple (Ej. *token* RFID+ PIN, factor biométrico+ PIN).

- **Existencia de un registro de eventos**. Es buena práctica de seguridad lógica que las organizaciones que dispongan de registro de eventos lo centralicen con todas aquellas operaciones que se determinen conforme a sus políticas de seguridad.

- **Calendario de auditorías**. Conocimiento del plan de auditorías internas y externas periódicas que garanticen que la seguridad de la información de la organización no se encuentra comprometida con la tecnología vigente en ese momento.

- Conocimiento del sistema de gestión y control de las copias de seguridad de los datos, así como saber la ubicación de los soportes donde se lleva a cabo.

Si el lugar del incidente está delimitado físicamente, el personal técnico debe adoptar, como mínimo, las siguientes precauciones antes de proceder a la correcta adquisición forense de la información o datos de interés:

1. Aislar la escena de personas no autorizadas, alejando a todos los operarios de los dispositivos ubicados en dicho lugar.

2. Identificar al administrador de los distintos sistemas IT, caso de tener que solicitarse su soporte técnico.

3. Si el dispositivo está encendido, no apagarlo y si está apagado, no encenderlo, como medida preventiva hasta que se decida qué tipo de adquisición se llevará a cabo de las evidencias comprometidas. Si el dispositivo está encendido, conviene obtener grabación en vídeo, realizar fotografías y/o anotar por escrito lo que se visualiza en la pantalla del dispositivo.

4. Buscar en el entorno que rodea al dispositivo cualquier tipo de nota manuscrita o impresa que pudiera estar asociada a credenciales de acceso a los dispositivos (Ej. *Post-it*, agendas personales, un archivo de texto en el escritorio del sistema operativo) y manuales técnicos de los dispositivos involucrados.

5. Siempre que sea posible, documentar mediante grabación en vídeo y/o fotografiar la escena de interés, anotando detalladamente la posición original de los distintos equipos con el cableado correspondiente y sus periféricos (Ej. Módem, impresoras, *routers*, cámaras del circuito CCTV que pudieran encontrarse en el local), haciendo especial mención a los puertos o salidas estándar a las que se encontraban conectados, con vistas a una posible reconstrucción posterior en el laboratorio o entorno forense donde se analizarán las evidencias.

6. Etiquetar convenientemente todos los dispositivos y el cableado asociado con las evidencias de interés. Las etiquetas deben colocarse en lugares no relacionados con elementos mecánicos de los dispositivos, de manera que queden visibles sus números de serie u otros datos de relevancia para su correcta identificación.

7. Localizar todos los dispositivos inalámbricos que permitan conectividad radioeléctrica en la zona, tanto los públicamente visibles (Ej. En WiFi, emiten en abierto su SSID) como los que operan ocultando su identificador, determinando la banda de frecuencias y canales empleados. Si la escena lo recomienda, deben activarse equipos que inhiban a la misma de interferencias radioeléctricas externas (*jammers*).

8. Prestar especial atención para no desconectar las fuentes de alimentación cuando las evidencias estén almacenadas en soportes volátiles (Ej.

Memoria RAM, conexión de red). En el caso de equipos dependientes de baterías (Ej. Tabletas, teléfonos móviles, ordenadores portátiles), se deben mantener, en la medida de lo posible (el equipo de recogida de evidencias deberá disponer del kit más amplio posible de conectores para maximizar la gama de dispositivos compatibles), en perfecto estado de carga.

9. En los distintos dispositivos digitales, conviene revisar todos los sistemas multimedia incorporados a los mismos, por si hubiese algún dispositivo adicional de almacenamiento digital introducido en ellos (Ej. Un soporte óptico en el lector óptico, una tarjeta SD en el lector de tarjetas de memoria).

Igualmente, conviene no desvincular los soportes digitales de almacenamiento (Ej. Cintas de grabación, cintas de datos, discos duros) de los equipos en los que operan (Ej. Audiodiscos, sistemas CCTV) pues, en muchos casos, dichos soportes vienen asociados al equipo correspondiente. En caso de tener que realizar un análisis forense de la información de los datos en ellos almacenados, es preciso efectuar este proceso únicamente en el equipo contenedor, y no en otro de similares características o serie ubicado en el laboratorio o entorno forense.

En los sistemas que estuvieran conectados a una red cableada o inalámbrica, el personal técnico debe determinar dónde se encuentra el lugar de almacenamiento de la información de interés, discriminando entre almacenamientos homogéneos (Ej. NAS) y distribuidos (Ej. Almacenamiento *en la nube* ofrecido por un proveedor de servicios, como *Dropbox*, *Google Drive*, *Microsoft OneDrive*).

1.7.5 Dispositivos apagados

Durante el proceso de adquisición forense de la información almacenada en un dispositivo apagado se deben seguir unas recomendaciones básicas, como son las siguientes:

 ▶ Antes de comenzar el proceso de clonado forense (copia bit a bit, es decir, una copia íntegra de los datos del sistema de almacenamiento del dispositivo original) de la evidencia, el soporte de almacenamiento destino debe ser sometido a un proceso de borrado seguro y estar dentro de su ciclo de vida útil. Dicho soporte debe estar libre de cualquier tipo de información previa. Idealmente, y en aquellas corporaciones con mayores recursos económicos, será un dispositivo de almacenamiento "a estrenar" (es decir, que desde su fabricación hasta su utilización para el clonado forense no haya sido utilizado).

▼ Utilizar *write blockers* (dispositivos que manipulan la evidencia original en modo solo lectura), evitando que se puedan producir modificaciones en ella durante el proceso de clonado forense.

▼ Efectuar un resumen digital (*hash*) de la información contenida en el soporte de almacenamiento original de forma simultánea al proceso de clonado u obtención de la imagen a bajo nivel, utilizando uno o varios algoritmos resumen que garantice una baja colisión (Ej. SHA-1, SHA-2).

▼ Efectuar el cálculo del valor del *hash* de la información contenida en el soporte destino donde se realizó el clonado forense utilizando los mismos algoritmos de resumen empleados con la evidencia original.

▼ Comprobar que los valores de los *hashes* obtenidos de la evidencia original y de la copia forense coinciden, lo cual garantiza la integridad de los datos almacenados en la copia forense. Esta integridad de la información almacenada en la copia forense permitiría realizar a partir de ella posteriores copias forenses o imágenes siguiendo el procedimiento descrito.

Finalizado el proceso anterior, los soportes de información originales deberán volver a ser precintados junto con los equipos donde se encontraban instalados, quedando igualmente almacenados en el recinto o área dedicados expresamente para tal fin.

Extracción de evidencias de dispositivos móviles apagados

En el caso concreto de los dispositivos de telefonía móvil, *phablets*, tabletas y *wearables* con conectividad a través de redes de telefonía móvil, etc., se debe proceder además a la extracción de la información almacenada en la tarjeta SIM (Ej. Contactos, SMS) siempre y cuando se disponga del número PIN o PUK correspondiente. Si no es así, se debe solicitar el número PUK de la operadora de telefonía propietaria de la tarjeta a través de la correspondiente autorización judicial tomando como referencia el número ICCID de dicha tarjeta SIM.

También existe información en el terminal móvil, para lo cual se debe efectuar una copia a bajo nivel de los datos obrantes en la memoria o memorias internas del dispositivo móvil como puedan ser los archivos de audio, imágenes, etc.

De toda la información extraída de la tarjeta SIM y de las memorias del terminal móvil debe realizarse un *hash* de su contenido para así garantizar la no alteración de los datos extraídos, caso de tener que efectuar más copias o imágenes de éstos.

1.7.6 Dispositivos encendidos

La obtención de evidencias forenses digitales de dispositivos encendidos, o "en vivo" (*live*), comprende el conjunto de acciones a llevar a cabo en aquellos dispositivos que se encuentran en funcionamiento en el momento de su intervención por el equipo de primera respuesta.

La principal ventaja de este escenario con respecto al escenario de obtención de evidencias de dispositivos apagados es la posibilidad de obtención de información de carácter volátil (es decir, no persistente), la cual desaparece con el apagado o el reinicio del dispositivo.

Otra de las principales ventajas de este método de análisis forense es precisamente su pequeño impacto en la operatividad del sistema (Ej. no existe tiempo de caída del sistema; esta característica es de especial importancia a la hora de extraer información de sistemas críticos) durante el proceso de obtención de evidencias digitales.

La adquisición de evidencias en este caso debe realizarse desde el propio sistema operativo en ejecución del dispositivo, intentando minimizar al máximo la alteración o impacto en el sistema, con vistas a su análisis posterior, pudiendo entonces emplearse la metodología utilizada con los dispositivos apagados.

Esta cualidad puede ser especialmente importante según el entorno del cual haya que obtener la información de interés, a la par de que permite recuperar información que únicamente está disponible en la memoria RAM o volátil.

Para intentar asegurar la validez forense de estas evidencias, dejando claro que toda adquisición de un sistema en funcionamiento conlleva el uso de técnicas intrusivas, se deberían seguir las siguientes recomendaciones:

▼ El personal técnico encargado de la adquisición de evidencias debe documentar perfectamente todos los procesos efectuados.

▼ Estas técnicas no permiten su reproducibilidad. Es decir, el contenido de la memoria es dinámico, los archivos temporales, el registro del sistema operativo, etc. Las capturas de evidencia en vivo son equiparables a *fotografías* del estado del sistema en el momento que se realiza la adquisición de las evidencias. Por tanto, la validez de los resultados obtenidos ante un tribunal dependería en gran parte de la correcta justificación en el informe pericial.

▶ El informe debe detallar la metodología seguida para la adquisición efectuada en los sistemas en funcionamiento, así como si se ha minimizado al máximo dicho efecto intrusivo utilizando dispositivos hardware adecuados, o vía software, activando comandos perfectamente conocidos (Ej. *Scripts* validados para los procesos de obtención de la organización), caso del acceso a los datos de la evidencia a través de un entorno remoto.

En estos casos, el cálculo del valor del *hash* es dinámico. Según el instante temporal en que se efectúe el cálculo del resumen, se obtendrá un resultado diferente. No obstante, es una buena práctica generar el *hash* de la evidencia digital generada, pues permite identificar de forma única la evidencia, garantizando así la posibilidad de contrastar la integridad de cualquier copia que se realice de la evidencia digital adquirida con posterioridad.

El responsable técnico de la obtención de evidencias deberá prestar especial atención ante la posible presencia en el dispositivo de medidas antiforenses (Ej. Esteganografía, discos con cifrado *full-disk*), y/o en las investigaciones donde el dispositivo a investigar pudiera existir una infección por *malware*.

El responsable técnico de la obtención de evidencias deberá utilizar su propio kit de herramientas del sistema (versión portable, a ser posible) para soslayar una posible contaminación de la adquisición de evidencias si se hiciese uso de las propias herramientas instaladas en el sistema operativo del dispositivo a analizar en el caso de que se encontrase comprometido por algún tipo de *malware*.

Extracción de evidencias "en vivo" de dispositivos móviles

Por su parte, la adquisición de evidencias en vivo procedentes de dispositivos móviles se ve afectada por la peculiaridad de estos dispositivos de poder interactuar con redes inalámbricas (Ej. WiFi, *Bluetooth*) y/o de telefonía móvil (Ej. GSM, 3G, 4G). Por este motivo, los dispositivos móviles deben ser protegidos o aislados electromagnéticamente de la manera pertinente (Ej. Bolsa de Faraday, jaula de Faraday) para garantizar que durante su manipulación no puedan conectarse utilizando sus interfaces de red a las citadas redes. De esta forma se evita que una manipulación accidental por parte del equipo de obtención de evidencias o maliciosa en remoto por parte del propietario del dispositivo (o el agente malicioso que lo controla a través de un servidor de mando y control) pueda dañar o destruir la información almacenada en el dispositivo.

Una buena praxis de obtención de evidencias de dispositivos móviles encendidos consiste en seguir las recomendaciones siguientes:

- ► Realizar un proceso de copia o clonado de las partes accesibles de la tarjeta SIM original, empleando para ello un lector de tarjetas con su software específico, y se debe proceder seguidamente a introducir esta tarjeta clon en el dispositivo móvil. Reseñar que la tarjeta clon carece de las claves de acceso a la red de telefonía móvil de la tarjeta SIM original. Esto impide que el dispositivo móvil se conecte a dicha red, evitando así tener que procesar las evidencias en el interior de una jaula de Faraday (elevado coste y tecnológicamente complejo de construir) o entorno de similares características.

- ► Arrancar el dispositivo móvil con la tarjeta clon insertada y realizar una copia a bajo nivel, conocida también como extracción física, de los datos en la memoria o memorias internas del dispositivo móvil.

No obstante, existen casos en los cuales las herramientas hardware/software específicas para forense de dispositivos móviles no soportan la copia física del modelo concreto objeto de la investigación.

Como primera alternativa, algunos de esos dispositivos permiten realizar una extracción lógica (copia del sistema de ficheros del dispositivo móvil). La extracción lógica no permite obtener la misma información que la extracción física, no pudiendo por ejemplo realizar *carving* de información perdida o eliminada (accidental o intencionadamente) o acceder al espacio no utilizado de la memoria del dispositivo.

Existe también la posibilidad de proceder como en el caso de los sistemas apagados. Es decir, se debe extraer la información directamente de la memoria del dispositivo utilizando para ello dispositivos hardware, para posteriormente emplear un software de análisis de datos capaz de interpretar el volcado realizado.

Además, en aquellos escenarios en los cuales no se pueda proceder a una extracción física (porque no lo soporta el equipo del DFIR) o lógica (Ej. No se encuentra activada la opción ADB en el dispositivo móvil con sistema operativo *Android*) de la información, existen dos alternativas:

- ► Reflejar en el informe forense digital la información visualizada en la pantalla del dispositivo móvil. En este caso, se recomienda encarecidamente grabar en soporte audiovisual todo el proceso de obtención de evidencias para adjuntarlo como prueba pericial.

- ► Extraer la información del dispositivo empleando técnicas de manipulación de su hardware (Ej. JTAG/*Chip-off*).

Una vez finalizado la adquisición de evidencias del dispositivo móvil, los miembros del equipo de obtención de evidencias no deben introducir ni la batería ni la tarjeta SIM original en el dispositivo a fin de impedir la alteración del archivo de localización (LOCI, *LOCation Information*) de la SIM, unido a la modificación del listado de llamadas almacenadas.

Una vez realizado el volcado de la información de las diferentes memorias (Ej. NAND, microSD) debe generarse su valor resumen para garantizar la integridad de los datos extraídos.

1.7.7 Obtención de evidencias de activos empresariales

En ocasiones, el DFIR se enfrentará a escenarios donde la evidencia de la investigación se encuentra almacenada en un sistema de información masiva centralizado (Ej. RAID, SAN, NAS). En la mayoría de estos casos, no es plausible realizar un duplicado completo de la fuente original debido al gigantesco volumen de datos o la complejidad de la configuración del almacenamiento.

El DFIR debe determinar dónde reside la información relevante y elaborar un plan adecuado de obtención para crear una copia lógica únicamente de esta información. Herramientas corporativas como *Guidance EnCase* o *AccessData FTK* disponen de características que permiten copiar y almacenar copias lógicas de archivos en contenedores propietarios. El proceso de copia y los contenedores resultantes preservan los metadatos originales de cada archivo fuente e incluyen un resumen para poder comprobar la integridad de los datos en el futuro.

Si el sistema de almacenamiento de datos es pequeño o de tamaño moderado, el DFIR puede disponer de tiempo y recursos para completar el duplicado completo. No obstante, algunos sistemas de almacenamiento utilizan métodos propietarios para almacenar la información y gestionar el soporte de almacenamiento. Esto podría llegar a impedir al DFIR reconstruir con posterioridad los duplicados a un estado operativo.

Por este motivo, si el DFIR conoce la información que es relevante, puede ser mejor solución realizar una imagen en vivo del volumen montado o crear copias lógicas de los archivos. En cambio, si no está seguro de qué información es relevante, o si se tiene un control continuado sobre el sistema de almacenamiento, el DFIR puede optar por crear imágenes completas a nivel físico del soporte de almacenamiento e intentar crear un reensamblado que resulte operativo. Esta aproximación provocará que la unidad de almacenamiento esté fuera de servicio durante un periodo prolongado de tiempo.

1.7.8 Sistemas virtualizados

Actualmente, es frecuente que al analizar el DFIR el contenido de un dispositivo detecte la presencia de información almacenada en soportes de almacenamiento virtual dentro de entornos virtualizados.

En los entornos virtualizados, el hardware, software y aplicaciones de un dispositivo (en su conjunto, la máquina virtualizada es conocida como *guest* o *virtual machine*) es emulada dentro de un dispositivo físico conocido como *host* utilizando sus recursos hardware disponibles (procesador, memoria RAM y espacio físico del dispositivo de almacenamiento). Dependiendo de sus recursos hardware, un mismo *host* puede ejecutar concurrentemente varios dispositivos virtualizados.

Este tipo de entornos virtualizados están cada vez más extendidos, pudiendo actualmente encontrarse tanto en un dispositivo doméstico como en un dispositivo de un entorno corporativo y la tecnología utilizada puede implementar una virtualización completa o parcial dependiendo del hardware del equipo o del software utilizado.

Cada una de estas máquinas virtuales consta de varios archivos (configuración del hardware del equipo, memoria RAM, y uno o más espacios de almacenamiento en disco virtuales). Desde el punto de vista del sistema *host*, estos espacios de almacenamiento virtualizados se corresponderán con uno o varios archivos. Dependiendo del hipervisor, sus extensiones serán *.vhd*, *.vmd*, *.img*, etc.

Cuando el equipo de obtención de evidencias se enfrenta a un escenario virtualizado, debe recoger:

▶ Los archivos almacenados en el *host* correspondientes al soporte de almacenamiento virtual de los sistemas *guest*, es decir, copiar los archivos apropiados de este entorno.

▶ De encontrarse en estado de suspensión las máquinas virtuales, el volcado de la parte de la memoria RAM del *host* utilizada por la máquina virtual. Este volcado se analizará posteriormente de forma similar al volcado de una memoria RAM física.

El DFIR debe recordar documentar la fuente de la evidencia digital, el valor resumen y el resto de los detalles, como en cualquier otra investigación. Este sistema resulta especialmente eficiente para capturar la imagen forense de un servidor.

En este ámbito, una vez obtenidos todos los archivos de configuración del entorno virtualizado, el DFIR podrá reproducir el entorno original del equipo virtualizado para proceder a su análisis forense.

1.7.9 Extracción de evidencias mediante manipulación hardware

JTAG

JTAG (*Joint Test Action Group*) es un estándar industrial para la verificación de diseños y comprobar el correcto funcionamiento de las PCB (*Printed Circuit Board*) tras su fabricación. Es la denominación más utilizada para la norma *IEEE 1149.1 "Standard Test Access Port and Boundary-Scan Architecture"* de 1990. En 1994 se agregó un suplemento que contiene una descripción de BSDL (*Boundary Scan Description Language*).

Pese a que fue diseñado originalmente para comprobar las PCB, actualmente también es utilizado para la comprobación de submódulos de IC (*Integrated Circuit*) y depurar aplicaciones embebidas. La mayoría de los procesadores modernos soportan JTAG cuando tienen suficientes pines. Dispositivos electrónicos como los smartphones solo disponen de este tipo de interfaces de depuración.

Desde el punto de vista forense, se conoce como **forense de JTAG** (JTAG *forensics*) al proceso de adquisición de evidencias que implica la conexión al TAP (*Test Access Port*) estándar de un dispositivo. Esta conexión se realiza utilizando soldador, *molex* o *jig* y una *JTAG Box* que permita transmitir órdenes al procesador para adquirir un volcado completo en crudo de los datos almacenados en el chip de memoria.

Esta técnica está considerada como no destructiva. El riesgo de modificar los datos almacenados es mínimo y no requiere desoldar el chip de memoria.

Esta técnica tiene también ciertos inconvenientes. En primer lugar, el proceso de obtención de la imagen puede resultar lento. Además, no todos los dispositivos móviles disponen de interfaz JTAG, de ahí que se desarrollase una tecnología de pruebas denominada *boundary scan*. En ocasiones, puede resultar complejo encontrar el puerto de pruebas de acceso.

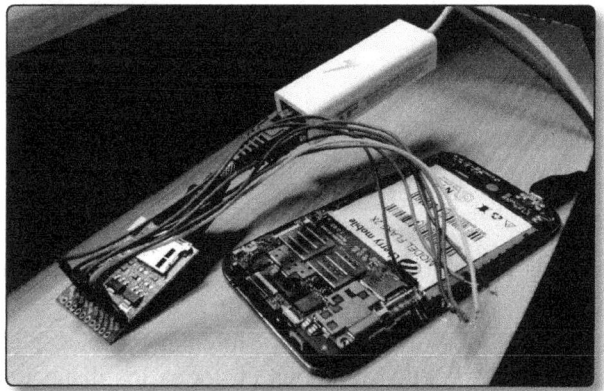

Ilustración 8. Ejemplo de JTAG para la obtención de datos de un dispositivo móvil.
Fuente: Digital Forensics Corp.

En segundo lugar, la extracción de datos debe realizarse conociendo el procesador y circuitos de memoria del dispositivo del cual pretende extraer los datos y cómo se encuentran conectados al bus del sistema. En aquellos escenarios en los cuales la interfaz JTAG no se encuentra accesible desde el exterior, deben identificarse cuáles son los puntos de prueba de la PCB y determinar la correspondencia de estos puntos con cada una de las diferentes señales. Debe conocerse además cuál es el voltaje correcto que evite dañar físicamente la memoria (lo que obviamente supondría la pérdida de los datos en ella almacenada) y el protocolo que debe ser utilizado para poder leer el contenido de la memoria.

Modo EDL

Los procesadores del fabricante Qualcomm disponen de una característica denominada modo EDL (*Emergency Download*) que consiste en un modo de arranque alternativo al *bootloader* primario. El modo EDL permite realizar un volcado completo de los datos de los chips de memoria de un dispositivo (*full dump*), desbloquearlo (*unbricking*) o volcar un contenido en su memoria (*flashing*). Esta técnica está limitada por el modelo de dispositivo y por la versión de parches de seguridad de su sistema operativo.

Ilustración 9. Ejemplo de cable EDL para dispositivos del fabricante Xiaomi. Fuente: DHgate.

Existen tres métodos diferentes para intentar establecer el modo EDL en un dispositivo, y ninguno de ellos funciona en todos los dispositivos. En algunos modelos, basta con utilizar un cable especial, en otros casos, hay que desmontar el dispositivo y manipular pines de JTAG. En los dispositivos con sistema operativo

Android, si el dispositivo se encuentra desbloqueado, puede utilizarse ADB (*Android Debug Bridge*) para reiniciarlo en modo EDL.

El método más sencillo suele ser utilizar un cable EDL. Este cable dispone de un botón que permite cortocircuitar los pines de datos adecuados forzando al dispositivo a establecer el modo EDL. Una vez que se encuentra establecido el modo EDL, puede llevarse a cabo el volcado de memoria conocido como extracción física.

En aquellos escenarios en los cuales el cable no permite establecer el dispositivo en modo EDL, puede cortocircuitarse el pin CMD de los puertos de test para indicar al dispositivo que se reinicie en modo EDL.

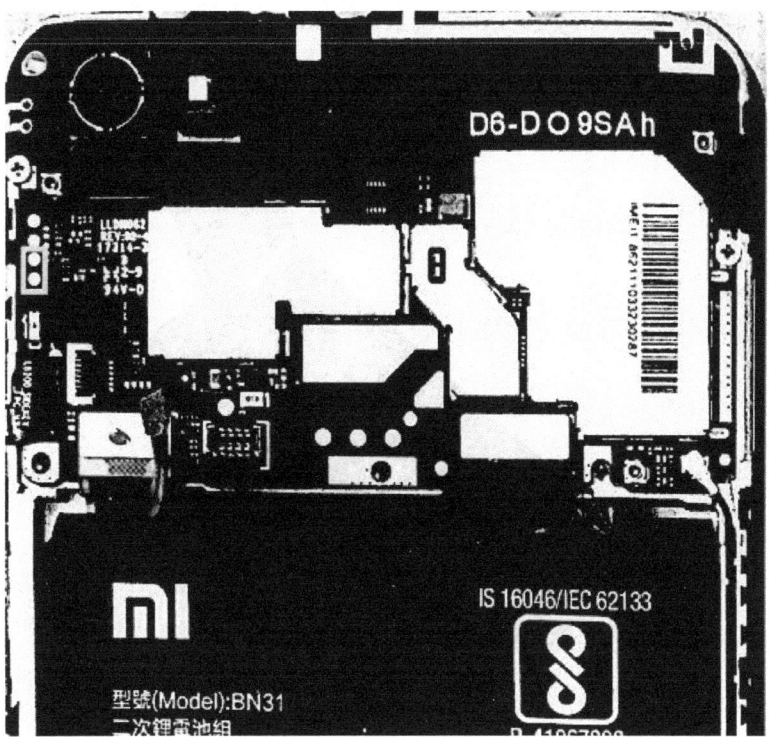

Ilustración 10. Ejemplo de los puertos que deben ser cortocircuitados para establecer el modo EDL en un dispositivo Xiaomi Note 5A. Fuente: Magnet Forensics.

Una vez que se abre el dispositivo y se identifican los puertos de test necesarios, pueden cortocircuitarse empleando pinzas de electrónica u otro objeto metálico mientras que se inserta el cable USB en el dispositivo. No obstante, ni todos los dispositivos disponen de puertos de test JTAG ni la técnica funciona con todos los dispositivos.

En aquellos escenarios en los que se encuentra habilitado en el dispositivo el modo ADB (es decir, el dispositivo se encuentra encendido, desbloqueado y establecido el modo de depuración USB) puede establecerse el modo EDL mediante el comando *adb* de *Android Studio*:

```
adb reboot edl
```

Chip-off

Se conoce como **forense de *chip-off*** (*chip-off forensics*) o desoldado forense (*forensic desoldering*) a un conjunto de técnicas de adquisición de evidencias consistente en el desoldado de un chip de memoria no volátil del dispositivo móvil objeto de la investigación y su posterior conexión a lector de este tipo de memorias.

Ilustración 11. Ejemplo de lector de chips eMMC y eMCP para técnicas chip-off. Fuente: Amazon.

Debido al calor del proceso de desoldado puede resultar dañado el chip, lo que supondría la pérdida de los datos en él almacenados. Por este motivo, suele considerarse la última alternativa de extracción de datos a adoptar. Además, requiere disponer de un laboratorio dotado de material específico de coste relativamente elevado y de personal altamente experimentado en estas técnicas.

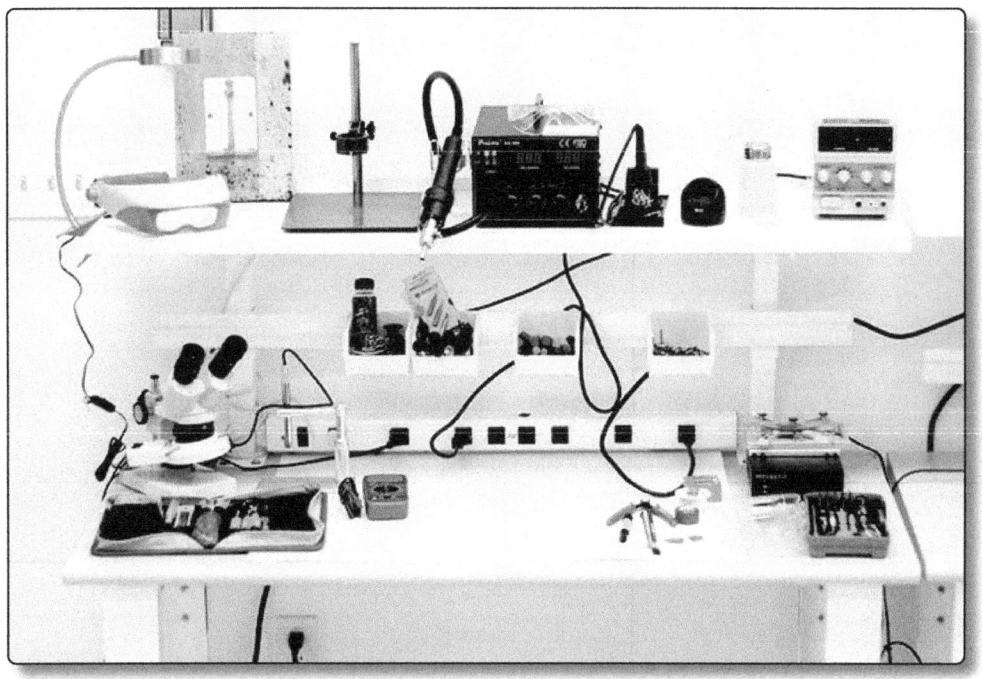

Ilustración 12. Ejemplo de banco de trabajo para realizar JTAG, chip-off e ISP. Fuente: TeelTechnologies.

ISP

Se conoce como ISP (*In-System Programming*) a la técnica de conexión a un chip de memoria *flash* del tipo eMMC (*Embedded Multimedia Card*) o eMCP (*Embedded Multi-chip Package*) para realizar un volcado completo de la memoria de un dispositivo sin tener que extraer el chip o destruir el dispositivo. Este tipo de memorias son las más utilizadas actualmente en los dispositivos móviles.

No obstante, y dado que la identificación de los TAP conectados al chip se realiza utilizando un multímetro, en ausencia de documentación previa del dispositivo del que debe realizarse el volcado de memoria, será necesario disponer de otro dispositivo idéntico que pueda ser destruido durante el proceso de descubrimiento de los TAP.

2

SOPORTES DE ALMACENAMIENTO Y SISTEMAS DE FICHEROS

2.1 INTRODUCCIÓN

Brian Carrier es uno de los más prestigiosos autores en forense digital y programador de la conocida herramienta de análisis forense de código abierto *Autopsy*. Su libro *File System Forensic Analysis* sobre análisis forense del sistema de ficheros, pese a haber sido publicado en el año 2005, es referencia habitual en multitud de cursos forenses por la granularidad de detalle alcanzada en su exposición sobre el análisis forense de información persistente.

Carrier establece en varios niveles de abstracción el análisis de un soporte de almacenamiento convencional:

- **Análisis físico de medios**, aplicado sobre los sectores de datos.

- **Análisis de volúmenes**, aplicado sobre los volúmenes del disco.

- **Análisis del sistema de ficheros**, aplicado sobre los archivos de un determinado volumen.

- **Análisis de aplicaciones**.

Un DFIR debe comprender la organización del almacenamiento persistente, desde el nivel físico del funcionamiento del disco hasta el sistema de ficheros, para poder comprender la manera en la que se puede ocultar información en el disco y no ser accesible desde la interfaz del sistema de ficheros.

2.2 DISCOS DUROS

2.2.1 Interfaz de conexión

ATA

La primera versión de la interfaz ATA (*Advanced Technology Attachment*), conocida como IDE (*Integrated Drive Electronics*), fue desarrollada por la compañía Western Digital, con la colaboración de las compañías Control Data Corporation (encargada de la fabricación del disco duro) y Compaq Computer (en cuyos equipos se instalaron los primeros discos).

Originalmente, las controladoras ATA sólo se integraban en la placa base de equipos de fabricantes como IBM, Dell o Commodore. Su versión más extendida eran tarjetas con múltiples entradas y salidas, que agrupaban las controladoras ATA y disquetera, así como los puertos RS-232 y el puerto paralelo, y solo los modelos de gama alta incorporaban zócalos y conectores SIMM (*Single In-line Memory Module*) para realizar las funciones de caché de disco. Dicha integración de dispositivos trajo consigo que un solo *chip* fuera capaz de desempeñar todo el trabajo.

Ilustración 13. Conectores de un disco duro con interfaz IDE.

Desde la aparición del bus PCI, las controladoras de disco casi siempre están integradas en la placa base, inicialmente como un *chip*, para después pasar a formar parte del *chipset* de la placa base.

Los términos IDE, EIDE (*Enhanced* IDE) y ATA han sido utilizados como sinónimos, ya que generalmente eran compatibles entre sí. Por otro lado, aunque hasta el 2003 se utilizaba el término ATA, con la introducción de la interfaz SATA (*Serial* ATA) se acuñó con carácter retroactivo el acrónimo PATA (*Parallel* ATA).

La primera versión ATA, conocida actualmente como ATA-1, permitía tasas de transferencia de hasta 8 MBps. La última versión, conocida como ATA-8 o Ultra ATA/166, soporta tasas de transferencia de hasta 166 MBps.

IDE

Si en un mismo dispositivo se conectan dos unidades de disco con interfaces IDE o PATA, uno de ellos actúa como disco duro primario y el otro como secundario, siendo también frecuentes las terminologías maestro (*master*) y esclavo (*slave*) o *device0* y *device1*. Esta topología de *device0* y *device1* no se utiliza con los discos de la moderna interfaz SATA, que es la más actualizada actualmente.

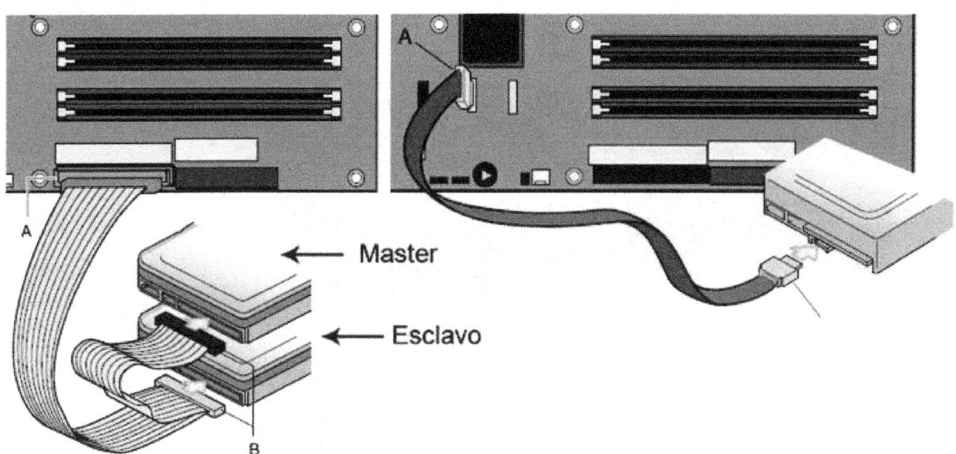

Ilustración 14. Conexión de discos duros con interfaces IDE (en configuración maestro-esclavo) y SATA a una placa base.

SATA

La mayoría de los discos duros (y unidades ópticas) actualmente instalados en equipos de sobremesa o dispositivos portátiles utilizan una interfaz de datos conforme al estándar SATA. Esta interfaz reemplazó en popularidad debido a sus notables mejoras al estándar de facto anterior, PATA. La interfaz SATA funciona como una arquitectura punto a punto. Es decir, la conexión entre puerto y dispositivo es directa, conectándose cada dispositivo directamente a una controladora SATA, a diferencia de la interfaz PATA, donde las interfaces se segmentaban en maestras y esclavas.

Entre las mejoras introducidas por la interfaz SATA con respecto a PATA se encuentran una mayor tasa de transferencia (la versión inicial, SATA, hasta 150 MBps; SATA II hasta 300 MBps; versión actual, SATA III hasta 600 MBps), mejor rendimiento cuando se conectan múltiples unidades de disco a la misma placa base, una menor pérdida de señal en el cableado y la posibilidad de conectar unidades *en caliente*, es decir, añadir una nueva unidad sin tener que apagar la computadora o que sufra un cortocircuito, como sucedía con los viejos conectores *molex*.

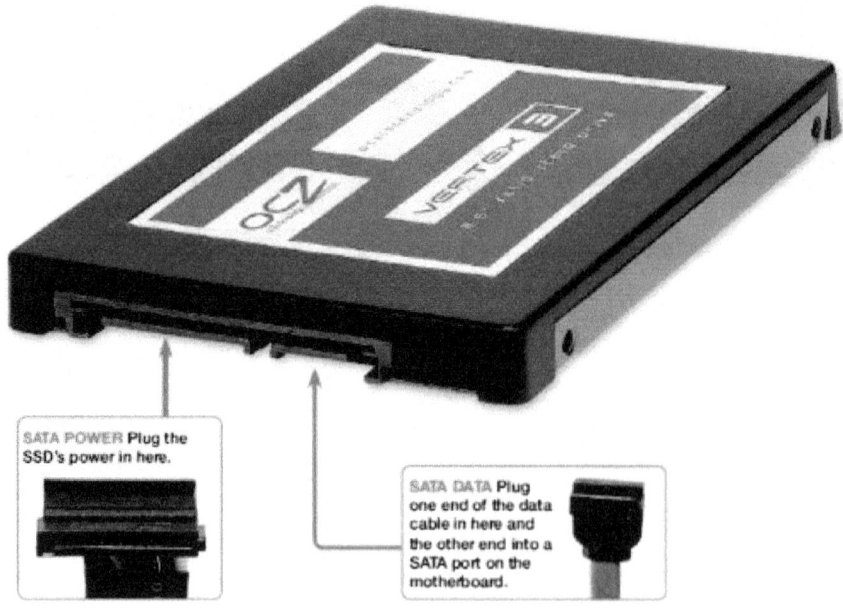

Ilustración 15. Conectores SATA de alimentación y datos de un SSD.

La interfaz eSATA (*external* SATA) fue estandarizada a mediados de 2004, con definiciones específicas de cables, conectores y requisitos de la señal para dispositivos de almacenamiento externos.

Se caracteriza por una velocidad de transferencia de hasta 157 MBps, la posibilidad de conectar los discos en RAID y una limitación de longitud máxima de cable de conexión de 2 m. Como no se realiza una conversión de protocolos de PATA/SATA a USB/FireWire, todas las características originales del dispositivo están disponibles para el equipo anfitrión. En la actualidad, pocos dispositivos disponen de esta interfaz de conexión, siendo más habitual la conexión de dispositivos de almacenamiento externos a través de las interfaces USB 3.0 o USB 3.1 Tipo C.

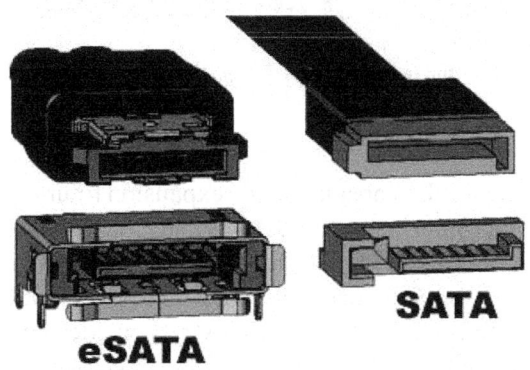

Ilustración 16. Comparativa entre conectores eSATA y SATA.

mSATA

mSATA (mini-SATA) es un factor de formato desarrollado por Intel para dispositivos SSD de tamaño muy reducido. Es virtualmente idéntico a la interfaz mPCI-E (mini-PCI Express), utilizado en adaptadores WLAN (*Wireless Local Area Network*) y WWAN (*Wireless Wide-Area Network*). Sin embargo, las señales de datos necesitan una controladora *host* SATA en lugar de la controladora PCI-Express. Los dispositivos de almacenamiento SSD que utilizan el estándar mSATA son significativamente mucho más pequeños que los discos SSD de formato 2.5". Soporta tasas de transferencia teóricas de hasta 6 Gbps. Los SSD con interfaz mSATA suelen utilizarse como unidad de arranque en ordenadores portátiles por aumentar considerablemente el rendimiento en comparación con la utilización de discos duros HDD. Ha sido sustituida por la interfaz M.2.

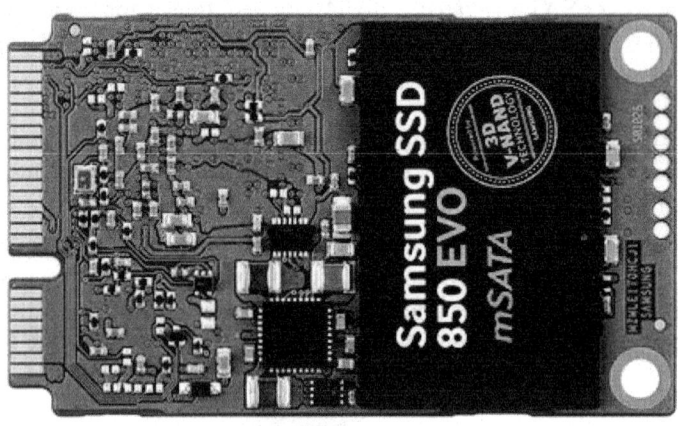

Ilustración 17. Ejemplo de interfaz mSATA.

AHCI

En aras de mejorar las capacidades de expansión futuras de SATA, se presentó en mayo de 2003 una interfaz software mejorada denominada AHCI (*Advanced Host Controller Interface*) y desarrollada por el AHCI Contributor Group (un grupo presidido por Intel y formado originalmente por AMD, Dell, Marvell, Maxtor, Microsoft, Red Hat, Seagate y StorageGear) y se considera un estándar industrial, incorporándose desde mayo de 2004 en los *chipsets* de controladoras SATA.

AHCI es una interfaz de alto rendimiento con el *driver* del sistema operativo del dispositivo para implementar características avanzadas de SATA como cola de comandos, conexión de dispositivos de almacenamiento en caliente y gestión de consumo energético. La idea principal de AHCI es constituirse como el único interfaz a nivel *driver*, dando soporte a todos los adaptadores SATA de alto rendimiento conectados al dispositivo. Esto evita la necesidad de desarrollar *drivers* específicos para cada adaptador SATA.

Reseñar que las versiones de *Microsoft Windows Vista* y posteriores incluyen *drivers* AHCI, a diferencia de *Microsoft Windows XP* y versiones anteriores de los sistemas operativos de Microsoft por ser anteriores a este estándar. Esto implica que, si se intenta instalar *Windows XP* en un equipo con el adaptador SATA de disco configurado en modo AHCI, este disco no será reconocido durante en proceso de instalación.

SATAe

La interfaz de bus de datos SATA Express, a veces referida como SATAe, da soporte tanto a dispositivos de almacenamiento SATA como a dispositivos PCI

Express, a veces referidos como PCIe. El estándar inicial parte de la especificación SATA 3.2 *Gold Revision*, de agosto de 2013. El conector SATA Express empleado en el lado del *host* es retrocompatible con el de un conector estándar SATA de 3.5", mientras que dispone de dos canales PCI Express como si se tratara de una conexión pura PCI Express con el dispositivo de almacenamiento.

El host SATA Express dispone del conector *host* de SATA Express y acepta uno dos dispositivos de almacenamiento SATA o un dispositivo PCIe con hasta dos canales (*lanes*) PCIe. Es el dispositivo de almacenamiento el que le indica al *host* si se trata de una interfaz PCIe o SATA.

La interfaz SATA Express permite utilizar múltiples canales y diferentes versiones de PCI Express. Si se utilizan dos canales PCI Express 2.0 se obtiene un ancho de banda total ideal de 900 MBps, mientras que si se utilizan dos canales PCI Express 3.0 se obtiene un ancho de banda total ideal de 1800 MBps. En cambio, el ancho de banda en crudo de 6 Gbps de SATA 3.0 resulta en un ancho de banda efectivo de 600 MBps debido al *overhead* introducido por la codificación 8b/10b.

Existen tres opciones disponibles para las interfaces lógicas de dispositivo utilizadas para comunicar los dispositivos de almacenamiento con dispositivos conectados a una controladora SATA Express:

▸ **SATA heredado** (*legacy* SATA). Empleado para poder disponer de retrocompatibilidad a través de un *driver* AHCI y puertos SATA 3.0 a través de una controladora SATA Express.

▸ **PCI Express empleando AHCI**. Utilizado para conectar dispositivos de almacenamiento SSD PCI Express empleando como interfaz un *driver* AHCI sobre los canales PCI Express. Esto permite tener retrocompatibilidad a nivel sistema operativo con el estándar SATA, teniendo como contrapartida una pérdida de rendimiento.

▸ **PCI Express utilizando NVMe**. Utilizado para conectar dispositivos de almacenamiento SSD PCI Express empleando como interfaz un *driver* NVMe sobre canales PCI Express.

NVMe

Pese a que la interfaz AHCI es compatible con dispositivos SATA Express y SATA, es decir, que pueden utilizar la misma interfaz software, y por tanto los mismos *drivers*, para poder obtener el máximo rendimiento de los dispositivos SATA Express de baja latencia (Ej. Dispositivos SSD) surgió en 2007 una nueva interfaz software conocida como NVMHCI (*Non-Volatile Memory Host Controller Interface*). Tras esta interfaz se encuentra el NVMHCI Workgroup, formado por más de 75 compañías pertenecientes a las industrias de informática y de almacenamiento. Como su objetivo era ser utilizada con dispositivos PCI Express y SATA Express, la especificación NVMHCI pasó a ser denominada NVMe (NVM Express), apareciendo la especificación NVMe 1.0 en el año 2011.

NVMe define los comandos y funciones para poder comunicarse con dispositivos PCI Express o SATA Express. También aprovecha el paralelismo existente en los modernos procesadores multi núcleo (*multicore*) y multi hilo (*hyper-threaded*), buses multicanal y sistemas operativos multitarea. La principal diferencia técnica existente entre AHCI y NVMe es que AHCI utiliza una cola de único canal con hasta 32 comandos, mientras que NVMe permite colas de hasta 64KB con hasta 64.000 comandos por cola. Disponer de un número mayor de colas y de mayor capacidad en cada una de ellas permite que los comandos sean entregados antes a los dispositivos SSD. Estos, a su vez, debido a sus características de baja latencia, pueden procesar estos comandos mucho más rápido que los discos magnéticos de platos giratorios.

Los dispositivos de almacenamiento SSD NVMe se encuentran disponibles en varios formatos. Por un lado, se encuentran disponibles en forma de tarjetas de expansión PCI Express de tamaño estándar. Por otro, existen dispositivos con formato de disco de 2,5", que se conectan a una interfaz PCI Express x4 a través de un conector SFF-8639, denominado oficialmente U.2 desde junio de 2015. Este conector permite unas tasas de transferencia binaria en su segunda generación de hasta 2 GBps y en su tercera generación de hasta 4 GBps. Los dispositivos de almacenamiento SATA Express y la especificación M.2 para el montaje interno de tarjetas de expansión también soportan NVMe como interfaz lógica de dispositivo.

Existen cinco tipos diferentes de conectores SATA Express, dependientes de su posición y propósito:

- *Host plug*: Utilizado en placas base y controladoras *add-on*. Este conector es retrocompatible con cables de datos SATA de 3.5", permitiendo conectar hasta dos dispositivos SATA.

- Receptáculo de cable de *host* (*host cable receptacle*). Es el conector en el *host* para cables SATA Express. Este conector no es retrocompatible.

- Receptáculo de cable en el dispositivo (*device cable receptacle*). Conector en el dispositivo para conectar

- Conector en el dispositivo (*device plug*). Utilizado en dispositivos SATA Express. Este conector es parcialmente retrocompatible, permitiendo la conexión de dispositivos en un *backplane* U.2 o en receptáculos MultiLink SAS; el dispositivo solo será funcional si el host soporta dispositivos PCI Express.

▶ Receptáculo de *host* (*Host receptacle*): Utilizado en *backplanes* para cruzar directamente con dispositivos SATA Express, evitando de este modo la utilización de cableado. Este conector es retrocompatible, aceptando un único dispositivo SATA.

Como se ha comentado previamente, los adaptadores de *host* SATA Express permiten utilizar tanto modos AHCI como NVMe. Utilizar AHCI habilita la retrocompatibilidad con dispositivos AHCI, mientras que el modo NVMe requiere disponer de dispositivos NVMe. Dado que los *drivers* para dispositivos NVMe no se incluían por defecto en los sistemas operativos *Microsoft Windows 8* y anteriores, será necesario que sean suministrados durante el procedimiento de instalación para que pueda ser detectado cualquier dispositivo conectado a adaptadores de *host* SATA Express en modo NVMe.

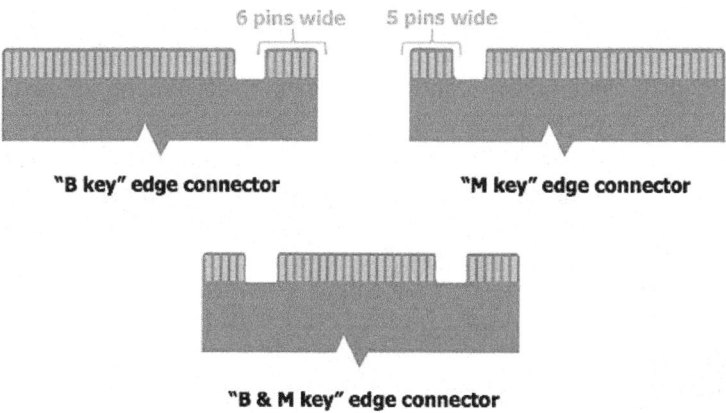

Ilustración 18. Conectores NVMe PCIe tipos B, M y B+M. Fuente: Rastech.

M.2, anteriormente denominada NGFF (*Next Generation Form Factor*), es una especificación para tarjetas de expansión internas y sus conectores asociados. El estándar M.2 utiliza un puerto M.2 Socket 3 sobre un bus de datos PCI Express 3.0 y se emplea generalmente para conectar a un sistema dispositivos de almacenamiento SSD, especialmente en aquellos dispositivos en los que existan requisitos de menor tamaño y peso (Ej. Ordenadores portátiles, ordenadores *All-in-One*, tabletas) o de altas velocidades de transferencia de I/O (Ej. Ordenadores *gaming*, estaciones de trabajo para diseño 3D).

Ilustración 19. Ejemplo de NVMe SSD con interfaz M.2.

Los SSD M.2 de gama baja suelen ofrecer tasas de transferencia similares a los que utilizan conector SATA, siendo su coste similar (unos 10 o 20 euros superior para la misma capacidad de almacenamiento), mientras que los de gama alta, que ofrecen tasas mayores de velocidad resultan más costosos (unos 70 euros para la misma capacidad).

Desde el punto de vista de la arquitectura de computadores, existen otras ventajas que justifican emplear como unidad de almacenamiento un disco duro con interfaz M.2 con respecto a uno con interfaz SATA. Las placas base que admiten discos duros con interfaz M.2 suelen adaptar su diseño para que estos queden conectados a ras de placa base, de manera que no sobresalgan ni entorpezcan a otros componentes conectados la placa base (Ej. Tarjeta gráfica, disipador del procesador, DIMM/SODIMM de memoria RAM).

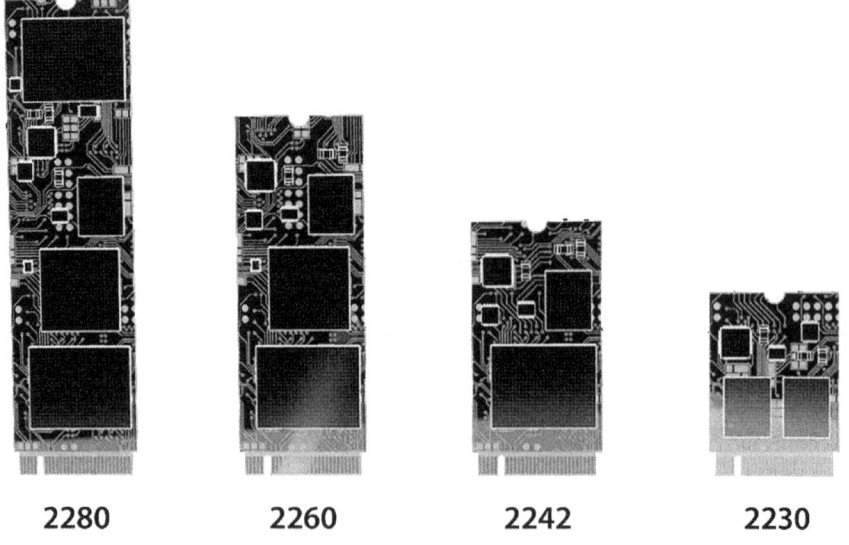

Ilustración 20. Formatos de memoria NVMe PCIe. Fuente: Asus.

Al estar conectado directamente en la placa base, un SSD M.2 obtiene energía directamente de la misma, a la vez que transmiten datos. En cambio, el puerto SATA sólo está pensado para transmitir datos, y no electricidad, necesitando un cable adicional de alimentación entre la unidad de almacenamiento y la placa base.

Los conectores M.2 pueden funcionar tanto en modo *PCI-Express 4x Gen. 3* como en modo SATA. Si funcionan en modo PCI-Express, inhabilitan el puerto PCI-Express más cercano al *socket* M.2, pero se benefician de tener velocidades mayores. Si se conectan en modo SATA, utilizará una línea SATA, anulando uno de los puertos de la placa base.

La especificación M.2 permite utilizar las interfaces AHCI y NVMe como interfaces de dispositivo lógicas para discos duros SSD PCI Express.

Existen discos SSD que utilizan como interfaz de conexión a la placa base una ranura PCI-Express. Este puerto es uno de los que más ancho de banda tiene actualmente en arquitectura de computadores y se utiliza también para conectar periféricos que requieran elevadas tasas de transferencia (Ej. Tarjetas aceleradoras gráficas).

Las tasas de transferencia de este tipo de unidades son algo menores que las ofrecidas por unidades de gama alta con interfaz M.2, ya que sólo cambia el formato en el que están construidas, y ambas utilizan las líneas de bus PCI-Express. Las tasas de transferencia habituales son de 1700 MBps de lectura y 1350 MBps de escritura.

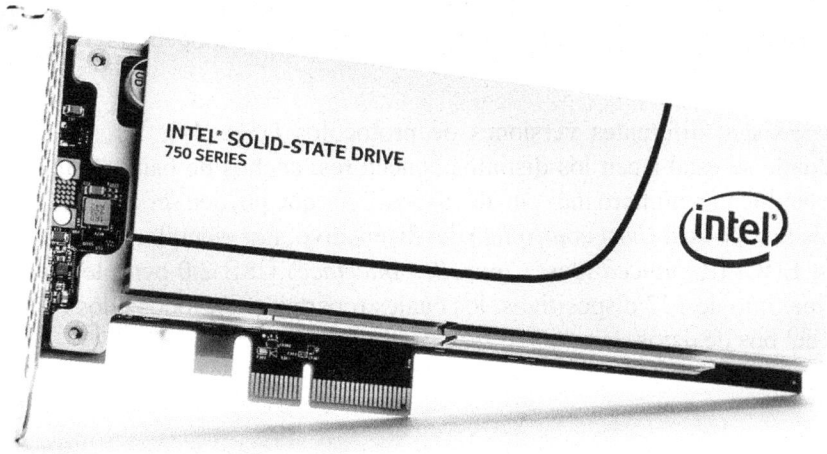

Ilustración 21. Ejemplo de SSD con interfaz PCI-Express.

SCSI

Menos habituales en el mercado doméstico actual, los dispositivos con interfaz SCSI (*Small Computer System Interface*) permiten una transferencia de datos sensiblemente superior a la provista por las interfaces (IDE/EIDE). Diferentes periféricos han utilizado interfaz SCSI (Ej. Discos duros, cintas de almacenamiento, dispositivos CD-ROM, impresoras, escáneres). Las interfaces SCSI utilizadas actualmente son en paralelo. SCSI permite la conexión de hasta 16 dispositivos en *daisy-chain* (numerados de *0* a *15*) en un mismo puerto.

La primera interfaz SCSI, conocida como SCSI-1 data de 1986, y permitía un máximo de 8 dispositivos y una velocidad de hasta 5 MBps. La definición más moderna de esta interfaz, conocida como Ultra-3 SCSI permite hasta 16 dispositivos y una velocidad máxima de 160 MBps.

USB

La interfaz USB (*Universal Serial Bus*) es un conjunto de protocolos que definen el funcionamiento de un tipo de bus de datos serie utilizado para conectar diferentes periféricos a un dispositivo. Este protocolo es de tipo PnP (*Plug and Play*), lo que permite a los usuarios conectar dispositivos sin tener que añadir una tarjeta adaptadora o reiniciar el equipo.

Este bus, desarrollado por Intel, surgió en 1995 con una velocidad máxima de 12 Mbps. Actualmente, el estándar soporta hasta 5 Gbps. Diferentes dispositivos utilizan esta interfaz de conexión (Ej. Teclados, ratones, discos duros externos, *smartphones*, *tablets*, *wearables*, webcams, impresoras, módems 4G, lectores de tarjetas *smartcard*).

Existen diferentes versiones de protocolos USB (1.0, 1.1, 2.0, 3.0, 3.1, 3.2), donde se establecen los distintos conectores, anchos de banda máximos, etc. Existe también un número máximo de dispositivos que pueden ser conectados a cada controladora de host (*host controller*) del dispositivo. Por ejemplo, una controladora de host EHCI (*Enhanced Host Controller Interface*) USB 2.0 permite la conexión de un máximo de 127 dispositivos, los cuales reparten entre todos ellos el ancho de banda del bus de datos.

Ilustración 22. Disco duro externo de 2.5″ con interfaz de conexión USB.

Es frecuente que se utilicen los conectores USB de un dispositivo para conectar discos duros externos equipados con una interfaz USB (internamente, tienen alguna de las interfaces descritas anteriormente para discos, como SATA).

Desde el punto de vista de un DFIR, es importante saber, por un lado, que estas unidades externas de almacenamiento deben de ser recolectadas para su posterior análisis forense; por otro, que debe disponer de diferentes cables USB con los distintos conectores existentes en el mercado para poder conectar el disco duro externo evidencia y proceder a la adquisición de información.

SAS

La interfaz SAS (*Serial Attached* SCSI) es una interfaz de transferencia de datos en serie, sucesora de la interfaz paralela SCSI, aunque sigue utilizando comandos SCSI para interaccionar con los dispositivos SAS conectados. La interfaz SAS incorpora como mejoras con respecto a SCSI el aumento de la tasa de transferencia y la conexión *en caliente* de dispositivos. Además, permite conectar hasta 65.535 dispositivos.

La primera versión de SAS, denominada SAS 300, surgió a finales de 2003 y conseguía una tasa de transferencia de datos de hasta 3 Gbps. La siguiente evolución, SAS 600, ofrece tasas de transferencia de hasta 6 Gbps, existiendo actualmente soluciones comerciales que ofrecen tasas de transferencia que llegan a 12 Gbps.

Ilustración 23. Conectores de interfaz SAS y de alimentación de un disco duro.

Una de sus principales características es que aumenta la velocidad de transferencia al aumentar el número de dispositivos conectados. Es decir, puede gestionar una tasa de transferencia constante para cada dispositivo conectado. Además, elimina la limitación de 16 dispositivos existente en SCSI. Estas mejoras hacen pensar que la tecnología SAS acabará reemplazando a su predecesora SCSI.

Además, el conector es similar al de la interfaz SATA, permitiendo utilizar discos duros con esta interfaz en aplicaciones con una demanda menor de tasa de transferencia, lo que permite reducir costes. Importante reseñar que las controladoras SATA no reconocen discos con interfaz SAS.

Canal de Fibra

La interfaz de canal de fibra (FC, *Fibre Channel*) es una interfaz de red de tipo punto a punto bidireccional y de alta velocidad. Permite tasas de transferencia de hasta 16 Gbps. Suele emplearse en dispositivos de almacenamiento compartidos, servidores, unidades de disco y controladoras de almacenamiento. Es un desarrollo de ANSI y existen tres topologías:

▶ FC-P2P (*Fibre Channel Point-To-Point*). La fibra conecta dos dispositivos entre sí. Esta tecnología tiene conectividad limitada.

▶ FC-AL (*Fibre Channel Arbitrated Loop*). Las conexiones entre todos los dispositivos forman un anillo. Añadir o eliminar dispositivos del anillo interrumpe la actividad de todo el anillo. Si un dispositivo falla, también provoca el fallo de todo el anillo. Suelen implementarse *hubs* de FC para conectar múltiples dispositivos y poder evitar de esta manera los puertos que pudieran fallar.

▶ FC-SW (*Fibre Channel Switched Fabric*). La fibra conecta todos los dispositivos o anillos de dispositivos a *switches* FC. El *switch* permite optimizar las conexiones, evitándose además que el tráfico entre dos puertos sea transmitido al resto de los puertos. Además, el fallo de un puerto no provoca el fallo de todos los puertos.

Entre los protocolos más destacados que utilizan FC destacan SCSI, IP, HIPPI (*High Performance Parallel Interface*) y ATM (*Asynchronous Transfer Mode*).

2.2.2 Estructura física

Generalidades

Un disco duro es un almacenamiento masivo persistente (no volátil) que utiliza un soporte físico magnético donde persiste la información incluso en la ausencia de alimentación eléctrica.

Actualmente, se comercializan dos tecnologías para el almacenamiento masivo de información:

▶ Discos duros HDD (*Hard Disk Drive*), basados en almacenamiento magnético.

▶ Discos de estado sólido SSD (*Solid-State Drive*), que utilizan almacenamiento basado en chips de memoria NAND.

Entre los HDD, los formatos físicos más habituales son los de 1,8" y 2,5", típicos de ordenadores portátiles y discos duros externos alimentados eléctricamente por el puerto USB, y los de 3,5" utilizados en ordenadores de sobremesa, estaciones de trabajo, NAS destinadas al mercado doméstico, etc.

Actualmente, la mayoría de los SSD con interfaz SATA utilizan el formato de 2,5". No obstante, existe un amplio espectro de formatos dentro de los discos duros SSD con interfaces m-SATA y M.2.

Básicamente, un disco duro HDD está formado por un perno central (*spindle*) sobre el que se apilan los discos magnéticos (*disk platters*), cada uno de los cuales tiene sus dos superficies funcionales. La información se almacena en estos discos en círculos concéntricos denominados pistas (*tracks*), y cada pista se divide en un número de sectores de disco (*disk sectors*), generalmente 512 bytes por sector. Los cabezales (*heads*) de lectura/escritura, operados por un motor actuador (*actuator motor*), pueden desplazarse sobre la superficie de los discos (de la parte inferior hacia la exterior) para leer o escribir en cada pista. Se conoce como cilindro (*cylinder*) el conjunto de todas las pistas que comienzan en la misma posición de cabeza en el disco.

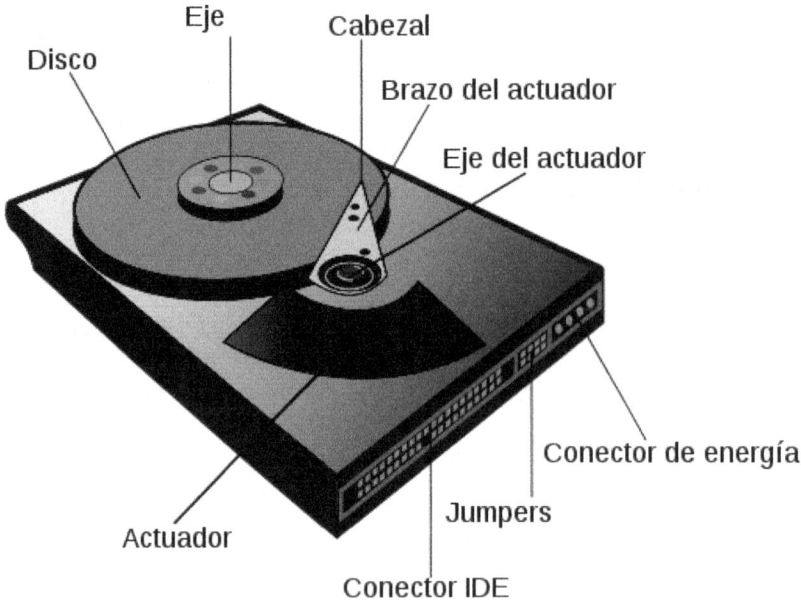

Ilustración 24. Esquema de la estructura interna de un HDD de interfaz IDE.

Todos los platos tienen la misma densidad de pistas. Esta densidad determina la capacidad de almacenamiento de datos en el disco duro. Actualmente, los discos actuales disponen de miles de pistas por plato.

Ilustración 25. Comparativa de tamaño entre discos duros de formato 3.5" y 2.5".

El tamaño del sector de disco original del fabricante puede ser modificado formateando el disco y definiendo un nuevo tamaño de bloque (*block size*) del sistema de ficheros. El tamaño de bloque del sistema de ficheros es un múltiplo del tamaño de sector (Ej. *1.024*, *4.096*).

Determinadas unidades de disco modernas utilizan 4.096 bytes (4 KB) como tamaño de sector. Esta tecnología se conoce como formato avanzado generación uno (*Generation-one Advanced Format*), y consiste en unir ocho sectores de 512 bytes en un único sector.

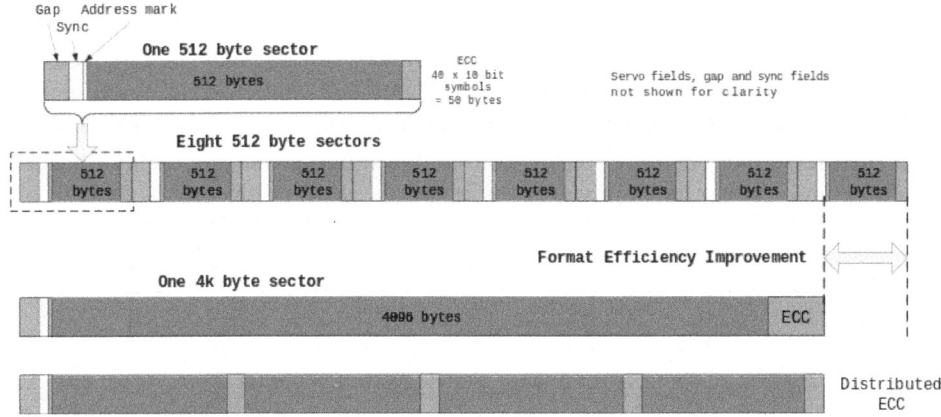

Ilustración 26. Tecnología Advanced Format 4K. Fuente: Wikipedia.

Existen unidades de almacenamiento que operan en el denominado modo 4K nativo (4Kn, *Advanced 4K native format*), en la cual no existe capa de emulación y la unidad directamente ofrece tamaños de sector físico de 4.096, 4.112, 4.160 o 4.224 bytes al firmware del sistema y el sistema operativo. Este tipo de dispositivos se encuentran a la venta desde 2014 y tienen soporte en los sistemas operativos Microsoft desde las versiones *Windows 8* y *Windows Server 2012*. En Linux, tiene soporte desde la versión *2.6.31* del *kernel*.

Clústeres

Los bloques del sistema de ficheros suelen denominarse clústeres (*clusters*), y es la menor unidad lógica de almacenamiento disponible en el disco. Se conforma uniendo sectores, en un número variable (normalmente, en el rango entre 2 y 32, pero puede ser incluso superior, llegando hasta 128 sectores), dependiendo del esquema de formateo utilizado.

El tamaño de clúster tiene un impacto significativo en el rendimiento del sistema operativo y en la utilización del disco. El particionamiento de disco determina el tamaño de un clúster y volúmenes de gran tamaño utilizan tamaños de clúster mayores.

El tamaño del clúster determina el tamaño de disco asignado a un único archivo. Si el tamaño de clúster es *1.024* y el tamaño de archivo es *24*, entonces quedarían sin utilizar *1.000* bytes en dicho clúster. Este espacio no utilizado se conoce como *slack space*, que no es lo mismo que el espacio no asignado (*unallocated space*), que es el término empleado para designar los clústeres que no han sido asignados a ningún archivo.

Slack space

El *slack space* puede dividirse en *RAM slack* y *drive slack*. Se conoce como *RAM slack* al espacio de almacenamiento de datos que comienza desde el final del archivo hasta el último sector del archivo. Se conoce como *drive slack* al espacio de almacenamiento que comienza desde el final del último sector del archivo hasta el final del último clúster del archivo.

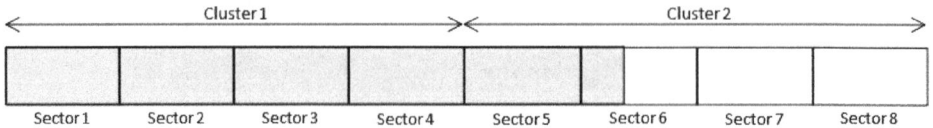

Ilustración 27. Ejemplo de cómo se genera el slack space al almacenarse un archivo cuyo tamaño es inferior al asignado a dos clústeres de 4 sectores cada uno.

Conforme al ejemplo de la Ilustración 27, el archivo ocuparía la zona sombreada de los clústeres *1* y *2*. El *RAM slack* lo conformaría la parte no sombreada del *sector 6*, y el *drive slack* los sectores *7* y *8*.

La utilización de clústeres de gran tamaño disminuye el problema de la fragmentación de archivos, pero incrementa la probabilidad de que exista más cantidad de *slack space*.

El espacio no asignado tampoco es lo mismo que los clústeres marcados como asociados a un archivo, aunque dicho archivo ya no exista. Estos clústeres se conocen como clústeres huérfanos (*orphan clusters*), o clústeres perdidos (*lost clusters*), por no estar disponibles para que el sistema operativo los asigne a otro archivo, lo cual supone un incorrecto aprovechamiento del espacio de almacenamiento en el dispositivo de almacenamiento. El sistema operativo *Windows* incorpora la herramienta *Check Disk* (*chkdsk.exe*) para detectar la presencia de *lost clusters* en el sistema de ficheros.

Sectores dañados

Se conoce como sectores dañados (*bad sectors*) a los fragmentos de un disco que no pueden ser utilizados debido a errores existentes y que impiden realizar operaciones de lectura/escritura en ellos. Por tanto, no se puede acceder a los datos almacenados en ellos.

Para detectar sectores dañados en una unidad de disco, existe una técnica denominada *re-mapping* o *spare sectoring*, que permite ocultar los sectores dañados. El sistema operativo marcha estos sectores como no utilizables cuando formatea el disco. El sistema operativo *Windows* proporciona las herramientas *scandisk* y *chkdsk* para comprobar e intentar reparar los sectores dañados.

Cálculo de la capacidad de almacenamiento de un disco

La capacidad de almacenamiento total de una unidad de disco HDD es función del número de pistas, sectores por pista, bytes por sector y el número de cabezales soportados por el dispositivo. La fórmula del cálculo de la capacidad resultante sería:

$$Capacidad\ total = \left(\frac{bytes}{sector}\right) \cdot \left(\frac{sectores}{pista}\right) \cdot \left(\frac{pistas}{superficie}\right) \cdot n^{\underline{o}}\ de\ superficies$$

O, simplificando la fórmula anterior:

$$Capacidad\ total = \left(\frac{bytes}{sector}\right) \cdot \left(\frac{sectores}{pista}\right) \cdot pistas\ totales$$

El ordenador identifica la localización del sector deseado utilizando la dirección de un determinado sector. Anteriormente, la forma de direccionamiento empleada era conocida como CHS (*Cylinder, Head, Sector*). Utilizando esta forma de direccionamiento, tendríamos por ejemplo que la dirección del primer sector del disco sería *(0, 0, 1)*, o que el primer sector de la segunda cabecera sería *(0, 1, 1)*. Debido a las limitaciones que imponía CHS al tamaño máximo de disco que podía ser direccionado, fue posteriormente reemplazado por LBA (*Logical Block Addressing*) e incluida en la primera especificación ATA.

En LBA, los 28 bits del campo *sector ID* son utilizados como un único número, comenzando en *0* para identificar cada sector en una secuencia del primero al último. Por tanto, el máximo número de sectores es 2^{28}. Para sectores de *512* bytes, implica que el tamaño máximo posible es de $2^{28} \cdot 512 = 137$ GiB (*128* GB).

La conversión de direcciones LBA a CHS puede llevarse a cabo empleando la siguiente fórmula:

$$C = \frac{LBA}{cabezas\ por\ cilindro \cdot sectores\ por\ pista}$$

$$H = \frac{LBA\ mod\ (cabezas\ por\ cilindro \cdot sectores\ por\ pista)}{sectores\ por\ pista}$$

$$S = ((LBA\ mod\ (cabezas\ por\ cilindro \cdot sectores\ por\ pista))mod\ sectores\ por\ pista) + 1$$

Como el primer sector del disco es numerado como *0*, equivale a CHS *(0, 0, 1)*; LBA 2 equivaldría a CHS *(0, 0, 3)*.

Controladora de disco

La controladora de disco (*disk controller*) gestiona el proceso de lectura/escritura. La comunicación entre el sistema operativo del dispositivo y la controladora de disco depende de la interfaz física del dispositivo de almacenamiento. Actualmente, los tipos más habituales de interfaces con los que podría encontrarse un DFIR al ir a realizar una copia forense son: IDE, EIDE; SCSI; ATA, PATA, SATA, SATA Express; SAS; m-SATA; M.2; y FC.

Tiempo de acceso

Se conoce como tiempo de acceso (*access time*) al tiempo que necesita una unidad de disco para iniciar la transferencia de datos. Este tiempo depende de la naturaleza mecánica de los discos rotatorios y de las cabezas movibles.

El tiempo de acceso está conformado a su vez por:

➤ Tiempo de búsqueda (*seek time*). Tiempo que necesita la controladora de disco para encontrar un dato. Cuando se solicita la lectura/escritura de datos, las cabezas del disco se mueven a la posición correcta mediante el proceso de búsqueda. El tiempo que necesita para mover las cabezas de lectura/escritura de un punto a otro del disco es el tiempo de búsqueda.

➤ Latencia rotacional (*rotational latency*). Retraso rotacional para que el sector de disco seleccionado rote bajo las cabezas de lectura/escritura. La latencia rotacional media de disco es la mitad del tiempo que disco necesita en dar una vuelta.

➤ Tasa de transferencia de datos (*data transfer rate*). Es la velocidad a la cual el dispositivo anfitrión puede transferir datos desde la interfaz del dispositivo de almacenamiento a la CPU. Esta tasa la constituye la tasa interna (datos que se mueven entre la superficie del disco y la controladora de disco) y la tasa externa (datos que se mueven entre la controladora de disco y el sistema anfitrión).

Obtención de evidencias de discos duros

El DFIR deberá disponer en su *kit* de adquisición de evidencias bien de los adaptadores necesarios para conectar con las diferentes interfaces de disco existentes o, simplemente, con aquellas habituales en su entorno corporativo de trabajo.

Las clonadoras de discos (*disk duplicators*), actúan como bloqueadores de escritura de la interfaz a la que se conecta la evidencia, y permiten realizar copias bit a bit de la evidencia en un soporte de almacenamiento destino. Los fabricantes de estos dispositivos suministran diferentes *kits* de adaptadores adquisición de evidencias.

Ilustración 28. Ejemplo de write blocker de Guidance Tableau.

HPA y DCO

Como último punto importante a tratar de la estructura física de un disco duro, existen dos áreas en un HDD que no suelen estar accesibles mediante los comandos habituales de usuario. Por un lado, está la HPA (*Host-Protected Area*), definida en el estándar del interfaz ATA-4, y la DCO (*Device Configuration Overlay*), definida en el estándar ATA-6.

La HPA se introdujo para crear un espacio en el disco donde el fabricante pudiera almacenar información que no pudiera ser sobrescrita en caso de que se formatease físicamente el dispositivo.

El DCO se introdujo para permitir cambios en la configuración que limitaran algunas de las capacidades del dispositivo (Ej. Mostrar una capacidad de almacenamiento menor que la real, indicar que algunas opciones no se encuentran disponibles).

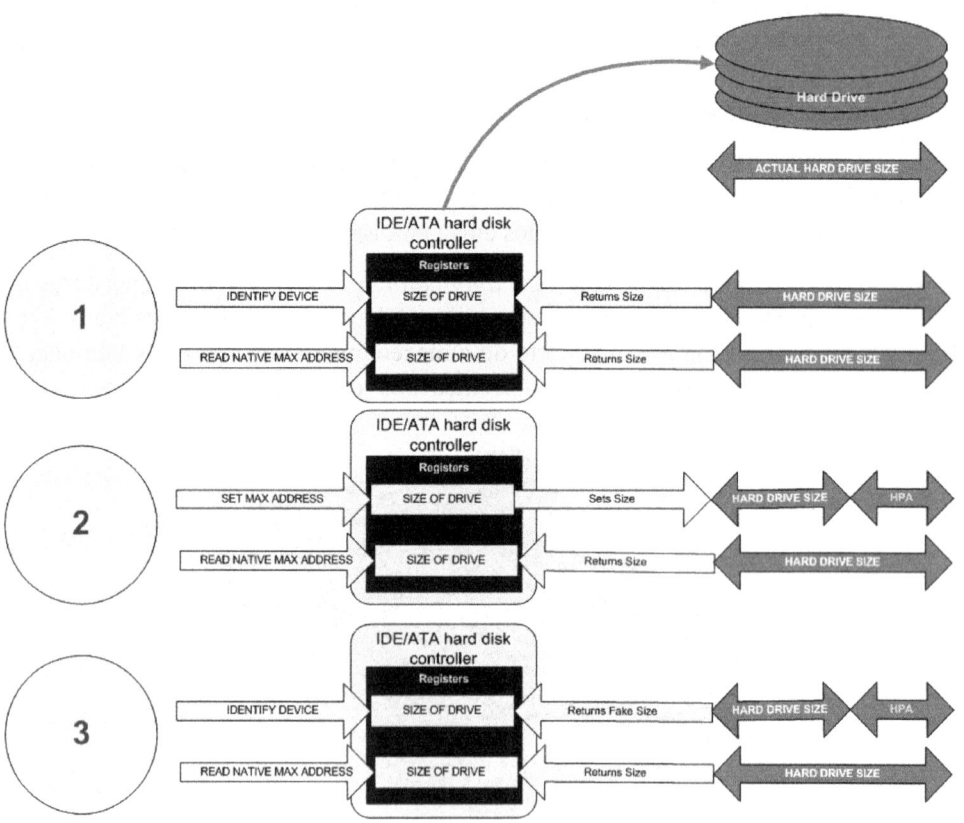

Ilustración 29. Creación de una HPA en un dispositivo de almacenamiento.

Para poder acceder a estas dos áreas es necesario emplear herramientas adecuadas y disponer de los privilegios de sistema necesarios.

Desde el punto de vista del DFIR, es importante saber que DCO permite ocultar los sectores asignados tanto a la DCO como a la HPA. Estas dos áreas son en ocasiones empleadas por usuarios maliciosos como medida antiforense para ocultar información y/o código ejecutable.

2.2.3 Estructura lógica

Una **partición de disco** (*disk partition*) es una estructura lógica de un soporte de almacenamiento representada como un conjunto de entradas en una tabla, conocida como **tabla de partición** (*partition table*), que indican el bloque de comienzo y longitud de cada entrada.

Por extensión, una partición de disco es también el nombre genérico que recibe cada división presente en una sola unidad física de almacenamiento de datos. Es decir, una partición tiene todos sus sectores en el mismo disco físico.

En general, la mayoría de los sistemas operativos interpretan, utilizan y manipulan cada partición como si se tratara de una unidad de disco lógica diferente que utiliza parte de la unidad de disco física a la que pertenece. Cada partición debe tener su propio sistema de ficheros.

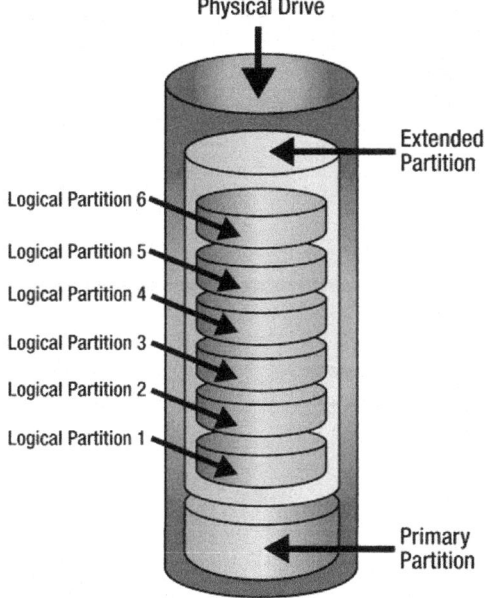

Ilustración 30. Representación de la estructura lógica de una unidad de disco duro.

Los sistemas operativos incluyen aplicaciones denominadas editores de particiones (*partition editors*) que, empleando privilegios de administrador, permiten crear, manipular y borrar las particiones de una unidad de disco. Estos cambios realizados deben ser almacenados en la tabla de partición de la unidad de disco. Ejemplos de este tipo de herramientas incluidas gratuitamente en los sistemas operativos son en sistemas *Microsoft Windows* la herramienta gráfica *Administración de discos* (*Disk Management, diskmgmt.msc*) y la herramienta de consola *diskpart*; en entornos *NIX destacan en modo consola *fdisk* y en modo gráfico, *Gparted* (en distribuciones Linux con entorno gráfico Gnome) y *KDE Partition Manager* (en distribuciones Linux con entorno gráfico KDE).

Cuando se conecta una unidad de disco a un dispositivo por primera vez, debe ser particionado antes de poder ser formateado y utilizado, si bien muchos discos duros vienen ya preformateados de fábrica y con un determinado sistema de ficheros en las particiones (Ej. Discos duros externos con sistema de ficheros HFS+).

En sistemas operativos como OS/2 y *Microsoft DOS* y *Microsoft Windows*, suele utilizarse una partición primaria para el sistema de ficheros activo donde se instalará el sistema operativo, el archivo de paginación, las aplicaciones y los datos de los usuarios del sistema.

En *Microsoft Windows*, las particiones reconocidas por el sistema operativo son identificadas mediante una letra seguida por dos puntos (Ej. *C:*, *D:*). Generalmente, la letra utilizada por la partición del sistema operativo es *C:*.

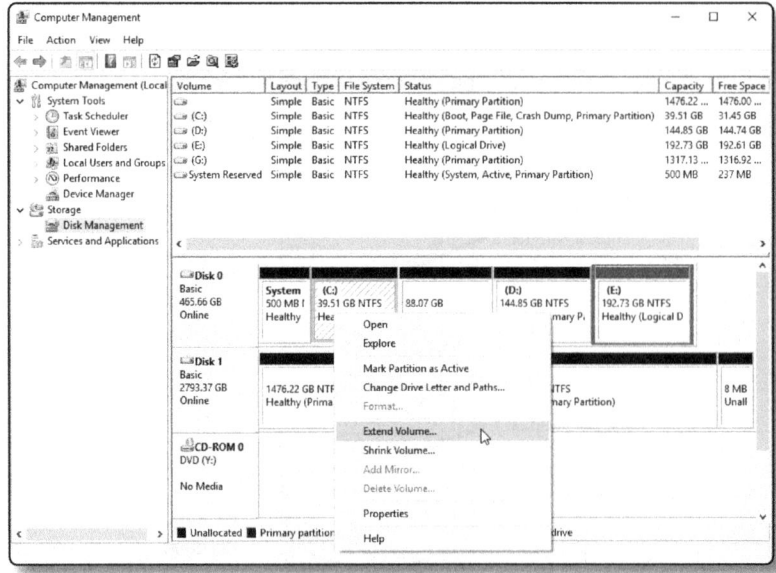

Ilustración 31. Ejemplo de particionamiento de unidades de disco en Administrador de Discos en Microsoft Windows 10.

Pueden existir particiones en la unidad de disco que no resulten visibles como unidades. Este tipo de particiones suelen ser utilizadas como particiones de recuperación o disponer de herramientas de diagnóstico.

En los sistemas tipo *NIX también es posible crear múltiples particiones en una unidad de disco. Cada partición puede ser formateada con un sistema de ficheros o como partición de paginación de memoria (*swap partition*).

La utilización de múltiples particiones permite que directorios como */boot*, */tmp*, */usr*, */var* o */home* dispongan de su propio sistema de ficheros.

El esquema más habitual de particionamiento en distribuciones Linux es particionar una unidad de disco con dos particiones: una de ellas con el sistema de ficheros montada en "/" (el directorio raíz) y la otra partición como paginación de memoria.

El sistema operativo *macOS* utiliza una única partición para todo el sistema de ficheros, y emplea un archivo de paginación en la propia partición al estilo de los sistemas operativos *Microsoft Windows*.

En el sistema operativo Solaris las particiones a veces son denominadas pedazos (*slices*).

El término *slice* también es empleado en el sistema operativo FreeBSD para referenciar las particiones MBR para distinguirlas del esquema de particionamiento propio de FreeBSD.

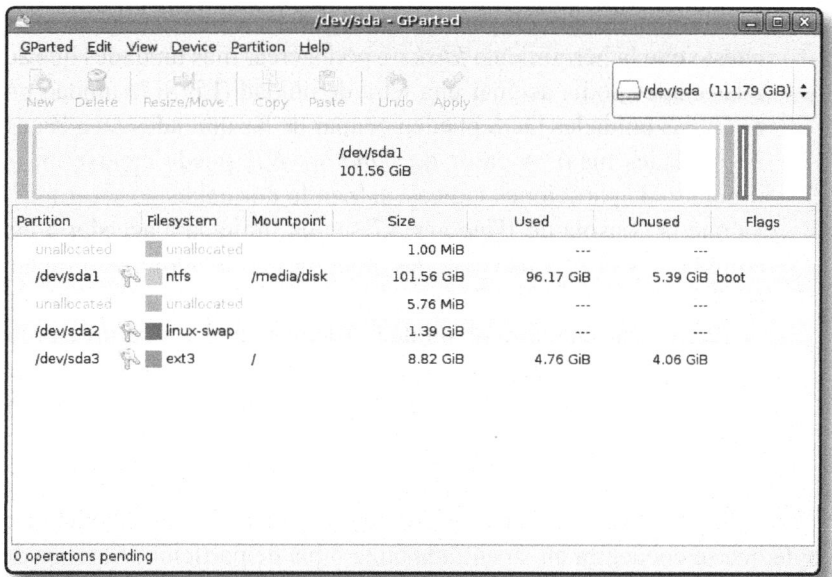

Ilustración 32. Ejemplo de particionamiento de una unidad de disco SATA utilizando Gparted.

Existen distintos esquemas de particionamiento de disco. Los más conocidos y difundidos son MBR (*Master Boot Record*) y GPT (GUID *Partition Table*).

Una de las principales limitaciones del particionamiento MBR es la asignación de 32 bits para el direccionamiento lógico de los bloques. En el caso de discos de 512 bytes/sector, implica que el tamaño máximo de disco soportado es de 2 TiB (2^{32}x 512 bytes).

En MBR existen tres tipos diferentes de particiones:

▶ Partición primaria. Son las divisiones crudas (*raw*) o primarias del disco. Solo pueden existir cuatro de éstas o tres primarias y una extendida.

▶ Partición extendida. Conocida también como partición secundaria, es otro tipo de partición que sirve para contener múltiples unidades lógicas en su interior. Fue ideada para eliminar la limitación de cuatro particiones primarias en un solo disco físico. Solo puede existir una partición de este tipo por disco, y solo sirve para contener particiones lógicas. Es el único tipo de partición que no soporta un sistema de archivos directamente.

▶ Partición lógica. Ocupa un pedazo de la partición extendida o la totalidad de esta. Se formatea con un tipo específico de sistema de ficheros y se le ha asignado una unidad. De este modo, el sistema operativo puede reconocer las particiones lógicas o su sistema de ficheros. En la mayoría de las versiones de *MS-DOS* y las primeras versiones de *Windows*, existe una limitación de 23 particiones lógicas en una partición extendida, puesto que la herramienta *fdisk* no podía crear más unidades que aquellas a las cuales podía asignar una letra de unidad (Ej. Si la unidad primaria es *C:*, las unidades DOS pueden ocupar de las unidades *D:* a *Z:*, es decir, 23 unidades más). A partir de *Windows NT*, puede crearse un número ilimitado de particiones lógicas, si bien lo normal es no crear más de 23, ya que la consola de *Windows NT* seguía limitada a acceder a unidades entre la *A:* y la *Z:*. Las versiones modernas de *Windows* permiten montar particiones como en *NIX, con rutas en otro sistema de ficheros en lugar de referenciar una letra de unidad. Además, también permiten rutas tipo UNC (Ej. \\?\Volume{uuid}\). Por su parte, Linux impone un máximo de 15 particiones, incluyendo las cuatro primarias, en discos SCSI y en discos *IDE 8963*.

En MBR los distintos tipos de particiones se identifican mediante un código de un byte que se encuentra en su entrada en la tabla de partición. Algunos de estos códigos (Ej. *0x05* y *0x0F*) pueden ser empleados para indicar la presencia de una partición de tipo extendida.

GPT es un estándar de particionamiento que utiliza identificadores globales únicos (GUID, *Global Unique IDentifiers*). Forma parte del estándar UEFI (*Unified EFI*), si bien hay BIOS (*Basic Input/Output System*) que dan soporte a GPT para evitar las limitaciones de particionamiento que impone MBR.

Actualmente, GPT está soportado por todos los sistemas operativos modernos. No obstante, existen ciertas diferencias entre sistemas operativos. Mientras *Microsoft Windows x86* y *macOS* solo permiten arrancar desde particiones GPT en sistemas con firmware EFI (*Extensible Firmware Interface*), otros como FreeBSD y la mayoría de las distribuciones Linux, pueden arrancar desde particiones GPT en sistemas tanto con BIOS como con EFI.

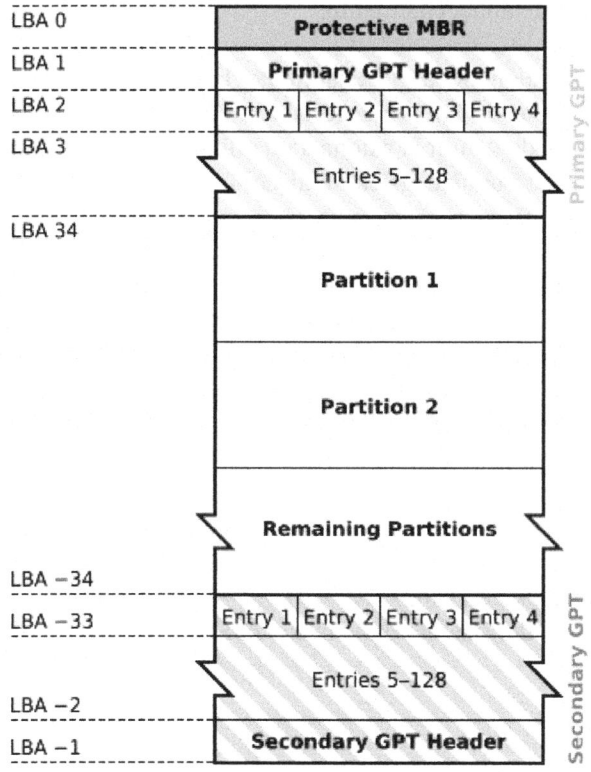

Ilustración 33. Tabla de partición de GPT.

GPT asigna 64 bits a las direcciones lógicas de los bloques, lo que permite un tamaño máximo de disco de 2^{64} sectores. En el caso de discos de 512 bytes/sector, implica que el tamaño máximo de disco soportado es de 9,4 ZB, es decir, 8 ZiB (2^{64}x512 bytes).

2.2.4 Volúmenes de disco

Un disco lógico (*logical disk*), **volumen de disco** (*disk volume*) o disco virtual (VD, *Virtual Disk*, también referenciado como *vdisk*) es un dispositivo virtual de almacenamiento de información que provee al usuario de un espacio continuo de almacenamiento distribuido entre una o más unidades físicas de almacenamiento. Es decir, un volumen de disco puede tener sectores en múltiples dispositivos físicos de almacenamiento. Estos volúmenes pueden ser definidos a diferentes niveles dentro de la infraestructura de almacenamiento.

La virtualización de almacenamiento basada en dispositivo (*host-based virtualization*) requiere de software adicional ejecutándose en el dispositivo. El sistema operativo puede definir si asigna a un volumen de disco parte del espacio de almacenamiento de una unidad física de disco, una unidad física de disco o más de una unidad física de disco.

Los volúmenes, también conocidos como LUN (*Logical Unit Number*), que se presentan al sistema operativo del dispositivo son gestionados por el *driver* tradicional de una unidad física de almacenamiento. No obstante, una capa software conocida como el gestor de volumen (*volumen manager*) se encuentra situada sobre el *driver* de disco, lo que permite interceptar las peticiones de I/O y gestionar las búsquedas de metadatos y mapeado de I/O.

La mayoría de los sistemas operativos modernos disponen de algún método de gestión de volúmenes de disco. En *Microsoft Windows* se denomina LDM (*Logical Disk Manager*); en Linux, LVM (*Logical Volume Manager*); y en Solaris y FreeBSD, capa *zpool* del sistema de ficheros ZFS.

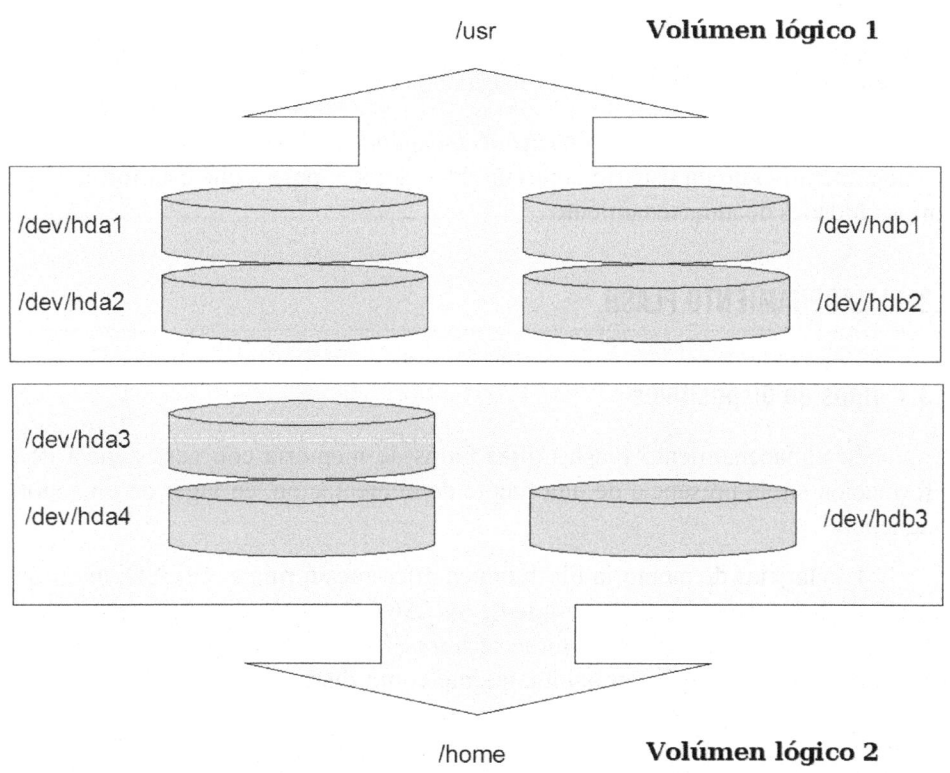

Ilustración 34. Esquema básico de funcionamiento de LVM.

En los sistemas operativos *Microsoft Windows*, se les asigna a los volúmenes de disco una letra de unidad, como si se tratara de una partición de un disco físico (Ej. *E:*).

En los sistemas operativos *NIX, cualquier volumen diferente del volumen de arranque (*boot*) debe tener un punto de montaje (*mount point*) en algún lugar del sistema de ficheros, representado por la ruta (*path*). Desde un punto de vista lógico, el árbol de directorios almacenado en el volumen es insertado en el punto de montaje. Por convención, los puntos de montaje emplean una carpeta vacía de la ruta */mnt*, aunque también es frecuente utilizar la ruta */media*. El montaje de volúmenes se realiza mediante el comando del sistema *mount*.

Una SAN (*Storage Area Network*) consolida dispositivos de almacenamiento no homogéneos. De este modo, la SAN crea uno o más *vdisks* que permiten a las aplicaciones acceder a los ficheros almacenados en ella.

Un RAID (*Redundant Array of Independent Disks*) se presenta ante el sistema operativo de un usuario como un disco lógico, pese a que está formado por varias unidades de almacenamiento.

2.3 ALMACENAMIENTO FLASH

2.3.1 Tipos de dispositivos

El almacenamiento Flash utiliza chips de memoria con persistencia de la información sin la presencia de una fuente de alimentación, en lugar de un soporte magnético.

Las tarjetas de memoria Flash tienen diferentes formatos (Ej. SD, microSD) con capacidades que superan actualmente los 256 GB y tasas de transferencia de 95 MBps. Para poder acceder a su lectura/escritura es necesario disponer de un lector de tarjetas apropiado. Se utilizan habitualmente como dispositivo de almacenamiento extraíble en cámaras digitales, *smartphones*, tabletas, etc. y muchos ordenadores personales disponen de lectores integrados de este tipo de tarjetas.

Las unidades de almacenamiento USB, conocidas habitualmente como *pen drives* (o simplemente *pens*, o vulgarmente como cucarachas, pinchos, garrapatas, etc.), utilizan memorias Flash para el almacenamiento de información. A diferencia de las tarjetas Flash, las unidades de almacenamiento USB disponen de una controladora interna que les permite conectarse directamente a un conector USB de un dispositivo. Actualmente, existen dispositivos de hasta 512 GB de almacenamiento y, en su versión USB 3.1 (Gen. 2), ofrecen tasas de velocidad de lectura de hasta 420 MBps y velocidad de escritura de hasta 380 MBps.

Ilustración 35. Comparativa de tipos y tamaños de distintas memorias Flash.

Algunos modelos de tarjetas Flash y de *pen drives* disponen de una pestaña que permite establecer a nivel hardware un modo solo lectura, lo que permite hacer una copia forense de dicho dispositivo de almacenamiento.

Desde el punto de vista del DFIR, su primer y principal interés radica en la importancia para la investigación que podría representar la información contenida de este tipo de almacenamiento externo.

Desde el punto de vista de un DFIR, es importante saber que este tipo de unidades también pueden configurarse como dispositivos de arranque, tanto en modo *live* como en modo persistente. Un usuario malicioso podría utilizar esta característica de arranque en modo no persistente para realizar sus actividades. Otro motivo más para rastrear su presencia en un "escenario del crimen".

Otro uso que se le puede dar a este tipo de unidades de almacenamiento es el de ejecutar software portable, es decir, software que ha sido empaquetado para poder ejecutarse desde una unidad externa conectada a un dispositivo anfitrión sin requerir su instalación en el sistema operativo del anfitrión. Desde el punto de vista de un DFIR es necesario saber que este uso permite, por un lado, la ejecución de aplicaciones no instaladas en el sistema operativo del dispositivo (Ej. Un cliente TOR); por otro lado, los archivos temporales generados se almacenarán en la propia unidad de almacenamiento, no dejando por tanto huellas digitales en la unidad interna de almacenamiento del dispositivo anfitrión.

Los dispositivos de almacenamiento SSD emplean memoria NAND y permiten tasas de lectura/escritura de aproximadamente 550 y 530 MBps, respectivamente, según marca y modelo, llegándose en determinados modelos de SSD con memoria V-NAND e interfaz M.2 a ofrecer capacidades de almacenamiento de hasta 2 TB y tasas de 3.500 y 2.100 MBps.

2.3.2 Peculiaridades de los dispositivos de almacenamiento SSD

Las primeras versiones comerciales de memoria NAND podían ser escritas únicamente unas 100.000 veces, algo que ya ha sido superado por los modelos de memorias NAND utilizadas en los dispositivos de almacenamiento más modernos, garantizando la escritura de hasta 1.200 TB en un periodo de 5 años. En estos dispositivos, el controlador de disco mueve un bloque lógico del disco de un bloque de memoria a otro como medio de equilibrar los accesos a cada bloque de memoria y prorrogar así el tiempo de vida útil de la unidad de almacenamiento. Por tanto, no se aplicar la asignación de bloques secuencial empleada en los HDD.

Desde el punto de vista de un DFIR, existen dos complicaciones adicionales a la hora de adquirir la información de una unidad de almacenamiento SSD.

Por un lado, muchos fabricantes incluyen en sus dispositivos una función de borrado seguro que bien borrará entera la unidad de almacenamiento, bien en el caso de una unidad cifrada, borrará la clave de cifrado.

Por otro lado, debido a su mayor coste por bit en comparación con una unidad HDD, se lleva a cabo una gestión más eficiente de la *liberación* de los bloques de memoria (es decir, marcar nuevamente el bloque como reutilizable). Las aplicaciones pueden pedir a la controladora que corte (*trim*) estos bloques, colocándose entonces en una cola para que el proceso de GC (*Garbage Collection*) los borre (sobrescriba con 1's lógicos) y los marque como libres.

El proceso de autocorrosión de la evidencia (SSD *Self-Corrosion*) comienza con el comando TRIM enviado por el sistema operativo a la controladora del dispositivo de almacenamiento SSD cuando el usuario elimina un archivo, formatea el dispositivo o elimina una partición. Tras el comando TRIM, la destrucción de la información es llevada a cabo por el GC, proceso diferente que se ejecuta en segundo plano. En ocasiones, el comando TRIM no llega a enviarse, lo que permite recuperar información de un dispositivo de almacenamiento SSD.

Las operaciones de recuperación de archivos eliminados de un dispositivo de almacenamiento SSD varían mucho de unos modelos de dispositivos a otros, dependiendo fundamentalmente del modo en el que cada modelo maneja las páginas de datos *trimados* (*trimmed*).

Algunos modelos implementan lo que se conoce como lectura determinista tras corte (DRAT, *Deterministic Read After Trim*) y ceros determinísticos tras corte (DZAT, *Deterministic Zeroes After Trim*), lo que devuelve todo ceros inmediatamente después de que un comando TRIM libere un determinado bloque de datos. Otros modelos, en cambio, no implementan este protocolo y contendrán la información original hasta que sea físicamente borrada con el algoritmo GC.

Con un *trimado* no determinista, cada comando de lectura tras un *trimado* ofrecerá diferentes datos, mientras que con la utilización de DRAT y DZAT, todos los comandos tras un *trimado* devuelven siempre los mismos datos.

Es decir, algunos dispositivos de almacenamiento SSD devolverán datos que no corresponden con lo realmente almacenado en ellos (todo 0's, todo 1's o alguna otra combinación de datos diferente a la original) no porque los bloques físicos hayan sido borrados inmediatamente tras un comando TRIM, sino porque la controladora del dispositivo informará que no existen datos válidos almacenados en la dirección *trimada* en un nivel lógico previamente asociado con el bloque físicamente trimado.

Hasta la fecha, la única manera práctica de obtener evidencias de un dispositivo de almacenamiento SSD sigue siendo la misma que con los dispositivos de almacenamiento HDD, es decir, una operación de obtención de una imagen hardware/software del dispositivo y su posterior procesado con una herramienta de recuperación de evidencias.

Por tanto, la recuperación de información eliminada en un dispositivo de almacenamiento SSD depende de si el sistema en el que está conectado el dispositivo de almacenamiento implementa en su totalidad la cadena de comandos TRIM/GC.

El comando TRIM es una propiedad tanto del sistema operativo como del propio dispositivo de almacenamiento SSD. Los sistemas operativos más antiguos no dan soporte a la operación de trimado.

La siguiente tabla detalla el soporte de diferentes sistemas operativos a la operación de *trimado*:

SO	Soporte desde	Notas
DragonFly BSD	mayo 2011	
FreeBSD	8.1 - julio 2010	Soporte añadido a nivel bloque de dispositivo desde la versión *8.1*. Soporte en el sistema de ficheros añadido en *FreeBSD 8.3* y *FreeBSD 9*, comenzando con UFS. El soporte a ZFS fue añadido en la versión *FreeBSD 9.2*. Desde la versión *FreeBSD 10* dispone de soporte para *trimado* en configuraciones RAID software.
NetBSD	ctubre 2012	
Linux	2.6.28–25 diciembre 2008	Añadido soporte de operaciones de descarte para dispositivos Flash tipo NAND FTL desde la versión *2.6.28*. Soporte para el comando ATA TRIM añadido en la versión *2.6.33*. No todos los sistemas de archivo utilizan trimado. Entre los que realizan peticiones de trimado automáticamente se encuentran ext4, btrfs, FAT, GFS2, JFS y XFS. No obstante, en algunas distribuciones esta opción viene desactivada por defecto debido a posibles problemas de rendimiento y se opta por un *trimado* programado en aquellos dispositivos de almacenamiento SSD que lo soportan. Los sistemas de ficheros ext3, NILFS2 y OCFS2 permiten que *ioctls* lleve a cabo *trimado* offline. Pese a que la especificación del comando TRIM establece una lista de rangos de *trimado*, hasta el *kernel 3.0* solo implementa un único rango de *trimado*, lo que resulta más lento.

macOS X	10.6.8–23 junio 2011	Pese a que el *driver* AHCI de dispositivo a nivel bloque añadió la posibilidad de mostrar si un dispositivo de almacenamiento tenía soporte del comando TRIM desde la versión *10.6.6*, la funcionalidad no estuvo accesible hasta la versión *10.6.8*, cuando la operación TRIM estuvo accesible a través de *IOSStorageFamily* y se añadió soporte en el sistema de ficheros HFS+. Hasta la versión 10.10.4, *macOS X* solo habilitaba de forma nativa el trimado para los dispositivos de almacenamiento SSD de la marca Apple. La instalación de aplicaciones de terceros permite habilitarlo para dispositivos de almacenamiento de otros fabricantes. Los *drivers* de terceros que daban soporte al *trimado* en dispositivos de almacenamiento SSD dejaron de funcionar tras la actualización de *macOS X* a la versión *Yosemite*. No obstante, existen *drivers* actualizados que permiten realizar *trimado* con *macOS X Yosemite* y posteriores. Desde la versión *10.10.4*, se añadió una utilidad de línea de comando, *trimforce*, que permite activar el comando TRIM para dispositivos de almacenamiento SSD de terceros.
Microsoft Windows	*Windows 7* y *Server 2008 R2* - octubre 2009	Al principio, *Windows 7* solamente soportaba el comando TRIM para dispositivos AT (PATA, SATA), no dando soporte a otros dispositivos, como los Storport PCI-Express SSD, incluso en el caso de que el dispositivo aceptase el comando. Con los *drivers* nativos de Microsoft, el comando TRIM funciona en *Windows 7* tanto en AHCI como en modo heredado IDE/ATA. Las versiones de *Microsoft Windows 8* y posteriores soportan el *trimado* para dispositivos de almacenamiento PCI Express SSD basados en NVMe, y el comando *unmap*, el cual es un análogo al comando TRIM para dispositivos SATA que utilizan la pila de *driver* SCSI. La actualización *KB2990941* para *Windows 7* permite a través de DISM añadir soporte para NVMe, incluyendo soporte para el comando TRIM para dispositivos de almacenamiento SSD.
OpenSolaris	julio 2010	
Android	4.3 - 24 julio 2013	

Tabla 3. Soporte del comando TRIM en diferentes SO.

Resumiendo, *Microsoft Windows* solo implementa TRIM para versiones 7 o posteriores y exclusivamente para sistemas de ficheros NTFS. En *macOS X*, el comando TRIM solo está implementado por defecto desde la versión *10.6.8* para los dispositivos de almacenamiento SSD aprobados y suministrados por Apple, teniendo el usuario que utilizar el comando *trimforce* a partir de la versión *10.10.4* para poder utilizar el comando TRIM en dispositivos de almacenamiento de terceros.

No todos los dispositivos de almacenamiento SSD soportan TRIM y GC. Los modelos más antiguos de SSD y el almacenamiento Flash parecido a dispositivos del almacenamiento SSD implementado en algunas tabletas y *netbooks*, no soportan el comando TRIM. Sirva como ejemplo el fabricante Intel, que comenzó a implementar el comando TRIM en sus dispositivos SSD de segunda generación, los cuales empleaban litografía de 34 nm; la generación de dispositivos anteriores, con litografía de 50 nm, no implementaban el comando TRIM.

El comando TRIM está completamente implementado en las interfaces SATA y eSATA, a través del comando *unmap*. No obstante, si un dispositivo de almacenamiento SSD se conecta al dispositivo anfitrión a través de la interfaz USB de este o se instala en determinadas unidades NAS, el comando TRIM no podrá comunicarse a través de la interfaz.

El comando TRIM no suele implementarse en la mayoría de las configuraciones RAID. No obstante, una configuración RAID 0 de dispositivos de almacenamiento SSD utilizando una BIOS actualizada, un *chipset* compatible (Ej. Intel H67, Z77, Z87, H87 o Z68) y los *drivers* adecuados, sí permite implementar el comando TRIM.

Reseñar que el comando TRIM no se encuentra implementado de manera nativa en ninguna versión de *Microsoft Windows* para un gran número de modelos de dispositivos de almacenamiento SSD de alto rendimiento conectados al dispositivo anfitrión a través de un slot PCIe. No obstante, el comando TRIM sí está disponible para dispositivos SATA que se conecten al dispositivo anfitrión a través de interfaces M.2 o mSATA. También se encuentra disponible en las placas PCIe que implementan un puerto SATA.

En los escenarios en los cuales los dispositivos de almacenamiento SSD tienen áreas del sistema corruptas (Ej. Tablas de partición dañadas, sistemas de ficheros dañados), resulta más sencillo llevar a cabo la recuperación de información de estas áreas dañadas que de las que se encuentran en estado correcto. Esto se debe a que el comando TRIM no se puede ejecutar sobre áreas corruptas porque los archivos no son eliminados correctamente. Simplemente, se vuelven invisibles o inaccesibles al sistema operativo. Existen herramientas comerciales (Ej. *Intel SSD Toolbox* con

Intel SSD Optimizer, *OCZ SSD Toolbox*) que permiten recuperar de manera fiable información procedente de discos SSD corruptos a nivel lógico.

En ocasiones, el firmware implementado en un modelo concreto de dispositivo de almacenamiento SSD puede tener *bugs* de fábrica, los cuales suelen afectar a la funcionalidad del comando TRIM y/o a la de GC (Ej. El firmware del dispositivo de almacenamiento OCZ Agility 3 120 GB en sus versiones v2.09 a v2.25, según puede leerse en el artículo siguiente *http://www.overclock.net/t/1330730/ocz-firmware-2-25-trim-doesnt-work-bug-regression-bad-ocz-experience*). Es decir, un dispositivo de almacenamiento SSD puede ser o no recuperable dependiendo de los *bugs* presentes en su firmware.

El mecanismo conocido como sobre aprovisionamiento del dispositivo de almacenamiento SSD (SSD *over-provisioning*) es uno de los muchos diseñados para incrementar la vida útil de los dispositivos de almacenamiento SSD. En este mecanismo, se reservan algunas áreas del disco a nivel controladora; así, en un dispositivo de capacidad de nominal de almacenamiento de 120 GB, realmente se disponen de más de 120 GB de almacenamiento físico. Estos bloques extra se denominan área de sobre aprovisionamiento (OP, *Over-Provisioning*) y pueden ser utilizados por las controladoras SSD cuando se necesita un nuevo bloque para una operación de escritura. Este bloque "sucio" entrará en el *pool* de OP y será borrado por el mecanismo GC durante los periodos que permanece el dispositivo de almacenamiento en reposo (*idle*).

Con respecto al sobre aprovisionamiento SSD, los *bugs* existentes en el firmware pueden afectar al funcionamiento del comando TRIM de formas diferentes. Una de estas anomalías sería mostrar la información *trimada* tras un reinicio (*reset*) o encendido (*power on*) del dispositivo anfitrión. Esto es debido a que los dispositivos de almacenamiento SSD remapean constantemente tras la operación de *trimado* para reasignar las direcciones en el pool OP. Debido a esto, la controladora del dispositivo SSD informará que un bloque de datos *trimado* se encuentra disponible para su escritura (como si estuviese borrado) tras la operación de trimado. Obviamente, el dispositivo no tuvo tiempo realmente de borrar la información que se encontraba almacenada en ese bloque. En cambio, simplemente mapea un bloque físico desde el *pool* OP a la dirección referenciada por el bloque lógico *trimado*.

Por tanto, durante unos instantes, en el bloque antiguo se mantiene almacenada la información original. No obstante, como el bloque de datos deja de estar mapeado dentro del espacio lógico direccionable, la información original deja de estar disponible o de ser direccionable. Esto ha provocado que, en determinados modelos de dispositivos, tras eliminar información y reiniciar el dispositivo, se hayan producido casos de que la información haya seguido apareciendo como disponible para el usuario como si nunca hubiese sido eliminada. Esta anomalía se explica por fallos en el mapeado debido a que los nuevos punteros no estarían funcionando del modo correcto por existir *bugs* en el firmware del dispositivo.

Se han producido también casos de fabricantes que, tras lanzar un determinado modelo de dispositivo de almacenamiento SSD y obtener buenas críticas por sus especificaciones técnicas por parte de la prensa especializada, han rebajado estas especificaciones originales introduciendo en sus productos componentes de menor coste que los incluidos en sus versiones originales. Todo ello sin ni siquiera cambiar el part number del producto. Así, una modificación de la controladora del dispositivo puede significar que, en las nuevas partidas del producto, la implementación del algoritmo GC no sea la adecuada y que los datos permanezcan realmente en el dispositivo durante un largo periodo tras su eliminación por el usuario. Un ejemplo serían determinados dispositivos de los fabricantes Kingston y PNY (http://www.extremetech.com/extreme/184253-ssd-shadiness-kingston-and-pny-caught-bait-and-switching-cheaper-components-after-good-reviews).

Los remanentes de las evidencias eliminadas pueden ser adquiridas tanto del *slack space* como de los atributos de la MFT (*Master File Table*) en el sistema de ficheros NTFS (*New Technology File System*).

En los dispositivos de almacenamiento SSD, el concepto de *slack space* está relacionado con los diferentes tamaños de bloques escribibles y borrables a nivel físico. En un dispositivo de almacenamiento SSD, página (*page*) hace referencia a la menor unidad de almacenamiento que puede ser escrita, siendo los tamaños más habituales los de 4 u 8 KB. Por su parte, bloque (*block*) hace referencia a la menor unidad de almacenamiento que puede ser borrada. Dependiendo del diseño de cada modelo de dispositivo en particular, un único bloque puede contener entre 128 y 256 páginas.

Cuando un archivo es eliminado y su tamaño es menor que el de un único bloque en ese dispositivo de almacenamiento SSD, o si un bloque de datos en particular del dispositivo contiene páginas que todavía se encuentran asignadas, ese bloque en particular no es borrado por el algoritmo GC. En la práctica, esto supone que, dependiendo del modelo del dispositivo de almacenamiento SSD, los archivos o los fragmentos (*chunks*) de archivos menores de 512 KB o 2 MB no se vean afectados por el comando TRIM y puedan ser recuperados de manera forense.

No obstante, la implementación del protocolo DRAT en los modelos más modernos de dispositivos del almacenamiento SSD hace que las páginas *trimadas* resulten inaccesibles a través de los comandos SATA estándar. Si un modelo concreto de dispositivo de almacenamiento SSD implementa los protocolos DRAT o DZAT, los datos reales podrán encontrarse almacenados físicamente durante un periodo largo de tiempo, aunque no estarán disponibles para el DFIR a través de las técnicas estándar de adquisición de evidencias. En general, la única manera posible de recuperar esta información será solicitando la colaboración del fabricante para que acceda a estos datos a nivel físico.

Una de las características del sistema de ficheros NTFS es que almacena la información sobre todos los directorios y archivos en la MFT. Desde el punto de vista forense, una característica particular de NTFS es que es capaz de almacenar pequeños archivos directamente en el sistema de ficheros. El contenido completo de un archivo de pequeño tamaño (tamaño máximo de 982 bytes) puede ser almacenado directamente como atributo en un registro de la MFT, lo que mejora notoriamente el rendimiento de lectura, reduciéndose además de esta manera el *slack space*.

Cuando en NTFS se elimina un archivo de pequeño tamaño, este permanece residente en el sistema de ficheros. Los registros de la MFT no son vaciados ni son afectados por el comando TRIM. Esto permite al DFIR recuperar archivos residentes mediante un proceso de *carving* del sistema de ficheros.

En la práctica, es frecuente poder recuperar datos de dispositivos de almacenamiento procedentes de dispositivos anfitrión (Ej. Portátiles *ultrabook*, *netbooks*) de bajo coste. Esto se debe a que, en ocasiones, los modelos más económicos emplean dispositivo de almacenamiento de reducidas dimensiones basados en memoria Flash y no dispositivos SSD propiamente dichos. En otras ocasiones, debido al reducido tamaño de *ultrabooks* y *netbooks*, no se puede integrar un dispositivo SSD de tamaño completo, recurriéndose al formato PCIe, el cual no soporta el protocolo SATA. Incluso aunque estos dispositivos de almacenamiento soporten el protocolo TRIM, los sistemas de *Microsoft Windows* no dan soporte a dicho comando para dispositivos que no son ATA, lo que implica que el comando no podrá ser utilizado.

También es frecuente que el firmware de las primeras unidades disponibles en el mercado de los modelos de los dispositivos de almacenamiento SSD incluya *bugs* que impidan una utilización real del comando TRIM y, por tanto, la información eliminada podría llegar a ser recuperada por un DFIR tras haber transcurrido un periodo largo de tiempo desde su eliminación por el usuario.

Los dispositivos SSD de bajo coste incluidos en dispositivos anfitrión de gama baja suelen carecer de soporte DRAT/DZAT. Esto implica que la información eliminada y *trimada* pudiera estar disponible para su recuperación durante un largo periodo de tiempo.

2.4 ALMACENAMIENTO EN SOPORTE ÓPTICO

Actualmente, las tres especificaciones principales de unidades ópticas son CD-ROM (*Compact Disc Read-Only Memory*), DVD (*Digital Video Disc*) y BD (*Blu-Ray Disc*). Cada especificación determina la longitud de onda del láser empleado para la lectura de datos del soporte óptico (BD emplea un láser azul en lugar de un láser rojo). La capacidad de almacenamiento varía desde los 700 MB de un soporte óptico para una unidad lectora CD, pasando por los 4 GB u 8 GB (doble cara) de los soportes ópticos para las unidades lectoras DVD y los 50 GB de los soportes ópticos doble capa para BD.

Los soportes de almacenamiento para CD y DVD suelen formatearse conforme al estándar *ISO 9660*. Algunas extensiones típicas de este estándar son *Rock Ridge* (soporte para nombres de archivo de hasta 128 caracteres en sistemas operativos UNIX), *Joliet* (soporte para nombres de archivos de hasta 64 caracteres en sistemas operativos *Windows*), y *El Torito*, que permite configurar un soporte de almacenamiento en modo de arranque.

Desde el punto de vista de un DFIR, es importante saber que este tipo de soportes no se ven afectados por radiaciones electromagnéticas, pero son susceptibles a arañazos (especialmente a aquellos con origen en el centro del disco y que se extienden hacia la parte externa de la corona circular) que impidan posteriormente su lectura para la adquisición de datos. Por tanto, deben ser correctamente almacenados en una carcasa.

2.5 ALMACENAMIENTO EN RED

Una unidad NAS (*Network-Attached Storage*) es un sistema de almacenamiento de datos a nivel archivo que permite compartir la información en ella almacenada con múltiples usuarios conectados a la red local o incluso funcionar como almacenamiento "en la nube" (*cloud storage*). Disponen de capacidad para conectar una o más unidades de almacenamiento y de configurarlas en RAID o JBOD. Para conectarse a la red local el NAS utiliza una interfaz de red, siendo la más común la interfaz alámbrica mediante un cable UTP con conectores RJ-45. No obstante, existen unidades NAS con interfaces de red inalámbricas. La compartición de archivos se realiza empleando protocolos de red como NFS (*Network File System*), SMB (*Server Message Block*)/CIFS (*Common Internet File System*) o AFP (*Apple Filing Protocol*).

Ilustración 36. Ejemplo de unidad NAS con 5 bahías de disco.

Una SAN (*Storage Area Network*) es una red dedicada al almacenamiento de información que provee acceso a almacenamiento de datos a nivel de bloque. La SAN se conecta a la red corporativa mediante interfaces de red estándar (Ej. NIC Gigabit Ethernet). Los dispositivos de almacenamiento de datos (Ej. *Arrays* de discos, bibliotecas de cintas y *jukeboxes* ópticas) que se conectan a la SAN necesitan tener una interfaz de red específica. La capacidad de almacenamiento de una SAN puede ampliarse de manera casi ilimitada, alcanzando cientos y hasta miles de terabytes.

Las SAN no facilitan abstracción de archivos, solo operaciones a nivel de bloque. No obstante, existen sistemas de ficheros denominados sistemas de archivo de disco compartido que funcionan como una capa por encima de la SAN para proveer acceso a nivel archivo.

Una SAN permite compartir información con los dispositivos de la red corporativa sin afectar el rendimiento de esta, pues el tráfico de la SAN está completamente separado del tráfico de red total (Ej. Tráfico de Internet, videoconferencias dentro de la red corporativa, peticiones de servicios de impresión en red) de los usuarios de la red corporativa. Son los servidores de aplicaciones los que funcionan como una interfaz entre la red de datos de la SAN y la red corporativa. Los dispositivos de almacenamiento se presentan al sistema operativo del usuario como unidades conectadas localmente a su equipo.

Un estándar habitualmente empleado para conectar dispositivos de almacenamiento de datos a una SAN es el estándar de canal de fibra (F-C, *Fibre Channel*). Actualmente, hay SAN que utilizan otros estándares, como iSCSI (*SCSI over IP*) y FCIP (*Fibre Channel over IP*). Estas nuevas interfaces de red certifican que Gigabit Ethernet ha irrumpido fuerte en los centros de datos frente a F-C debido a su menor coste.

El rendimiento de una SAN está directamente relacionado con el tipo de red que utiliza. En el caso de una red de canal de fibra, el ancho de banda es de aproximadamente 100 MB/s y se puede extender aumentando la cantidad de conexiones de acceso.

2.6 ALMACENAMIENTO RAID

2.6.1 Generalidades

El almacenamiento RAID (*Redundant Array of Independent Disks*) se utiliza para distribuir la información en diferentes unidades de disco, aunque se presente como una única unidad al sistema operativo del usuario.

Un bloque lógico (*logical block*) hace referencia a los datos lógicos almacenados en el array. Los bloques lógicos representan datos lógicos contiguos, puede estarán almacenados físicamente en diferentes discos en localizaciones de bloques físicas diferentes.

Un bloque físico (*physical block*) reside en los discos. Los números de bloque físicos son consecutivos en el disco, pero no representan datos consecutivos dentro del stream de datos lógico.

Un bloque de paridad (*parity block*) es un tipo especial de bloque obtenido mediante una operación XOR de todos los bloques lógicos que se encuentran en el mismo número de bloque físico en todos los discos.

Un mapa de *striping* relaciona los números de bloque lógicos con los números de bloque físicos, y con tuplas de número de disco.

Existen tres estrategias RAID:

- ▸ **Espejo** (*mirroring*). Una escritura en una de las unidades de disco es copiada a un bloque de disco en otra unidad (como si se tratara de un reflejo en un espejo).

- ▸ ***Striping***. Un byte o un bloque se escribe en múltiples unidades en tiras (*stripes*).

- ▸ **Paridad** (*parity*). Se replican bloques de paridad en múltiples unidades de disco. Se define como paridad un valor calculado de tal forma que, si se perdiese uno de los elementos empleados para realizar el cálculo de paridad, podría ser recuperado a partir de la configuración de paridad.

Estas tres estrategias se implementan en los productos de almacenamiento generalmente combinadas entre sí. Así, existe *mirroring* con *striping*, *striping* con *mirroring* y paridad distribuida (*intespersed parity*).

Por otro lado, las tecnologías RAID se implementan en múltiples niveles. Todas las implementaciones RAID utilizan patrones repetitivos para sus mapas de *striping*. El periodo físico (*physical period*) es el número de bloques físicos utilizando antes de que se repita el patrón, mientras que el periodo lógico (*logical period*) es el número total de bloques lógicos que encajarán dentro de un periodo físico.

Un *slot* representa un bloque físico relativo dentro del periodo. Es decir, el *slot* es el resto de dividir el bloque físico entre el periodo. Dado que el mapa de *striping* se repite con el periodo del *array*, un *slot* representa una secuencia de bloques físicos separado un número entero de periodos de *array*. Los slots permiten comprimir el mapa de striping a la longitud del periodo. Por tanto, el mapa de striping es representado como una tabla con tantas columnas como unidades de disco, y tantas filas como la longitud del periodo físico y bloques lógicos numerados en las celdas de la tabla.

2.6.2 RAID 0

Un RAID 0 distribuye la información mediante *striping* entre múltiples unidades de disco. No existe ni comprobación de paridad ni *mirroring*. Si se produce un fallo en uno de los discos, se pierde todo el volumen, es decir, que cada una unidad de disco se convierte en un único punto de fallo del volumen de almacenamiento. Esta tecnología da prioridad al rendimiento y al incremento de la capacidad de almacenamiento a cambio de una menor tolerancia a fallos.

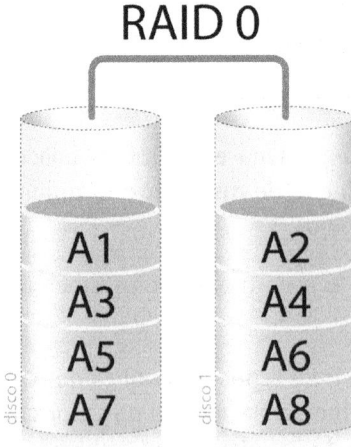

Ilustración 37. Esquema de funcionamiento de discos en RAID 0.

2.6.3 RAID 1

En un RAID 1 la información es reflejada de una unidad a otra, sin emplear paridad o *striping*. Las lecturas se envían desde la unidad más rápida, y las escrituras se confirman únicamente después de que ambos discos hayan sido actualizados (es decir, que las escrituras están condicionadas por la unidad más lenta). Este *array* de discos funcionará mientras que exista una unidad operativa.

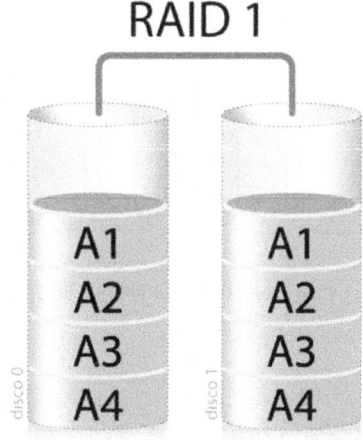

Ilustración 38. Esquema de funcionamiento de discos en RAID 1.

2.6.4 RAID 1E

RAID 1E es una versión mejorada de RAID 1. Funciona de una manera similar a RAID 1. Una parte de los datos se escribirá en al menos dos discos. En un sistema RAID 1E, los datos se escriben en más discos, y requiere de al menos tres discos duros para ser configurado. Por lo tanto, RAID 1E proporcionará una capacidad de restauración de datos más potente que RAID 1. Sin embargo, dado que RAID 1E escribe una parte de los datos al menos dos veces, aumentará la carga en el procesador RAID, lo que afectará en el rendimiento de lectura y escritura de los discos.

La configuración de un RAID 1E requiere al menos tres discos duros. RAID 1E se aplica a los escenarios en los que la protección de datos es un requisito fundamental.

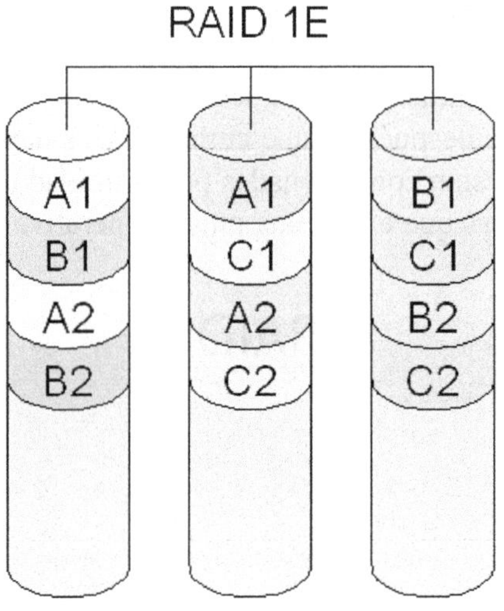

RAID 1E

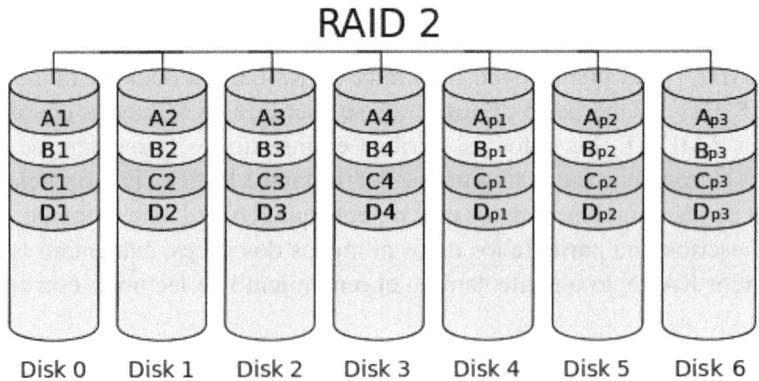

Ilustración 39. Esquema de funcionamientos de discos en RAID 1E.

2.6.5 RAID 2

En un RAID 2 se emplea *striping* con paridad a nivel de bit. Cada bit se escribe a una unidad de disco diferente, calculándose la paridad para cada byte y almacenada en una única unidad de las que conforma el *array* de discos.

RAID 2

Disk 0	Disk 1	Disk 2	Disk 3	Disk 4	Disk 5	Disk 6
A1	A2	A3	A4	A_{p1}	A_{p2}	A_{p3}
B1	B2	B3	B4	B_{p1}	B_{p2}	B_{p3}
C1	C2	C3	C4	C_{p1}	C_{p2}	C_{p3}
D1	D2	D3	D4	D_{p1}	D_{p2}	D_{p3}

Ilustración 40. Esquema de funcionamiento de discos en RAID 2.

2.6.6 RAID 3

En un RAID 3 se emplea *striping* a nivel de byte con paridad dedicada. Los bytes se distribuyen "en tiras" entre todas las unidades de disco, y la paridad es almacenada en una unidad de disco dedicada.

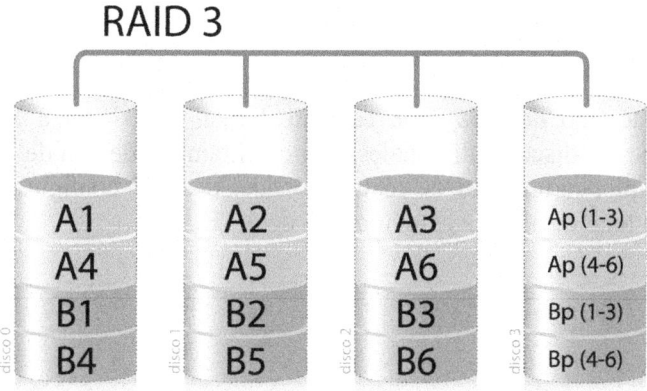

Ilustración 41. Esquema de funcionamiento de discos en RAID 3.

2.6.7 RAID 4

En un RAID 4 se emplea *striping* a nivel de bloque con paridad dedicada, almacenándose la paridad en una única unidad en vez de distribuida entre múltiples unidades de disco. Cada unidad de disco opera de manera independiente, pudiendo llevarse a cabo peticiones I/O de datos en paralelo.

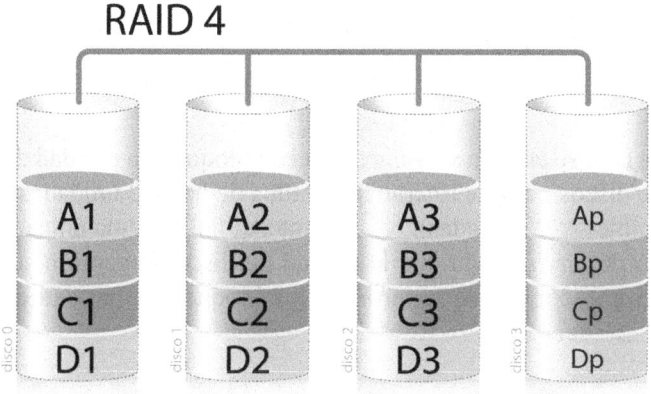

Ilustración 42. Esquema de funcionamiento de discos en RAID 4.

2.6.8 RAID 5

En RAID 5 se emplea *striping* a nivel de bloque con paridad dedicada. La paridad es distribuida junto con la información. Este esquema permite el funcionamiento del *array* en caso de fallo de una de las unidades de disco, debiendo estar disponibles al menos *N-1* unidades disponibles. En caso de fallo de una unidad de disco, una operación de lectura puede satisfacerse utilizando el resto de las unidades de disco y la paridad distribuida.

En este tipo de *arrays*, la capacidad total será igual a la suma de las capacidades de los discos individuales, menos el tamaño de una de las unidades. A modo de ejemplo, en un *array* de cuatro unidades de 2 TB configurado en RAID 5, el espacio útil total de almacenamiento será de 6 TB.

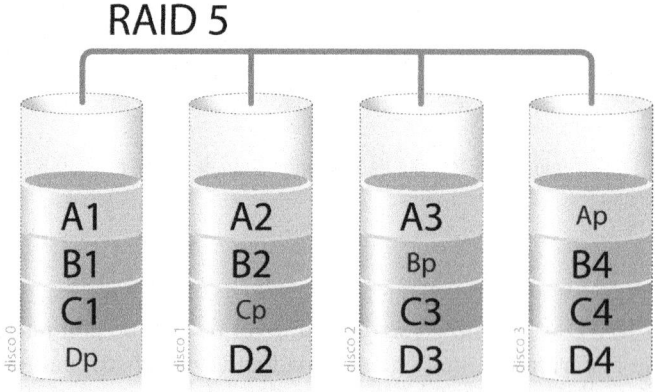

Ilustración 43. Esquema de funcionamiento de discos en RAID 5.

2.6.9 RAID 6

En RAID 6 se emplea *striping* a nivel de bloque con paridad distribuida. Esta disposición de discos permite tolerancia a fallos de hasta 2 unidades (necesario que existan disponibles *N-2* unidades). No obstante, el fallo en una única unidad afectará al rendimiento del *array* hasta que la unidad de disco defectuosa sea reemplazada y la información reconstruida a partir de los bloques de paridad del resto de las unidades de disco del *array*.

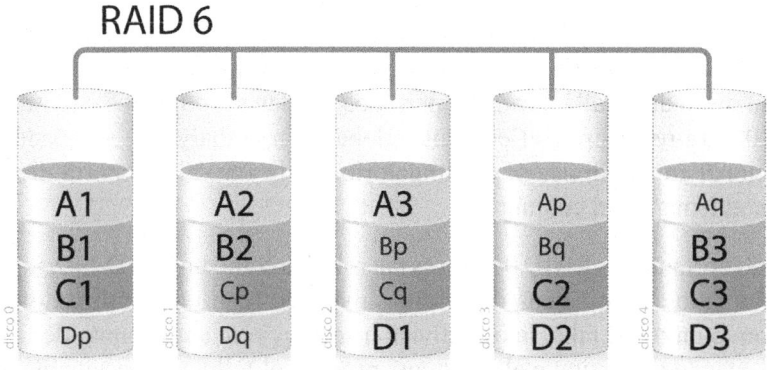

Ilustración 44. Esquema de funcionamiento de discos en RAID 6.

Además, los *arrays* de unidades de disco pueden ser anidados (*nested RAID*), dando lugar a los *arrays* híbridos. Estos *arrays* anidados se basan también en las tres estrategias anteriormente citadas: *mirroring* con *striping*, *striping* con *mirroring* y paridad distribuida (ya sea en uno o más unidades de disco). Algunos ejemplos de tecnologías híbridas RAID serían RAID 0+1, RAID 1+0 y RAID 100.

2.6.10 RAID 01

Un RAID 0+1, también denominado RAID 01, es un RAID empleado para replicar y compartir datos entre varios discos. La diferencia entre un RAID 0+1 y un RAID 1+0 es la localización de cada nivel RAID dentro del conjunto final: un RAID 0+1 es un espejo de divisiones.

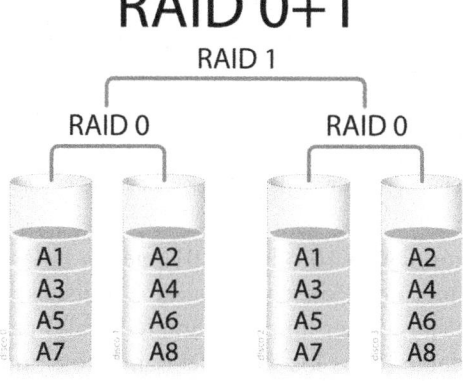

Ilustración 45. Esquema de discos de un RAID 01.

En un RAID 01 primero se crean dos conjuntos RAID 0 (dividiendo los datos en discos) y, posteriormente, sobre los conjuntos RAID 0 se crea un conjunto RAID 1, realizando un espejo de los anteriores. La ventaja de un RAID 0+1 es que cuando un disco duro falla, los datos perdidos pueden ser copiados del otro conjunto de nivel 0 para reconstruir el conjunto global. Sin embargo, si se añade un disco duro adicional en una división, es obligatorio añadir otro al de la otra división para equilibrar el tamaño del conjunto.

No obstante, un RAID 0+1 no es tan robusto como un RAID 1+0, no pudiendo tolerar dos fallos simultáneos de discos salvo que sean en la misma división. Es decir, cuando un disco falla, la otra división se convierte en un punto de fallo único. Además, cuando se sustituye el disco que produjo el fallo, se necesita que todos los discos del conjunto participen en la reconstrucción de los datos.

2.6.11 RAID 10

Un RAID 1+0, a veces llamado RAID 10, es similar a un RAID 0+1, con la salvedad de que los niveles RAID que lo conforman se invierte: el RAID 10 es una división de espejos.

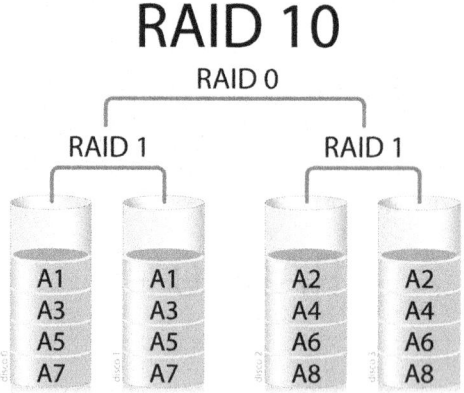

Ilustración 46. Esquema de utilización de discos en un RAID 10.

En cada división RAID 10 o RAID 01 pueden fallar todos los discos salvo uno sin que se pierdan datos. Sin embargo, si los discos que han fallado no se reemplazan, el restante pasa a ser un punto único de fallo para todo el conjunto. Si ese disco falla, se perderán todos los datos del conjunto completo. Como en el caso del RAID 01, si un disco que ha fallado no se reemplaza, un único error de medio irrecuperable que tuviera lugar en el disco en espejo resultaría en pérdida de datos.

El RAID 10 es a menudo la mejor elección para bases de datos de altas prestaciones, debido a que la ausencia de cálculos de paridad proporciona mayor velocidad de escritura.

En un RAID 10, la capacidad total útil de almacenamiento del *array* completo será igual a la mitad de la capacidad total de los discos que conforman el *array*. A modo de ejemplo, si se configura un *array* de cuatro discos de 2 TB en RAID 10, se dispondrá de dos pares de discos de 2 TB en espejo, con una capacidad total útil de almacenamiento de 4 TB.

2.6.12 RAID 30

El RAID 3+0, o RAID 30, es una combinación de un RAID 3 y un RAID 0, actuando como una división con conjunto de paridad dedicado. El RAID 30 proporciona tasas de transferencia elevadas combinadas con una alta fiabilidad, teniendo como principal inconveniente un coste de implementación muy alto.

La mejor forma de implementar un RAID 30 es combinar dos conjuntos RAID 3 con los datos divididos en ambos conjuntos. El RAID 30 parte los datos en bloques de menor tamaño y los divide en cada conjunto RAID 3, que a su vez lo divide en trozos aún menores, calcula la paridad aplicando un XOR a cada uno y los escriben en todos los discos del conjunto salvo en uno, donde se almacena la información de paridad. El tamaño de cada bloque se decide en el momento de construir el RAID.

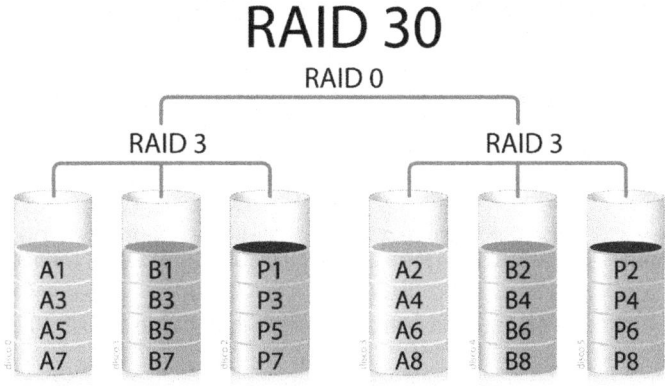

Ilustración 47. Esquema de funcionamiento de discos en RAID 30.

RAID 30 permite que falle un disco de cada conjunto RAID 3. Hasta que los discos defectuosos sean reemplazados, el resto de los discos de cada conjunto que sufrió el fallo se convierten en puntos únicos de fallo para el conjunto RAID 30 completo. Es decir, si alguno de ellos fallase, se perderían todos los datos del conjunto. El tiempo de recuperación necesario (detectar y responder al fallo del disco y reconstruir el conjunto sobre el disco nuevo) representa un periodo de vulnerabilidad para este tipo de RAID.

2.6.13 RAID 100

Un RAID 100, también denominado RAID 10+0, es una división de conjuntos RAID 10. El RAID 100 es un ejemplo de "RAID cuadriculado" (*plaid RAID*), es decir, un RAID en el que conjuntos divididos son a su vez divididos conjuntamente de nuevo.

En un RAID 100, podrían fallar todas las unidades de disco menos una en cada RAID 1 sin producirse pérdida de datos. Sin embargo, el disco restante de un RAID 1 se convierte así en un punto único de fallo para el conjunto degradado. Normalmente el nivel superior de división se implementa a nivel software, denominado en ocasiones *MetaLun* o *Soft Stripe*.

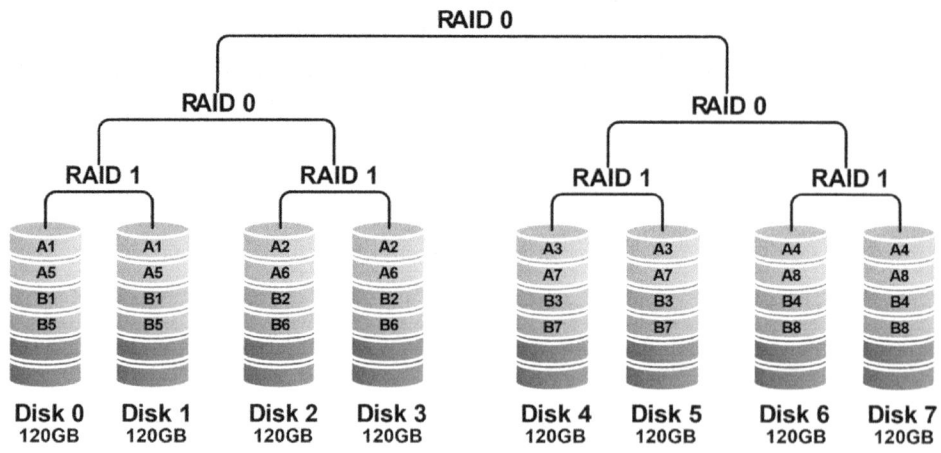

Ilustración 48. Esquema de funcionamiento de discos en un RAID 100.

Entre las principales ventajas de implementar un RAID 100 sobre implementar un único nivel RAID se encuentran un incremento del rendimiento para lecturas aleatorias y la mitigación de puntos calientes de riesgo en el conjunto. Por este motivo, RAID 100 resulta en la mayoría de los casos la mejor elección para bases de datos muy grandes, donde el conjunto software subyacente limita la cantidad de discos físicos permitidos en cada conjunto estándar. Implementar niveles RAID anidados permite eliminar virtualmente el límite de unidades físicas en un único volumen lógico.

2.6.14 RAID 50

Un RAID 50, también denominado RAID 5+0, combina la división a nivel de bloques de un RAID 0 con la paridad distribuida de un RAID 5, siendo por tanto un conjunto RAID 0 dividido de elementos RAID 5.

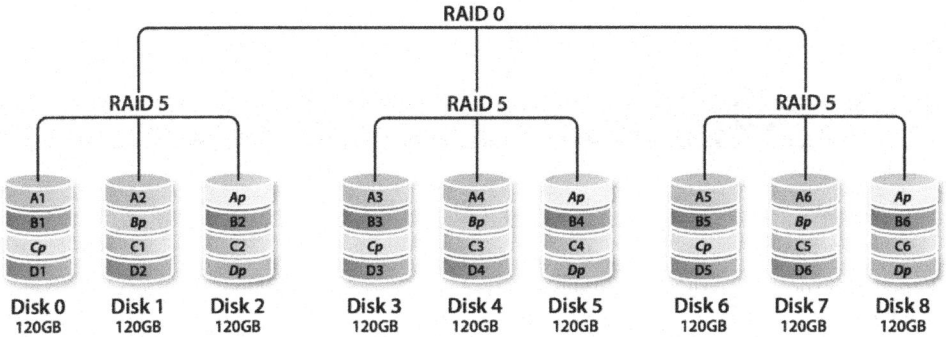

Ilustración 49. Esquema de funcionamiento de discos en un RAID 50.

Una unidad de disco de cada conjunto RAID 5 puede fallar sin que se produzca pérdida de datos. Sin embargo, si el disco defectuoso no se reemplaza, los restantes discos de dicho conjunto se convierten en un punto único de fallo para todo el conjunto. Si fallase una única unidad de disco, todos los datos del conjunto global se perderían. El tiempo necesario para recuperar (detectar y responder al fallo de disco y reconstruir el conjunto sobre el nuevo disco) representa un periodo de vulnerabilidad del conjunto RAID.

La configuración de los conjuntos RAID repercute sobre la tolerancia a fallos general. Una configuración de tres conjuntos RAID 5 de siete discos cada uno tiene la mayor capacidad y eficiencia de almacenamiento, pero sólo puede tolerar un máximo de tres fallos potenciales de disco. Debido a que la fiabilidad del sistema depende de la velocidad con la que sean sustituidos los discos defectuosos para que el conjunto pueda reconstruirse, es habitual implementar conjuntos RAID 5 de seis discos con un disco de reserva en línea (*hot spare*) que permita empezar de inmediato la reconstrucción en caso de fallo del conjunto. Esto no soluciona el problema de que el conjunto sufre un estrés máximo durante la reconstrucción dado que es necesario leer cada bit, justo cuando es más vulnerable. Una configuración de siete conjuntos RAID 5 de tres discos cada uno puede tolerar hasta siete fallos de disco, pero tiene menor capacidad y eficiencia de almacenamiento.

El RAID 50 mejora el rendimiento del RAID 5, especialmente en escritura, y proporciona mejor tolerancia a fallos que un nivel RAID único. Este nivel se recomienda para aplicaciones que necesitan gran tolerancia a fallos, capacidad y rendimiento de búsqueda aleatoria.

A medida que el número de unidades del conjunto RAID 50 crece y la capacidad de los discos aumenta, aumenta también el tiempo de recuperación.

2.6.15 Comparativa entre diferentes niveles de RAID

La Tabla 4 describe la comparación entre los principales niveles RAID.

Descripción	RAID 0	RAID 1	RAID 5	RAID 6	RAID 10
Tolerancia de error	No	Sí	Sí	Sí	Sí
Redundancia	No	Sí	Sí	Sí	Sí
Hot backup	No	Sí	Sí	Sí	Sí
Rendimiento de lectura	Alto	Bajo	Alto	Alto	Alto
Rendimiento de escritura aleatorio	Alto	Bajo	Medio	Medio	Medio
Rendimiento de escritura continuo	Alto	Bajo	Bajo	Bajo	Medio
Número requerido de discos	$n \geq 1$	$2n\,(n \geq 1)$	$n \geq 3$	$n \geq 4$	$2n\,(n \geq 2)$
Eficiencia del espacio (%)	100%	50%	$[(n-1)/n] \times 100\%$	$[(n-2)/n] \times 100\%$	$n \times 100\%$

Tabla 4. Comparativa entre los principales niveles RAID.

2.6.16 Otras configuraciones posibles

En entornos empresariales críticos están empezando a evaluar configuraciones RAID más tolerantes a fallos que añaden un mecanismo de paridad subyacente. Entre los más prometedores están los enfoques híbridos como el RAID 0+1+5 (espejo sobre paridad única) o RAID 0+1+6 (espejo sobre paridad dual).

Desde el punto de vista del DFIR, un sistema RAID supone un serio problema a la hora de proceder a la adquisición de evidencias debido, por un lado, al gran volumen de datos que almacenan (lo que supone un incremento del tiempo de adquisición y del coste de almacenamiento de la copia). En algunos casos, la mejor estrategia será adquirir únicamente aquella información que pueda ser relevante para la investigación.

Nuevamente, adoptando el punto de vista de un DFIR, enfrentarse a la adquisición de datos de un RAID supone perder al menos un nivel de abstracción con respecto de la adquisición de datos de una unidad de disco física real (Ej. la unidad de disco de un ordenador portátil). Además, la información leída/escrita en el *array* de discos es procesada al menos por la controladora de discos del *array*, siendo habitual que intervengan dispositivos adicionales Hw/Sw.

No obstante, es poco frecuente que un agente malicioso utilice las áreas ocultas de los discos del *array* para almacenar información, puesto que a nivel usuario no se dispone de acceso a herramientas o permisos que permitan escribir en estas áreas (y seguramente no sean accesibles ni como administrador del RAID). Este mismo escenario se presenta cuando se acceden a sistemas de ficheros en red, como CIFS (*Common Internet File System*) y NFS (*Network File System*).

Finalmente, hay que tener en consideración que estos volúmenes lógicos utilizados en los RAID se configuran con un sistema de ficheros concreto, y que cualquier regla que se aplique a nivel sistema de ficheros será también de aplicación a un volumen lógico.

2.7 ARQUITECTURAS DE ALMACENAMIENTO NON-RAID

Pese a que el estándar más empleado para configurar múltiples unidades de disco es RAID, existen arquitecturas alternativas como:

- JBOD (*Just a Bunch Of Disks*). utiliza múltiples unidades de disco operados como unidades de disco independientes o gestionados con uno o más volúmenes lógicos (Ej. LVM).
- SPAN o BIG. Método que permite combinar el espacio libre en múltiples unidades de disco de JBOD para crear un volumen extendido. Generalmente, se trata de un único volumen extendido que contiene diferentes tipos y tamaños de unidades de disco.
- MAID (*Massive Array of Idle Drives*). Arquitectura que utiliza de cientos a miles de unidades d disco para proporcionar almacenamiento lineal de información para aplicaciones tipo WORO (*Write Once, Read Occasionally*), donde un incremento de la densidad de almacenamiento y la reducción de costes compensan el aumento de la latencia y la pérdida de redundancia.

2.8 OBTENCIÓN DE EVIDENCIAS DE UN NAS

El DFIR puede encontrarse unidades NAS de las que obtener evidencias digitales tanto en entornos corporativos como en pymes y domicilios particulares. Las unidades NAS utilizadas en estos últimos entornos suelen denominarse nubes personales (*personal clouds*), porque permiten cierta funcionalidad similar a la ofrecida por servicios en la nube.

Actualmente, resulta cada vez más frecuente que los usuarios utilicen en sus domicilios portátiles en lugar de equipos de escritorio. Como los dispositivos portátiles suelen estar equipados con un espacio de almacenamiento relativamente limitado y no ampliable (salvo que se sustituya obviamente la unidad interna de almacenamiento), los NAS se han convertido en una solución bastante obvia y apropiada para incrementar y compartir el espacio de almacenamiento disponible entre todos los habitantes de un mismo domicilio. Este espacio compartido suele ser empleado para almacenar copias de seguridad y almacenar grandes cantidades de contenido multimedia (Ej. Vídeo, audio, fotografías).

Frecuentemente, en el ámbito de las investigaciones del domicilio de un sospecho, estos dispositivos de almacenamiento masivo contendrán información ilícita. Debido a la enorme capacidad de almacenamiento que permiten estos dispositivos y a su rápida popularidad en entornos domésticos, el forense de NAS (NAS *forensics*) está adquiriendo cada vez mayor importancia.

El forense de NAS difiere en ciertos aspectos de realizar forense de unidades de almacenamiento externas. Los discos duros externos suelen ser discos duros HDD o SSD de 2.5 o 3.5" contenidos en una carcasa con interfaz USB, eSATA, FireWire o inalámbrica. Estas unidades están concebidas para conectarse directamente a un puerto de un ordenador, y su sistema de ficheros normalmente será NTFS, FAT32 o HFS. Por tanto, la adquisición de datos de discos duros externos será muy similar a la adquisición de evidencias de un disco duro integrado en un dispositivo.

En cambio, los sistemas de almacenamiento NAS son dispositivos que ejecutan un sistema operativo. No existe una opción para acceder externamente a bajo nivel a los discos duros ubicados en la unidad NAS. El sistema operativo interno gestiona todas las lecturas y escrituras, permitiendo únicamente al usuario acceder a la información almacenada en sus discos duros a través de una compartición en red. Los protocolos de comunicaciones más habituales son SMB (*Server Message Block*) y DLNA (*Digital Living Network Alliance*) soportados por los NAS.

Conectar una unidad NAS al equipo de trabajo del DFIR a través de la interfaz Ethernet no permitirá realizar una adquisición forense de su contenido. Pese a que el sistema de ficheros o parte de él pueda ser leído directamente, el análisis del espacio no asignado no se encuentra disponible a través de la compartición de red. Para poder adquirir adecuadamente y analizar la información que se encuentra en las unidades de disco que conforman el soporte de almacenamiento del NAS, el DFIR deberá extraer las unidades y realizar adquisición a bajo nivel.

La mayoría de los dispositivos NAS disponen de una versión modificada de una distribución Linux, FreeBSD o sistema operativo similar. A modo de ejemplo, el fabricante Synology desarrolla DSM (*Synology DiskStation Manager*), un paquete de software basado en Linux que actúa como sistema operativo de sus dispositivos NAS. QNAP, otro conocido fabricante de dispositivos NAS, utiliza QTS. Shuttle utiliza un Linux embebido en sus appliances NAS y Western Digital utiliza también un Linux embebido en su gama de productos NAS *MyCloud*. Las unidades de Buffalo LinkStation también corren sobre una versión personalizada de Linux. Por tanto, el DFIR deberá tener conocimientos de administración de sistemas operativos Linux para ser capaz de leer datos del *array* de discos de un dispositivo NAS.

La adquisición de datos de un dispositivo NAS viene condicionada por el sistema de ficheros. Como la mayoría de estos dispositivos disponen de versiones embebidas de Linux, el sistema de ficheros que normalmente utilizan es ext3, ext4, JFS o XFS. Mientras que ext3 y ext4 son sistemas de ficheros bastante comunes entre los usuarios de Linux, existiendo herramientas forenses para su adquisición nativa, el sistema XFS es menos común, pese a ser el mejor de los sistemas de ficheros expuestos para el almacenamiento en red. Algunos dispositivos NAS como el *Shuttle KS10* o el *KD20* se encuentran formateados en XFS, lo que limita el número de herramientas disponibles para realizar una extracción forense de evidencias. La herramienta comercial más completa para realizar la extracción nativa de sistemas de ficheros XFS es *X-Ways Forensics*.

Como el soporte para XFS es bastante limitado, el DFIR deberá recurrir a una distribución Linux como plataforma de análisis forense de evidencias digitales obtenidas de dispositivos NAS que formateen el soporte de almacenamiento en este sistema de ficheros.

Pese a que los dispositivos NAS de una única bahía son muy populares, suele ser frecuente encontrarse con dispositivos NAS de dos o cuatro bahías. Los dispositivos NAS orientados al mercado doméstico suelen estar configurados como JBOD, RAID 0, RAID 1 o RAID 5. También es posible encontrarse con configuraciones RAID propietarias de determinados fabricantes (Ej. *Synology Hybrid RAID*).

Desde el punto de vista forense, será necesario extraer las unidades de disco del dispositivo NAS, conectarlas al dispositivo de adquisición de información del DFIR (Ej. *Guidance Tableau*), obtener individualmente las imágenes de las unidades de disco y reconstruir el *array* en el equipo del DFIR utilizado para analizar información (Ej. Estación de trabajo forense). Pese a que existen multitud de herramientas que permiten montar los tipos más comunes de *arrays* de RAID, las herramientas disponibles para trabajar con RAID propietarios como Synology SHA son muy limitadas.

Para poder reconstruir el *array* de discos, el DFIR debe seguir los siguientes pasos:

1. Encontrar el tamaño de bloque.

2. Determinar el periodo del *array* físico a partir de los bloques de paridad presentes en los discos.

3. Construir el mapa de *striping* inspeccionando el orden de los bloques físicos a través de la imagen. Esta observación debe ser confirmada buscando diferentes bloques físicos que representen la misma posición de *slot*.

4. En ocasiones, reordenar las unidades de disco ofrecerá un patrón más obvio del mapa de *striping*. Este patrón permitirá al investigador averiguar el patrón completo sin tener que confirmar cada elemento en el mapa.

5. Reensamblar el mapa, intentando recuperar datos útiles del *array*. Si el mapa es correcto, el reensamblado no debería ofrecer errores.

Tras volver a montar el *array*, el DFIR debería ser capaz de llevar a cabo las tareas forenses habituales, incluida la de analizar el espacio no asignado, con herramientas forenses comunes.

El soporte para la utilización de unidades de disco SSD en dispositivos NAS es actualmente limitado. La mayoría de los dispositivos NAS no utilizarán *trimado* en las unidades de disco SSD, bloqueándose así de manera efectiva la mayoría de los algoritmos de mantenimiento en segundo plano que eliminan los bloques de datos liberados y el borrado del espacio no asignado. De este modo, las evidencias almacenadas en las unidades de disco SSD que se encuentran en dispositivos NAS no se verán afectadas por el *trimado* y la recolección de basura en segundo plano, permitiendo por tanto la recuperación de archivos que hubiesen sido eliminados del dispositivo NAS previamente.

2.9 SISTEMAS DE FICHEROS

2.9.1 Introducción

Un sistema de ficheros es un nivel de abstracción superior a los volúmenes y consiste en un conjunto de estructuras de datos que describen los diferentes tipos de objetos que pueden existir en un sistema de ficheros, así como un conjunto de algoritmos que determinan dónde y cómo se almacena la información en el volumen.

La mayoría de los sistemas de ficheros modernos gestionan todo su contenido como si todos los objetos fuesen archivos, si bien algunos de estos archivos (Ej. Directorios/carpetas, *hard links*) tendrán determinadas peculiaridades con respecto del resto. Además, la mayoría utilizan una visión jerárquica tipo árbol, donde un directorio raíz contiene otros subdirectorios (ramas), donde se almacenan los archivos (hojas).

Existen dos tipos fundamentales de sistemas de ficheros:

▼ *Journaled*. Mantienen una estructura separada de datos en la que se almacenan todas las modificaciones realizadas en el volumen (estas anotaciones de cambios se denominan *journaling*).

▼ *Non journaled*. No almacenan las modificaciones realizadas en el volumen.

En caso de producirse un fallo de escritura, la información almacenada en el archivo de *journaling* permitirá recuperar la información del volumen. Los sistemas de ficheros del tipo *journaled* permiten una recuperación más rápida en caso de fallo, dado que no tiene que comprobarse toda la consistencia del sistema de ficheros.

Los sistemas de ficheros almacenan prácticamente toda la información en archivos. Existe un conjunto de archivos conocidos como estructura de metadatos o inodos. Las estructuras de metadatos son estructuras que contiene datos sobre datos (el prefijo *meta-* significa en este contexto "autorreferido"). Contienen información interna sobre los datos almacenados en el sistema de ficheros (Ej. Listado de un directorio, *timestamps*, permisos de archivos).

Las estructuras contienen información sobre el archivo, como *timestamps* de modificación, creación y acceso, permisos, propietario, tamaño, y el modo de reconstruir los datos del archivo, pues este estará almacenado en dos o más clústeres. Pese a que el modo en el que se asignan los clústeres a un archivo difiere dependiendo del sistema de ficheros, en general, cada sistema de ficheros realiza un seguimiento del listado de las direcciones de los clústeres que deben ser seguidos para poder reconstruir el contenido de un archivo.

En la mayoría de los sistemas de ficheros existen elementos como el nombre y el tipo de archivo, un puntero a los datos de un archivo, el tamaño de los datos, los *timestamps* y los mecanismos de seguridad. Un *inodo* (equivalente a una entrada en la MFT en el sistema de ficheros NTFS) actúa como contenedor global para estos elementos.

Al igual que sucede con los clústeres, los *inodos* pueden encontrarse asignados (*allocated*) o no asignados (*unallocated*). Un *inodo* asignado es un archivo en uso por el sistema de ficheros. Un archivo con un nombre apunta a esa estructura *inodo* para indicarle al sistema operativo dónde puede encontrarse los datos de ese archivo. En cambio, si el *inodo* no se encuentra asignado, puede encontrarse en dos estados: nunca fue escrito; puede contener datos del *inodo* de un archivo que fue recientemente eliminado. Si el inodo nunca fue utilizado por el sistema de ficheros, los datos no habrán sido rellenados. No obstante, cuando un archivo ha sido eliminado, los datos del *inodo* raramente son borrados (*wiped*) o sobrescritos (*overwritten*).

2.9.2 Sistemas de ficheros en Microsoft Windows

FAT12, FAT16 y FAT32

Existen dos grandes familias de sistemas de ficheros dentro de los sistemas operativos *Microsoft Windows*: la familia FAT (FAT, FAT16, VFAT y FAT32) y la familia NTFS. Dentro de estos sistemas de ficheros, los más utilizados actualmente son FAT32 y NTFS.

Sistema de ficheros	Bits utilizados para identificar clústeres	Otras características
FAT12	12 bits (4.096 clústeres)	Límite del tamaño del volumen hasta 32 MB.
FAT16	16 bits (65.535 clústeres)	Volúmenes de hasta 4 GB. VFAT es una extensión de FAT16 que soporta nombres largos.
FAT32	32 bits (reservados los 4 primeros bits). Total: 268.435.456 clústeres.	Límite teórico superior 8 TB, con sectores de 32 KB. Los volúmenes actuales de FAT32 están limitados a 32 GB y tamaños de archivo de 4 GB porque la longitud del archivo se almacena como un número de 32 bits.

Tabla 5. Características del sistema de ficheros FAT.

NTFS

El sistema de ficheros NTFS proporciona una mezcla de rendimiento, fiabilidad y compatibilidad no disponibles en el sistema de ficheros FAT. Ha sido diseñado para poder realizar rápidamente tanto operaciones estándar con ficheros (Ej. Lectura, escritura, búsqueda) como operaciones avanzadas (Ej. Recuperación del sistema de ficheros) en discos de gran tamaño.

Cuando se formatea un volumen con el sistema de ficheros NTFS se generan varios archivos de metadatos (Ej. *$MFT*, *$Bitmap*, *$LogFile*), los cuales contienen información sobre todos los archivos y carpetas del volumen NTFS.

La primera información de un volumen NTFS es el archivo de metadatos *$Boot*, que corresponde con el sector de partición de inicio (*partition boot sector*). Este archivo comienza en el sector *0* y puede tener hasta 16 sectores de longitud. Describe la información básica del volumen NTFS y la ubicación del archivo de metadatos *$MFT*.

El sistema de ficheros NTFS incluye características de seguridad necesarias para servidores de archivos y equipos conectados a entornos corporativos. Permite además control de acceso a los datos y privilegios de propiedad necesarios para la integridad de los datos críticos. Mientras en los sistemas *Windows NT* se asignaban permisos a las carpetas compartidas, los archivos y carpetas en NTFS pueden disponer de permisos tanto si son compartidas como si no, permitiendo asignar permisos de manera individual a cada uno de los archivos.

Básicamente, todos los objetos que se encuentran en un volumen son archivos y todo lo que se encuentra en cada uno de estos archivos son atributos, desde los atributos de datos, a los atributos de seguridad, pasando por el atributo nombre del archivo. Cada sector asignado en un volumen NTFS pertenece a algún archivo. Incluso los metadatos del sistema de ficheros pertenecen a un archivo.

La principal ventaja de NTFS sobre FAT32 es el tamaño máximo de volumen soportado (recordar que un volumen puede extenderse por varios dispositivos de almacenamiento), pues NTFS permite emplear números de clúster de 64 bits combinados con un tamaño de clúster de 64 KB (lo que supone un tamaño máximo de volumen de 16 exabytes, es decir, 16.000 millones de GB). No obstante, lo habitual es que el tamaño de los números de clúster sea de 32 bits y el tamaño de clúster de 4 KB. Otra de las ventajas de NTFS es que permite comprimir archivos y cifrar archivos individuales o jerarquías completas de directorio.

El empleo de particiones de disco con sistemas de ficheros NTFS puede dar algún problema cuando se utilizan desde otros sistemas operativos por no implementar todas sus funciones. No obstante, empleando las herramientas adecuadas, pueden ser utilizados desde sistemas operativos *macOS X* y Linux para su lectura/escritura.

En el corazón del sistema de ficheros NTFS subyace la MFT (*Master File Table*). Existe una MFT por cada volumen de sistema de ficheros NTFS. Se trata de una base de datos muy estructurada que almacena la información requerida para recuperar los archivos de una partición NTFS.

Cada objeto tiene un registro de archivo (*FILE record*) dentro de la MFT. Cada registro de archivo contiene una serie de atributos que contienen los diferentes datos y metadatos relativos a ese archivo.

Cada registro tiene un tamaño de 1.024 bytes. Si el archivo es lo suficientemente pequeño, los datos del archivo se almacenarán dentro del registro MFT junto con sus metadatos, lo que se conoce como datos residentes (*resident data*). En caso contrario, existe un puntero a los clústeres que contienen los contenidos del archivo, y se trataría de datos no residentes (*non-resident data*).

El tamaño de la MFT puede ser elevado. En un soporte de almacenamiento de 1 TB con unos 400.000 archivos, la MFT podría alcanzar un tamaño de 485 MB. Si la MFT se fragmentara, el sistema tendría que buscar a lo largo de toda la superficie del soporte de almacenamiento para poder acceder a sus diferentes partes, con lo que la velocidad de todo el sistema se vería notablemente degradada. Para evitar esto, los controladores NTFS crean una zona MFT para que resida en ella la MFT. Normalmente se genera una reserva el 12,5% inicial del volumen de la MFT. El sistema de ficheros coloca los archivos a partir de esta zona reservada, lo que permite que la MFT tenga espacio para crecer. Si el resto del espacio libre de la unidad se llenase, la zona MFT se reduciría a la mitad de su tamaño, y el nuevo espacio liberado se encontraría disponible para ser utilizado por nuevos archivos. Este proceso continúa hasta que el espacio en disco se llena.

Registro MFT	Archivo del sistema	Nombre del fichero	Descripción
0	Master File Table	$MFT	Describe la MFT. Proporciona el nombre y la información necesaria para encontrar todos los demás clústeres que contienen el resto de la MFT. El VBR (*Volume Boot Record*) contiene un puntero al clúster en el que se encuentra este registro, y los registros dentro de la MFT contienen los punteros a los clústeres de los demás objetos. NTFS se diferencia de FAT en que el VBR es el único objeto ligado a un sector específico del sistema de ficheros, no pudiendo ser reubicado en ninguna otra ubicación.

1	Master File Table 2	$MFTMIRR	Contiene una copia de seguridad del archivo $MFT primario por si este no pudiera ser leído debido a un daño físico en el soporte de almacenamiento.
2	Log File	$LogFile	Contiene información del *log* transaccional utilizado por NTFS para mantener la integridad del sistema de ficheros en caso de que tuviera lugar un error fatal. Este proceso es denominado *journaling* en otros sistemas de ficheros.
3	Volume	$Volume	Contiene el nombre del volumen del sistema de ficheros (Ej. Sistema, Datos), además de la versión de NTFS y un conjunto de banderas que indican al sistema si el volumen fue montado de forma adecuada en su último uso.
4	Attribute Definitions	$AttrDef	Define los atributos NTFS de las versiones de NTFS utilizadas en este volumen.
5	Root Filename Index	.	Carpeta raíz. Funcionalmente, no difiere de otra carpeta, excepto que siempre es el registro 5 y su nombre es ".".
6	Cluster bitmap	$Bitmap	Cadena de datos binarios, con un bit para cada clúster dentro del volumen. Para cada clúster del volumen, el bit asociado estará establecido a "*1*" o "*0*" dependiendo, respectivamente, de si el clúster está asignado o no a un archivo.
7	Boot cluster file	$Boot	Permite que el VBR sea accedido mediante operaciones de I/0.
8	Bad cluster file	$BadClus	Proporciona al sistema de ficheros un mecanismo para marcar y por tanto, no utilizar, aquellos clústeres en los que exista un daño físico. Este archivo es de tipo *sparse* y su tamaño será igual al del volumen del sistema de ficheros. Inicialmente, se encuentra rellenado con ceros. Un archivo de tipo *sparse* es aquel en el que los clústeres son todo ceros y estos no son escritos en el disco. Como todo el contenido del archivo son ceros, no se asignará espacio de disco al archivo. Si se determina que un clúster se encuentra en mal estado, se escribirá información en este archivo en el *offset* correspondiente a la ubicación del clúster dañado. Estos datos falsos realmente no son puestos en el soporte de almacenamiento, pero la existencia de estos datos provoca que el archivo $Bitmap marque ese clúster como si se encontrara en uso. De este modo, ningún otro archivo intentará utilizar ese clúster en el futuro. En escenarios reales, el controlador del disco duro remapea los sectores defectuosos, de modo que este mecanismo de seguridad a nivel sistema de ficheros raramente entra en funcionamiento.

9	Security file	$Secure	Contiene un índice utilizado para realizar un seguimiento de la seguridad de la información de los archivos en el sistema. Cada archivo de manera individual contendrá información de seguridad sobre quién es el propietario del archivo y quién tiene permisos para abrirlo. Este índice sirve como lugar centralizado de la información relativa a los propietarios, de modo que la búsqueda de la seguridad de la información no tenga que repetirse para cada archivo.
10	Upcase table	$Upcase	Información de conversión de caracteres Unicode de mayúsculas a minúsculas.
11	NTFS extension file	$Extend	Carpeta que incluye los nuevos archivos del sistema de ficheros. Los archivos casi siempre se encontrarán en los primeros cuatro registros no reservados (números 24 a 28). No tienen una ubicación estática, a diferencia de los primeros 12 registros.
12-15	Reservadas para uso futuro		
		$Extend\$ObjId	Contiene un índice de todos los ID de objetos en uso dentro del volumen. Los ID de objetos permiten realizar un seguimiento a un archivo incluso si el archivo se mueve, renombra o modifica de cualquier modo que impidiese que un puntero (Ej. Acceso directo) pudiese encontrar el archivo.
		$Extend\$Quota	Contiene información relativa al espacio asignado a cada usuario en el volumen y el espacio que está ocupando. Si la característica se encuentra habilitada, impide que un usuario pueda utilizar más espacio en el sistema de ficheros del asignado.
		$Extend\$Reparse	Contiene un índice de todos los puntos *reparse* del volumen. Este tipo de puntos tienen múltiples usos, siendo el más habitual los links simbólicos, en los que un archivo es simplemente un puntero a otro archivo. Por este motivo, editar este archivo es modificar el archivo al que apunta. También se utilizan estos puntos para montar otros volúmenes en una carpeta dentro de un volumen.
		$Extend\$UsnJrnl	El USN (*Update Sequence Number*) *Journal*, también conocido como *Change Journal*, es un índice que lista todos los archivos que han sido modificados en el sistema y el motivo por el cual se realizó el cambio.

Tabla 6. Tabla MFT.

La asignación de direcciones en los *inodos* y las entradas de la MFT suele ser secuencial. Es decir, que conforme se van añadiendo nuevos archivos al sistema de ficheros, se asignará el siguiente número de *inodo* o entrada MFT si se encuentra disponible.

En ocasiones, algunas entradas de la MFT no estarán ordenadas, posiblemente debido a la velocidad del procesador y el tiempo necesario para la escritura del *timestamp* creación (*Birth*).

Desde el punto de vista de un DFIR, NTFS tiene una peculiaridad que debe ser conocida, pues es una práctica habitual antiforense de los agentes maliciosos para esconder información. NTFS permite a un usuario (malicioso o no) crear un flujo alternativo de datos (ADS, *Alternate Data Stream*). De esta forma se añade un archivo a otro, pero el archivo anexo es invisible para las herramientas habitualmente empleadas para listar los directorios. Incluso el tamaño resultante del archivo es el mismo. A partir de *Microsoft Windows 7* este tipo de archivos con ADS añadido pueden ser mostrados por consola añadiendo el parámetro */r* al comando *dir* de la consola del sistema.

exFAT

El sistema de ficheros *exFAT* (*Extended File Allocation Table*) fue introducido por Microsoft en 2006 como parte del sistema operativo *Windows CE 6.0* y optimizado para memorias Flash. Está disponible por defecto desde *Windows 7*, si bien puede utilizarse en *Windows XP* con la actualización del sistema *KB955704*, *Windows Server 2003* con actualización del sistema *KB955704* y en *Windows Vista* con *SP1*. Es propietario de Microsoft, poseyendo varias patentes sobre su diseño. No obstante, en 2013, Samsung publicó un controlador Linux para *exFAT* bajo licencia GPL. Además, está disponible en *macOS X* desde la versión *Snow Leopard* (*v10.6.5*).

Este sistema de ficheros suele utilizarse en aquellos escenarios en los que existe un elevado *overhead* de estructura de datos que hace impráctico NTFS, pero en los cuales es necesario un límite de tamaño de archivo superior al de 4 GB establecido para FAT32.

El límite de tamaño de archivo en *exFAT* es de 16 exabytes, con tamaño de volumen máximo de 128 PB. Esto permite una interoperabilidad entre sistemas *Windows* y *macOS* para archivos de tamaño superior a 4 GB. No obstante, pese a que admite tamaños de disco de hasta 128 PB, el tamaño máximo recomendado es de 512 TB. Además, existe una limitación de 2.796.202 de archivos por directorio. Admite tamaño de clúster de hasta 32 MB.

Existe una granularidad de 10 ms en *exFAT* para los *timestamps* de *Creación* y *Modificación* que, pese a mejorar los 2 s existentes en FAT, es muy superior a la de NTFS de 100 ns. La granularidad del *timestamp Último Acceso* es del orden de segundos, que sigue suponiendo una mejora con respecto a FAT, que solo almacenaba la fecha. A partir de *Windows Vista SP2*, admite *timestamps* UTC.

La implementación estándar de *exFAT* no es *journaled*, utilizando únicamente una tabla de asignación de archivos y mapa de espacio libre.

2.9.3 Sistemas de ficheros en macOS

HFS y HFS+

El sistema operativo *Apple macOS X* utiliza los sistemas de ficheros HFS y HFS *Plus* (modificación de HFS que permite volúmenes de mayor tamaño).

HFS (*Hierarchical File System*) es un sistema de ficheros desarrollado por Apple para dispositivos con sistema operativo *macOS*. Siendo precisos, en lenguaje Apple, es un formato de volumen (*volume format*). Pese a que fue diseñado para su utilización en soportes de almacenamiento como disquetes y discos duros, también es posible encontrarlo en soportes de almacenamiento de solo lectura (Ej. CD-ROM).

HFS fue introducido por Apple en septiembre de 1985 para reemplazar el sistema de ficheros MFS (*Macintosh File System*), el sistema de ficheros introducido originalmente en 1984. HFS y MFS compartían características de diseño con MFS, como la bifurcación múltiple de archivos. Los archivos se conforman mediante dos ramas (*forks*): una rama de datos (*data fork*) y una rama de recursos (*resource fork*). En la rama de datos se almacena el contenido "normal" de un archivo, mientras que en la rama de recursos se almacenan otros aspectos como fuentes del archivo, archivos de traducción de idiomas, iconos, etc.

Este tipo de formato de archivos ha sido remplazado en otros sistemas de ficheros por un tipo de archivos que se presentan como un único archivo al usuario, pero que realmente están formado por un conjunto de archivos donde cada uno contiene un aspecto concreto del conjunto de archivos. Sirvan como ejemplo el formato extendido de los documentos ofimáticos de *Microsoft Office* (Ej. *.docx*, *.xlsx*, *.pptx*).

Los archivos se referencian mediante identificadores únicos y sus nombres pueden tener una longitud de hasta 255 caracteres de largo, si bien la aplicación *Finder* admitía únicamente un máximo de 63 caracteres.

En el sistema de ficheros MFS, la lista de información de los archivos y directorios se almacenaba en un único archivo. Esta información era recopilada por el sistema para construir una lista de los archivos almacenados en un directorio determinado. Esta aproximación era adecuada en soportes de almacenamiento de unos pocos cientos de KB de capacidad y un centenar de archivos. El aumento de los requisitos de capacidad y números de archivos en los soportes de almacenamiento convirtió esta aproximación en ineficiente.

HFS sustituyó la estructura de tabla plana de MFS por un archivo de catálogo (*catalog file*). Este archivo utiliza una estructura de árbol B*, lo que permite al sistema operativo realizar búsquedas con gran rapidez, independientemente de su tamaño.

Pese a que HFS es un formato de sistema de ficheros propietario, existe suficiente documentación relativa al mismo, lo que permite que existan soluciones que habiliten el acceso a este sistema de ficheros desde la mayoría de los sistemas operativos modernos.

Aunque la utilización de HFS supuso una mejora de rendimiento con respecto a MFS, Apple introdujo en 1998 el sistema de ficheros HFS *Plus* en aras de mitigar la ineficacia existente en HFS en la asignación de espacio en el soporte de almacenamiento. A partir de *macOS X* Apple ya no permite utilizar volúmenes HFS como volúmenes de arranque.

HFS *Plus* utiliza siete estructuras diferentes de datos en una unidad de disco para gestionar el sistema de ficheros:

- 1024 bytes. Espacio reservado para información de arranque.
- Cabecera de volumen (*Volume header*). Comienza tras los primeros 1.024 bytes del volumen. Contiene información como el tamaño de los bloques de asignación (*allocation blocks*), el *timestamp* de creación del volumen y metadatos sobre cada uno de los cinco archivos especiales.
- Archivo de asignación (*Allocation file*). Archivo utilizado por el sistema para realizar un seguimiento de los bloques de asignación (*allocation blocks*) que están siendo utilizados. El formato de archivo consiste en un bit de cada bloque de asignación. Si el bit es '*1*', el bloque se encuentra en uso. Si el bloque es '*0*', el bloque se encuentra libre.
- Archivo de extensión de desbordamiento (*Extents overflow file*). Este archivo almacena los bloques de asignación que están asignados cuando el tamaño de archivo excede ocho bloques, lo que permite localizar los datos actuales cuando son referenciados. Los bloques erróneos (*bad blocks*) también son almacenados en este archivo.

▶ Archivo de catálogo (*Catalog file*). Este archivo contiene información sobre la jerarquía de archivos y carpetas, información que se utiliza para localizar cualquier archivo y carpeta dentro del volumen.

▶ Archivo de atributos (*Attributes file*). Este archivo contiene registros de atributos de datos *inline*, registros de atributos de datos *fork* y registros de atributos de extensiones.

▶ Archivo de inicio (*Startup file*). Este archivo almacena la información necesaria para ayudar a iniciar un sistema que no dispone de soporte HFS+.

▶ Cabecera alternativa de volumen (*Alternate volume header*). Es una copia de seguridad de la cabecera de volumen, y se utiliza fundamentalmente para reparación de soportes de almacenamiento.

▶ 512 bytes. Reservados por Apple, y utilizados durante el proceso de fabricación.

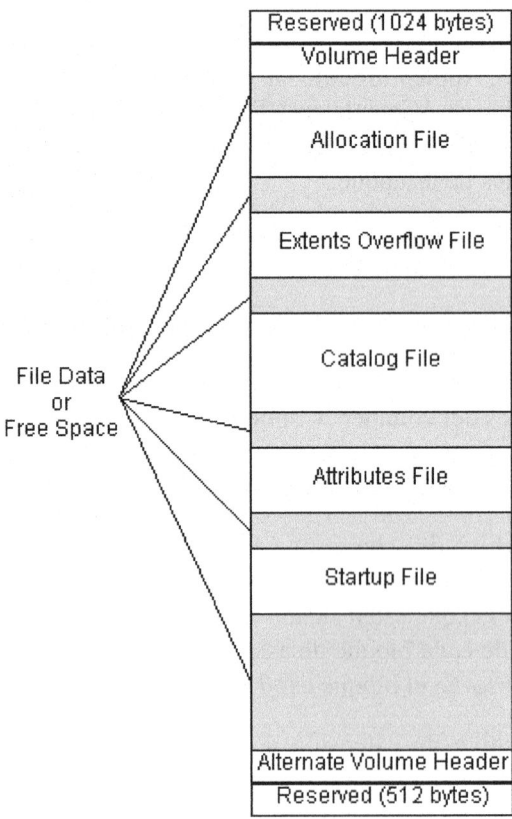

Ilustración 50. Organización de un volumen HFS Plus. Fuente: Apple.com.

APFS

El sistema de ficheros APFS (*Apple File System*) es propietario de Apple y se comenzó a implementar a partir de la versión *macOS 10.13* y posteriores (fecha de lanzamiento septiembre de 2017), *iOS 10.3* (fecha de lanzamiento marzo de 2017) y posteriores, *tvOS 10.2* y posteriores, y *watchOS 3.2* y posteriores. El objetivo de Apple con APFS es solucionar problemas del *kernel* de HFS+. Este sistema de ficheros está optimizado para soportes de almacenamiento de estado sólido y memorias *Flash*, enfocándose principalmente en el cifrado de la información almacenada. Tanto APFS como HFS+ utilizan el comando TRIM para incrementar el rendimiento de las operaciones de I/O de soportes de almacenamiento SSD en sistemas operativos *iOS* y *macOS*.

Este sistema de ficheros puede ser utilizado en soportes de almacenamiento de diferente capacidad. Utiliza números de *inodo* de 64 bits, y permite almacenar hasta 9 trillones ($9 \cdot 10^{18}$, quintillones) archivos en un mismo volumen. Entre sus principales características destacan:

- ▶ Clones. Copias instantáneas de archivos o directorios. Las modificaciones se escriben en otra ubicación y continúa compartiendo los bloques no modificados; los cambios se almacenan como diferenciales (*deltas*) del archivo o carpeta clonados.

- ▶ Imágenes (*snapshots*). Instancias de solo lectura del sistema de ficheros generadas en un momento puntual.

- ▶ Espacio compartido. Permite a diferentes sistemas de ficheros compartir el mismo espacio de almacenamiento libre en un mismo dispositivo de almacenamiento físico.

- ▶ Cifrado. Existen tres modos de cifrado: sin cifrado; cifrado de única clave; cifrado de múltiple clave, con claves por cada archivo de datos y una clave separada para los datos sensibles. Dependiendo del hardware disponible, se emplea cifrado AES-XTS o AES-CBC.

- ▶ Protección contra fallos. Esquema de *copia en escritura* (*copy-on-write*) de metadatos utilizada para garantizar que las actualizaciones del sistema de ficheros están protegidas contra fallos. Cada bloque se copia antes de que se apliquen los cambios, de modo que se genera un histórico de todos los archivos y estructuras del sistema de ficheros no escritos. Desde el punto de vista del DFIR, esto puede suponer que existan gran cantidad de artefactos forenses. Este esquema evita también tener que escribir el cambio dos veces, como ocurre con un sistema de archivos HFS+, donde los cambios se escriben primero en el diario y luego en el archivo *Catalog*.

▸ Archivos dispersos (*sparse files*). Permite que el tamaño lógico de los archivos supere el tamaño físico que ocupan en el disco.

▸ Rápido cálculo del tamaño de directorios. Calcula rápidamente el espacio total utilizado por la jerarquía de directorios, permitiendo que se actualice a medida que va modificándose la jerarquía.

APFS se estructura en un único contenedor, el cual puede almacenar uno o más volúmenes. Un contenedor necesita disponer más de 512 MB para almacenar más de un volumen, y más de 1024 MB para contener más de dos volúmenes, y así sucesivamente.

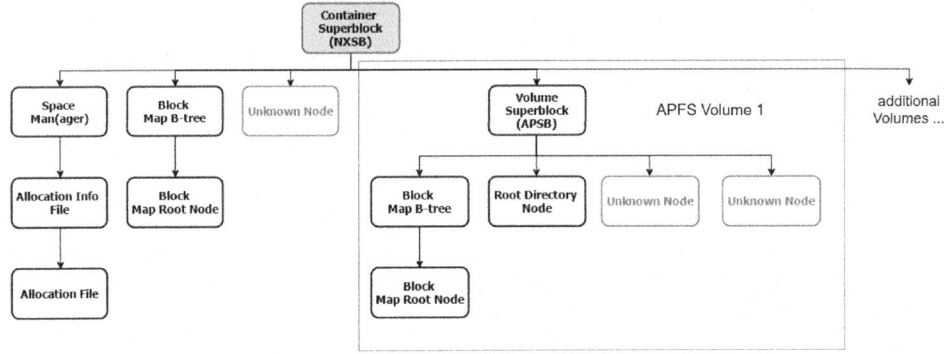

Ilustración 51. Estructura del sistema de ficheros APFS. Fuente: Jona's blog.

Cada elemento de esta estructura, exceptuando el archivo de asignación (*allocation file*), comienza con un bloque de cabecera de 32 bytes, el cual contiene información general sobre el bloque, tras la cual sigue el cuerpo de la estructura. Existen los siguientes tipos, conforme a la Tabla 7:

Tipo	Descripción
0x01	Superbloque contenedor (*container superblock*)
0x02	Nodo
0x05	Gestor de espacio (*spacemanager*)
0x07	Archivo de información de asignación (*allocation info file*)
0x11	Desconocido
0x0B	Árbol B (*B-tree*)
0x0C	Punto de control (*checkpoint*)
0x0D	Superbloque de volumen (*volume superblock*)

Tabla 7. Tipos de bloques en el sistema de ficheros APFS.

El tamaño estándar de cada bloque es 4.096 KB. APFS utiliza valores Little-Endian para almacenar la información. Los *timestamps* se almacenan en nanosegundos de 64 bits con fecha de comienzo el 01 de enero de 1970 UTC (Unix epoch).

Cada estructura del sistema de ficheros en APFS comienza con un bloque de cabecera. Esta cabecera comienza con un *checksum* (algoritmo de Fletcher) de todo el bloque. Otra información de la cabecera incluye la versión *copy-on-write* del bloque, el identificador del bloque y del tipo de bloque.

Posición	Tamaño	Tipo	ID
0	8	Uint64	Checksum
8	8	Uint64	Block_id
16	8	Uint64	Version
24	2	Uint16	Block_type
26	2	Uint16	Flags
28	4	Uint32	Padding

Tabla 8. Bloque de cabecera de una estructura en el sistema de ficheros APFS.

El superbloque contenedor (*container superblock*) es el punto de entrada (*entry point*) al sistema de ficheros. Debido a la estructura con contenedores y volúmenes flexibles, la asignación necesita gestionarse a nivel contenedor. Este superbloque contiene información del tamaño de bloque, y el número de bloques y punteros al *spacemanager*. Además, el ID de los bloques de todos los volúmenes se almacena en el superbloque. Para poder mapear los ID de los bloques con los *offsets* de bloque, se almacena un puntero a un árbol B de mapa de bloque. Este árbol B contiene entradas para cada volumen con su ID y *offset*.

Los nodos son contenedores flexibles y se utilizan para almacenar diferentes tipos de entradas. Pueden formar parte de un árbol B o existir por sí mismos, y pueden contener entradas de tamaño fijo o variable. Un nodo comienza con una lista de punteros a las claves de entrada y a los registros de entrada. De este modo, para cada entrada, el nodo contiene una cabecera de entrada al comienzo del nodo, una clave de entrada en el medio del nodo y un registro de entrada al final del nodo.

El gestor de espacio (*spacemanager*) gestiona los bloques asignados en el contenedor APFS, y almacena el número de bloques libres y un puntero al archivo de información de asignación (*allocation info file*). Este archivo almacena la longitud del archivo de asignación (*allocation file*), su versión y el *offset*.

El árbol B gestiona múltiples nodos, y contiene el *offset* al nodo raíz.

Existe un superbloque de volumen (*volume superblock*) para cada volumen en el sistema de ficheros. Contiene el nombre del volumen, un ID y un *timestamp*. A semejanza del superbloque contenedor, contiene un puntero a un mapa de bloque que mapea los ID de bloque a *offsets* de bloque; y un puntero al directorio raíz, el cual se almacena como un nodo.

Los archivos de asignación son simples mapas de bits y carecen de cabecera de bloque y tipo de ID.

2.9.4 Sistemas de ficheros en Linux

Los sistemas de ficheros más habituales en las distribuciones actuales de Linux son *ext2*, *ext3*, *ext4*, *ReiserFS*, *Reiser4*, ZFS, JFS y XFS.

El sistema de ficheros *ext2* fue el estándar que surgió como mejora del sistema de ficheros *ext*. Los sistemas de ficheros *ext3* (la mejora más destacada fue la inclusión de *journaling*) y *ext4* (permite almacenar hasta un exabyte de información) son modificaciones posteriores que han añadido capacidades adicionales al sistema de ficheros Linux.

En Linux, una entrada de directorio (*dentry*) consiste en el nombre de un archivo y un *inodo* (*inode*). Diferentes archivos pueden referenciar al mismo *inodo*. Otros objetos en un sistema de ficheros Linux son los superbloques, los archivos y los *inodos*.

Un superbloque es el primer bloque en el disco (*inode* 1) y contiene metadatos sobre el sistema de ficheros. Tal es la importancia que se almacena una copia suya en múltiples localizaciones de la partición.

Un *inodo* almacena los metadatos del archivo y una lista de direcciones de bloques de datos. Dependiendo del tamaño del archivo, el inodo puede apuntar a un bloque indirecto donde cada entrada es la dirección de un bloque de disco que contiene información del archivo. Esta configuración se denomina bloque indirecto (*indirect block*), siendo también posible la existencia de bloques indirectos dobles y triples. Un bloque doblemente indirecto (*double-indirect block*) tendrá punteros a otro bloque indirecto que a su vez tendrá punteros a los bloques reales de datos. Un bloque triplemente indirecto (*triple-indirect block*) añade otro nivel más de punteros.

El sistema de ficheros *ReiserFS*, también conocido como reiser3, fue diseñado e implementado por un equipo de la empresa Namesys, liderado por Hans

Reiser. Actualmente solo tiene soporte en Linux, pero probablemente en un futuro será soportado por otros sistemas operativos.

ReiserFS fue el primer sistema de ficheros con *journaling* en ser incluido en el kernel de Linux (v2.4.1). Exceptuando actualizaciones de seguridad y parches críticos, Namesys ha cesado el desarrollo de *ReiserFS* para centrarse en *Reiser4*, el sucesor de este sistema de ficheros.

El sistema de ficheros ZFS (*Zettabyte File System*) tiene su origen en los sistemas de la compañía Sun Microsystems y añadida recientemente en los sistemas operativos tipo Linux. Este sistema de ficheros fue creado para ser empleado con archivos de gran tamaño. Emplea *zpools* que a su vez están formados por *vdevs* que se mapean a una o más unidades físicas, incluidas unidades RAID. Los tamaños de bloque pueden llegar hasta los 128 KB, empleando 128 bits para la numeración de los clústeres.

El sistema de ficheros de 64 bits JFS (*Journaling File System*) dispone de respaldo de transacciones. Fue creado por IBM, originalmente para el sistema operativo AIX. Existen versiones para AIX, *eComStation*, OS/2 y para sistemas operativos de mayor difusión, como Linux y HP-UX.

Fue diseñado con la idea de conseguir servidores de alto rendimiento y servidores de archivos de altas prestaciones para entornos de negocio electrónico. JFS fue añadido al *kernel* de Linux a partir de la versión 2.4. JFS organiza los bloques vacíos estructurándolos en un árbol. Al ser un sistema de archivos de 64 bits, JFS soporta archivos de gran tamaño y particiones LFS (*Large File Support*), lo que supone una ventaja en entornos de servidor.

El sistema de ficheros de 64 bits XFS fue el primero en incorporar *journaling* en el sistema operativo UNIX. Fue creado por SGI para su implementación de UNIX, denominada IRIX, e incorporado al *kernel* de Linux a partir de la versión 2.4.25. Soporta un sistema de ficheros de hasta 8 exabytes, aunque esto puede variar dependiendo de los límites impuestos por el propio sistema operativo. En sistemas GNU/Linux de 32 bits, el límite es de 16 TB. No obstante, resulta posible incrementar la capacidad de almacenamiento de un sistema de ficheros XFS mediante volúmenes LVM.

La distribución *Red Hat Enterprise Linux* incorporó en su versión 7 XFS como su sistema de ficheros por defecto, permitiendo gestionar particiones de hasta 500 TB. Por su parte, la versión *42.1* de *openSUSE* propone por defecto XFS para algunos puntos de montaje (Ej. */home*). Otras distribuciones, como *CentOS 7.2*, proponen el uso de XFS para sus puntos de montaje /home y /, a semejanza de *Red Hat*.

2.10 PROCESO DE INICIO DE UN ORDENADOR

Todos los sistemas operativos siguen un esquema similar durante el proceso de encendido de un ordenador. En general, se ejecuta un pequeño programa almacenado en una memoria ROM (*Read Only Memory*) que carga el software de arranque, conocido como *bootloader*. Este *bootloader* cede el control a otro software con más capacidad, ya sea otro *bootloader* o directamente un sistema operativo.

Cuando se enciende el equipo, la CPU (*Central Processing Unit*) ejecuta el código almacenado en la ROM. Este código (ya sea un único programa o un *bootloader* multifase) realiza dos acciones: validar que todos los elementos del dispositivo funcionan correctamente mediante un POST (*Power-On Self-Test*); y cargar el sistema operativo en la memoria del dispositivo.

Normalmente, el usuario puede elegir qué dispositivo arrancar (Ej. Disco duro, CD-ROM, unidad USB, en red). Estas opciones permiten ejecutar un sistema operativo diferente del instalado en el disco duro del propio dispositivo. En caso de arrancar el dispositivo desde una unidad periférica (Ej. Memoria USB), el sistema operativo presente en esa unidad periférica podría montar en modo solo lectura la unidad de disco interna del dispositivo.

Esta opción de arranque desde un soporte óptico o una memoria USB permite al DFIR arrancar el sistema operativo de una de estas unidades, montar la unidad interna de disco del dispositivo en modo solo lectura y proceder a la adquisición de una imagen de dicho disco duro objeto de la investigación. Se recomienda además que se proteja contra escritura (Ej. soportes ópticos de una sola escritura, memorias USB con bloqueo de escritura) la unidad desde la cual se está realizando la adquisición de evidencias como medida preventiva frente a un *malware* que pudiera estar presente en el dispositivo a obtener.

Se conoce como MBR (*Master Boot Record*) a los 512 primeros bytes del dispositivo de arranque. El MBR termina con dos bytes (representados hexadecimalmente como *0x55AA*), que sirven como firma del sector de arranque. El MBR contiene una tabla maestra de particionamiento, la cual contiene una descripción completa de las particiones contenidas en un dispositivo de almacenamiento y el código maestro de arranque que actúa como *bootloader* independiente.

El BIOS (*Basic Input/Output System*) lee el código maestro de arranque del MBR y ejecuta dicho código. Ese código indica qué *bootloader* utilizar en caso de existir en el dispositivo una configuración de arranque múltiple.

2.10.1 Arranque de un sistema operativo Microsoft Windows

Microsoft Windows XP y otras versiones precedentes de los sistemas operativos de Microsoft tienen un proceso de arranque del sistema que difiere de versiones posteriores del sistema operativo (*Vista, 7, 8, 8.1* y *10*).

En el caso de *Windows XP*, el primer paso consiste en iniciar el programa *ntldr*, el cual carga los *drivers* de los dispositivos del sistema de modo que pueda cargar archivos de cualquier tipo de sistema de ficheros reconocido. Si existiese un archivo *boot.ini*, *ntldr* leería ese archivo y mostraría un menú con opciones. En caso de seleccionarse *Windows XP*, *ntldr* cargará el archivo *ntdect.exe* para poder escoger un perfil de hardware del sistema. El segundo paso consiste en cargar el *ntoskrnl*, el cual:

- ▶ Arranca todos los subsistemas ejecutivos.

- ▶ Carga y arranca el gestor de I/O, y a continuación carga todos los archivos de *drivers* del sistema y el *smss* (*Session Manager SubSystem*).

- ▶ El *smss* carga el *driver* de dispositivo *win32k*.sys. Se conmuta la pantalla a modo gráfico. El programa *winlogon*.exe comienza el proceso de registro en el sistema, y la autoridad local de seguridad (*lsass*.exe) procede con el cuadro de diálogo de registro en el sistema.

En las versiones posteriores a *Windows Vista* se modificó ligeramente el procedimiento de carga explicado anteriormente para *Windows XP*. En lugar de utilizarse *ntldr*, el código de inicio invoca al *bootmgr* (*Windows Boot Manager*), el cual lee y ejecuta instrucciones desde el archivo de configuración de inicio. Las primeras instrucciones son un conjunto de entradas de menú que permiten al usuario del sistema operativo escoger entre arrancar el sistema operativo mediante *winload*.exe, arrancar el sistema operativo desde un estado de hibernación, arrancar una versión anterior de *Windows* (mediante *ntldr*), o ejecutar un *bootloader*. Este archivo de configuración de inicio puede ser editado con diferentes programas, destacando *bcdedit*.exe (incluido en el propio sistema operativo), y puede ejecutar software de terceros. El DFIR debe conocer que este punto es un lugar utilizable por un atacante malicioso para invocar software que destruya la evidencia, convirtiéndose así en una medida antiforense.

Comienza entonces *winload*.exe a cargar el *kernel* del sistema operativo (*ntoskrnl*.exe) y otros *drivers* necesarios en este punto del proceso de arranque. Una vez que se ha arrancado el *kernel* del sistema operativo, el proceso es muy parecido al comentado anteriormente para *Windows XP*.

En 2010 surgió una nueva especificación de BIOS conocida como UEFI (*Unified Extensible Firmware Interface*) impulsada por Microsoft al integrarlo como parte opcional del proceso de inicio de *Windows 8*. UEFI tiene varias ventajas sobre la BIOS tradicional:

▼ Mejora de la seguridad ayudando a proteger el proceso de pre-inicio (*pre-boot*) contra ataques tipo *bootkit*.

▼ Tiempos menores de arranque y resumen a partir de un estado de hibernación.

▼ Permite utilizar unidades superiores a 2,2 TB.

▼ Soporte para *firmware* de *drivers* de dispositivo de 64 bits, lo que permite direccionar más de 17 mil millones de GB de memoria durante el proceso de inicio.

▼ Capacidad de utilizar BIOS con hardware UEFI.

La clave para comprender la especificación UEFI y su relación con el almacenamiento persistente es la noción de GPT (*GUID Partition Table*). GPT remplaza a la MBR para el particionamiento de disco.

Desde el punto de vista de un DFIR, GPT representa un reto mayor, pues este esquema de particionamiento permite a un agente malicioso esconder información en un mayor número de lugares, y al *malware* un mayor número de sitios donde esconderse. No obstante, una copia forense de una unidad con particionamiento GPT contendrá exactamente la misma información que la contenida en el disco duro original, como sucedía con los discos que empleaban particionamiento basado en MBR.

2.10.2 Arranque de un sistema operativo Linux

El sistema de arranque de Linux es más sencillo que el esquema explicado para los sistemas operativos Windows. La BIOS lee el MBR y carga bien LILO (*Linux Loader*) o GRUB (*Grand Unified Bootloader*), siendo también común GRUB2. Cualquiera de estas opciones ofrece al usuario el poder elegir entre los diferentes sistemas operativos instalados (o arrancar uno de los sistemas en un modo concreto). Una vez el usuario realiza esta elección, el *boot loader* iniciará el sistema operativo y le entregará el control. El sistema operativo buscará entonces el programa *init* (proceso padre de todos los procesos que comienzan automáticamente en el sistema) y lo iniciará. Entonces *init* lee el archivo */etc/inittab* y ejecuta los comandos incluidos en este archivo de un determinado nivel de ejecución (*run level*). La ejecución con éxito de los programas en un determinado nivel permite al sistema moverse a un nivel superior de ejecución.

2.10.3 Arranque de un sistema operativo macOS

El sistema operativo *macOS X* está más próximo al esquema de arranque de un sistema operativo Linux que al utilizado por *Microsoft Windows* al estar basada la línea de comandos de *macOS X* en una versión BSD de UNIX.

El proceso de arranque para de un sistema operativo *macOS X* se basa en *Open Firmware*. Este programa se ejecuta cuando se enciende la máquina, siendo un buen lugar para que el DFIR proceda a examinar la configuración del equipo. El firmware carga el *BootX loader*, el cual sigue una serie de pasos de configuración hardware, el último de los cuales determina si el *kernel* del sistema operativo está comprimido, si contiene código para procesadores Intel y PowerPC (conocido como *fat binary*), o si se trata de un binario *Mach* o un binario ELF (*Executable and Linking Format*).

En caso de no existir errores, *BootX* cargará el *kernel* del sistema operativo. A su vez, el *kernel* lanza el archivo *init*, el cual realiza algunas tareas específicas de Mach y posteriormente procede a lanzar el proceso */sbin/init*. El resto del proceso de arranque es idéntico al comentado para el arranque de un sistema operativo Linux. El último paso del proceso es lanzar */sbin/Systemstarter*, el cual inicia los objetos configurados de inicio (*/System/Library/StartupItems* y */Library/StartupItems*). La aplicación de inicio en el sistema, *loginwindow.app*, arranca y entonces el usuario puede registrarse en el sistema en ejecución.

3

VIRTUALIZACIÓN Y SANDBOXING

3.1 VIRTUALIZACIÓN

3.1.1 Generalidades

Se entiende por **máquina virtual** (VM, *Virtual Machine*) a un duplicado aislado y eficiente de un dispositivo real. Esta definición, dada por Popek y Goldberg en 1974, no sería del todo precisa, pues actualmente muchas máquinas virtuales no tienen correspondencia directa con ningún hardware real.

No obstante, una VM suele entenderse como una emulación de un sistema informático. Las VM se basan en arquitecturas de computadores y ofrecen la mayoría de las funcionalidades de los dispositivos físicos que emulan. Su implementación puede requerir de hardware (Ej. Instrucciones específicas del procesador) y/o software especializado (Ej. Hipervisor).

3.1.2 Tipos de VM

Existen diferentes tipos de VM, cada una con diferentes funcionalidades:

▶ **Máquinas virtuales del sistema**. También conocidas como VM de virtualización completa, permiten sustituir en la práctica un dispositivo físico. De este modo, aportan toda la funcionalidad necesaria para poder ejecutar sistemas operativos completos. Un **hipervisor** (*hypervisor*) emplea ejecución nativa para compartir y gestionar el hardware del dispositivo anfitrión (*host*), permitiendo la ejecución simultánea de múltiples entornos aislados entre sí en la misma máquina física. Los hipervisores modernos emplean virtualización asistida por hardware (Ej. Intel VT-x, AMD-V), la cual es suministrada generalmente por la CPU del *host* (Ej. *VMware Workstation, VMware ESXi, Microsoft Hyper-V, Oracle VirtualBox, QEMU, Parallels Desktop*).

▶ **Máquinas de procesos virtuales**. Estas máquinas están diseñadas para ejecutar aplicaciones en entornos independientes de la plataforma (Ej. *Java Virtual Machine*).

Algunas máquinas virtuales, como *QEMU*, están diseñadas para emular diferentes arquitecturas, lo que permite ejecutar sistemas operativos y aplicaciones escritos para otra CPU o arquitectura.

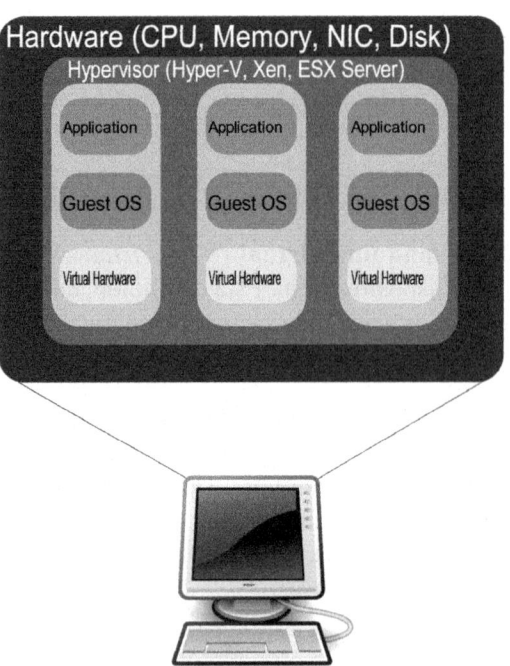

Ilustración 52. Esquema de la virtualización por hardware.

El software de virtualización se implementa mediante un hipervisor, o VMM (*Virtual Machine Monitor*). Consiste en una capa de abstracción entre el hardware del dispositivo físico, referido como anfitrión (*host*) y la VM, conformada por hardware y software virtualizado. Por tanto, funciona como un intermediario entre lo real y lo virtualizado.

3.1.3 Tipos de hipervisor

El hipervisor maneja, gestiona y arbitra los recursos principales de un ordenador (Ej. Procesador, memoria RAM, soportes de almacenamiento, NIC), lo que le permite poder repartir dinámicamente dichos recursos entre todas las VM ejecutándose concurrentemente en el dispositivo. Existen dos tipos de hipervisores:

▶ Hipervisores Tipo 1 (*Type-1 hypervisors*). Este tipo de virtualización se denomina también virtualización en modo nativo o *baremetal* y se caracterizan por tener que instalarse el hipervisor directamente sobre el dispositivo, haciendo las funciones tanto de sistema operativo como de hipervisor. Es el tipo más empleado en entornos empresariales, donde se disponen de los recursos económicos necesarios para poder dedicar exclusivamente uno o más servidores a la virtualización de sistemas. Entre los más conocidos destacan: *Microsoft Hyper-V Server*, *VMware ESXi*, *VMware ESX Server*, Xen y *Citrix XenServer*.

Ilustración 53. Esquema de hipervisor Tipo 1.

▶ Hipervisores Tipo 2 (*Type-2 hypervisors*). Se denominan también software de virtualización alojado (*hosted*) y se caracterizan por tener que instalarse en un dispositivo que disponga previamente de un sistema operativo (Ej. *Microsoft Windows*, Linux, *macOS X*). Es el tipo más empleado en entornos domésticos, educativos y de laboratorio, pues resulta ideal para probar software (sistemas operativos y aplicaciones) con riesgo mínimo de afectar al *host*. Su rendimiento es menos eficiente que los de Tipo 1, pero permite utilizar en paralelo otras aplicaciones instaladas en el sistema operativo del *host*. Entre los más habituales se encuentran *Oracle VirtualBox* (para *Microsoft Windows*, Linux y *macOS X*), *VMware Workstation* y *VMware Player* (para *Microsoft Windows* y Linux), *VMware Fusion* (para *macOS X*) y *Parallels Desktop* (para *macOS X*).

Ilustración 54. Esquema de hipervisor Tipo 2.

3.1.4 Contenedores

La **virtualización a nivel sistema operativo** (*operating-system-level virtualization*) permite que los recursos del *host* sean fraccionados por el *kernel* del sistema operativo, generándose múltiples instancias aisladas en el espacio usuario. Estas instancias, conocidas como **contenedores** (*containers*), se presentan al usuario del mismo modo que si se tratasen de máquinas físicas (Ej. *Docker*).

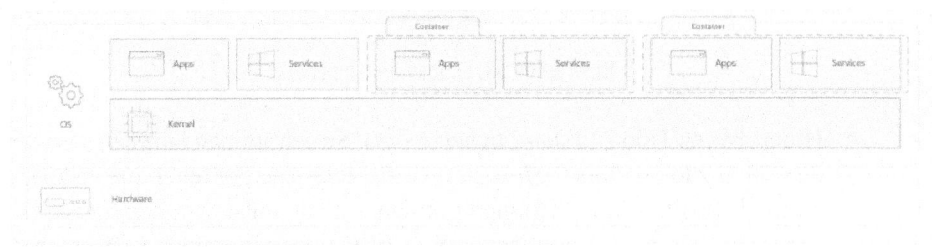

Ilustración 55. Esquema de funcionamiento de un contenedor. Fuente: Microsoft.

Un contenedor es un silo aislado y ligero que permite ejecutar una aplicación en el sistema operativo del equipo anfitrión. Los contenedores se construyen sobre el núcleo del sistema operativo anfitrión, tal y como puede verse en la Ilustración 55.

Pese a que los contenedores comparten el *kernel* del sistema operativo anfitrión, los contenedores no pueden acceder libremente al *kernel*. En su lugar, el contenedor dispone de una visión aislada del sistema. A modo de ejemplo, un contenedor puede acceder a una versión virtualizada del sistema de ficheros y del *Registro*, pero cualquier modificación afecta únicamente al contenedor y estas modificaciones son descartadas cuando el contenedor es detenido. Para almacenar la información, los contenedores pueden montar almacenamiento persistente (Ej. *Azure Disk*, *Azure Files*).

Pese a que un contenedor se construye sobre el *kernel*, este no proporciona todas las API y servicios que una aplicación necesita para poder ejecutarse, puesto que la mayoría de estas API y servicios son proporcionadas por librerías del sistema que se ejecutan en modo usuario. Como los contenedores están aislados del entorno en modo usuario del sistema anfitrión, el contenedor necesita su propia copia de estas librerías del sistema en modo usuario. El conjunto de estas librerías empaquetadas se denomina imagen base (*base image*). Este conjunto sirve como capa base sobre la cual construir el contenedor, proporcionando al contenedor servicios que el *kernel* no le proporciona.

Todos los contenedores se crean a partir de imágenes contenedoras (*container images*). Las imágenes contenedoras son un conjunto de archivos organizados en un conjunto de capas residentes en un sistema local o remoto. Una imagen contenedora consiste en los archivos del sistema operativo en modo usuario necesarios para poder ejecutar una aplicación, la aplicación, cualquier *runtime* o dependencia de la aplicación y cualquier otro archivo de configuración que la aplicación necesite para ejecutarse correctamente.

Microsoft ofrece varias imágenes base (*base images*) que pueden utilizarse como punto de inicio para desarrollar una imagen contenedora:

▸ *Windows*. Contiene todo el conjunto de API y servicios de *Windows*, excepto los roles de servidor.

▸ *Windows Server Core*. Una imagen reducida que contiene un subconjunto de las API de *Windows Server*, básicamente el *framework* completo .NET. también incluye la mayoría de los roles de servidor, salvo *Fax Server*.

▸ *Nano Server*. La imagen de menor tamaño de *Windows Server*, con soporte para las API .NET *Core* y algunos roles de servidor.

▸ *Windows 10 IoT Core*. Versión de *Windows* empleada por desarrolladores hardware para dispositivos IoT que utilizan procesadores con arquitecturas ARM o x86/x64.

Las imágenes contenedoras están formadas por un conjunto de capas. Cada capa contiene un conjunto de archivos que, cuando se superponen, conforman la imagen contenedora. Debido a esta naturaleza en capas de los contenedores, el usuario no tiene que preocuparse de orientar su contenedor *Windows* para una imagen base determinada, pudiendo utilizar como base una imagen que ya incluya el *framework* deseado.

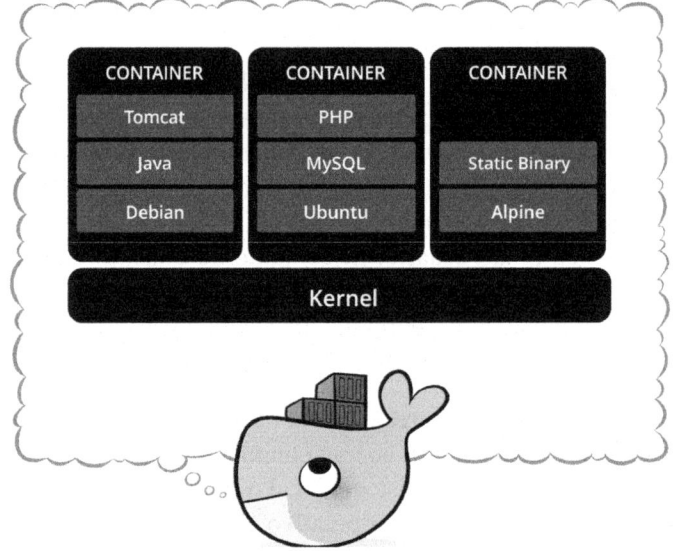

Ilustración 56. Esquema virtualización de Docker.

Actualmente, las aplicaciones tienden a utilizar contenedores, funcionando como microservicios empaquetados con sus dependencias y configuraciones. *Kubernetes*, abreviado *k8s*, es un software de código abierto que permite implementar y administrar contenedores a escala. De esta forma se facilita la creación, entrega y escalado de aplicaciones en contenedores.

3.1.5 FUSE

Se conoce como FUSE (*Full-System Emulation*) a una *sandbox* que permite una virtualización completa de un entorno. La mayoría de las *sandboxes* tradicionales utilizan hipervisores COTS para contener la ejecución del *malware* dentro del entorno virtualizado. Sobre este hipervisor se añade un mecanismo para almacenar el comportamiento de los procesos objeto de análisis.

Un error de esta aproximación es ignorar que el procesador no está totalmente virtualizado, pese a ser la única parte que interactúa directamente con el *malware*.

En realidad, el código malicioso se ejecuta en un procesador físico a través de las extensiones del hipervisor, exponiendo el procesador a su identificación y posterior evasión.

Un FUSE real debe emular cada componente del entorno virtual, lo que incluye la ejecución de las instrucciones por el procesador, periféricos virtualizados (Ej. Discos, controladores de red, dispositivos de IO), redes virtuales (facilitando todos los servicios que la muestra objeto de estudio necesite, pero garantizando siempre la contención) y la interacción de un usuario con las aplicaciones instaladas en la *sandbox*.

En una solución FUSE, el procesador, como cualquier otro dispositivo, está virtualizado y, por tanto, bajo control del motor de análisis. Por este motivo, el sistema puede emular cualquier número de procesadores. El analista de *malware* puede modelizar el número de procesadores y núcleos de la *sandbox* para que se asemeje lo máximo posible al parque de dispositivos objetivo del ataque (Ej. La mayoría de los ordenadores corporativos disponen de procesadores Intel Core i7 de 4 núcleos). De este modo, la solución FUSE identificará amenazas directas contra la corporación y no solo la configurada por el fabricante de la *sandbox*.

3.1.6 Discos y unidades virtuales

En un entorno virtual, los discos de almacenamiento pueden conectarse al sistema anfitrión de diferentes formas:

▶ Almacenamiento en disco local. Las unidades de disco se montan directamente en el equipo anfitrión (Ej. Servidor) y utilizan las controladoras de disco internas del equipo anfitrión. A modo de ejemplo, el equipo anfitrión puede disponer de cuatro unidades de disco de 1 TB montadas dentro del mismo chasis que los procesadores y la memoria RAM. Estos cuatro discos pueden configurarse mediante un *array* RAID 10, proporcionando una capacidad de almacenamiento útil total de 2 TB. El principal inconveniente de este tipo de almacenamiento es que se encuentra limitado por la capacidad física disponible en el equipo anfitrión y que solo se encuentra disponible para el propio equipo anfitrión.

▶ SAN (*Storage Area Network*). En una SAN, las unidades de disco se ubican en un dispositivo diferente al del servidor. La conexión con el servidor se realiza a través de una controladora de alta velocidad, en muchos casos con un rendimiento similar a la ofrecida por la controladora interna de un equipo anfitrión para conectarse a su almacenamiento local. La SAN a su vez dispone de una controladora local para comunicarse con los discos que contiene su chasis. Normalmente, una SAN almacenará decenas de discos, podrá ampliarse con uno o más chasis de expansión y proporcionará conectividad de alta velocidad a su almacenamiento para varios servidores. De este modo, una única SAN será capaz de gestionar cientos de TB de datos de almacenamiento.

▼ NAS (*Network Attached Storage*). Este almacenamiento es similar a una SAN, pero en lugar de conectarse a un servidor a través de una controladora de alta velocidad, se conecta empleando conexiones Ethernet estándar y la pila TCP/IP. Este sistema es el más barato de almacenamiento de los tres, pero también el más lento.

Independientemente del modo en el que el almacenamiento se conecte al equipo anfitrión, el hipervisor consolida su almacenamiento y crea *pools* virtuales de discos de almacenamiento denominados *data stores*. A modo de ejemplo, un hipervisor que tenga acceso a tres *arrays* RAID 5 de 2 TB de almacenamiento puede consolidarlos para crear un único data store de 6 TB.

Este *data store* permite generar volúmenes (*volumes*). Básicamente, un volumen es una unidad de disco virtual (*virtual disk*) que puede ser asignada a una máquina virtual específica. Cuando se instala un sistema operativo en una VM, el sistema operativo puede montar los volúmenes de la VM para crear unidades a los que pueda acceder el sistema operativo.

Una unidad de disco virtual es un componente software que emula un dispositivo de almacenamiento físico. Suele ser un componente habitual tanto de VM en la virtualización de hardware como en la creación de discos lógicos.

Una unidad virtual (*virtual drive*) es un componente software que emula una unidad de disco (Ej. Disco duro, disquete, disco óptico). Puede presentarse en cualquiera de las siguientes formas:

▼ Imagen de disco (*disk image*). Un archivo que contiene la misma estructura de datos que un dispositivo de almacenamiento físico.

▼ Disco lógico (*logical disk* o *vdisk*). Conjunto de dos o más discos físicos que actúan como un único disco.

▼ Disco RAM (RAM *disk*). Almacena su información en memoria RAM en lugar de hacerlo en un dispositivo de almacenamiento.

▼ Una unidad de red mapeada conectada a un servidor de archivos (*file server*).

Pese a la aparente complejidad, estas capas de virtualización proporcionan una enorme flexibilidad para gestionar el almacenamiento disponible. Pueden añadirse nuevos *arrays* de discos a la SAN, o una nueva NAS a la red, y podrán crearse nuevos *data stores* a partir de estos *arrays* o de la NAS sin tener que interrumpir el funcionamiento de los *data stores* existentes. Pueden moverse volúmenes de un *data store* a otro sin tener que interrumpir el funcionamiento de las VM a las que están asignados. De hecho, puede incrementarse el tamaño de un volumen al vuelo (*on the fly*) y la VM detectará automáticamente la capacidad de almacenamiento aumentada de sus unidades de disco sin necesitad de reiniciar el sistema operativo.

VHD

El formato VHD (*Virtual Hard Disk*) es un formato de archivo que representa un disco duro virtual. Su contenido suele ser las particiones de disco y el sistema de ficheros, el cual a su vez contiene archivos y carpetas. Normalmente se utiliza como el disco duro de una VM y tiene una limitación de capacidad de 2048 GB.

Este formato fue creado por la compañía Connectix para su producto *Virtual PC*, el cual pasó a conocerse como *Microsoft Virtual PC* tras la adquisición de Connectix por Microsoft en 2003. Desde junio de 2005 el formato de archivo se encuentra disponible para terceros.

VHDX (*Virtual Hard Disk v2*) es el sucesor del formato VHD. Tiene una limitación de tamaño de 64 TB. Dispone de protección frente a fallos de alimentación eléctrica y es formato de archivo utilizado por el hipervisor *Microsoft Hyper-V* a partir de la versión *Windows Server 2012*.

Los archivos VHD se implementan como archivos residentes en el sistema de ficheros nativos del equipo anfitrión. Existen diferentes formatos de archivos VHD:

▶ Imagen fija de disco duro (*fixed virtual hard disk*). Archivo al cual se le asigna en su creación el tamaño que tendrá del disco virtual. Consiste en una imagen de disco bit a bit con un final de archivo (*footer*) de 511 bytes en las primeras versiones, o de 512 bytes en las actuales.

▶ Imagen dinámica de disco duro (*dynamic expanding virtual hard disk*). Archivo que modifica dinámicamente su tamaño en función de las necesidades de almacenamiento en el disco virtual, hasta alcanzar un tamaño máximo de disco especificado. La estructura de estos archivos incluye una cabecera (*header*) y un *footer*. La cabecera de los archivos VHD dinámicos y de los archivos AVHD diferenciales comienza con una copia del *footer* VHD (completada hasta 512 bytes). Si estos archivos

VHD son creados con productos Microsoft, comienzan con la cadena "*conectix*".

▼ Imagen diferencial de disco duro (*snapshot differencing virtual hard disk*). Conjunto de bloques modificados en comparación con los de una imagen padre. Estos bloques se mantienen en un archivo diferente conocido como imagen hijo y de extensión AVHD. Este formato permite implementar el concepto de "deshacer cambios" de los *snapshots* de una instancia de una VM, o fusionar los cambios de manera permanente en el archivo VHD utilizando la herramienta *Hyper-V Management Console*. Las diferentes imágenes hijo de un mismo padre se conocen como clones del VHD. Al menos, deben diferir en el GUID (*Global Unique Identifier*). *Suites* forenses como *OpenText EnCase Forensic* pueden trabajar con este tipo de archivos.

▼ Enlazado a un disco duro. Archivo que contiene un enlace a un disco duro físico o a una partición de un disco duro físico.

Se conoce como arranque VHD nativo (*native VHD boot*) la posibilidad de montar y arrancar un sistema operativo contenido en un archivo VHD utilizando un equipo físico. Esta opción está incluida desde las versiones *Enterprise* y *Ultimate* de *Windows 7*, exista o no un sistema operativo instalado en el equipo anfitrión. *Windows Server 2008 R2* también incluyó esta capacidad.

En ocasiones, resulta de utilidad poder modificar un archivo VHD sin necesidad de arrancar un sistema operativo. *Hyper-V* proporciona estas capacidades de manipulación VHD *offline*, proporcionando a los administradores de sistema con la capacidad de acceder a los archivos contenidos en un disco VHD de manera segura sin tener que instanciar una VM. Esto proporciona a los administradores de acceso granular a discos VHD y poder llevar a cabo tareas administrativas *offline*. Además, a partir de las versiones del sistema *Windows 7* y *Server 2008*, es posible montar directamente un archivo VHD como una letra de unidad utilizando *Windows Disk Management MMC*.

En aquellos escenarios en los cuales montar un disco VHD dentro del sistema operativo no resulta deseable, existen diferentes programas que permiten inspeccionar y modificar los archivos VHD (Ej. *.NET DiscUtils, WinImage, R1soft Hyper-V VHD Explorer*). Además, herramientas como *7-Zip* permiten inspeccionar y extraer archivos de discos VHD.

VMDK

El formato de archivo VMDK (*Virtual Machine Disk*) es un archivo de texto tipo INI que describe contenedores de unidas de disco duro virtuales utilizados en VM de los hipervisores de VMware, Parallels, QEMU y *Oracle VirtualBox*.

Desarrollado en origen por la compañía VMware para sus productos virtuales, a partir de la versión *v5.0* se ha liberado el formato, siendo uno de los utilizados por el estándar OVF (*Open Virtualization Format*) para *appliances* virtuales. Se conoce como *appliance* virtual (*virtual appliance*) a una imagen de una VM preparada para ejecutarse en un hipervisor.

```
# Disk DescriptorFile
version=1
encoding="windows-1252"
CID=99f5b5f9
parentCID=ffffffff
createType="twoGbMaxExtentSparse"
# Extent description
RW 8323072 SPARSE "Flare-VM-s001.vmdk"
RW 8323072 SPARSE "Flare-VM-s002.vmdk"
RW 8323072 SPARSE "Flare-VM-s003.vmdk"
RW 8323072 SPARSE "Flare-VM-s004.vmdk"
RW 8323072 SPARSE "Flare-VM-s005.vmdk"
RW 8323072 SPARSE "Flare-VM-s006.vmdk"
RW 8323072 SPARSE "Flare-VM-s007.vmdk"
RW 8323072 SPARSE "Flare-VM-s008.vmdk"
RW 8323072 SPARSE "Flare-VM-s009.vmdk"
RW 8323072 SPARSE "Flare-VM-s010.vmdk"
RW 8323072 SPARSE "Flare-VM-s011.vmdk"
RW 8323072 SPARSE "Flare-VM-s012.vmdk"
RW 8323072 SPARSE "Flare-VM-s013.vmdk"
RW 8323072 SPARSE "Flare-VM-s014.vmdk"
RW 8323072 SPARSE "Flare-VM-s015.vmdk"
RW 983040 SPARSE "Flare-VM-s016.vmdk"
# The Disk Data Base
#DDB
ddb.adapterType = "lsilogic"
ddb.geometry.cylinders = "7832"
ddb.geometry.heads = "255"
ddb.geometry.sectors = "63"
ddb.longContentID = "58a7aaf6838eb942b2f2090399f5b5f9"
ddb.toolsInstallType = "1"
ddb.toolsVersion = "10338"
ddb.uuid = "60 00 C2 94 86 d2 57 9c-f3 16 b4 be 5e a9 96 ef"
ddb.virtualHWVersion = "16"
```

Tabla 9. Ejemplo de archivo VMDK de una VM.

Este archivo de descripción define todos los parámetros del disco virtual, incluidos geometría, tipo de adaptador y los archivos de datos binarios utilizados.

El parámetro *createType* del archivo VMDK puede tomar uno de los siguientes valores: *monolithicSparse*, *monolithicFlat*, *twoGbMaxExtentSparse*, *twoGbMaxExtentFlat*, *fullDevice*, *partitionedDevice*, *custom*, *streamOptimized*, *vmfs*, *vmfsSparse* o *vmfsPassthroughRawDeviceMap*. De estos tipos referenciados, los *snapshots* únicamente pueden adoptar los valores *monolithicSparse*, *twoGbMaxExtentSparse* y *vmfsSparse*.

Los datos reales de un disco virtual VMDK se almacenan en formato binario en uno o más archivos o directamente en un disco duro físico. El hipervisor lee el archivo VMDK para encontrar la ruta donde se encuentran los datos reales de la VM.

En general, la mayoría de las aplicaciones que utilizan archivos VMDK admiten un tamaño máximo de 2 TB. No obstante, en septiembre de 2013, el hipervisor *VMware vSphere* en su versión *v5.5* introdujo un tamaño máximo para los archivos VMDK de 62 TB.

El tamaño real de un disco virtual puede ser tan grande como el tamaño del disco nominal, conocido como *Flat* y con el mismo formato que una imagen *raw* de disco, o tener el tamaño de los datos realmente ocupados, conocido como *Sparse*.

El tamaño de los discos virtuales *Flat* no crece cuando el usuario añade datos dentro del sistema invitado. El rendimiento tampoco se ve afectado por la utilización de la VM. En cambio, el tamaño de los discos *Sparse* sí crecen a medida que se añaden datos dentro del sistema invitado y el rendimiento sí se ve afectado a medida que se utiliza la VM. Además, otra diferencia entre ellos es que el tamaño de los archivos VMDK de tipo *Flat* es grande, mientras que el tamaño de los archivos VMDK de tipo *Sparse* es sensiblemente menor.

El hipervisor *VMware Workstation* puede utilizar los tipos *Flat* o *Sparse* para los discos VMDK, pero siempre utiliza *Sparse* para los *snapshots*. Por su parte, el hipervisor *VMware ESX* siempre utiliza *Flat* para los discos VMDK y *Sparse* para los *snapshots*.

VMware ESX permite además almacenar los archivos *Flat* como *thin provisioned* aprovechando características propias del sistema de ficheros VMFS. Si se copia un archivo VMDK *thin provisioned* de ESX a un sistema de ficheros que no soporte la característica *thin provisioning*, en el nuevo sistema de ficheros el archivo VMDK será *thick provisioned*.

Se conoce como *regular* VMDK a aquellos discos virtuales que pueden ser utilizados por un hipervisor o montados por herramientas de montaje de terceros. Suelen ir acompañados de un archivo de texto que describe todos sus parámetros (Ej. Geometría, tipo de adaptador y archivos de datos binarios utilizados). Para poder recuperar los datos es necesario disponer del archivo descriptor y de todos los archivos binarios referenciados.

Cuando las VM acceden a discos físicos se utiliza un pequeño archivo de texto que describe el soporte físico utilizado.

Los *snapshots* pueden ser almacenados en tres formatos diferentes: *monolithicSparse*, *twoGbMaxExtentSparse* o *vmfsSparse*. En teoría, pueden mezclarse diferentes formatos en una cadena de *snapshots*, pero VMware no recomienda actuar de esta manera sino dejar que el hipervisor sea el que decida el formato que debe utilizarse.

El archivo de texto descriptivo de un *snapshot* no define la geometría del disco, sino que representa un puntero a su disco padre. El contenido de un VMDK de un *snapshot* no puede ser analizado directamente y de forma independiente, sino que debe encontrarse anexo a su disco padre.

Los tipos de archivos de *snapshot* actualmente disponibles son los siguientes:

▼ *--delta.vmdk*. Archivo diferencial creado al realizar un *snapshot* de una VM. Se trata de un mapa de bits de los cambios efectuados en el VMDK base. Se crea un archivo delta por cada *snapshot* realizado de una VM. Además, se crea un archivo delta extra de ayuda, donde se almacenan todos los cambios del disco llevados a cabo al eliminar o revertir un *snapshot*. Estos archivos son eliminados automáticamente al eliminar o revertir el *snapshot* desde el gestor de *snapshots* del hipervisor.

▼ *.vmsd*. Este archivo de texto se utiliza para almacenar metadatos e información sobre los *snapshots*. Contiene información como el nombre del *snapshot*, UID, nombre del archivo del disco, etc. Inicialmente, tiene un tamaño de 0 bytes hasta la creación del primer *snapshot* de una VM. El archivo actualiza su contenido cada vez que se toman nuevos *snapshots*. Este archivo no se limpia completamente tras efectuar las instantáneas. Si se elimina un *snapshot*, el archivo sigue incrementando el último UID del *snapshot* para el *snapshot* siguiente.

▼ *.vmsn*. Archivo de estado del *snapshot*. En él se almacena el estado de ejecución de una máquina virtual. Su tamaño es variable, dependiendo de si se almacena el contenido de la memoria RAM de la VM como parte del *snapshot*. Este archivo es similar al archivo con extensión *.vmss*, utilizado por el hipervisor para las VM en estado suspendido. Por cada *snapshot* tomado en la VM se crea un archivo *.vmsn*. Estos archivos son eliminados automáticamente cuando se elimina el *snapshot*.

VMware utiliza valores CID para verificar el adecuado estado de la cadena de *snapshots* antes de arrancar la VM a la que están asociados. En caso de que la cadena de *snapshots* se encuentre corrupta, la cadena CID se rompe. Los *snapshots* pueden llegar a corromperse por diferentes razones (Ej. *Snapshots* eliminados manualmente, fallos críticos en el sistema operativo anfitrión, falta de espacio en disco, manipulación de los archivos VMDK o VMX, conexión de un disco virtual a una VM diferente, expansión del disco base), que serán detectadas por el hipervisor antes de arrancar la VM gracias a la ruptura de la cadena CID.

Desde el punto de vista forense, interesa conocer que la extracción de datos de archivos VMDK de tipo *Flat* es posible con herramientas forenses estándar dado que su formato es *raw*. En cambio, la extracción de datos de archivos *Sparse* debe realizarse con herramientas específicas, al tratarse de un formato propietario.

La mayoría de los diferentes tipos de discos virtuales utilizan el archivo de descripción VMDK más datos adicionales almacenados en diversos formatos. Solo el tipo conocido como disco único de tamaño variable (*one piece growable*) combina ambos contenidos en un único archivo. Es decir, el archivo de texto descriptivo se encontraría incluido en el archivo binario de gran tamaño.

El modo más fiable de identificar a qué tipo pertenece un archivo VMDK es obtener la información del parámetro *createType* de la propia descripción del archivo.

El tamaño de los archivos y su extensión también sirven de ayuda a la hora de identificar el tipo de archivo:

▸ Archivos con extensión *.vmdk* y tamaño inferior a 1 KB. Suele tratarse del archivo de descripción en formato texto.

▸ Archivos con extensión *-00000*.vmdk* y tamaño inferior a 1 KB. Suele tratarse del descriptor de un *snapshot*.

▸ Archivos con extensión *-s00*.vmdk* y tamaño máximo de 2 GB. Suelen formar parte de *twoGbMaxExtentSparse*.

▸ Archivos con extensión *-00000*-s00*.vmdk* y tamaño máximo de 2 GB. Suelen formar parte de un *snapshot*.

▸ Archivos con extensión *-f00*.vmdk* y tamaño de 2 GB. Probablemente forman parte de un *twoGbMaxExtentFlat*.

▸ Archivos con extensión *-f00*.vmdk* y tamaño inferior a 2 GB. Normalmente constituyen el último fragmento de *twoGbMaxExtentFlat*.

▶ Un archivo de gran tamaño con extensión *-*flat.vmdk* suele formar parte de *monolithicFlat* o *vmfs*.

▶ Un archivo de gran tamaño con extensión *-*delta.vmdk* suele ser parte de un *snapshot* ESX.

▶ Un archivo de gran tamaño con extensión *-00000*.vmdk* suele tratarse de un *snapshot* con el descriptor embebido.

OVF

El estándar abierto OVF (*Open Virtualization Format*) permite distribuir *appliances* virtuales o, de manera más genérica, software para ser ejecutado en VM. El estándar no está sujeto a ningún hipervisor ni arquitectura de conjunto de instrucciones.

La unidad de empaquetado y distribución es conocida como paquete OVF (OVF *package*), el cual puede contener uno o más sistemas virtuales, cada uno de los cuales puede ser portado a una VM.

La especificación OVF *v1.0.0* fue liberada en septiembre de 2008, dando paso a la *v1.1.0* en enero de 2010. En enero de 2013 fue liberada la especificación OVF v2.0, orientada a entornos en la nube e incluyendo mejoras en el soporte de configuración de red y la capacidad de cifrado del archivo empaquetado.

Un archivo empaquetado OVF consiste en varios archivos ubicados dentro de una carpeta:

▶ Descriptor OVF. Archivo con formato XML con extensión *.ovf* en el cual se describe la VM empaquetada. Solo existe un único archivo descriptor dentro del OVF empaquetado. Además, contiene los metadatos del paquete OVF (Ej. Nombre, requisitos hardware, referencias a otros archivos en el paquete OVF).

▶ Una o más imágenes de disco.

▶ Opcionalmente, certificados de archivos y otros archivos auxiliares.

La carpeta completa puede ser distribuida como un paquete OVA (*Open Virtual Appliance*), consistente en un archivo *tar* con extensión *.ova*, el cual contiene en su interior la carpeta OVF.

Snapshots en VMware Workstation Pro

Un *snapshot* de una VM de *VMware Workstation Pro* almacena su estado actual y permite volver una y otra vez al mismo estado como si se tratara de un punto de restauración. Cuando se realiza un *snapshot*, el hipervisor captura todo el estado de la VM. El hipervisor dispone de un gestor de *snapshots* para visualizar y tomar acción sobre los *snapshots* de una VM determinada.

El *snapshot* almacena todos los contenidos de la memoria de la VM, la configuración de la VM y el estado de todos los discos virtuales. Cuando se revierte un *snapshot*, se revierte la memoria, configuración y estado de los discos al estado en el que se encontraban cuando se tomó el *snapshot*. Los *snapshots* pueden ser tomados con la VM encendida, apagada o suspendida. No pueden tomarse *snapshots* de VM configuradas para utilizar un disco físico.

La toma de *snapshots* puede ser un proceso lineal o en árbol (tener ramificaciones). Para VM locales, existe un límite de 100 *snapshots* para cada proceso lineal. Para VM compartidas o remotas, pueden generarse un máximo de 31 *snapshots* para cada proceso lineal.

Los *snapshots* múltiples tienen una relación padre-hijo. El *snapshot* padre de una VM es el *snapshot* a partir del cual se basa el estado actual de la VM. Si se revirtiese a un *snapshot* anterior, este se convertiría en el *snapshot* padre de la VM.

En un proceso lineal, cada *snapshot* tiene un único padre y dispone de un único hijo, excepto el último *snapshot*, que no dispone de hijos. En cambio, en un proceso en árbol, cada *snapshot* tiene un único padre, puede disponer de múltiples hijos y muchos *snapshots* no tener ningún hijo.

Puede restaurarse una VM a su estado previo revirtiendo a un snapshot anterior. Si se toma una *snapshot* de una VM y se añade un disco, revertir al *snapshot* elimina el disco de la VM. Los archivos VMDK asociados serán eliminados si no están siendo utilizados por otro *snapshot*.

Cuando se elimina un *snapshot*, se elimina el estado almacenado de la VM y no se puede regresar a él de nuevo. Eliminar un *snapshot* no afecta el estado actual de la VM.

Si se utiliza un *snapshot* para crear un clon, el *snapshot* se bloquea. Si se elimina un *snapshot* bloqueado, los clones creados a partir del snapshot dejarán de estar operativos. No puede eliminarse un snapshot si la VM asociada ha sido designada como plantilla para clonado.

3.2 FORENSE DE VM

3.2.1 Forense de hipervisores Tipo 2

Cuando en un sistema se trabaja con máquinas virtuales, se generan dos tipos de artefactos forenses: artefactos del sistema virtual y artefactos en el sistema anfitrión. Para poder detectar si existe una VM en un equipo anfitrión, el DFIR puede llevar a cabo las siguientes comprobaciones:

▼ Comprobar la presencia en el sistema de ficheros de archivos asociados frecuentemente con VM (A modo de ejemplo, se listan los archivos de los hipervisores VMware, *Oracle VirtualBox* y Hyper-V en la Tabla 10, la Tabla 11 y la Tabla 12). El *timestamp* de creación de estos archivos puede indicar cuándo se creó la VM.

▼ Comprobar la existencia en el *Registro* de artefactos indicativos de que se ha instalado o desinstalado un hipervisor.

▼ Comprobar si existen adaptadores de red virtuales en el sistema.

▼ Comprobar si se conectaron al sistema unidades de almacenamiento con interfaz USB, puesto que la VM podría encontrarse en este tipo de dispositivos.

▼ Las VM también pueden encontrase anidadas dentro de otras VM en el soporte de almacenamiento del sistema operativo anfitrión o del dispositivo de almacenamiento externo USB.

Archivo	Descripción
.vmx	Almacena archivos de configuración.
.log	Registro de información (Ej. Encendido/apagado de la VM, agregación de *appliances* virtuales).
.nvram	Seguimiento del estado de la BIOS de la VM.
.vmdk	Almacena el contenido del disco duro virtual.
.vmem	Almacena los archivos de paginación de la VM, actuando como memoria RAM "en crudo".
.vmss	Imagen de memoria RAM.
.vmsd	Información sobre *snapshots*.

Tabla 10. Archivos asociados a una VM del hipervisor VMware.

Adicionalmente, el hipervisor *VMware Workstation Pro* almacena en el archivo de texto *inventory.vmls* un listado y la ruta donde se encuentran todas las VM relacionadas en el panel *"Library"* del hipervisor. El archivo puede ser extraído para su análisis de la siguiente ruta:

```
C:\Users\%user%\AppData\Roaming\VMware
```

Archivo	Descripción
.ova o .ovf	Utilizado para crear una VM.
.vdi	Archivo imagen de disco.
.r0	Librerías por defecto.
.vbox	Características almacenadas de las unidades de disco virtuales.
.vbox-extpack	*Plugins.*
.vbox-prev	Copias de seguridad de VM.
.xml-prev	Copias de seguridad de configuración XML.
.log	Archivos de registro que contienen información (Ej. Encendido/apagado de la VM, si se encuentra en modo hibernación, añadido de *appliances* virtuales).
.sav	Archivo de imagen de memoria parcial.

Tabla 11. Archivos asociados a una VM del hipervisor VirtualBox.

Archivo	Descripción
.xml	Detalles de configuración.
.bin	Estado almacenado de la memoria.
.vsv	Estado almacenado de los dispositivos.
.vhd	Archivo de disco virtual.
.avhd	Archivos de discos diferenciales utilizados para los snapshots de las VM.
.vfd	Archivo de disquetera virtual.

Tabla 12. Archivos asociados a una VM del hipervisor Hyper-V.

Archivo	Descripción
.pvm	Paquete que contiene el resto de los archivos de la máquina virtual.
.hdd	Archivo de un soporte de almacenamiento de la máquina virtual.
.mem	Imagen de memoria "en crudo".

Tabla 13. Archivos asociados a una VM del hipervisor Parallels Desktop.

En caso de que el DFIR encuentre una VM apagada de potencial interés para la investigación, debe exportar de manera forense todos los archivos asociados con dicha VM sin olvidarse de calcular y almacenar el valor resumen de estos archivos.

No obstante, en determinados escenarios, el DFIR deberá realizar adquisiciones "en vivo" de VM, especialmente cuando se investigan intrusiones de red o sistemas comprometidos. Como en cualquier investigación "en vivo" realizada en sistemas físicos, es recomendable anotar todas las acciones realizadas. Además, debido al orden de volatilidad de las evidencias, apagar una VM para proceder a su copia puede suponer la pérdida de artefactos en memoria (Ej. Procesos en ejecución), de ahí que deba volcarse la memoria RAM y proceder a su extracción para su posterior análisis.

El análisis forense de la VM puede realizarse mediante las siguientes aproximaciones (recordar que se debe trabajar siempre con una copia de la evidencia original):

 ► Montando el disco virtual de la VM (Ej. Archivo .*vmdk* en el caso del hipervisor VMware) como una unidad en el equipo de análisis del DFIR (Ej. *AccessData FTK Imager*). Esto permite utilizar los mismos procedimientos estándar de análisis que con un soporte de almacenamiento estático. Los archivos .*pvm* pueden ser montados para su análisis con la herramienta *Parallels Mounter* (disponible pulsando sobre el archivo y seleccionado en el menú desplegable *Abrir con-> Parallels Mounter*) desde un sistema *macOS* que disponga del *hipervisor Parallels Desktop* instalado.

 ► Abriendo el disco virtual de la VM como un archivo imagen en una aplicación forense del sistema de análisis del DFIR. Esto permite navegar por el sistema de ficheros del disco virtual y analizar y/o extraer las evidencias.

 ► Lanzar la VM en un hipervisor del equipo de análisis del DFIR, de modo que se puedan ejecutar herramientas forenses en la VM en busca de evidencias. Cuando solo se dispone como evidencia digital del archivo del disco virtual (Ej. No se dispone del archivo descriptor .*vmx* para el hipervisor VMware), el DFIR puede crear desde el hipervisor una nueva VM del sistema operativo correspondiente a la evidencia, indicando que se instalará el sistema operativo posteriormente. Una vez que finaliza la creación de esta nueva VM debe sustituirse el archivo .*vmdk* creado por el hipervisor por el archivo .*vmdk* evidencia y podrá ejecutarse la VM.

Cuando se genera un *snapshot* de una VM en ejecución, se genera un archivo en el disco del hipervisor (Ej. Archivo *.vmsn* en el caso del hipervisor VMware). Este archivo puede contener el volcado completo de la memoria RAM de la VM en el momento de realizarse el *snapshot*. El archivo *.vmsn* es procesable mediante la herramienta de análisis forense de memoria *Volatility*, como si se tratara del volcado de la memoria RAM de un sistema físico.

3.2.2 Forense de hipervisores Tipo 1

En aquellos escenarios en los cuales la investigación forense digital requiere investigar VM que se ejecutan en un hipervisor Tipo 1 suele resultar de gran ayuda la cooperación de los administradores del sistema.

Deberá tenerse en cuenta que los hipervisores Tipo 1 pueden disponer de elevadas capacidades de almacenamiento y de memoria asignadas a las VM, lo que en algunos escenarios puede resultar un problema a la hora de recolectar las evidencias.

3.3 SANDBOXING

Se entiende por caja de arena (*sandbox*) un entorno seguro de pruebas donde evaluar archivos sospechosos sin que se puedan producir daños en las redes y sistemas en producción de la red corporativa. El *sandboxing* se ha convertido en un arma poderosa para la detección de archivos maliciosos y ataques dirigidos capaces de evadir las defensas tradicionales basadas en firmas (Ej. Herramientas antivirus).

El concepto de incrementar el nivel de seguridad a través del aislamiento empleando *sandboxing* también es utilizado en algunos navegadores Web para evitar posibles infecciones *malware*. Así, por ejemplo, *Mozilla Firefox* utiliza una *sandbox* para ejecutar el código *JavaScript* utilizado en las páginas Web, con el objetivo de evitar una de las técnicas más empleada por los *hackers* en los ataques.

El *sandboxing* resulta especialmente útil para detectar amenazas desconocidas. De ahí que siga en alza la tendencia de su utilización como medida defensiva.

Básicamente, el funcionamiento de una *sandbox* dedicada al análisis de *malware* sería el siguiente: La *sandbox* captura un archivo ejecutable o un documento (Ej. Documentos de *Microsoft Office*, Adobe PDF) y activa ese archivo en una máquina virtual. Esta VM permite llevar a cabo un análisis en profundidad del modo en el que se comportaría el archivo ejecutable o el documento en un entorno de producción o en la red corporativa. Si la ejecución o manipulación del archivo demostrase que su comportamiento es malicioso, entonces podrán tomarse las acciones defensivas pertinentes.

Existen diferentes métodos para implementar una *sandbox* orientada al análisis dinámico de *malware*:

> ➤ Emulación estándar, interceptación de funciones en el espacio usuario y en el espacio *kernel*.

> ➤ Información de las retrollamadas (*callbacks*) de las funciones del *kernel*.

> ➤ Virtualización hardware.

La práctica ha demostrado que la implementación de una emulación completa resulta muy costosa, requiriendo un soporte continuado y mejoras a la emulación de las funciones de la API, además de una creciente atención a las técnicas antiforenses de detección de emulación y de evasión de ejecución. Los interceptores (*interceptors*) tampoco tienen un ciclo de vida elevado, pues los desarrolladores de *malware* descubren el modo de evitarlos utilizando métodos sencillos, aprendiendo técnicas para identificarlos si se encuentran presentes, en cuyo caso omitirán la ejecución del *payload* del código malicioso para evitar su detección.

Los atacantes llevan años utilizando métodos para detectar y evitar el *splicing*. Basta con comprobar o seguir (*trace*) los prólogos de las API del sistema más utilizadas o crearse unos prólogos propios que eviten al interceptor (método utilizado por *cryptors* y *packers*). Además, el *splicing* es muy inestable en entornos multihilo (*multithreaded*). Resulta obvio también pensar que a nivel espacio usuario, el nivel de aislamiento es prácticamente nulo debido a que el sistema operativo en sí mismo está modificado, lo que suele ser un indicativo sospechoso.

Además, para poder recibir los resultados de la ejecución de una función de la API, es necesario recuperar el control tras su ejecución, lo que normalmente se lleva a cabo reescribiendo la dirección de retorno. Este mecanismo en ocasiones también resulta inestable.

Actualmente, la implementación de *sandboxes* basadas en virtualización hardware es la solución óptima en términos de equilibrio entre rendimiento, extensibilidad y aislamiento. El hipervisor proporciona un alto grade de aislamiento entre la máquina virtual y el host, asegurando el control sobre la CPU y la memoria RAM. Además, los procesadores modernos sufren únicamente un impacto mínimo en su rendimiento cuando se emplea virtualización.

Existen diferentes compañías de ciberseguridad que ofrecen tecnología de *sandboxing* para el análisis de potenciales amenazas de *malware*. No obstante, no todas las soluciones son iguales. Algunas *sandboxes* detectan *malware* desconocido, pero no son capaces de bloquearlo. Las *sandboxes* más avanzadas comparten información relativa a nuevas muestras de *malware* identificado a través de redes de inteligencia en la nube. Este intercambio de información de nuevas TTP (Tácticas, Técnicas y Procedimientos) empleadas por los atacantes o los IOC (*Indicator of Compromise*) del *malware* empleado en sus campañas permite a las organizaciones clientes de estas redes de inteligencia protegerse de un modo más rápido y eficaz.

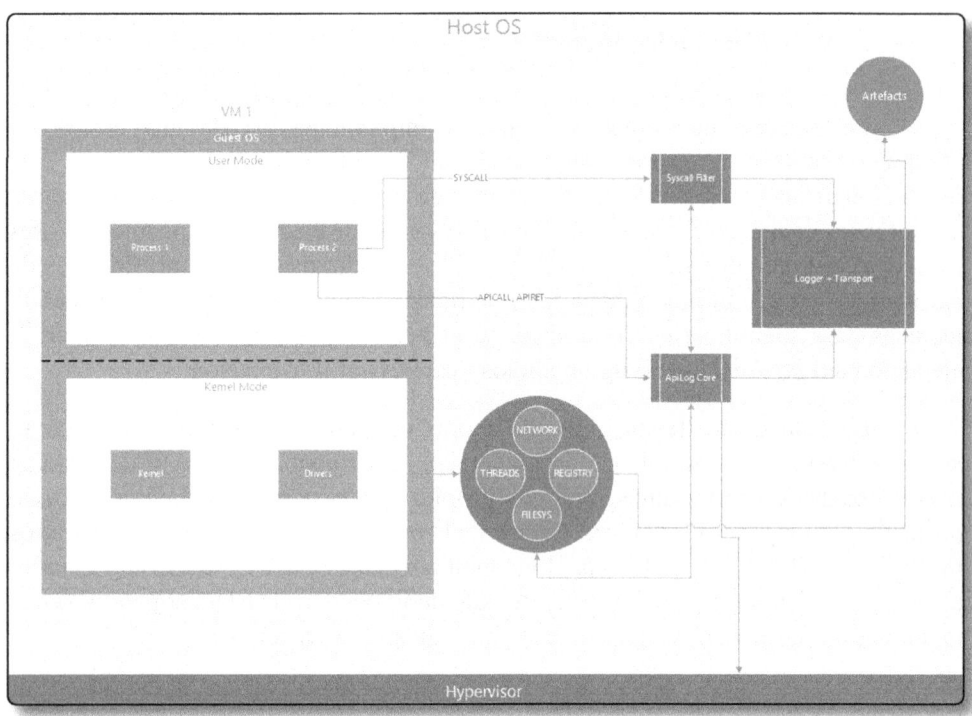

Ilustración 57. Diagrama de bloques de la sandbox de Kaspersky Labs.

En las *sandboxes* tradicionales se ejecutan los archivos sospechosos en una *sandbox* situada fuera de la red corporativa. Estas *sandboxes* imitan el funcionamiento de un sistema operativo estándar con la intención de poder realizar la investigación del archivo sospechoso de una forma segura. Empleando diferentes herramientas dentro de la *sandbox*, se puede activar el archivo de diferentes formas para simular que un usuario está interactuando con el sistema operativo y es el que abre el archivo sospechoso. El analista de *malware* observa si la apertura del documento o la ejecución del archivo comienzan algún proceso distinto a lo que sería considerado normal.

No obstante, los atacantes saben de la existencia de estas *sandboxes* en las grandes redes corporativas e implementan en el *malware* utilizado en sus ataques diferentes técnicas de evasión. Es decir, el *malware* es capaz de detectar que se encuentra dentro de una *sandbox* y no mostrar ningún comportamiento anómalo en ese caso; solo si detecta que se encuentra en un *endpoint* real manifestará su comportamiento malicioso. Entre las técnicas más comúnmente empleadas por los desarrolladores de *malware* se encuentra introducir temporizadores (*sleep timers*) en el código, de modo que el código malicioso se ejecute minutos (incluso días) después de la infección, lo que probablemente hará que no sea detectado como malicioso y se marque el archivo como seguro. Esto supone que se valide el libre uso del archivo dentro de la red corporativa, con consecuencias posiblemente nefastas para la organización. Otra técnica habitual es detectar los movimientos del ratón, o la ocultación de amenazas en los anexos de correo electrónico.

Las *sandboxes* más avanzadas, además de permitir el análisis de archivos ejecutables y documentos, son capaces de detectar *malware* en archivos de datos controlando la actividad a nivel de instrucción del procesador durante la etapa de explotación; es decir, cuando el *malware* está intentando lograr una escalada de privilegios dentro del sistema operativo. De este modo, se puede no solo detectar, sino también bloquear muestras de *malware* desconocido. Cuando se combinan capacidades de *sandboxing* a nivel profundo de sistema operativo y de CPU, se dice que se dispone de una *sandbox* de próxima generación (*next generation sandbox*), copiando la terminología empleada para los *firewalls*.

Con este tipo de *sandboxes*, se detectan las amenazas en la etapa anterior a la infección, lo que permite extraer sus IOC y añadir estas firmas a los IPS (*Intrusion Prevention System*) y aplicaciones antivirus de la organización, lo que evitará tener que examinar nuevamente el archivo malicioso si el atacante emplea nuevamente la misma amenaza.

4

INTRODUCCIÓN A FORENSE DE MICROSOFT WINDOWS

4.1 INTRODUCCIÓN

Para bien o para mal, entre todas las diferentes versiones de la familia de los sistemas operativos *Microsoft Windows* acaparan el 90% del parque de ordenadores mundial. En gran parte de esos ordenadores dominados por el gigante de Redmond se encuentran instaladas además herramientas como la *suite* ofimática *Microsoft Office*, el lector de documentos electrónicos en formato PDF *Adobe Acrobat* y otros programas por el estilo.

En general, y salvo en casos en los cuales un DFIR se especialice en áreas forenses muy concretas (Ej. Forense de *macOS X*, forense de Linux, forense de dispositivos móviles), es muy probable que la mayoría de los casos en los que intervenga haya al menos un dispositivo cuyo análisis forense implique un entorno *Windows*.

Por tanto, el común de los DFIR deberá ser un experto en "las tripas" y el funcionamiento de las diferentes versiones del sistema operativo *Windows* y de los sistemas de ficheros NTFS y FAT. Estas versiones pueden ser divididas históricamente en tres segmentos: Anteriores a *Windows NT*, hasta *Windows XP* y posteriores a *Windows Vista*.

4.1.1 Programa, proceso e hilo de control

Un **programa** es un archivo que contiene instrucciones de código que pueden ser ejecutadas por el sistema operativo. Un **proceso** es un programa en ejecución, y como tal consume recursos del sistema (memoria y almacenamiento). Cada proceso tiene al menos un **hilo de control** (*thread of control*), es decir, un conjunto de instrucciones y un contador del programa que indica cuál es la siguiente instrucción de código a ejecutarse.

Algunas arquitecturas de computadores gestionan la ejecución de los hilos de control, mientras que otras gestionan procesos. Cada proceso se identifica con un **identificador de proceso** (PID, *Process* ID). Los procesos pueden crear nuevos procesos que se ejecuten bien como un proceso independiente del proceso padre, o ejecutarse como procesos hijos del proceso padre.

El *kernel* del sistema operativo es el responsable de gestionar las peticiones de conexión de red de los procesos con servicios locales o ejecutándose en dispositivos remotos.

4.1.2 Volatilidad de los artefactos forenses

La información volátil disponible en el sistema puede contener evidencias clave en la resolución de un caso. Por ejemplo:

▶ Información del dispositivo y de la versión del sistema operativo.

▶ Fecha y hora del sistema.

▶ Configuración de las interfaces de red del dispositivo.

▶ Conexiones de red abiertas (*sockets*, dominios destino) y procesos relacionados.

▶ Tabla de enrutamiento interna.

▶ Aplicaciones que se ejecutan automáticamente al iniciar el sistema.

▶ Información relativa a los procesos en ejecución.

▶ Información relativa a los servicios en ejecución.

▶ *Drivers* instalados y en ejecución.

▶ Librerías (DLL, *Dynamic Link Library*) creadas.

- Cuentas de usuario y usuarios logueados en el sistema.

- Archivos abiertos.

- Carpetas compartidas.

- Volúmenes de disco mapeados.

- Tareas programadas.

- Estado de la aplicación antivirus (si hubiere) y archivos de *log* relativos a la misma.

Entre las evidencias no volátiles de mayor interés para el DFIR se encuentran:

- Aplicaciones instaladas.

- Parches instalados.

- Enlaces a archivos creados.

- Archivos comprimidos.

- Histórico de los dispositivos con conector USB que se han conectado al sistema.

- *Volume shadow copies* creadas.

- Archivos *Prefetch* y *timestamps*.

- Caché de DNS.

- Configuración del *firewall*.

- Listado de archivos de *log* disponibles y la información temporal relativa a últimas escrituras.

- Eventos del sistema de interés.

- Políticas de auditoría.

- Archivos temporales de Internet y *cookies* de sesión.

- URL (*Uniform Resource Locator*) introducidas por teclado.

- Claves del *Registro de Windows* que contengan información de interés.

- Línea temporal de archivos.

4.1.3 Empleo de la consola del sistema y de *PowerShell* como herramientas de recopilación de artefactos forenses

Desde *Windows 7* y *Windows Server 2003* se encuentra disponible *PowerShell* (*powershell.exe*) como consola de comandos (*command shell*) adicional a la "tradicional" (disponible desde *Windows NT* en 1992) consola *cmd.exe*. Posteriormente, se añadió como descarga adicional en *Windows XP* para facilitar las tareas administrativas del sistema operativo.

La utilización de comandos de consola permite al DFIR obtener valiosa información en vivo del sistema sin necesidad de contaminar en exceso el sistema operativo sobre el que se está realizando la investigación. La información de estos comandos, mostrada por defecto en la pantalla del dispositivo, puede ser además redireccionada a un archivo de texto empleando el modificador de la salida estándar "> " para su posterior análisis en el laboratorio por el DFIR. Ejemplo:

```
tasklist > salida.txt
```

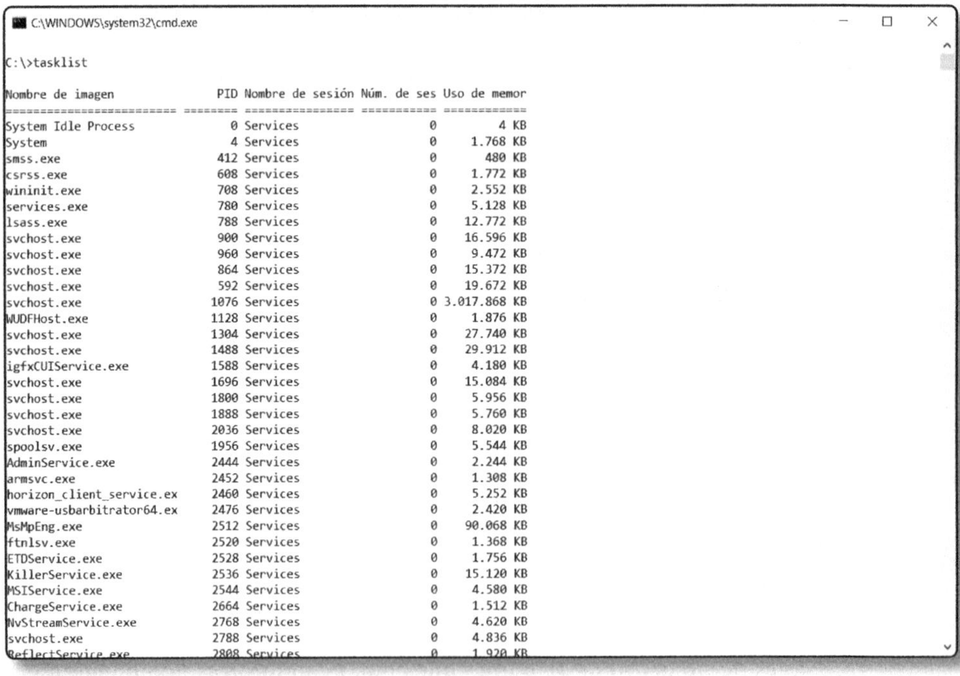

```
C:\WINDOWS\system32\cmd.exe

C:\>tasklist

Nombre de imagen                PID Nombre de sesión Núm. de ses Uso de memor
========================= ======== ================ =========== ============
System Idle Process               0 Services                   0          4 KB
System                            4 Services                   0      1.768 KB
smss.exe                        412 Services                   0        480 KB
csrss.exe                       608 Services                   0      1.772 KB
wininit.exe                     708 Services                   0      2.552 KB
services.exe                    780 Services                   0      5.128 KB
lsass.exe                       788 Services                   0     12.772 KB
svchost.exe                     900 Services                   0     16.596 KB
svchost.exe                     960 Services                   0      9.472 KB
svchost.exe                     864 Services                   0     15.372 KB
svchost.exe                     592 Services                   0     19.672 KB
svchost.exe                    1076 Services                   0  3.017.868 KB
WUDFHost.exe                   1128 Services                   0      1.876 KB
svchost.exe                    1304 Services                   0     27.740 KB
svchost.exe                    1488 Services                   0     29.912 KB
igfxCUIService.exe             1588 Services                   0      4.180 KB
svchost.exe                    1696 Services                   0     15.084 KB
svchost.exe                    1800 Services                   0      5.956 KB
svchost.exe                    1888 Services                   0      5.760 KB
svchost.exe                    2036 Services                   0      8.020 KB
spoolsv.exe                    1956 Services                   0      5.544 KB
AdminService.exe               2444 Services                   0      2.244 KB
armsvc.exe                     2452 Services                   0      1.308 KB
horizon_client_service.ex      2460 Services                   0      5.252 KB
vmware-usbarbitrator64.ex      2476 Services                   0      2.420 KB
MsMpEng.exe                    2512 Services                   0     90.068 KB
ftnlsv.exe                     2520 Services                   0      1.368 KB
ETDService.exe                 2528 Services                   0      1.756 KB
KillerService.exe              2536 Services                   0     15.120 KB
MSIService.exe                 2544 Services                   0      4.580 KB
ChargeService.exe              2664 Services                   0      1.512 KB
NvStreamService.exe            2768 Services                   0      4.620 KB
svchost.exe                    2788 Services                   0      4.836 KB
ReflectService.exe             2808 Services                   0      1.920 KB
```

Ilustración 58. Ejemplo de salida del comando tasklist en cmd.exe.

Comando	Función
ASSOC	Muestra o modifica las asociaciones de las extensiones de archivos.
ATTRIB	Muestra o cambia los atributos del archivo.
BREAK	Establece o elimina la comprobación extendida de Ctrl+C.
BCDEDIT	Establece propiedades en la base de datos de arranque para controlar la carga del arranque.
CACLS	Muestra o modifica las listas de control de acceso (ACL) de archivos.
CALL	Llama a un programa por lotes desde otro.
CD	Muestra el nombre del directorio actual o cambia a otro directorio.
CHCP	Muestra o establece el número de página de códigos activa.
CHDIR	Muestra el nombre del directorio actual o cambia a otro directorio.
CHKDSK	Comprueba un disco y muestra un informe de su estado.
CHKNTFS	Muestra o modifica la comprobación de disco al arrancar.
CLS	Borra la pantalla.
CMD	Inicia una nueva instancia del intérprete de comandos de *Windows*
COLOR	Establece los colores de primer plano y fondo predeterminados de la consola.
COMP	Compara el contenido de dos archivos o un conjunto de archivos.
COMPACT	Muestra o cambia el estado de compresión de archivos en particiones NTFS.
CONVERT	Convierte volúmenes FAT a volúmenes NTFS. No puede convertir la unidad actual.
COPY	Copia uno o más archivos en otra ubicación.
DATE	Muestra o establece la fecha.
DEL	Elimina uno o más archivos.
DIR	Muestra una lista de archivos y subdirectorios en un directorio.
DISKPART	Muestra o configura las propiedades de partición de disco.
DOSKEY	Edita líneas de comando, recupera comandos de *Windows* y crea macros.
DRIVERQUERY	Muestra el estado y las propiedades actuales del controlador de dispositivo.
ECHO	Muestra mensajes, o activa y desactiva el eco.
ENDLOCAL	Termina la búsqueda de cambios de entorno en un archivo por lotes.
ERASE	Elimina uno o más archivos.
EXIT	Sale del programa *CMD.EXE* (intérprete de comandos).

FC	Compara dos archivos o conjunto de archivos y muestra las diferencias entre ellos.
FIND	Busca una cadena de texto en uno o m s archivos.
FINDSTR	Busca cadenas en archivos.
FOR	Ejecuta el comando especificado para cada archivo en un conjunto de archivos.
FORMAT	Formatea un disco para usarse con *Windows*.
FSUTIL	Muestra o configura las propiedades del sistema de archivos.
FTYPE	Muestra o modifica los tipos de archivo usados en asociaciones de extensión de archivo.
GOTO	Direcciona el intérprete de comandos de *Windows* a una línea con etiqueta en un programa por lotes.
GPRESULT	Muestra información de directiva de grupo por equipo o usuario.
GRAFTABL	Permite a *Windows* mostrar un juego de caracteres extendidos en modo gráfico.
HELP	Proporciona información de Ayuda para los comandos de *Windows*.
ICACLS	Muestra, modifica, hace copias de seguridad o restaura listas de control de acceso (ACL) para archivos y directorios.
IF	Ejecuta procesos condicionales en programas por lotes.
LABEL	Crea, cambia o elimina la etiqueta del volumen de un disco.
MD	Crea un directorio.
MKDIR	Crea un directorio.
MKLINK	Crea vínculos simbólicos y vínculos físicos
MODE	Configura un dispositivo de sistema.
MORE	Muestra la información pantalla por pantalla.
MOVE	Mueve uno o más archivos de un directorio a otro en la misma unidad.
OPENFILES	Muestra archivos compartidos abiertos por usuarios remotos como recurso compartido de archivos.
PATH	Muestra o establece una ruta de búsqueda para archivos ejecutables.
PAUSE	Suspende el proceso de un archivo por lotes y muestra un mensaje.
POPD	Restaura el valor anterior del directorio actual guardado por *PUSHD*.
PRINT	Imprime un archivo de texto.
PROMPT	Cambia el símbolo de comandos de *Windows*.
PUSHD	Guarda el directorio actual y después lo cambia.

RD	Quita un directorio.
RECOVER	Recupera la información legible de un disco dañado o defectuoso.
REM	Registra comentarios (notas) en archivos por lotes o *CONFIG.SYS*.
REN	Cambia el nombre de uno o más archivos.
RENAME	Cambia el nombre de uno o más archivos.
REPLACE	Reemplaza archivos.
RMDIR	Quita un directorio.
ROBOCOPY	Utilidad avanzada para copiar archivos y árboles de directorios
SET	Muestra, establece o quita variables de entorno de *Windows*.
SETLOCAL	Inicia la localización de los cambios de entorno en un archivo por lotes.
SC	Muestra o configura servicios (procesos en segundo plano).
SCHTASKS	Programa comandos y programas para ejecutarse en un equipo.
SHIFT	Cambia la posición de parámetros reemplazables en archivos por lotes.
SHUTDOWN	Permite el apagado local o remoto de un equipo.
SORT	Ordena la salida.
START	Inicia otra ventana para ejecutar un programa o comando especificado.
SUBST	Asocia una ruta de acceso con una letra de unidad.
SYSTEMINFO	Muestra las propiedades y la configuración específicas del equipo.
TASKLIST	Muestra todas las tareas en ejecución, incluidos los servicios.
TASKKILL	Termina o interrumpe un proceso o aplicación que se está ejecutando.
TIME	Muestra o establece la hora del sistema.
TITLE	Establece el título de la ventana de una sesión de *CMD.EXE*.
TREE	Muestra gráficamente la estructura de directorios de una unidad o ruta de acceso.
TYPE	Muestra el contenido de un archivo de texto.
VER	Muestra la versión de *Windows*.
VERIFY	Comunica a *Windows* si debe comprobar que los archivos se escriben de forma correcta en un disco.
VOL	Muestra la etiqueta del volumen y el número de serie del disco.
XCOPY	Copia archivos y árboles de directorios.
WMIC	Muestra información de WMI en el *shell* de comandos interactivo.

Tabla 14. Listado de comandos disponibles en cmd.exe en Microsoft Windows 10.

Entre las principales ventajas de utilizar *PowerShell* sobre la línea de comandos clásica se encuentran: su mayor versatilidad y eficiencia a la hora de concatenar comandos, conocidos como *cmdlets* en *PowerShell*; y la posibilidad de crear *scripts* que ayuden a la automatización de determinadas tareas administrativas del sistema operativo.

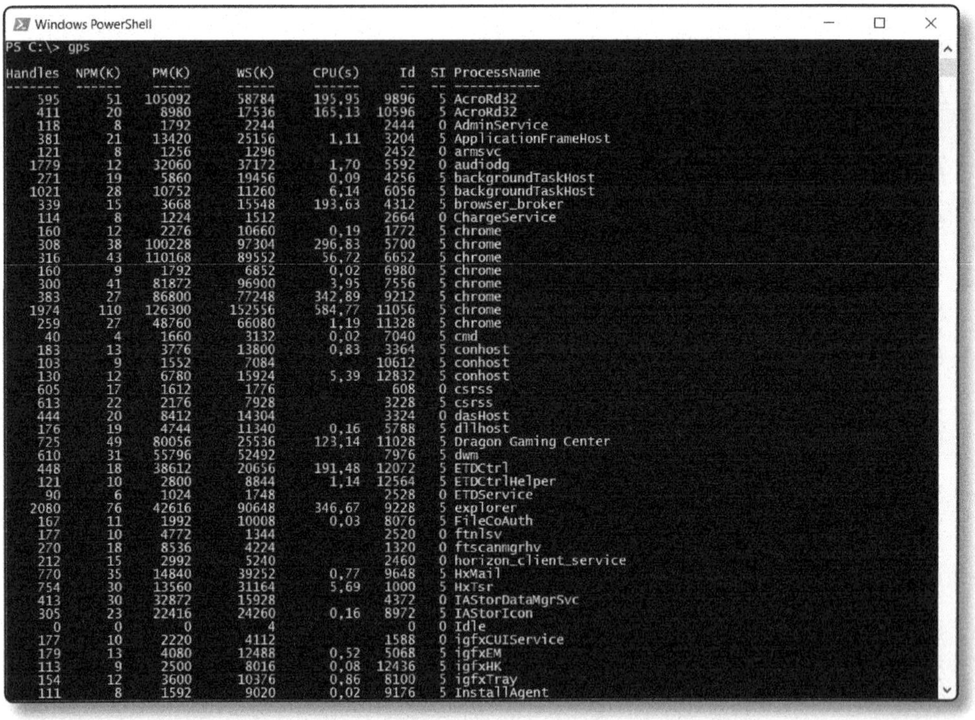

Ilustración 59. Ejemplo de salida del cmdlet Get-Process (alias ps y gps) en la consola de PowerShell.

4.1.4 Empleo de herramientas de terceros para la recopilación y análisis de artefactos forenses

Por fortuna para el DFIR, existen gran cantidad de herramientas (tanto comerciales como libres) que ayudarán a que sea algo más sencillo el proceso de adquisición de evidencias y su posterior análisis forense.

Entre las *suites* forenses comerciales para entornos *Windows* destacan por encima de todas *Guidance EnCase*, *AccessData FTK* y *Nuix*. No obstante, existen alternativas comerciales con un licenciamiento más competitivo, como *Belkasoft Evidence Center* y *Magnet Forensics Internet Evidence Finder*, que ofrecen capacidades de obtención y análisis similares y gozan también de reconocido prestigio en el ámbito forense digital, especialmente a la hora de analizar artefactos de conexión a *Internet*. Recientemente, Magnet Forensics evolucionó *Internet Evidence Finder* a *Magnet Forensics Axiom*, que incluye además capacidad de análisis forense de dispositivos móviles. Otra alternativa todavía más económica sería *PassMark OSForensics*.

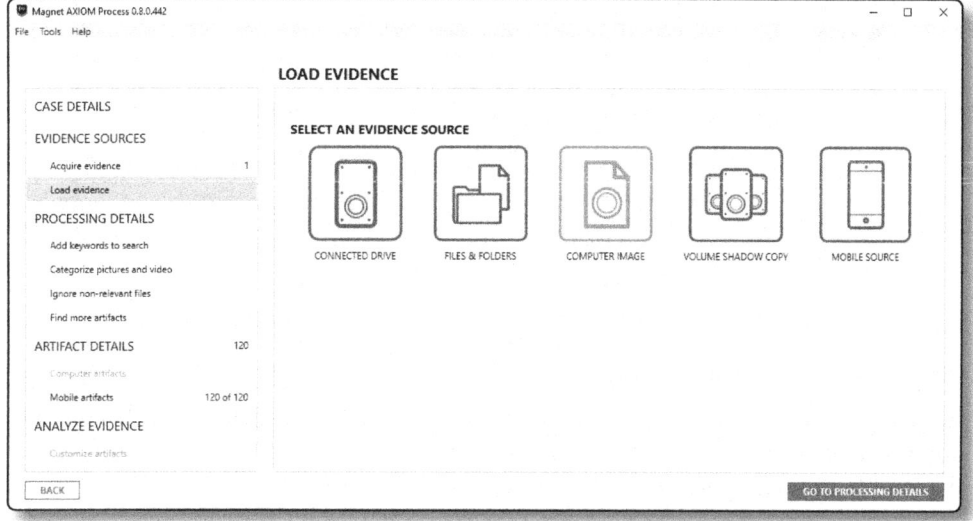

Ilustración 60. Captura de la herramienta Magnet Forensics Axiom Process.

Dentro de las soluciones libres, destaca *Autopsy* (disponible tanto para *Microsoft Windows* como para Linux), detrás de la cual se encuentra el gurú de los sistemas de ficheros Brian Carrier.

Resulta también de gran utilidad tanto para el equipo de respuesta a incidentes como para el DFIR que se encuentre realizando un análisis forense "en vivo" la *suite* de herramientas de administración del sistema operativo *Microsoft Sysinternals*, desarrolladas por Mark Russinovich y su equipo (disponibles gratuitamente en el sitio web de *Microsoft TechNet*).

Otro conjunto de herramientas gratuitas de gran utilidad para análisis "en vivo" es *NirSoft Utilities*, desarrolladas por Nir Sofer, y disponibles en *www.nirsoft. net*. Dispone de una interfaz gráfica denominada *NirLauncher* para gestionar las herramientas incluidas.

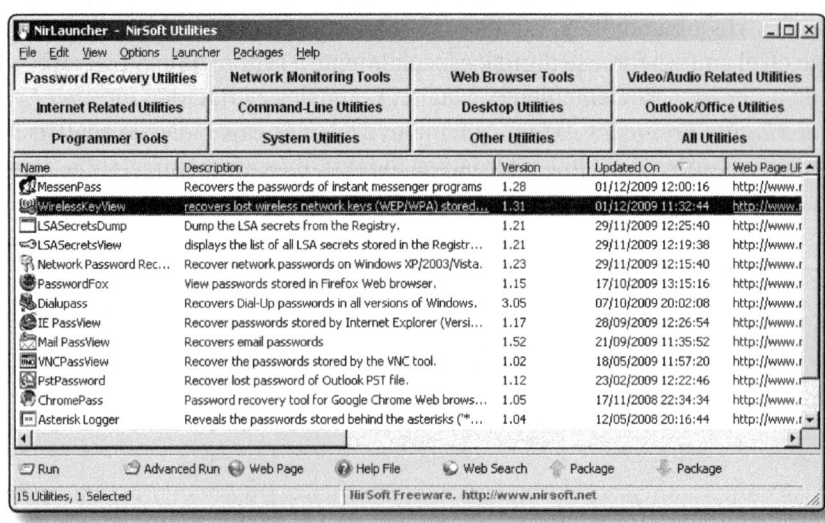

Ilustración 61. Interfaz de NirSoft NirLauncher.

Otra aplicación de interés es *Windows System Control Center*, disponible en *http://www.kls-soft.com/wscc/*, que aúna bajo una única interfaz gráfica las herramientas de *Microsoft Sysinternals* y *NirSoft Utilities*, simplificando la labor del equipo de respuesta a incidentes o del DFIR al clasificar el conjunto de herramientas disponibles por categorías.

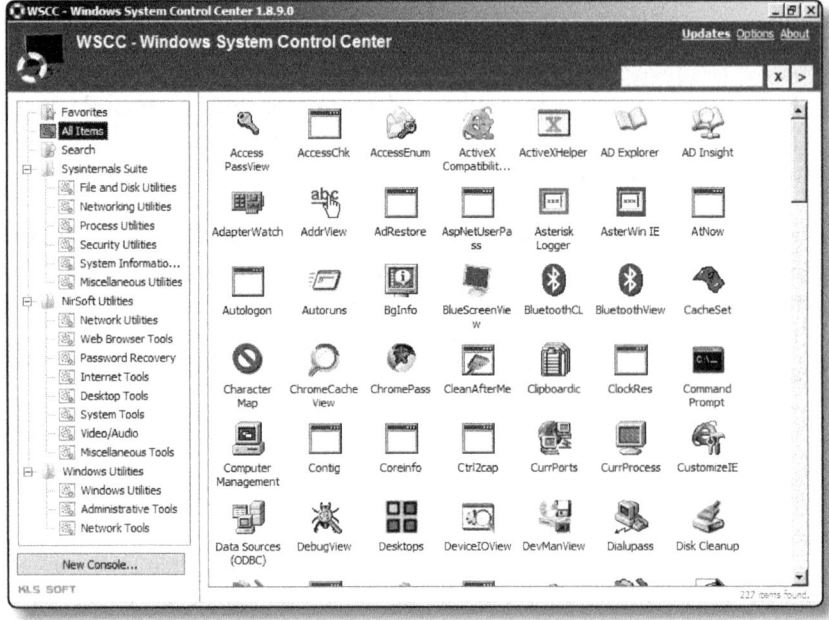

Ilustración 62. Interfaz gráfica de Windows System Control Center.

También es interesante para los análisis forenses "en vivo" y los equipos de respuesta a incidentes la herramienta *Win-UFO*, desarrollada por Emory Mullis y Scott White. Básicamente, consiste en una interfaz gráfica que facilita el manejo de un conjunto amplio de herramientas orientadas a la obtención de información del sistema operativo y de determinadas aplicaciones (Ej. Navegadores web). Se encuentra disponible gratuitamente para su descarga en el sitio web de la distribución forense Linux CAINE, *http://www.caine-live.net/*.

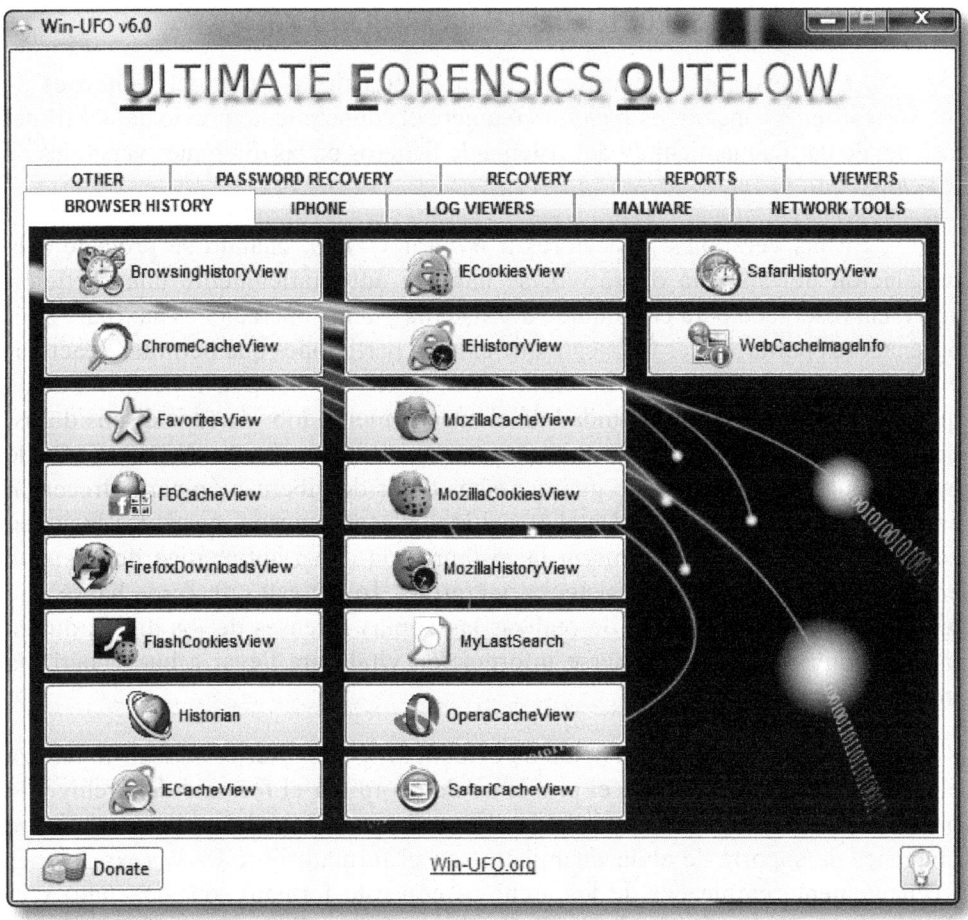

Ilustración 63. Interfaz gráfica de la herramienta Win-UFO v6.0.

En general, las *suites* forenses comentadas disponen de una interfaz gráfica para representar los resultados obtenidos y facilitar la siempre tediosa tarea de desarrollo de informes forenses. No obstante, otras herramientas de gran utilidad y parte de las herramientas de *Sysinternals* solo funcionan bajo línea de comandos (requiriendo en la mayoría de los casos privilegios de administrador de sistema).

En esta visión general no hay que olvidarse de las herramientas necesarias para el análisis de la memoria RAM del dispositivo. Destacan sobre todas las demás tres herramientas gratuitas: *Volatility, Mandiant Redline* y *Google Rekall*.

4.2 ADQUISICIÓN DE SOPORTES DE ALMACENAMIENTO MASIVO

La adquisición de evidencias forenses digitales a partir de volúmenes de disco en sistemas operativos *Windows* requiere el conocimiento previo del DFIR del sistema de particionamiento y del sistema de ficheros de las diferentes versiones de *Windows*.

En las versiones posteriores a *Windows Vista*, cuando se procede a la instalación del sistema operativo, se habilita automáticamente una partición adicional reservada para el arranque del sistema y otras operaciones auxiliares. En ordenadores portátiles, es frecuente que existan particiones que permitan reactivar el sistema desde estados de hibernación o ahorro de energía. Existen modelos que incluso incorporan una unidad de almacenamiento híbrido (dos discos duros, uno HDD y otro SSD bajo un mismo encapsulamiento) donde el disco SSD, de menor tamaño, se utiliza para guardar estos datos de hibernación para ofrecer un arranque rápido del sistema. Muchos equipos de sobremesa y portátiles incluyen además particiones que permiten la restauración cuasi automática del sistema en caso de fallo crítico del sistema operativo. Todos estos factores habrá que tenerlos en cuenta a la hora de realizar las copias forenses de los discos duros, o de lo contrario podría perderse información vital para llevar a buen puerto la investigación.

Si el proceso de adquisición de evidencias y su posterior análisis lo realiza el mismo DFIR, se eliminará el problema de coordinar el formato del archivo de obtención de la evidencia de disco. Los formatos más habituales de obtención de imágenes de soporte de almacenamiento son el formato libre RAW (extensiones frecuentemente empleadas de los archivos con este formato son *.dd, .img*) y el formato propietario de *Guidance EnCase* (extensión *.E01*, que permite además comprimir el tamaño de la copia forense destino). Interesa elegir un formato de copia que facilite las tareas posteriores de análisis, asegure la integridad de las pruebas y permita demostrar de manera eficaz el mantenimiento de la cadena de custodia.

4.2.1 Obtención de imágenes de volúmenes de disco con AccessData FTK Imager

AccessData FTK Imager es una herramienta gratuita que permite a un DFIR obtener desde el entorno gráfico del sistema operativo *Microsoft Windows* imágenes forenses de dispositivos de almacenamiento masivo (formatos *EnCase*, RAW y SMART) y realizar capturas de la memoria RAM.

Además, permite al DFIR acceder al contenido de las imágenes, montar las imágenes como unidades de solo lectura, extraer archivos individuales de la evidencia digital y recuperar archivos eliminados.

FTK Imager permite adquirir imágenes de dispositivos de almacenamiento internos y de dispositivos de almacenamiento conectados a los puertos USB y FireWire. Sin embargo, hay que tener presentes las consideraciones expuestas sobre montaje automático de volúmenes de disco. El empleo de *write-blockers* no solo es aconsejable, sino que en la mayor parte de las situaciones también obligatorio para que la imagen tenga validez de evidencia forense ante un tribunal.

Si lo que se quiere adquirir son volúmenes de disco alojados en discos duros externos, memorias USB o cualquier otro tipo de soporte conectado a la estación de trabajo del DFIR mediante un interfaz USB, resulta aconsejable desactivar en el registro de *Windows* la funcionalidad de acceso USB en modo escritura.

4.2.2 Obtención de imágenes de volúmenes de disco desde una distribución Live

En los casos en los que el dispositivo del que hay que obtener la evidencia se encuentre apagado, el DFIR puede obtener "en muerto" una imagen forense del dispositivo de almacenamiento masivo empleando una distribución Linux *Live* orientada a la adquisición y análisis forense digital (Ej. DEFT, Helix, CAINE, Paladin, Tsuguri). Incluso la distribución *Kali Linux*, orientada a *pentesting*, permite realizar una adquisición forense de evidencias de dispositivos de almacenamiento.

Las distribuciones de tipo *Live* se caracterizan por estar orientadas a su ejecución desde un soporte de almacenamiento externo y normalmente serán de tipo no persistente, es decir, las modificaciones realizadas por el usuario en una sesión (Ej. Fondo de escritorio, configuración de red) no se mantendrán para el siguiente inicio. Hace algunos años, cuando era más frecuente que los ordenadores dispusieran de unidad óptica integrada, las distribuciones Live solían grabarse en este tipo de soporte de almacenamiento, garantizando así que fueran de solo lectura y, por tanto, la integridad de las herramientas con las que se realizaba la extracción y análisis de evidencias. Actualmente, es más frecuente utilizar memorias USB, donde la partición del sistema *Live* seguirá siendo persistente, pero que adicionalmente permiten configurar particiones no persistentes que podrán utilizarse tanto para la extracción de evidencias como para almacenar información de utilidad para el DFIR, especialmente *scripts* o herramientas específicas que faciliten o automaticen la recopilación de evidencias.

Para proceder a la recopilación de evidencias, el DFIR arrancará el equipo objeto de la investigación seleccionando en la BIOS/UEFI como unidad de arranque bien el puerto USB (memoria USB, lectora óptica externa), bien la unidad óptica del dispositivo en la cual se encuentra la distribución *Live* que se utilizará como plataforma.

Una vez se completa el arranque del sistema operativo *Live*, se utilizará alguna de las herramientas de consola o GUI que facilitan el proceso de extracción de evidencias de dispositivos "en muerto".

Independientemente del tipo de interfaz de la herramienta, la extracción forense deberá realizarse montado el volumen de interés en modo solo lectura (RO, *Read Only*) y el volumen destino en lectura-escritura (RW, *Read-Write*). En ocasiones, el tamaño del volumen origen será mayor que el del volumen destino. En estos casos, el DFIR deberá establecer que la extracción se genere en volúmenes de tamaño fijo (Ej. 4 GB, el tamaño estándar de un DVD), obteniéndose finalmente en el volumen destino tantos archivos del tamaño fijado como la parte entera del cociente de dividir el tamaño del volumen origen entre el tamaño de archivo seleccionado, más un archivo adicional de menor tamaño. Cuando el primer volumen destino esté completo (Ej. Si la extracción se realizase en archivos de tamaño 4 GB a DVD, un único archivo), la herramienta solicitará la introducción del siguiente volumen destino, y así sucesivamente hasta lograrse completar la copia forense del volumen origen.

Finalmente, la herramienta generará un archivo de texto en el que se incluirá tanto el valor resumen (*hash*) del volumen original como del o los archivos destino. Este valor resumen permitirá demostrar la integridad de la evidencia a lo largo de su ciclo de vida.

4.3 ADQUISICIÓN DE EVIDENCIAS VOLÁTILES EN ENTORNOS WINDOWS

Como ya se ha comentado anteriormente en repetidas ocasiones, la adquisición de evidencias en vivo permite obtener evidencias de carácter volátil que no pueden ser obtenidas en los escenarios de adquisición de evidencias *post mortem*.

Una investigación en vivo comienza con la búsqueda de información relativa a procesos en ejecución, conexiones de red, usuarios conectados, archivos abiertos y todo aquello que, por estar en la memoria RAM del dispositivo, se perdería en caso de apagado o reinicio de este, sin posibilidad ninguna de reproducirlo con posterioridad a partir de un duplicado forense del soporte de almacenamiento masivo de información (es decir, el/los discos duros del dispositivo).

No obstante, parte de la información volátil puede realmente convertirse en persistente. Un ejemplo serían los *drivers* instalados en el sistema operativo, cuyo listado puede ser obtenido mediante un análisis estático, pero aquellos que se estuvieran utilizando en un momento determinado solo pueden ser obtenidos mediante un análisis dinámico.

Otra información, como el *Registro de Windows*, debe ser escrita a disco para tener persistencia tras el apagado del dispositivo. Eso será cierto siempre y cuando un agente malicioso no haya aplicado técnicas antiforenses que eliminen esta información.

La herramienta gratuita de triaje *KAPE* (*Kroll Artifact Parser and Extractor*), desarrollada por Eric Zimmerman, permite seleccionar un dispositivo o soporte de almacenamiento, recoger sus artefactos forenses de mayor relevancia y procesarlos en unos pocos minutos. Esto facilita al DFIR encontrar y priorizar los sistemas críticos para su investigación. Puede ser utilizada tanto en extracciones de evidencias de sistemas "en vivo" como "en muerto". Permite trabajar con archivos que están siendo utilizados por el sistema y extraer las VSC (*Volume Shadow Copies*). Dispone de una interfaz gráfica para facilitar la configuración de la extracción y procesado de evidencias.

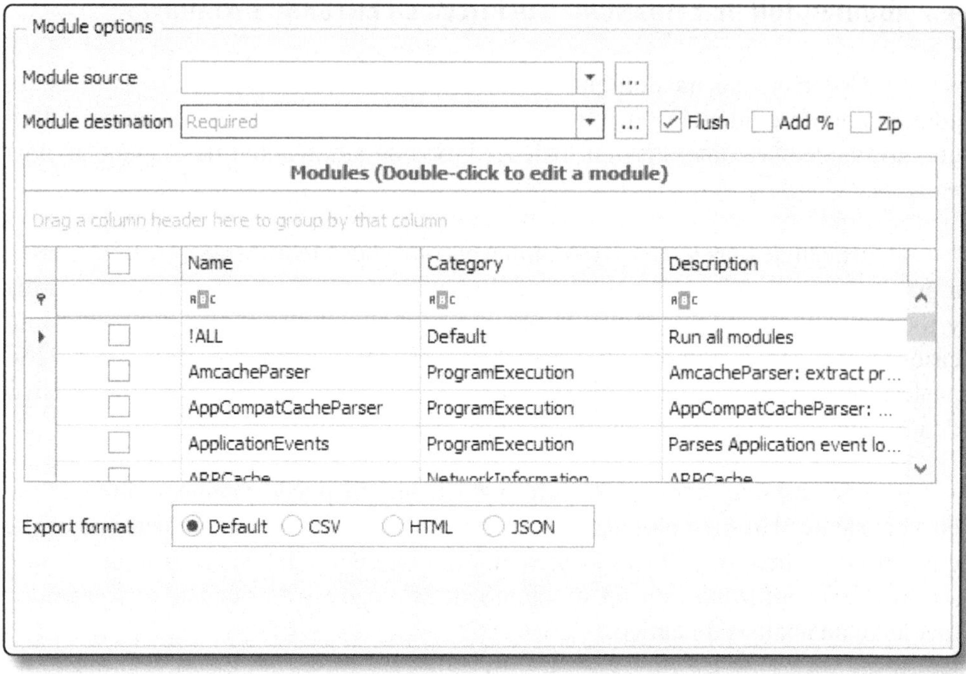

Ilustración 64. Captura de ejemplo de KAPE. Fuente: Kroll.

La ANSSI (*Agence Nationale de la Sécurité des Systèmes d'Information*) desarrolla el *framework* DFIR ORC (*Outil de Recherche de Compromission*), un conjunto de herramientas específicas para parsear y recoger artefactos forenses de manera descentralizada en ecosistemas *Microsoft Windows*. Se encuentra disponible gratuitamente en GitHub.

4.3.1 Variables de entorno del sistema

Las variables de entorno del sistema son cadenas de texto que contienen información relativa al sistema. Controlan el comportamiento de diferentes programas (Ej. la variable de entorno *TEMP* especifica la ubicación en la cual los programas colocarán los archivos temporales). En la Tabla 15 se muestran los valores por defecto, pero pueden ser modificados con el comando *set*. El valor de estas variables puede ser utilizado por el DFIR para recopilar datos en el sistema objeto de la investigación, siendo de especial utilidad en aquellos casos donde las rutas por defecto del sistema hayan sido modificadas.

Variable	Windows XP	Windows Vista/7
%allusersprofile%	*C:\Documents and Settings\ All Users*	*C:\ProgramData*
%appdata%	*C:\Documents and Settings\\<usuario>\ Application Data*	*C:\Users\\<usuario>\AppData\ Roaming*
%computername%	*{nombre del equipo}*	*{nombre del equipo}*
%commonprogramfiles%	*C:\Program Files\Common Files*	*C:\Program Files\Common Files*
%commonprogramfiles(x86)%	*C:\Program Files (x86)\ Common Files*	*C:\Program Files (x86)\ Common Files*
%comspec%	*C:\Windows\System32\cmd.exe*	*C:\Windows\System32\cmd.exe*
%homedrive%	*C:*	*C:*
%homepath%	*\Documents and Settings\\<usuario>*	*\Users\\<usuario>*
%localappdata%	*N/A*	*C:\Users\{usuario}\AppData\ Local*
%logonserver%	*\\{servidor_logon_dominio}*	*\\{servidor_logon_dominio}*
%path%	*C:\Windows\system32;C:\ Windows;C:\Windows\ System32\Wbem*	*C:\Windows\system32;C:\ Windows;C:\Windows\ System32\Wbem*
%pathext%	*.com;.exe;.bat;.cmd;.vbs;.vbe;. js;.wsf;.wsh*	*.com;.exe;.bat;.cmd;.vbs;.vbe;. js;.wsf;.wsh*
%programfiles%	*C:\Program Files*	*C:\Program Files*
%programfiles(x86)%	*C:\Program Files (x86) (solo en la versión 64 bits)*	*C:\Program Files (x86) (solo en la versión 64 bits)*
%prompt%	*PG*	*PG*
%SystemDrive%	*C:*	*C:*
%SystemRoot%	*C:\Windows*	*C:\Windows*
%temp% y %tmp%	*C:\Documents and Settings\\<usuario>\Local Settings\Temp*	*C:\Users\\<usuario>\AppData\ Local\Temp*
%userdomain%	*<dominio_usuario>*	*<dominio_usuario>*
%username%	*<usuario>*	*<usuario>*
%userprofile%	*C:\Documents and Settings\\<usuario>*	*C:\Users\\<usuario>*
%windir%	*C:\Windows*	*C:\Windows*
%public%	*N/A*	*C:\Users\Public*
%programdata%	*N/A*	*C:\ProgramData*
%PSModulePath%	*%SystemRoot%\system32\ WindowsPowerShell\v1.0\ Modules\ (solo si se encuentra instalado PowerShell)*	*%SystemRoot%\system32\ WindowsPowerShell\v1.0\ Modules*

Tabla 15. Variables de entorno por defecto en sistemas Windows.

4.3.2 Fecha y hora del sistema

La obtención del grupo fecha-hora indicado por el reloj del sistema es importante para poder establecer diferencias con respecto a la fecha y hora reales (Ej. El reloj del sistema marca una fecha del año 1700), así como las posibles variaciones relacionadas con el traslado de evidencias obtenidas en diferentes husos horarios (o el ajuste de horario de verano).

Para poder elaborar una línea temporal coherente, el DFIR debe tener presente además si existe algún mecanismo en red de ajuste horario (Ej. Horario de Internet, sincronización horaria con un servidor central de la organización). Además, hay que tener presente que la investigación podría afectar a diferentes dispositivos y que, si no utilizan un elemento de sincronización común, no tendrán la misma referencia horaria y habrá que prestar atención especial a este aspecto durante la redacción del informe pericial.

El comando para obtener desde la consola *cmd.exe* la fecha y la hora del sistema, volcándolo en un archivo de texto es:

```
date /t > hora2.txt & time /t >> g:\ timestamp_recogida_evidencias.txt
```

Dado que la ejecución de las herramientas forenses en el sistema operativo objeto de la investigación dejará una huella en él, es recomendable dejan constancia por escrito de la fecha y hora en la que el DFIR comienza su análisis. Todos los resultados de las herramientas forenses que se ejecutasen en el sistema objeto de la investigación con posterioridad a la anotación de la fecha y la hora deben añadirse al final del archivo de texto donde se están recogiendo las evidencias. Ejemplo:

```
tasklist > G:\procesos.txt
```

4.3.3 Información relativa al sistema

El DFIR debe obtener y conocer el entorno del sistema operativo y el hardware en el cual realiza la investigación. Para ello, desde la consola del sistema dispone del comando:

```
systeminfo > G:\systeminfo.txt
```

Con este comando se obtiene valiosa información como el nombre de *host*, el nombre y la versión del sistema operativo instalado, la fecha de instalación original, la ruta de instalación de *Windows*, las revisiones del sistema instaladas, la zona horaria, el nombre de dominio al que se conecta el sistema, el servidor de inicio de sesión o las interfaces de red.

Puede obtenerse información adicional sobre las revisiones del sistema mediante el comando de la consola del sistema:

```
wmic qfe
```

Otra información de interés, como las variables de entorno del sistema, la ruta de la carpeta *OneDrive*, la ruta del sistema operativo o las carpetas temporales del usuario, puede obtenerse mediante el comando de la consola del sistema:

```
set
```

La información del comando *set* puede ser también obtenida mediante el *cmdlet Get-ChildItem* de *PowerShell* (presentando los valores obtenidos en columnas):

```
Get-ChildItem env: | ft key, value
```

Puede obtenerse un listado de las unidades de disco conectadas al sistema, la letra asignada y el tipo de unidad mediante el comando:

```
wmic logicaldisk get caption, description, providername
```

Alternativamente, puede utilizarse el *cmdlet Get-PSDrive* para obtener la misma información:

```
Get-PSDrive | where {$_.Provider -like "Microsoft.PowerShell.Core\FileSystem"|
ft Name, Root
```

4.3.4 Histórico de comandos de la consola del sistema

Otro artefacto de interés forense, especialmente en aquellos casos que se sospecha que se llevó a cabo actividad maliciosa con el sistema objeto de la investigación, es el histórico de comandos de la consola del sistema.

Cuando se está investigando un sistema "en vivo", el DFIR puede utilizar las flechas del teclado para explorar de moderno a antiguo los comandos utilizados. Alternativamente, pueden mostrarse todos los comandos utilizados desde la consola pulsando la tecla *F7*. No obstante, si se desea almacenar el listado de comandos a un archivo de texto, debe utilizarse el comando *doskey*:

```
doskey /history > G:\historico_comandos.txt
```

Conviene reseñar que el historial de la consola del sistema se elimina automáticamente cuando se cierra la consola.

4.3.5 Usuarios registrados en el sistema local

Durante el proceso de obtención de evidencias volátiles, y especialmente en servidores, el DFIR debe obtener la lista de usuarios registrados en el sistema.

Si se encuentra algún usuario registrado en el sistema aparecerán tanto las direcciones local y remota como los puertos respectivos. Esto nos permitirá conocer la dirección IP del equipo desde el cual se está ejecutando el ataque (no confundir con la dirección IP del equipo del atacante).

Desde una consola del sistema sin privilegios, puede obtenerse el usuario actual mediante el comando:

```
whoami
```

Alternativamente, puede indicarse al sistema que muestre el valor de la variable *%username%*:

```
echo %username%
```

O utilizar *PowerShell* para mostrar el valor de esta variable:

```
$env:UserName
```

Desde la consola del sistema, con el comando *whoami* y el parámetro */priv* pueden obtenerse los privilegios asignados al usuario y su estado. El resultado obtenido será completo si la consola utilizada tiene privilegios de administrador:

```
whoami /priv
```

Puede obtenerse un listado de los usuarios existentes en el sistema mediante el comando:

```
net users
```

Alternativamente, puede utilizarse el *cmdlet Get-LocalUser* para obtener información de los usuarios locales utilizando *PowerShell*:

```
Get-LocalUser | ft Name, Enabled, LastLogon
```

También resulta interesante obtener un listado de las carpetas de usuarios, por si existiesen trazas de antiguos perfiles de usuario que no hubiesen sido eliminados. Así, para versiones *Windows XP* y anteriores, se utilizaría el siguiente comando:

```
dir /b /ad "C:\Documents and Settings\"
```

Para versiones *Windows Vista* y posteriores, se utilizaría el comando:

```
dir /b /ad "C:\Users\"
```

De forma equivalente, puede obtenerse esta información utilizando *PowerShell*:

```
Get-ChildItem C:\Users -Force | select Name
```

La consola del sistema incluye el comando *qwinsta* para mostrar información sobre las sesiones de servicios de *Escritorio remoto*. El comando *query session* ofrece la misma información.

```
qwinsta
query session
```

El modificador *session* del comando *net* (alternativamente, pueden emplearse los *alias net sessions* o *net sess*) permite gestionar las conexiones establecidas con un servidor, mostrando los nombres de equipo, los nombres de usuario, el tiempo de cliente empleado, el número de archivos abiertos por cada cliente en el servidor, y el tiempo que lleva conectado cada cliente sin realizar ninguna actividad en el servidor (*idle time*). Se registrará una nueva sesión en el servidor cuando un usuario desde un cliente se conecte con éxito en el servidor. Entre un cliente y un servidor se establecerá únicamente una sesión, pero esta podrá tener muchos puntos de entrada (conexiones) a diferentes recursos del servidor. Cuando se utiliza sin parámetros adicionales, este comando muestra información relativa a todas las sesiones con el sistema local. El parámetro */delete* finaliza la sesión con el cliente especificado y cierra todos los archivos abiertos en el sistema local para esa sesión. Si no se indica un valor mediante el parámetro \\<*equipo*>, todas las sesiones en el sistema local serán canceladas. El parámetro \\<*equipo*> identifica el sistema del que se quieren obtener o eliminar sesiones. Sintaxis:

```
net session [\\<equipo>] [/delete] [/list]
```

Ejemplo para obtener todas las sesiones abiertas por los clientes en un servidor:

```
net session
```

```
Computer        User name       Client type    Opens   Idle time
-------------------------------------------------------------------
\\BWESTON       CHRISDR         Windows 7        1      00:00:13
\\JAMESMC-01    Administrator   Windows Vista    0      01:05:13
```

Ilustración 65. Ejemplo de salida del comando net session para obtener las sesiones establecidas por los clientes en un servidor.

Ejemplo de finalización de sesión de un sistema en un servidor:

```
net session \\BWESTON /delete
```

La aplicación *PsLoggedOn* de *Microsoft Sysinternals*, disponible para versiones de *Microsoft Windows Vista, Windows Server 2008* y superiores, permite mostrar tanto los usuarios logueados localmente como de manera remota. Si se especifica como entrada a *PsLoggedOn* un nombre de usuario en lugar del nombre de un dispositivo, el comando busca en los dispositivos de la red local si el usuario se encuentra actualmente logueado.

Técnicamente, *PsLoggedOn* muestra como usuario logueado localmente aquel que tiene su perfil cargado en el *Registro* de *Microsoft Windows*. Es decir, *PsLoggedOn* determina los usuarios han iniciado sesión en el sistema escaneando las subclaves dependientes de la clave *HKEY_USERS*. Para cada clave que tiene un nombre correspondiente a un identificador de seguridad de usuario (SID, *Security Identifier*), *PsLoggedOn* busca el nombre correspondiente de usuario y lo ofrece como resultado. Para determinar qué usuarios están registrados a través de recursos compartidos en un dispositivo remoto, *PsLoggedOn* utiliza la API *NetSessionEnum*.

Reseñar que *PsLoggedOn* mostrará el usuario del DFIR como logueado a través de recurso compartido en los dispositivos remotos interrogados, pues es necesario que *PsLoggedOn* inicie sesión en el sistema remoto para poder acceder al *Registro* de *Windows* de dicho dispositivo.

psloggedon [-] [-l] [-x] [\\dispositivo | usuario]	
-	Muestra las opciones disponibles.
-l	Muestra únicamente usuarios logueados localmente.
-x	No mostrar tiempos de duración de la sesión.
\\dispositivo	Especifica el nombre del dispositivo del cual mostrar la información de usuarios logueados.
usuario	Si se especifica un nombre de usuario, *PsLoggedOn* busca en la red local dispositivos en los cuales el usuario se encuentre logueado.

Tabla 16. Utilización de la herramienta PsLoggedOn.

Como alternativa, puede utilizarse el siguiente *cmdlet PowerShell*, tanto en local como en remoto (para obtener la información de un sistema remoto sería necesario añadir el parámetro -*ComputerName [nombre_equipo_dominio]*):

```
Get-WmiObject -class win32_computersystem -Property username
```

Puede obtenerse un listado de los grupos existentes en el sistema mediante el comando de consola:

```
net localgroup
```

El *cmdlet* equivalente en *PowerShell* es:

```
Get-LocalGroup | ft Name
```

Para obtener el listado de usuarios pertenecientes al grupo *Administradores* (*Administrators*), puede también utilizarse el comando anterior, especificando el grupo a mostrar:

```
net localgroup administradores
```

Y el *cmdlet* equivalente en *PowerShell* es:

```
Get-LocalGroupMember Administradores |ft Name, PrincipalSource
```

Puede consultarse desde la línea de comandos el *Registro de Windows* para determinar si algún usuario tiene activado autenticarse en el sistema sin necesidad de utilizar contraseña:

```
reg query "HKLM\SOFTWARE\Microsoft\Windows NT\CurrentVersion\Winlogon"
2>nul | findstr "DefaultUserName DefaultDomainName DefaultPassword"
```

El *cmdlet* equivalente en *PowerShell* es:

```
Get-ItemProperty -Path
'Registry::HKEY_LOCAL_MACHINE\SOFTWARE\Microsoft\Windows
NT\CurrentVersion\WinLogon' | select "Default*"
```

4.3.6 Información del dominio

Para obtener el nombre del dominio que contiene la cuenta del usuario conectado, puede consultarse el valor de la variable de entorno *UserDomain*:

```
echo %userdomain%
```

La variable de entorno *UserDnsDomain* devuelve el dominio FQDN DNS al que pertenece la cuenta de usuario actualmente conectado.

```
echo %userdnsdomain%
```

La variable de entorno *LogonServer* indica qué controlador de dominio autenticó la petición de inicio de sesión del cliente.

```
echo %logonserver%
set logonserver
set log
```

El comando *net* permite obtener diferente información del dominio. Así, para obtener el listado de grupos existentes en el dominio actual, puede utilizarse la siguiente instrucción:

```
net groups /domain
```

Para obtener el listado de equipos conectados al dominio puede utilizarse la siguiente instrucción (en un dominio configurado en inglés se reemplazaría "*Equipos de dominio*" por "*domain computers*"):

```
net group "Equipos del dominio" /domain
```

Para obtener una lista de los equipos en el dominio, puede utilizarse la instrucción:

```
net view /domain
```

Para obtener los controladores de dominio y las cuentas de equipo de los controladores de dominio, puede utilizarse la instrucción (en un dominio configurado en inglés se reemplazaría "*Controladores de dominio*" por "*domain controllers*"):

```
net group "Controladores de dominio" /domain
```

También puede obtenerse el listado de los controladores de dominio mediante el comando *nltest* y el parámetro */dclist*:

```
nltest /dclist:<DOMINIO>
```

El listado de administradores de dominio puede obtenerse con la siguiente instrucción (en un dominio configurado en inglés se reemplazaría "*Admins. del dominio*" por "*domain admins*"):

```
net group "Admins. del dominio" /domain
```

El grupo "*Admins. del dominio*" pertenece al grupo "*Administradores*" (en un dominio configurado en inglés "*Administrators*"), incluido por defecto en el Directorio Activo. Para listar los miembros de este grupo, puede utilizarse la instrucción:

```
net localgroup "Administradores" /domain
```

Si se desea obtener el listado de todos los usuarios del dominio actual, puede utilizarse la instrucción:

```
net user /domain
```

Si se desea obtener información de una cuenta del dominio, puede hacerse mediante la siguiente instrucción:

```
net user <nombre_cuenta> /domain
```

La política de contraseñas del dominio puede ser obtenida mediante la instrucción:

```
net accounts /domain
```

Las relaciones de confianza de los dominios pueden obtenerse mediante la instrucción:

```
nltest /domain_trusts
```

4.3.7 Archivos abiertos

Para conocer los recursos locales compartidos (*shares*), en la consola del sistema operativo se dispone del comando *net* con el parámetro *view*. Ejemplo:

```
C:\>net view
```

El modificador *file* del comando *net* muestra los archivos compartidos (*shared files*) abiertos en un servidor y sus respectivos identificadores de bloqueo (*block-id*). No obstante, trunca los nombres de archivo largos, y no permite mostrar esa información de dispositivos remotos. Puede cerrarse un archivo compartido mediante su identificador de bloqueo y el parámetro */close*, eliminándose adicionalmente sus bloqueos de archivo (*file locks*). Sintaxis:

```
net file [block-id [/close]]
```

Ejemplo para mostrar todos los archivos compartidos abiertos en un servidor:

```
C:\>net file
```

El DFIR dispone entre las herramientas de *Microsoft Sysinternals* de la herramienta *PsFile*. Esta herramienta de línea de comandos, que utiliza la API NET, permite mostrar el listado de archivos del sistema local abiertos remotamente. Permite además cerrar los archivos abiertos tanto por nombre como por identificador de archivo.

psfile [\\DispositivoRemoto [-u usuario [-p contraseña]]] [[Id | ruta] [-c]]	
-	Muestra las opciones disponibles.
-u	Especifica un nombre de usuario opcional para loguearse en el dispositivo remoto.
-p	Especifica la contraseña para el usuario remoto. Si no se introduce, se solicitará la contraseña sin mostrarse los caracteres introducidos en la pantalla.
Id	Identificador (asignado por *PsFile*) del archivo del que mostrar información o cerrar.
Path	Ruta completa o parcial de archivos de los que mostrar información o cerrar.
-c	Cierra los archivos identificados por *Id* o *Path*.

Tabla 17. Utilización de la herramienta PsFile.

4.3.8 Programas, procesos y servicios

Para determinar el software de 32 bits que se encuentra instalado en la ruta por defecto del sistema, puede utilizarse el comando de consola (sistema *Windows Vista* o posterior):

```
dir /a "C:\Program Files (x86)"
```

Para determinar el software de 64 bits que se encuentra instalado en la ruta por defecto del sistema, puede utilizarse el comando de consola (sistema *Windows Vista* o posterior):

```
dir /a "C:\Program Files"
```

Puede también consultarse el *Registro de Windows* para obtener un listado del software instalado:

```
reg query HKLM\software
```

De forma equivalente, puede utilizarse *PowerShell* para obtener el listado de software de 32 y 64 bits instalado en las rutas por defecto del sistema:

```
Get-ChildItem 'C:\Program Files', 'C:\Program Files (x86)' | ft Parent, Name,
LastWriteTime
```

O bien consultar el *Registro de Windows* utilizando *PowerShell*:

```
Get-ChildItem -Path Registry::HKEY_LOCAL_MACHINE\SOFTWARE | ft Name
```

Otro de los objetivos prioritarios de la investigación es determinar si además de los procesos normales del sistema y las aplicaciones de usuario se encuentra activo en el dispositivo algún proceso sospechoso de haber sido lanzado por el agente malicioso.

La herramienta de la consola del sistema *tasklist* permite mostrar el listado de aplicaciones en ejecución en el sistema. Este comando permite: ejecutarse en un dispositivo remoto; filtrar la salida conforme a un parámetro dado (Ej. Mostrar solo aquellos procesos que utilicen una librería en concreto); y formatear su salida a CSV (*Comma-Separated Values*), lo que simplificará su procesado por el DFIR si emplea una herramienta de hoja de cálculo (Ej. *Microsoft Excel*).

tasklist [/s sistema [/u usuario [/p [contraseña]]]][/m [módulo] | /svc | /v] [/fi filtro] [/fo formato] [/nh]	
/s	Especifica el sistema remoto al que conectarse.
/u	Especifica el contexto de usuario en el que el comando debe ejecutarse.
/p	Especifica la contraseña para el contexto de usuario dado. Pide entrada si se omite.
/m	Enumera todas las tareas que actualmente usan el nombre *exe/dll* dado. Si el nombre del módulo no se especifica, se muestran todos los módulos cargados.
/svc	Muestra los servicios hospedados en cada proceso.
/apps	Muestra las aplicaciones de la *Tienda* y sus procesos asociados.
/v	Muestra información detallada de tareas.
/fi	Muestra un conjunto de tareas que coinciden con el criterio especificado por el filtro.
/fo	Especifica el formato de salida. Valores válidos: "*TABLE*", "*LIST*", "*CSV*".
/nh	Especifica que el "encabezado de columna" no debe mostrarse en la salida. Válido solo para formatos "*TABLE*" y "*CSV*".

Tabla 18. Utilización de la herramienta del sistema tasklist.

Nombre filtro	Operadores válidos	Valores válidos
STATUS	*eq, ne*	*RUNNING|SUSPENDED|NOT RESPONDING| UNKNOWN*
IMAGENAME	*eq, ne*	Nombre de imagen.
PID	*eq, ne, gt, lt, ge, le*	Valor del PID.
SESSION	*eq, ne, gt, lt, ge, le*	Número de sesión.
SESSIONNAME	*eq, ne*	Nombre de sesión.
CPUTIME	*eq, ne, gt, lt, ge, le*	Tiempo de la CPU en el formato *hh:mm:ss*.
MEMUSAGE	*eq, ne, gt, lt, ge, le*	Uso de memoria en KB.
USERNAME	*eq, ne*	Nombre de usuario en formato *[dominio\] usuario*.
SERVICES	*eq, ne*	Nombre de servicio.
WINDOWTITLE	*eq, ne*	Título de ventana.
MODULES	*eq, ne*	Nombre de DLL.

Tabla 19. Filtros aplicables en la herramienta del sistema tasklist.

Ejemplo en el que se muestran únicamente los procesos que emplean la librería del sistema *bcrypt.dll* y se formatea la salida a formato CSV:

```
tasklist /m bcrypt.dll /fo CSV
```

Ejemplo en el que se obtiene el listado de procesos en ejecución en un sistema, incluyendo el nombre de la imagen del proceso, su PID, el nombre y número de la sesión de los procesos, el uso de memoria por parte del proceso, su estado y el nombre del usuario que lanzó el proceso y el título de la ventana:

```
tasklist /v
```

El comando *net* y los modificadores *start/stop/pause/continue* permiten, respectivamente, arrancar/parar/pausar/reanudar un servicio dado como parámetro. Los nombres de servicio largos pueden definirse mediante comillas dobles. Sintaxis:

```
net start [servicio]
net stop [servicio]
net pause [servicio]
net continue [servicio]
```

Ejemplo de detención y reinicio del servicio de impresión (*spooler*):

```
net stop spooler && net start spooler
```

Ejemplo de detención de un servicio de nombre largo:

```
net stop "HomeGroup Listener"
```

Con el modificador *start*, si no se indica un nombre de servicio, se mostrará el listado de los servicios en ejecución en el sistema:

```
net start
```

Si se desea obtener un listado exhaustivo con información relativa al nombre de servicio, el nombre a mostrar, su tipo y estado, entonces debe utilizarse el comando de consola:

```
sc query
```

Puede utilizarse el *cmdlet PowerShell Get-Service* para listar los servicios del sistema:

```
Get-Service
```

Puede también utilizarse el *cmdlet Get-Process* de *PowerShell* para obtener el listado de procesos en ejecución y su PID correspondiente. La bandera *-like* "cadena de texto" mostrará aquellos procesos que coincidan con el nombre indicado, pudiendo utilizarse caracteres comodín. De un modo similar, la bandera *-notlike "cadena de texto"* permiten excluir de la lista de procesos mostrados aquellos que coincidan con la cadena indicada, pudiendo utilizarse caracteres comodín. Ejemplo:

```
Get-Process | where {$_.ProcessName -notlike "svchost*"} | ft ProcessName, Id
```

Para poder listar además el nombre del propietario del proceso deben poseerse derechos de administrador en la consola y utilizar el parámetro *-IncludeUserName*. Ejemplo:

```
get-process -IncludeUserName | ft ProcessName, Id, UserName
```

No obstante, puede obtenerse información del propietario del sistema sin disponer de derechos de administrador, si bien aquellos procesos cuyo valor de entrada aparezca vacío corresponderá a procesos que se estén ejecutando como *SYSTEM, NETWORK SERVICE* o *LOCAL SERVICE*:

```
Get-WmiObject -Query "Select * from Win32_Process" | where {$_.Name -
notlike "svchost*"} | Select Name, Handle,
@{Label="Owner";Expression={$_.GetOwner().User}} | ft -AutoSize
```

Dentro de la *suite* de herramientas de *Microsoft Sysinternals* se dispone para esta tarea de la herramienta *PsList*. De modo análogo a la herramienta del sistema *Monitor de rendimiento* (*Performance Monitor*, *PerfMon*), esta herramienta utiliza los propios contadores de rendimiento del sistema operativo. La salida del comando *PsList* muestra en pantalla un listado de procesos acompañados de sus PID (*Process Identifier*) correspondientes, junto con información adicional sobre el espacio ocupado en memoria y el tiempo que llevan en funcionamiento desde el arranque del sistema.

pslist -d -m -x -t -s [n] -r n \\dispositivo -u -p nombre -e PID	
-d	Muestra detalles del hilo.
-m	Muestra detalles de memoria.
-x	Muestra procesos, información de memoria e hilos.
-t	Mostrar árbol de procesos.
-s [n]	Ejecución en modo gestor de tareas durante el tiempo especificado.
-r n	Modo gestor de tareas en segundos.
\\dispositivo	Muestra información del dispositivo especificado. Incluir el parámetro -u con usuario y contraseña para registrarse en un sistema remoto si las credenciales de usuario actuales no permiten acceder a las métricas de ese dispositivo remoto.
-u	Especifica el usuario si se desea terminar un proceso en un dispositivo remoto. Deben emplearse credenciales con privilegios de administrador. Si no se incluye el parámetro -p, se solicitará la introducción de la contraseña, pero sin mostrarse los caracteres por pantalla.
-p	Permite especificar la contraseña del usuario en la línea de comando.
nombre	Muestra información sobre los procesos que comienzan con la cadena de caracteres especificada.
-e	Muestra únicamente los procesos que coinciden exactamente con el parámetro nombre.
PID	Muestra únicamente los procesos con el PID dado.

Tabla 20. Utilización de la herramienta PsList.

Nuevamente, conocer las TTP de los atacantes resulta de gran utilidad al DFIR para llevar a cabo su investigación. Resulta de interés para el DFIR saber que los atacantes suelen nombrar los ejecutables de sus aplicaciones maliciosas con nombres iguales o parecidos a los de los procesos legítimos del sistema con el objeto de enmascarar su presencia. Encontrar procesos con nombres extraños (Ej. *3xpl0r3r. exe*) suele ser indicio de la presencia de aplicaciones sospechosas en ejecución en el sistema.

Esto permite poner los procesos sospechosos en un marco cronológico adecuado diferenciándolos de las aplicaciones del usuario y los procesos normales del sistema. Estos últimos serán aquellos que se pusieron en marcha al iniciarse el sistema y, por consiguiente, los que llevan más tiempo en ejecución. No obstante, conviene reseñar que el proceso malicioso podría llevar meses (o incluso años) instalado en el sistema operativo del dispositivo víctima, iniciándose entonces el *malware* en estos escenarios con cada reseteo a la vez que el resto de los procesos normales en ejecución, mostrando por tanto el mismo tiempo de ejecución a la hora de utilizar el comando *PsList*.

Por otro lado, que existan en memoria algunos procesos repetidos no quiere decir que algunos de ellos sean maliciosos pues, a menudo, el sistema necesita iniciar para sus propios fines varias instancias de un mismo proceso. Sin embargo, si encontrara un proceso con el mismo nombre que cualquier otro de los que se ejecutan durante el arranque del sistema, pero que la información obtenida con el comando *PsList* indicara que se hubiera iniciado en un momento muy posterior al inicio del sistema, supondría un indicio para sospechar de dicho proceso.

Puede obtenerse un listado de las *Tareas programadas*, la hora prevista de su próxima ejecución y su estado mediante el comando de consola:

```
schtasks
```

En aquellas investigaciones donde se disponga de un indicador de compromiso (IOC, *Indicator Of Compromise*) de una tarea, puede mostrarse si existe se encuentra programada la tarea en el sistema mediante el comando:

```
schtasks /query /fo LIST 2>nul | findstr [tarea_a_buscar]
```

De manera análoga, mediante el *cmdlet PowerShell Get-ScheduledTask* pueden listarse las tareas programadas del sistema:

Get-ScheduledTask | where {$_.TaskPath -notlike "\Microsoft"} | ft TaskName, TaskPath, State*

Para obtener un listado de las aplicaciones que se ejecutan al inicio del sistema y el comando utilizado para lanzarlas, puede utilizarse el comando de consola:

```
wmic startup get caption, command
```

De manera análoga, mediante el *cmdlet PowerShell Get-CimInstance* pueden listarse las aplicaciones que se ejecutan al iniciarse el sistema:

```
Get-CimInstance Win32_StartupCommand | select Name, command, Location, User | fl
```

Puede también consultarse desde la consola las claves del *Registro* que determinan las aplicaciones que se ejecutan al iniciarse el sistema:

```
reg query HKLM\Software\Microsoft\Windows\CurrentVersion\Run
reg query HKLM\Software\Microsoft\Windows\CurrentVersion\RunOnce
reg query HKCU\Software\Microsoft\Windows\CurrentVersion\Run
reg query HKCU\Software\Microsoft\Windows\CurrentVersion\RunOnce
```

O utilizarse *PowerShell* para consultar los valores del *Registro* anteriores:

```
Get-ItemProperty -Path
'Registry::HKEY_LOCAL_MACHINE\Software\Microsoft\Windows
\CurrentVersion\Run'
Get-ItemProperty -Path
'Registry::HKEY_LOCAL_MACHINE\Software\Microsoft\Windows
\CurrentVersion\RunOnce'
Get-ItemProperty -Path
'Registry::HKEY_CURRENT_USER\Software\Microsoft\Windows
\CurrentVersion\Run'
Get-ItemProperty -Path
'Registry::HKEY_CURRENT_USER\Software\Microsoft\Windows
\CurrentVersion\RunOnce'
```

Si la consulta del *Registro* desea realizarse de un equipo remoto, puede utilizarse el *cmdlet Invoke-Command* para lanzar el *cmdlet Get-ItemProperty* en el equipo remoto. Ejemplo:

```
Invoke-Command -ComputerName <nombre_equipo> {Get-ItemProperty -Path
'Registry::HKEY_LOCAL_MACHINE\Software\Microsoft\Windows\CurrentVersion\Run'}
```

4.3.9 Conexiones de red

Desde la consola del sistema, pueden mostrarse todas las interfaces de red disponibles en el sistema:

```
ipconfig /all
```

De manera análoga, puede obtenerse la configuración de las interfaces de red del sistema mediante el *cmdlet Get-NetIPConfiguration*:

```
Get-NetIPConfiguration | ft InterfaceAlias, InterfaceDescription, IPv4Address
```

La información de los DNS asociados a las interfaces de red puede obtenerse mediante el *cmdlet Get-DnsClientServerAddress*:

```
Get-DnsClientServerAddress -AddressFamily IPv4 | ft InterfaceAlias,
ServerAddresses
```

También pueden combinarse *PowerShell* y WMI para mostrar todas las direcciones IP asociadas en un equipo (físicas o virtuales):

```
Get-WmiObject -class win32_networkadapterconfiguration -filter ipenabled=true
```

En aquellas investigaciones relacionadas con accesos remotos no autorizados al dispositivo víctima (Ej. Servidor corporativo con usuarios remotos no autorizados, *end-point* troyanizado del que se exfiltra importante información corporativa), existe la posibilidad de que en el momento de la adquisición de las evidencias digitales por el DFIR se encuentre activa la conexión que permite el acceso remoto al dispositivo víctima.

El DFIR puede obtener el estado de las conexiones tipo *Windows NetBIOS* con el comando de consola del sistema *nbtstat.exe*.

nbtstat [[-a dispositivo] [-A dirección IP] [-c] [-n] [-r] [-R] [-RR][-s] [-S] [intervalo]]	
-a	Muestra una lista de la tabla de nombres de los equipos remotos según su nombre.
-A	Muestra una lista de la tabla de nombres de los equipos remotos según sus direcciones de IP.
-c	Muestra una lista de los nombres [equipo] remotos de la caché NBT y sus direcciones IP.
-n	Muestra una lista de los nombres NetBIOS locales.
-r	Lista de nombres resueltos por difusión y vía WINS.
-R	Purga y vuelve a cargar la tabla de nombres de la caché remota.
-S	Muestra una lista de la tabla de sesiones con las direcciones de destino IP.
-s	Hace una lista de la tabla de sesiones convirtiendo las direcciones de destino de IP en nombres de equipo NETBIOS.
-RR	Envía paquetes de liberación de nombres a WINS y después, inicia Actualizar.

Tabla 21. Utilización del comando nbtstat.

La obtención del estado de conexiones de red TCP/IP es otro paso crítico en las investigaciones forenses en vivo. El comando de consola del sistema *netstat. exe* permite obtener información sobre las conexiones de red del dispositivo. Existen versiones de este comando para *Microsoft Windows*, *macOS X* y Linux.

netstat [-a] [-b] [-e] [-f] [-n] [-o] [-p proto] [-r] [-s] [-x] [-t] [intervalo]	
-a	Muestra todas las conexiones y los puertos de escucha.
-b	Muestra el ejecutable relacionado con la creación de cada conexión o puerto de escucha. En algunos casos bien conocidos, los ejecutables hospedan varios componentes independientes y, en estos casos, se muestra la secuencia de componentes relacionados con la creación de la conexión o el puerto de escucha.
-e	Muestra estadísticas de Ethernet. Esto se puede combinar con el parámetro *-s*.
-f	Muestra nombres de dominio completos (FQDN) para direcciones externas.
-n	Muestra direcciones y números de puerto en formato numérico.
-o	Muestra el *id.* del proceso propietario asociado con cada conexión.
-p proto	Muestra conexiones para el protocolo especificado por *proto*; *proto* puede ser cualquiera de los siguientes: TCP, UDP, TCPv6 o UDPv6. Si se usa con el parámetro *-s* para mostrar estadísticas por protocolo, *proto* puede ser cualquiera de los siguientes: IP, IPv6, ICMP, ICMPv6, TCP, TCPv6, UDP o UDPv6.
-q	Muestra todas las conexiones, puertos de escucha y puertos TCP de enlace que no sean de escucha. Los puertos de enlace que no sean de escucha pueden estar o no asociados con una conexión activa.
-r	Muestra la tabla de enrutamiento. Equivale al comando *route*.
-s	Muestra las estadísticas por protocolo. De manera predeterminada, las estadísticas se muestran para IP, IPv6, ICMP, ICMPv6, TCP, TCPv6, UDP y UDPv6; el parámetro *-p* se puede usar para especificar un subconjunto de los valores predeterminados.
-t	Muestra el estado de descarga de la conexión actual.
-x	Muestra conexiones, agentes de escucha y extremos compartidos de *NetworkDirect*.
-y	Muestra la plantilla de conexión TCP para todas las conexiones. No se puede combinar con otras opciones.
intervalo	Vuelve a mostrar las estadísticas seleccionadas y realiza pausas en intervalos de varios segundos entre cada visualización. Presiona *Ctrl+C* para que dejen de volver a mostrarse las estadísticas. Si se omite, *netstat* mostrará la información de configuración una vez.

Tabla 22. Utilización del comando netstat.

El DFIR puede obtener el listado de las conexiones activas mediante el comando de consola del sistema *netstat* y como lista de parámetros *–ano*, y además obtener el nombre del proceso asociado si utiliza el listado de parámetros *-nabo* (el orden de los parámetros no afecta, pero en castellano resultan un buen nemotécnico).

El resultado de *netstat -nabo* (requiere ejecución de la consola con privilegios de administrador) muestra todas las conexiones que el sistema mantiene abiertas, indicando:

- ▶ Nombre del proceso asociado.
- ▶ Direcciones IP locales y remotas.
- ▶ Tipo de conexión (TCP/UDP).
- ▶ Estado de la conexión: a la escucha (*LISTENING*), establecida (*ESTABLISHED*), cerrada (*CLOSE_WAIT* y *TIME_WAIT*).

El análisis de esta información permitirá determinar si existen procesos conectados con ubicaciones remotas sospechosas.

Como se verá posteriormente, el interés por investigar las conexiones activas del dispositivo víctima se debe a que gran parte de los ataques buscan el acceso remoto y su persistencia en el equipo de la víctima, y la mejor forma de lograrla es a través de conexiones remotas entre el dispositivo víctima y el equipo del atacante (o de otra víctima bajo su control, como medida antiforense para enmascarar la identidad digital del atacante).

A partir de ese momento resultará posible exfiltrar información del equipo de la víctima, agregar su ordenador a una *botnet* relacionada con el envío de *spam* o ataques DDoS, utilizarlo de *drop zone* para contenidos pedófilos o que vulneren la propiedad intelectual, etc.

Estas son las TTP (Tácticas, Técnicas y Procedimientos) de troyanos, *rootkits* y otros tipos de *malware*, a menudo indetectables por las herramientas *antimalware* basadas en búsqueda de firma. La manera más efectiva de detectar estas conexiones maliciosas es mediante el examen detallado y metódico de las conexiones abiertas, así como de los ejecutables que las establecen y los puertos abiertos por aquellos para comunicarse con el exterior.

En ocasiones, los atacantes optan por desactivar el *firewall* del sistema víctima para facilitar sus acciones sobre el objetivo. Desde la consola del sistema puede determinarse si se encuentra habilitado el *firewall* del sistema con el comando *netsh* (obsoleto):

```
netsh firewall show state
```

La versión actual de *netsh* requiere utilizar *advfirewall*. Para mostrar el estado del *firewall* en todos los perfiles existentes, puede utilizarse el siguiente comando:

```
netsh advfirewall show allprofiles
```

En ocasiones, los atacantes optan por habilitarse una regla que permita realizar sus acciones sobre el objetivo, debiendo por tanto auditarse todas las reglas activas. La configuración del *firewall* del sistema puede obtenerse mediante el comando:

```
netsh advfirewall firewall show rule name=all
```

Finalmente, puede determinarse si existe alguna configuración SNMP en el sistema consultando el *Registro de Windows*:

```
reg query HKLM\SYSTEM\CurrentControlSet\Services\SNMP /s
```

Esta consulta puede realizarse mediante el *cmdlet Get-ChildItem* de *PowerShell*:

```
Get-ChildItem -path 'Registry::HKLM:\SYSTEM\CurrentControlSet\Services\SNMP
-Recurse'
```

4.3.10 Tabla de enrutamiento interna

Examinando la tabla de enrutamiento interna de un dispositivo se puede deducir si el atacante ha procedido a desviar el tráfico de red para intentar evitar (*bypass*) el *firewall* y/o el IDS (*Intrusion Detection System*). Otro de sus objetivos podría consistir en desviar el tráfico hacia un punto en el que resultara posible monitorizar todo el tráfico de red mediante un *sniffer* y tratar de obtener así credenciales de acceso, historiales de navegación web, correos electrónicos, etc.

Un modo de obtener la tabla de enrutamiento es utilizar el comando *netstat* con los parámetros *–rn*:

```
netstat -rn
```

Información similar puede obtenerse mediante el comando de consola *route*:

```
route print
```

Análogamente, puede obtenerse esta información mediante el *cmdlet Get-NetRoute* de *Powershell*:

```
Get-NetRoute -AddressFamily IPv4 | ft DestinationPrefix, NextHopRouteMetric,
ifIndex
```

La *cache* ARP puede obtenerse mediante el comando de consola *arp*:

```
arp -a
```

De manera análoga, puede obtenerse esta información mediante el *cmdlet* *Get-NetNeighbor* de *PowerShell*:

```
Get-NetNeighbor -AddressFamily IPv4 | ft ifIndex, IPAddress, LinkLayerAddress,
State
```

Conviene también examinar el contenido del archivo de configuración *hosts* por si hubiese sido modificado de manera maliciosa. Ejemplo:

```
more C:\WINDOWS\System32\drivers\etc\hosts
```

4.4 ANÁLISIS POST MORTEM DE EVIDENCIAS DIGITALES

4.4.1 Análisis "en muerto" y "en vivo"

En general, un análisis forense puede llevarse a cabo de manera estática (*static*), también conocido como "en muerto", o dinámica (*dynamic*), siendo esta última también conocida como "en vivo" (*live*). En algunos casos, el análisis forense incluirá ambos tipos de análisis.

Cualquier evidencia existente tras el apagado del dispositivo se clasifica como información persistente (no volátil), mientras que cualquier información perdida tras el apagado se clasifica como información volátil.

Un **análisis estático** (*static analysis*) es aquel que se realiza cuando la evidencia a analizar es una copia forense (o para ser más acordes con el procedimiento de preservación de evidencias digitales, la copia de una copia) procedente de un almacenamiento persistente (Ej. Sistema de ficheros de una unidad de almacenamiento, *Registro de Windows*, *logs* de eventos del sistema) o del volcado de una memoria RAM.

Un **análisis dinámico** (*dynamic analysis*) es aquel que el DFIR realiza cuando el dispositivo evidencia se encuentra encendido y existiese la posibilidad que el apagado del mismo pudiese implicar la pérdida o destrucción de las evidencias existentes en él debido a su volatilidad. El análisis dinámico permite analizar en vivo tanto el sistema de ficheros como la memoria del sistema.

En el caso particular de la memoria de un dispositivo, el DFIR debe optar entre analizar "en vivo" la información disponible en la memoria y que representa el estado dinámico del dispositivo, o capturar toda la memoria y realizar el análisis posteriormente sin las limitaciones de tiempo y lugar.

4.4.2 Análisis de evidencias con OpenText EnCase Forensic

OpenText EnCase Forensic es una de las suites comerciales más reconocidas en la disciplina forense digital. Se utiliza para el análisis de unidades de almacenamiento masivo, unidades de soporte externas (Ej. Memorias Flash, soportes ópticos) y dispositivos móviles. Es de uso común por la OTAN, la CIA, Microsoft, Oracle, Facebook y un largo etcétera de grandes empresas, además de por las FCSE de gran cantidad de países, siendo actualmente más de 60.000 los profesionales que han recibido formación oficial en esta herramienta (existe una certificación en el manejo de la herramienta, denominada *EnCase Certified Examiner*).

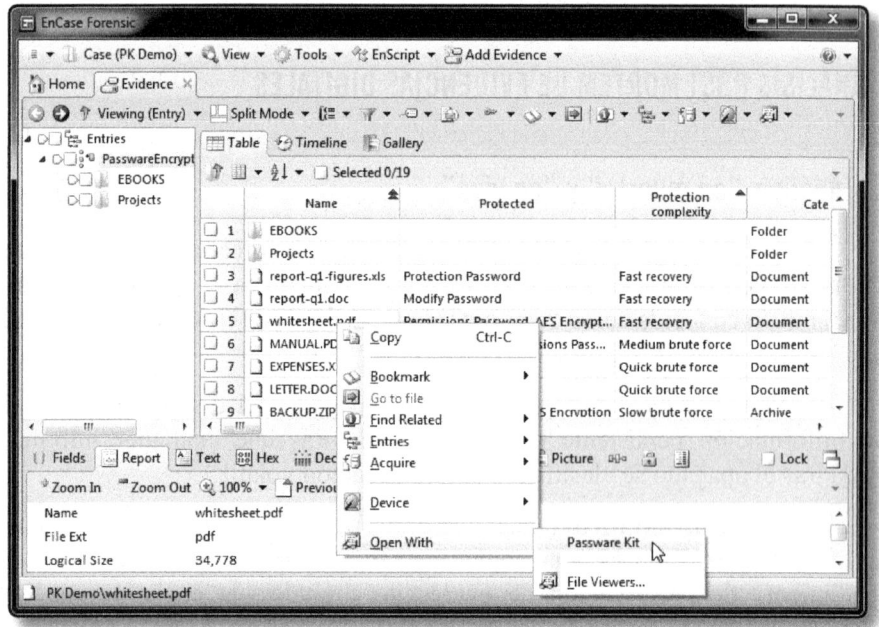

Ilustración 66. Captura de Guidance EnCase interaccionando con la herramienta Passware Kit Forensic.

EnCase permite al DFIR navegar por directorios y examinar los espacios asignados por el sistema de archivos, incluyendo el *slack space*. Una de sus principales características a la hora de realizar una investigación forense es poder realizar búsquedas de expresiones regulares, lo cual resulta útil para localizar entre grandes cantidades de datos direcciones de correo electrónico, direcciones IP, URL, tarjetas de crédito, cuentas bancarias, palabras clave (Ej. "explosivo") y otros elementos de evidencia. La búsqueda incluye los sectores del volumen no asignados (*unallocated space*). Los resultados se muestran en forma de un índice ordenado por el que el investigador podrá navegar en busca de la información que le interesa. *EnCase* también permite recuperar archivos gráficos desde la cache eliminada de *Internet Explorer*.

4.4.3 Análisis de evidencias con AccessData FTK

AccessData FTK es la principal competencia de *Guidance EnCase* en el mercado de las suites forenses digitales, pudiendo analizar las evidencias procedentes de las mismas fuentes que esta. Existe también una certificación de la aptitud del personal forense en el manejo de esta herramienta, *AccessData Certified Examiner*.

El enfoque inicial de ambas herramientas es diferente. Mientras *EnCase* permite al investigador desde el comienzo el acceso a todos los elementos del soporte de datos, FTK antes de que el investigador pueda comenzar su trabajo de análisis, lleva a cabo una exploración sistemática de la evidencia imagen para indexar todos los elementos que contiene (tarea que, en general, consumirá varias horas, tanto más tiempo cuanto mayor sea el volumen de la información a indexar). Esto no solo simplifica las posteriores tareas de investigación, sino que también facilita y flexibiliza la búsqueda de expresiones regulares. Permite además calcular *hashes* de todos los archivos de la imagen, con la doble finalidad de validar las evidencias y de permitir operaciones de filtrado KFF (*Known File Filter*) que reduzcan la carga de trabajo. Este proceso de filtrado se conoce como *De-NISTing*, debido a que la comparación se realiza contra la base de datos de los *hashes* correspondientes a más de 20 millones de archivos legítimos (Ej. Sistemas operativos, aplicaciones de amplia difusión) recopilada por el NIST (*National Institute of Standards and Technology*).

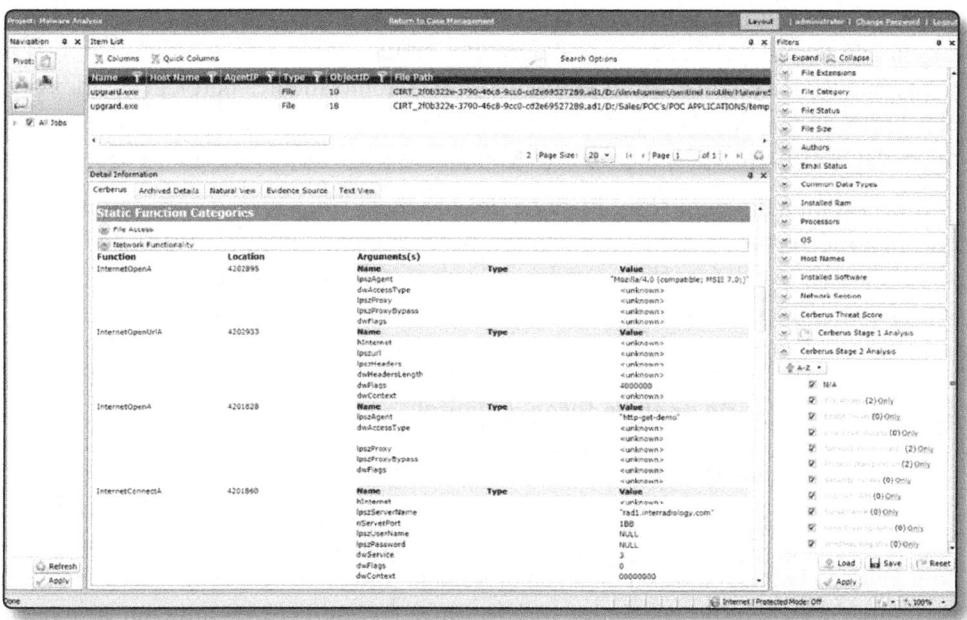

Ilustración 67. Captura del módulo Cerberus de la suite AccessData FTK.

Durante el proceso de indexado, *AccessData FTK* analiza los archivos y los agrupando por categorías. De modo simultáneo extrae sus *hashes* y los compara con la biblioteca KFF para averiguar si se trata de un archivo conocido perteneciente al sistema operativo o una aplicación de software estándar. De este modo, el DFIR puede centrar su investigación en documentos de usuario, *malware*, *logs* del sistema, mensajería electrónica, etc.

FTK también permite realizar *data carving*, lo que resulta de gran utilidad para el análisis del *slack space* y del *unallocated space*.

4.4.4 Nuix Workstation

La compañía Nuix dispone en su catálogo de diferentes soluciones orientadas a forense corporativo que permiten generar inteligencia a partir de grandes volúmenes de datos estructurados, semiestructurados y no estructurados.

Nuix Workstation permite procesar el contenido, metadatos y contexto de más de 1.000 tipos diferentes de archivos, y facilita su posterior análisis. Se basa en el indexado virtual de volúmenes de datos y permite realizar búsquedas mientras todavía está realizando el indexado.

Esta *suite* está orientada a *E-Discovery* e investigaciones forenses digitales, de ahí que simplifique la extracción y correlación de artefactos relativos a nombres, tarjetas de identificación, tarjetas de crédito, cantidades dinero, correo electrónico y direcciones IP, y números de teléfono. Utiliza como fuentes datos generados por el usuario, archivos multimedia, archivos de *log*, datos en la red corporativa o en la nube, datos estructurados, patrones de comunicación y dispositivos móviles.

Adicionalmente, Nuix dispone del producto *Enterprise Collection Center*, que permite recopilar para su posterior procesamiento imágenes de soportes de almacenamiento o datos seleccionados procedentes de portátiles, equipos sobremesa, servidores, *shares* en red, o portales *Microsoft SharePoint*.

4.4.5 Otras suites de análisis forense digital

Para montar únicamente las imágenes de disco, pueden utilizarse herramientas gratuitas como *AccessData FTK Imager* o *Arsenal Image Mounter*. Esta herramienta, desarrollada por Olof Lagerkvist y disponible para su descarga en GitHub, monta el contenido de la imagen de un disco en el sistema operativo *Microsoft Windows*. Esta herramienta incluye un adaptador SCSI virtual, lo que permite integrar la imagen montada con el gestor de discos del sistema operativo (*Disk Manager*) y acceder a las VSC.

Ilustración 68. Ejemplo de montado de imágenes con Arsenal Image Mounter. Fuente: Arsenal Recon.

Como se comentó con anterioridad, las principales alternativas a las dos grandes *suites* forenses digitales son la *suite* comercial *Magnet Forensics Axiom* y la suite gratuita *Autopsy*, con versiones tanto para *Windows* como para *Linux*.

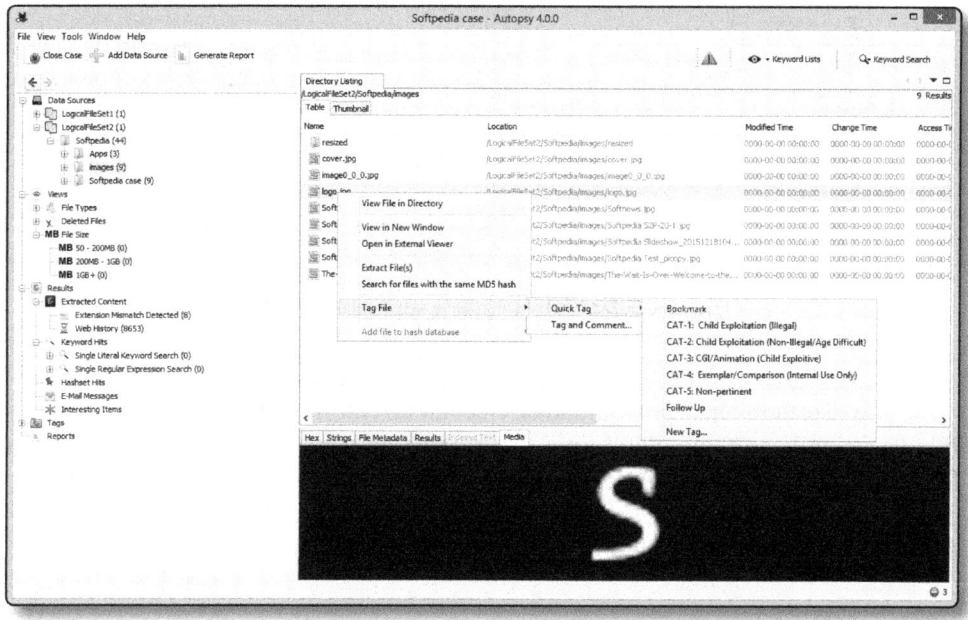

Ilustración 69. Captura de la herramienta Autopsy para entornos Windows.

Otras soluciones comerciales que también gozan de gran difusión son *Belkasoft Evidence Center* y *Passware OSForensics*.

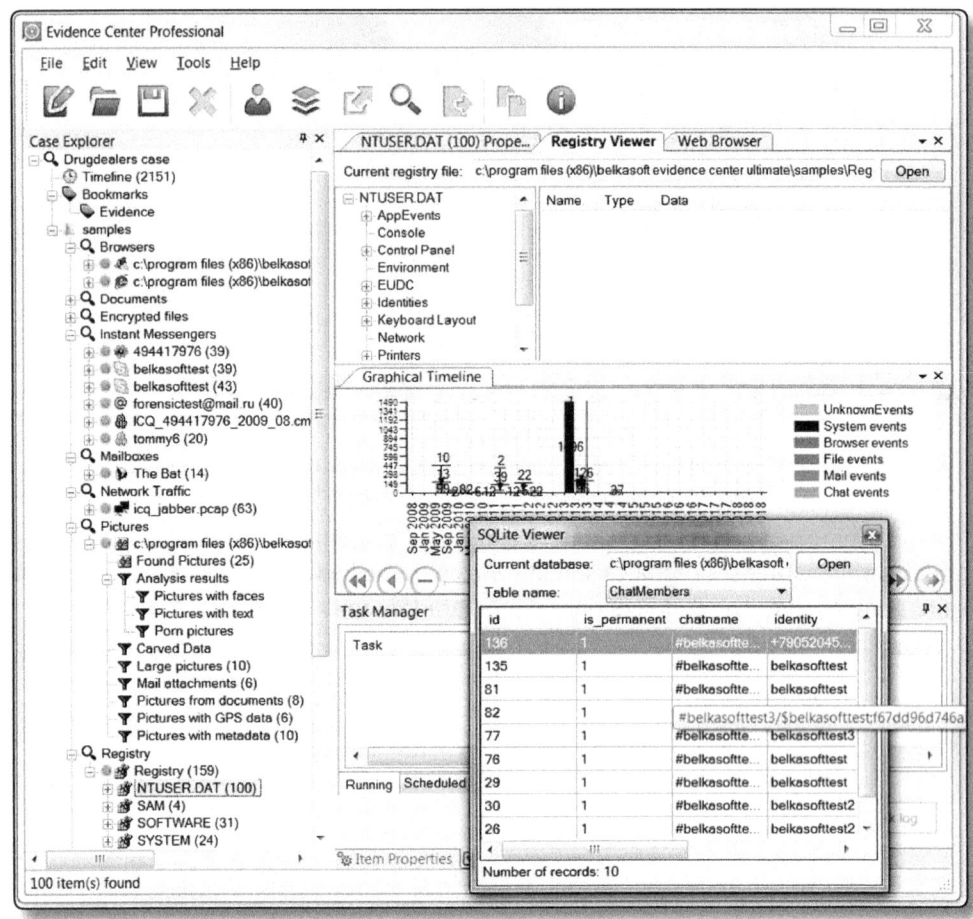

Ilustración 70. Captura de Belkasoft Evidence Center.

Existe también la posibilidad de ejecutar un entorno virtualizado en *Microsoft Windows* y utilizar como plataforma forense una máquina virtual de la distribución forense desarrollada por SANS Institute, *SANS SIFT v3.0*. De manera alternativa, puede ejecutarse *SANS SIFT* nativamente a través de WSL (*Windows Subsystem for Linux*) en un sistema operativo *Windows 10* o *Windows Server 2019*.

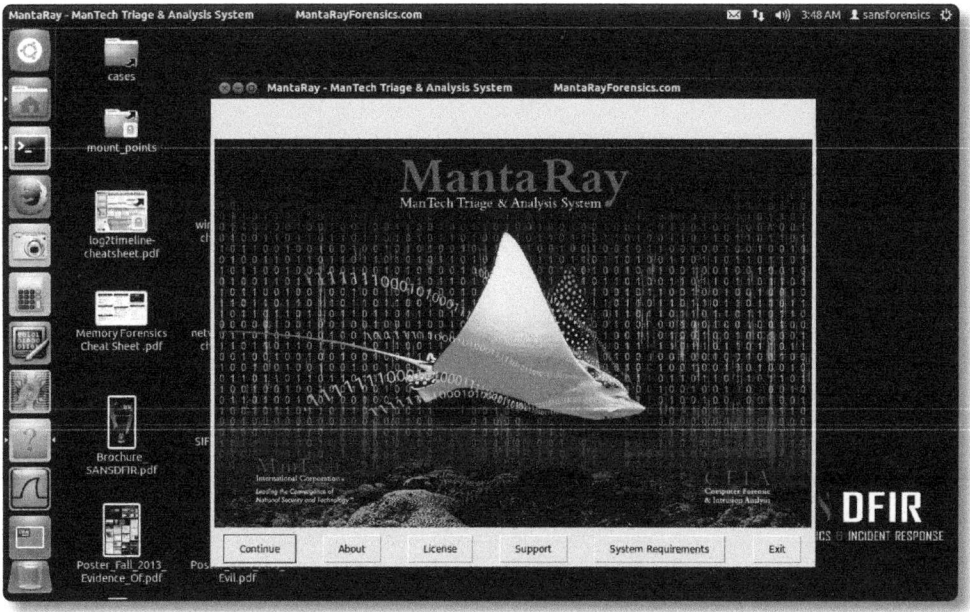

Ilustración 71. Captura de SANS SIFT v3.0.

5

FORENSE DE LA MEMORIA RAM EN SISTEMAS WINDOWS

5.1 INTRODUCCIÓN

5.1.1 Generalidades

La memoria RAM (*Random Access Memory*) sirve de vínculo de unión entre el procesador del dispositivo y el sistema operativo. La casi totalidad de los artefactos forenses han pasado en algún momento por la memoria RAM. Se trata de un soporte de almacenamiento volátil que, idealmente, perderá todo su contenido cuando el sistema se reinicie o se apague. De ahí que la obtención de artefactos forenses almacenados en la memoria RAM haya que realizarla en un sistema "en vivo". El análisis de esta evidencia puede ser realizado con herramientas que permiten procesar las estructuras de datos presentes en la memoria RAM y analizar su contenido.

Desde el punto de vista del DFIR, supone una ventaja el aumento de la capacidad de la memoria RAM presente en los sistemas. Esto convierte a la memoria RAM en "menos volátil", al necesitar el contenido presente en la memoria una menor tasa de reemplazo y asemejarse cada vez más a un sistema de ficheros secundario.

Para poder analizar el contenido de la memoria RAM es necesario realizar un volcado físico de la memoria (*physical memory dump*) a un archivo. Esto mitiga en parte la volatilidad de este tipo de evidencias, pues el volcado obtenido es realmente una *fotografía* del estado de la memoria RAM del dispositivo en el instante de realizarse el volcado.

5.1.2 Forense de memoria

La rama de forense de memoria es aquella cuyas fuentes proceden del contenido de la memoria RAM y de los archivos de la memoria virtual que pudieran existir en el sistema de ficheros.

El análisis forense de memoria difiere del análisis forense de soportes de almacenamiento en ciertos aspectos:

▶ Los artefactos forenses son una "fotografía" del momento de realizar el volcado de memoria, luego los artefactos obtenidos dependerán enormemente del momento en el que se obtiene el volcado de memoria.

▶ Resulta más complicado establecer el contexto, ya que resulta más sencillo trabajar con un sistema de ficheros.

▶ Los datos en memoria se encuentran almacenados en un formato que no está pensado para ser entendido directamente por un ser humano, sino para facilitar la ejecución en un ordenador. Su análisis requerirá por tanto mayor esfuerzo y tiempo por parte del DFIR.

Existen libros enteros dedicados al análisis forense de la memoria RAM. Actualmente, el libro más completo sigue siendo *"The Art of Memory Forensics: Detecting Malware and Threats in Windows, Linux, and Mac Memory"*, de la editorial Wiley. En este capítulo se presentarán conceptos suficientes para poder llevar a cabo la obtención y el análisis de artefactos forenses presentes en un dispositivo.

Puede realizarse un paralelismo entre el proceso de análisis de memoria y el de forense de soportes de almacenamiento:

▶ Adquisición de datos para su análisis. Debe realizarse del modo más "forense" posible. La adquisición de evidencias de la memoria RAM de manera forense resulta más compleja que en el caso de los dispositivos de almacenamiento. La obtención de evidencias debe realizarse "en vivo" para poder realizar el volcado de la memoria RAM. Por desgracia, leer la memoria RAM requiere ejecutar un programa, lo que implica modificar los datos almacenados en la memoria que está recopilando incluso mientras que los recolecta. También podrán recopilarse archivos del sistema de ficheros con contenido procedente de la memoria RAM, como el de paginación e hibernación. Dependiendo de los escenarios, la obtención de estos archivos deberá realizarse "en vivo" o "en muerto".

▶ Poner los datos en contexto. En los soportes de almacenamiento, es relativamente sencillo comprender el sistema de ficheros, volúmenes, particiones y el funcionamiento del dispositivo. En el caso de la memoria RAM, el DFIR también tiene que llegar a este nivel de conocimiento, si bien resulta técnicamente más complejo. Deben conocerse las arquitecturas de memoria, y cómo y dónde se almacenan los objetos. Esto permitirá encontrar los *offsets* relevantes en la memoria RAM.

▶ Análisis. Analizar los datos obtenidos para comprender su significado e identificar elementos importantes. Esto permitirá obtener los artefactos forenses existentes.

5.1.3 Artefactos forenses presentes en la memoria RAM

En la memoria RAM de un sistema en ejecución se encontrarán numerosos artefactos forenses que podrán resultar de gran relevancia durante el curso de una investigación forense digital. En sistemas físicos, estos artefactos forenses solo podrán ser recuperados de sistemas "en vivo". En sistemas virtuales, podrán ser recuperados del archivo asociado a la memoria RAM de la máquina virtual, el cual se almacena en el sistema de ficheros del sistema anfitrión. Además, en un sistema "en vivo", la API de *Windows* también permite parsear y reconstruir los contenidos de la memoria RAM.

Entre los artefactos forenses que pueden obtenerse de la memoria RAM se encuentran:

▶ Procesos en ejecución y los recursos/objetos del sistema con los que interactúan.

▶ Conexiones de red activas.

▶ Controladores cargados.

▶ Credenciales de usuario, ya sea ofuscadas, su valor resumen o en texto en claro.

▶ Porciones de fuentes de evidencias no volátiles (Ej. *Registro*, *logs* de eventos, MFT).

▶ Reminiscencias de comandos de consola ejecutados previamente.

▶ Reminiscencias de datos en texto en claro que en el soporte de almacenamiento se encuentran cifrados.

▶ Estructuras de datos dentro del *kernel* que proporcionan una visión de la auditoría de procesos, comportamiento y ejecución.

Además, el contenido de la memoria RAM es el lugar más propicio para poder descubrir la presencia de *malware* en ejecución en un sistema. Por mucho que el desarrollador intente ocultar una muestra de *malware*, para que esta sea efectiva en el sistema víctima, tendrá que ejecutarse. Y para ejecutarse, tendrá que pasar por la memoria RAM del sistema.

Existen ciertos artefactos forenses que solo podrán obtenerse de la memoria RAM. Destacan las denominadas muestras de *fileless malware*, los *chats* de las aplicaciones de mensajería, o contenidos de los navegadores que intentan garantizar la privacidad del usuario, como los modos de navegación *InPrivate* (*Microsoft Edge*) o *Incógnito* (*Google Chrome*). Incluso algunas subclaves del *Registro* existen únicamente en la memoria del sistema.

5.1.4 Memoria física y memoria virtual

A semejanza de la mayoría de los sistemas operativos modernos, *Windows* dispone de un subsistema de memoria virtual que puede utilizar tanto la memoria RAM (memoria física) como el dispositivo de almacenamiento (archivo de paginación) de forma transparente para el usuario como una única fuente de memoria para los procesos en ejecución. Los sistemas virtualizados emulan esta arquitectura descrita.

Además, existen otras dos fuentes adicionales de artefactos forenses relacionados con la memoria RAM del sistema: los volcados de memoria generados cuando se produce un error fatal en el sistema (*crash dumps*), y el archivo de hibernación (*hibernation file*).

Se conoce como memoria física (*physical memory*) a los bloques de memoria RAM conectados a la placa base, a los cuales el procesador accede a su contenido a través del bus de datos. Se distingue así de la memoria virtual, que no existe como un componente electrónico del dispositivo, sino como una memoria emulada por el sistema operativo en el sistema de ficheros del soporte físico de almacenamiento (Ej. Disco duro).

El archivo de paginación (*pagination file*), o partición de intercambio (*swapping partition*) en sistemas Linux, es un componente fundamental de la arquitectura de memoria en la mayoría de los sistemas operativos modernos. Aporta una ubicación de almacenamiento secundaria para los datos utilizados por procesos en ejecución que no tienen cabida en la memoria física. Esta labor de paginación de memoria es llevada a cabo por las rutinas de gestión de memoria del *kernel*.

Cada proceso en ejecución dentro del espacio de usuario (*userland*) es asignado un espacio de memoria virtual (rango de direcciones de memoria). El *kernel* del sistema operativo mantiene una tabla que realiza un seguimiento de dónde reside cada página en la memoria virtual, ya sea en una dirección de memoria física o dentro del archivo de paginación, y mueve los datos de la memoria física al archivo de paginación o viceversa, según sea necesario.

Si el sistema realiza un consumo masivo de la memoria RAM disponible, esta actividad de paginación necesitará una tasa de reemplazo mayor, repercutiendo negativamente en el rendimiento del sistema.

La utilización del archivo de paginación no está limitada únicamente a aplicaciones *userland*, puesto que una parte de la memoria virtual del *kernel* también puede ser paginada de la memoria física. Para un proceso dado, los datos dentro del espacio de memoria virtual pueden residir en regiones no contiguas de memoria en la memoria física y el archivo de paginación.

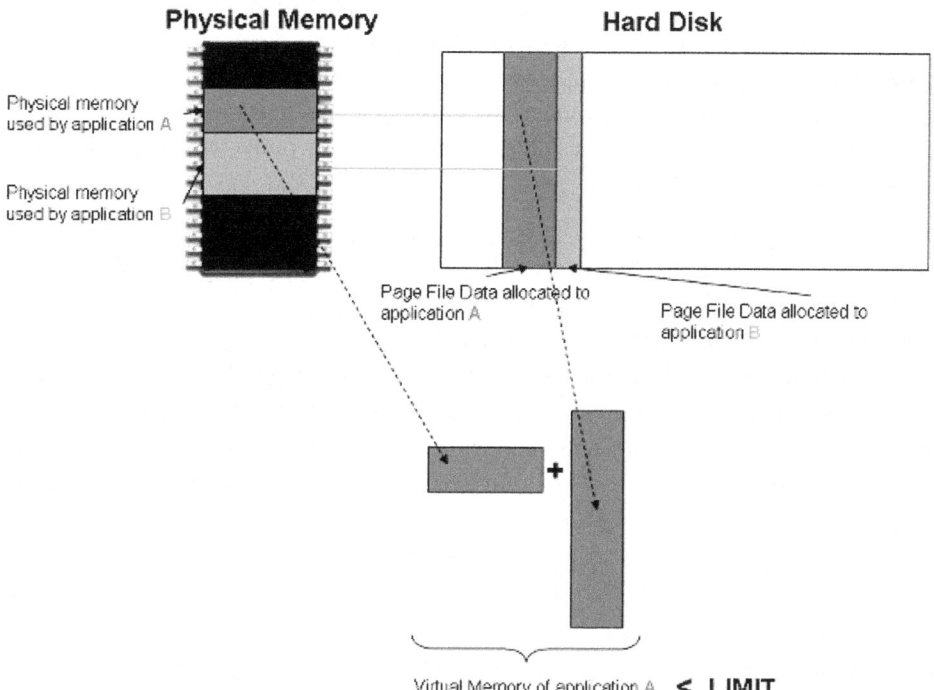

Ilustración 72. Relación entre la memoria virtual, archivo de paginación y memoria física.

Por defecto, la ruta completa del sistema de paginación es la siguiente:

```
%SystemDrive%\pagefile.sys
```

No obstante, su nombre y ubicación pueden ser asignadas a cualquier volumen, incluso dividido en múltiples archivos. El DFIR puede consultar la ubicación asignada al archivo de paginación en los datos de los valores *PagingFiles* y *ExistingPageFiles* de la subclave del *Registro*:

```
HKLM\SYSTEM\CurrentControlSet\Control\Session Manager\Memory Management
```

No obstante, el contenido del archivo *pagefile.sys* será eliminado automáticamente por el sistema operativo cuando se apaga el dispositivo si el dato del valor *ClearPageFileAtShutdown* es '*1*' en la subclave *Memory Management*.

En algunos entornos, se establece el dato del valor *ClearPageFileAtShutdown* a '*1*' por política de seguridad para mitigar la exfiltración malintencionada de datos. No obstante, suele resultar más frecuente que se utilice como medida antiforense por agentes maliciosos con conocimientos avanzados del sistema operativo.

El archivo *pagefile.sys* tiene establecido el atributo de archivo oculto y se encuentra protegido en un sistema en ejecución. Es decir, si se intenta copiar utilizando el *Explorador de Windows* o desde la consola de comandos, se generará un error de acceso denegado. Por tanto, debe emplearse una herramienta con capacidad de acceso forense al soporte de almacenamiento para poder adquirir y copiar el archivo en un sistema en vivo.

A partir de *Windows 8* y *Server 2012*, el sistema operativo dispone de un nuevo archivo de memoria virtual, *swapfile.sys*. Este archivo está vinculado a las aplicaciones de *Windows* descargadas de *Microsoft Store*, conocidas como aplicaciones modernas (*Modern Apps*). Si el sistema operativo detecta que se está realizando un consumo masivo de la memoria RAM, puede suspender estas aplicaciones para recuperar algunos recursos de memoria física. El sistema entonces escribirá los datos de estas aplicaciones en el archivo *swapfile.sys*. El archivo *swapfile.sys* tiene establecido el atributo de archivo oculto y se encuentra protegido en un sistema en ejecución. La ruta completa es la siguiente:

```
%SystemDrive%\swapfile.sys
```

5.1.5 Archivos de volcado de memoria RAM

Cuando se produce un fallo crítico en el sistema (*system crash*), el sistema operativo genera un archivo *crash dump* que contiene parte o el total del contenido de la memoria RAM. Estos archivos sirven de ayuda a los desarrolladores para poder estudiar y depurar las condiciones que provocaron el fallo.

Desde el punto de vista del DFIR, algunas muestras de *malware* pobremente desarrolladas, especialmente controladores de dispositivo maliciosos, generan una situación de inestabilidad en el sistema y dejan como evidencia estos artefactos.

El sistema puede generar tres tipos diferentes de *crash dumps*, configurables por el usuario desde el *Panel de Control* y desde el *Registro*.

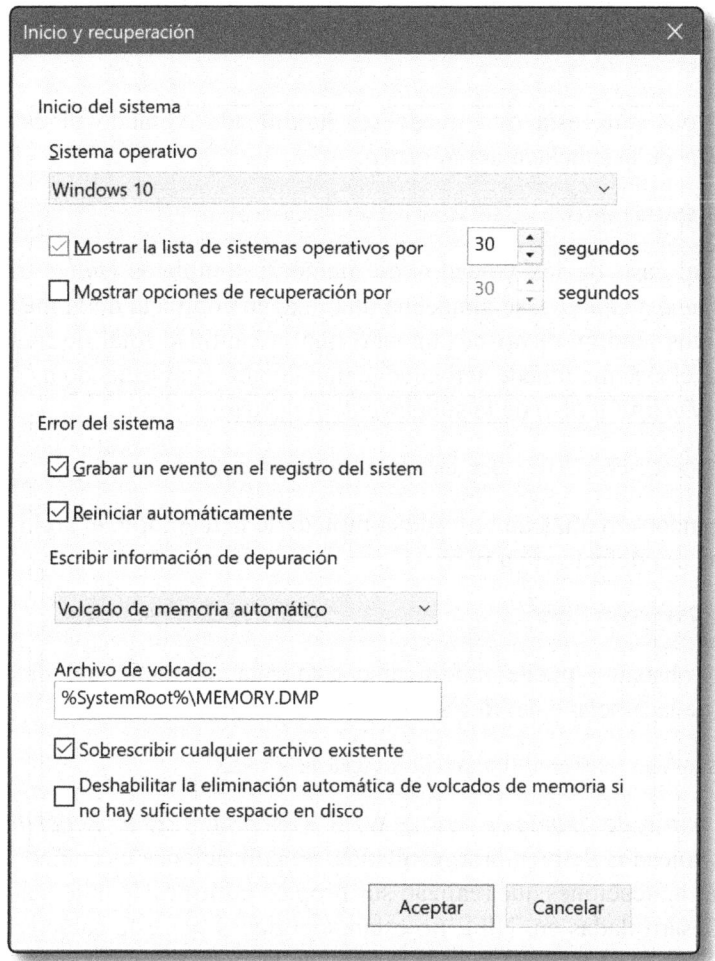

Ilustración 73. Panel de configuración de los crash dumps en Windows 10.

Por defecto, el sistema genera un volcado de la memoria de *kernel* (*kernel memory dump*). Este volcado incluye todas las páginas de memoria de RW (*Read/ Write*) en el momento del fallo, además de un listado de procesos y de controladores cargados. El tamaño de este archivo variará en función de la cantidad de memoria disponible en el sistema, teniendo normalmente un tamaño de unos cientos de MB.

Los *minidumps* contienen un conjunto limitado de datos, como el conjunto de controladores cargados, el contexto del procesador, la pila (*stack*) de *kernel* y los metadatos del proceso e hilo detenidos. Estos archivos suelen tener un tamaño máximo de 5 MB (En *Windows 10*, el tamaño prefijado es de 256 KB), y se almacenan en la ruta:

```
%SystemRoot%\Minidump\
```

No obstante, esta ruta puede ser modificada editando el dato del valor *MinidumpDir* de la subclave del *Registro*:

```
HKLM\SYSTEM\CurrentControlSet\Control\CrashControl\
```

En el caso de los volcados de memoria completos (*full crash dumps* o *complete memory dumps*), se almacena una imagen completa de la memoria física. Estos archivos tendrán el mismo tamaño que la cantidad total de memoria física instalada en el sistema. Puede activarse manualmente estableciendo a '*1*' el dato del valor *CrashDumpEnabled* de la subclave de *Registro*:

```
HKLM\SYSTEM\CurrentControlSet\Control\CrashControl\
```

Cuando se realiza un volcado completo de la memoria, el archivo generado se almacena por defecto en la ruta:

```
%SystemRoot%\MEMORY.DMP
```

No obstante, puede modificarse esta ruta alterando del dato del valor *DumpFile* de la subclave del *Registro*:

```
HKLM\SYSTEM\CurrentControlSet\Control\CrashControl\
```

A partir de *Windows Vista*, WER (*Windows Error Reporting*) permite almacenar volcados de memoria resultantes de aplicaciones ejecutándose en modo usuario. Las aplicaciones que realizan sus propios informes de fallo personalizados, como las desarrolladas en .NET, no están soportadas por esta característica. Estos volcados WER son almacenados por defecto en la siguiente ruta:

```
%LocalAppData%\CrashDumps
```

No obstante, esta ruta puede ser alterada modificando el dato del valor *DumpFolder* de la subclave del *Registro*:

```
HKLM\SOFTWARE\Microsoft\Windows\Windows Error Reporting\LocalDumps
```

Estos valores de *Registro* representan configuraciones globales. Pueden asignarse configuraciones específicas para cada aplicación que prevalecen sobre las configuraciones globales. Para ello, se crea una nueva subclave dependiente de *LocalDumps*, asignándola el nombre del archivo ejecutable deseado. En los datos de los valores de esta subclave se establecerán los datos específicos para la aplicación.

Desde el punto de vista del DFIR, los volcados completos de memoria resultan una valiosa fuente de evidencias del sistema objeto de la investigación. Resultan además fácilmente procesables empleando herramientas como *Volatility Framework*. Por desgracia, no suele ser frecuente que el usuario haya establecido que se generen volcados completos de memoria y será más frecuente que la evidencia que pueda ser recogida y procesada sea un volcado de *kernel* o un *minidump*. El procesado de estos archivos suele realizarse utilizando depuradores como *WinDbg*.

5.1.6 Archivos de hibernación

A partir de *Windows 98* se implementó en el sistema operativo la característica de hibernación del sistema. Permite al usuario conservar el estado de un sistema en ejecución sin prácticamente consumir energía eléctrica. Cuando se indica al sistema que entre en estado de hibernación (Ej. Se cierra la pantalla de un ordenador portátil), el sistema operativo almacena todo el contenido de la memoria física a un archivo del sistema de ficheros, y posteriormente procede al apagado del sistema. En el siguiente inicio del sistema, este lee los contenidos del archivo de hibernación y los vuelca nuevamente a la memoria, restaurándose así la sesión del usuario previa a la hibernación.

La herramienta de la consola del sistema *powercfg* (*powercfg.exe*) permite controlar la configuración de energía en el sistema. El parámetro */hibernate* (alternativamente, */h*) habilita o deshabilita la característica de hibernación del sistema.

Por defecto, la ruta donde el sistema almacena este archivo de hibernación es:

```
%SystemDrive%\hiberfil.sys
```

El archivo *hiberfil.sys* no es realmente una copia bit a bit del contenido de la memoria física, puesto que se encuentra normalmente comprimido e incluye metadatos adicionales. No obstante, incluso en sistemas "en vivo", el archivo de hibernación *hiberfil.sys* es de interés forense, puesto que proporciona una imagen adicional de la memoria RAM del sistema del momento en el que el sistema pasó por última vez al estado de hibernación.

No obstante, en *Windows 8* se introdujo un nuevo formato de archivo de hibernación, el cual también ha sido heredado en *Windows 10*. Dependiendo de si el soporte de almacenamiento del dispositivo es de tipo SSD o de tipo HDD, el archivo *hiberfil.sys* es puesto todo a ceros por el sistema tras despertar del modo hibernación. Desde el punto de vista del DFIR, en caso de que el archivo fuese puesto todo a ceros, se perdería la posibilidad en un sistema "en vivo" de disponer de la información almacenada en el archivo *hiberfil.sys* relativa al momento de pasar el sistema al estado de hibernación. La herramienta *Arsenal Recon Hibernation Recon* permite descomprimir el archivo *hiberfil.sys* y extraer el espacio *slack* para su posterior análisis.

Ilustración 74. Captura de ejemplo de Arsenal Recon Hibernation Recon. Fuente: Arsenal Recon.

Microsoft ha modificado la gestión de ahorro energético del sistema operativo conforme a los estados ACPI (*Advanced Configuration and Power Interface*). Pese a que la mayoría de los cambios resultan transparentes para el usuario, desde el punto de vista del DFIR afectan a los artefactos que pueden ser recopilados tras el apagado del sistema. A partir de *Windows 8*, el estado de apagado por defecto se denomina *Inicio Rápido* (*Fast Startup*). Este modo es parte de las opciones disponibles del estado de hibernación. Pueden consultarse los modos de hibernación disponibles en el sistema con la instrucción:

```
powercfg /availablesleepstates
```

Estado	Estado ACPI	Descripción
Trabajando	S0	El sistema está en uso. Aquellos componentes hardware que no están siendo utilizados pueden ahorrar energía entrando en modo de bajo consumo energético.
Sleep (*Modern Standby*)	S0 bajo consumo	Algunos procesadores permiten un estado de bajo consumo conocido como *Modern Standby*. En este estado, el sistema puede pasar de manera muy rápida de estado de bajo consumo a estado de alto consumo, de modo que puede responder de manera muy rápida a eventos hardware y de red. Los sistemas que admiten este modo no utilizan los modos *S1-S3*.
Suspender (*Sleep*)	S1, S2, S3	Desde el punto de vista del usuario, el sistema parece encontrarse apagado. La energía consumida en los estados *S1-S3* es menor que en *S0*, pero mayor que en *S4*. El estado *S1* es el que más consume de los tres, y el que menos, *S3*. Los sistemas normalmente no permiten establecer los tres estados. La memoria RAM se refresca para mantener el estado del sistema. Algunos componentes conectados al equipo permanecen alimentados, de modo que el sistema pueda despertar a partir de una señal del teclado, de la red local o un dispositivo USB. El modo *Hybrid Sleep*, utilizado en sistemas de escritorio, es aquel que utiliza un archivo de hibernación con los estados *S1-S3*. El archivo de hibernación almacena el estado del sistema como prevención por si se perdiese la alimentación energética durante este estado.
Hibernar (*hibernate*)	S4	Desde el punto de vista del usuario, el sistema parece encontrarse apagado. El consumo energético se reduce al mínimo posible. El sistema almacena el contenido de la memoria RAM en el archivo de hibernación para conservar el estado del sistema. Algunos componentes conectados al equipo permanecen alimentados, de modo que el sistema pueda despertar a partir de una señal del teclado, de la red local o un dispositivo USB. El contexto de trabajo puede ser recuperado si se almacena en un soporte de almacenamiento no volátil. El modo *Inicio rápido* (*Fast startup*) es aquel en el que el usuario finaliza sesión antes de que el archivo de hibernación sea generado. Esto permite crear un archivo de hibernación de menor tamaño, lo que resulta más beneficioso si no existe mucho espacio libre en el soporte de almacenamiento.
Apagado Software	S5	Desde el punto de vista del usuario, el sistema parece encontrarse apagado. El estado implica un apagado completo y un ciclo de reinicio.
Apagado hardware	G3	El sistema se encuentra completamente apagado y no consume energía. El sistema vuelve al estado de trabajo únicamente tras un reinicio completo.

Tabla 23. Estados energéticos ACPI ordenados de mayor a menor consumo energético.

La herramienta *Volatility Framework* dispone del *plugin imagecopy* para convertir el formato del archivo *hiberfil.sys* en uno procesable posteriormente por la propia herramienta.

La herramienta *Comae Hibr2Bin*, disponible gratuitamente en GitHub, permite descomprimir el archivo *hiberfil.sys*. La herramienta forma parte de la herramienta comercial *Comae Toolkit*.

Otras herramientas, como *bulk_extractor*, *Magnet Forensics Internet Evidence Finder* y *Belkasoft Evidence Center* realizan la descompresión del archivo *hiberfil.sys* y permiten realizar búsquedas de cadenas de texto sobre el contenido descomprimido y *carving* de datos.

5.2 ADQUISICIÓN DE MEMORIA RAM

5.2.1 Introducción

Tradicionalmente, la investigación forense digital se centraba en la adquisición de evidencias procedentes de soportes de almacenamiento masivos de información y su posterior análisis *post mortem*, sin tener en consideración la importancia de las evidencias almacenadas en la memoria RAM del dispositivo objeto de estudio.

La realización de un análisis forense del contenido de la memoria RAM de un dispositivo se ha convertido en un aspecto crucial de la respuesta a incidentes y del forense digital. Cuando se tiene la sospecha de que un dispositivo se encuentra comprometido o infectado, el DFIR necesita conocer el modo de realizar una captura de la memoria de dicho dispositivo.

Las características técnicas de los diferentes sistemas operativos, en combinación con las particularidades técnicas específicas de la gestión de memoria, convierten en ocasiones la adquisición del contenido de la memoria RAM de un dispositivo en una tarea extremadamente compleja (Ej. Sistema operativo *Android*).

En las versiones del sistema anteriores a *Windows Server 2003 SP1*, existía el *handle \Device\PhysicalMemory*, el cual permitía direccionar y copiar la memoria. Debido a los problemas de seguridad que representa que se pueda acceder a la memoria desde el modo usuario, este handle fue suprimido y ahora es necesario utilizar un controlador para poder acceder a la memoria a través del *kernel* del sistema. Normalmente, las herramientas forenses de obtención de memoria RAM utilizarán llamadas a la función documentada de la API *MmMapIoSpace* y a la función no documentada *MmMapMemoryDumpMdl*.

Normalmente, se utilizan herramientas software para realizar la adquisición de memoria de un sistema *Windows*. La mayoría de las aplicaciones disponibles funcionan en modo portable, es decir, desde una memoria USB, o a través de una conexión de red empleando un agente software instalado previamente. Algunas herramientas permiten también realizar una adquisición de memoria del sistema objetivo mediante una conexión al puerto *FireWire*, gracias al DMA (*Direct Memory Access*) que proporciona esta interfaz. No obstante, cada vez resulta más extraño que los fabricantes integren este tipo de puertos en los dispositivos modernos.

La herramienta de adquisición de memoria RAM carga un controlador del sistema para poder acceder a la memoria y volcar todo su contenido en un archivo binario en crudo (copia bit a bit). Algunas muestras de *malware* utilizan esta misma aproximación para acceder a la memoria RAM de un sistema víctima. De ahí que algunas herramientas antivirus o HIPS (*Host Intrusion Prevention Software*) consideren que se está produciendo una actividad maliciosa e impidan o generen conflictos si se intenta realizar un volcado de la memoria RAM.

Además, en los sistemas operativos *Windows* de 64 bits todos los controladores deben estar firmados digitalmente. De ahí que herramientas relativamente antiguas que funcionaban en sistemas operativos *Windows* de 32 bits, no funcionen en las versiones de *Windows* de 64 bits.

Por otra parte, a partir de *Windows Server 2016*, para que un controlador pueda cargarse en un sistema servidor, este debe disponer del certificado WHQL (*Windows Hardware Quality Labs*), para lo cual es requisito haber sido evaluado por Microsoft. Si bien esto representa una ventaja desde el punto de vista de la ciberseguridad, impide realizar un volcado de la memoria RAM con las herramientas disponibles actualmente.

5.2.2 Volcado del contenido completo de la RAM

Un volcado completo de la memoria RAM (*raw memory dump*) consiste en crear una copia completa de la información que se encuentra en la memoria RAM del dispositivo en ejecución. Esta copia podría asemejarse a una fotografía del momento en el que se realizó la captura, ya que solo se captura como evidencia los datos que en ese momento se encontraban en la memoria del dispositivo.

El tamaño del archivo generado será igual al de la capacidad de memoria del dispositivo, por lo que en dispositivos modernos significa archivos de tamaño muy superiores a los 4 GB (normalmente, 8 o 16 GB, pero pudiendo incluso superar los 32 GB). Esto obliga al DFIR a disponer de un dispositivo externo con la suficiente capacidad para su almacenamiento (Ej. Memoria USB de 128 GB), y de un tiempo

242 IFCD083PO - INFORMÁTICA FORENSE Y CIBERSEGURIDAD

mayor necesario para su copia a dicho dispositivo externo, conforme mayor sea el tamaño del volcado. En el caso de las extracciones de memoria a través de una conexión de red, la capacidad de la memoria RAM del sistema remoto y el ancho de banda disponible entre la estación de trabajo forense y el sistema objetivo influirán en el tiempo necesario para realizar el volcado de memoria RAM en el soporte de almacenamiento de la estación de trabajo forense.

Los volcados de memoria son una fuente muy valiosa para la obtención de evidencias volátiles. Los volcados de memoria pueden contener credenciales de acceso al sistema (Ej. Administrador local, cuentas de usuario locales, administrador de dominio, cuentas en servidores, cuentas *Microsoft Live ID*), contraseñas en claro (*plain text*) de volúmenes cifrados (Ej. *TrueCrypt, VeraCrypt, BitLocker*, PGP *Disk, FileVault2*, Apple DMG, LUKS), credenciales de registro en sitios de correo web (Ej. Gmail, Yahoo! Mail, Hotmail) y servicios de redes sociales (Ej. Facebook, Twitter, Google Plus), almacenamiento en la nube (Ej. Dropbox, Flickr, OneDrive). Conviene destacar como herramientas que resultan de gran utilidad a la hora de extraer contraseñas de volúmenes cifrados *Elcomsoft Forensic Disk Decryptor* y *Passware Kit Forensic*.

Existen diferentes aplicaciones que simplifican al DFIR la tarea de realizar la captura de memoria RAM en un dispositivo con sistema operativo *Microsoft Windows*. Entre las más conocidas se encuentra la herramienta gratuita *Comae Technologies DumpIt*, parte del kit gratuito *Comae Memory Toolkit* y disponible en *https://www.comae.io/*. *DumpIt* es compatible con sistemas operativos *Microsoft Windows* desde *Windows XP* a *Windows 10 64 bits*.

Una alternativa gratuita a *DumpIt* es la herramienta portable en modo gráfico *AccessData FTK Imager*, que además de permitir realizar volcados de memoria RAM permite realizar copias de soportes de almacenamiento masivos de un modo forense.

Otra alternativa interesante es la herramienta gratuita en modo consola *Mandiant Memorize*, especialmente si se va a utilizar con posterioridad para el análisis del volcado de memoria la aplicación gratuita *Mandiant Redline* (disponibles ambas para su descarga en la web de la compañía FireEye).

La herramienta *Rekall WinPMEM*, desarrollada por Google y disponible gratuitamente en GitHub, permite realizar volcados de memoria de sistemas operativos *Windows* de 32 y 64 bits. Incluye además la opción de poder realizar análisis de memoria en vivo. Esta opción carga el controlador que habilita el acceso a la memoria en crudo y realizar operaciones tanto de lectura como de escritura en la memoria.

La herramienta gratuita *memtriage* permite al DFIR solicitar artefactos de la memoria RAM a un sistema *Windows* en ejecución. Utiliza los *drivers* de *Rekall WinPMEM* para acceder a la memoria física del dispositivo, y emplea *Volatility* (soporta la mayoría de los *plugins* que se utilizan con mayor frecuencia) para analizar la memoria.

La herramienta gratuita *Magnet Forensics MAGNET RAM Capture* permite realizar imágenes de la memoria RAM. Funciona para sistemas operativos *Windows* de 32 y 64 bits. La última versión permite realizar adquisición de la memoria RAM de sistemas *Windows 10* con el modo *Virtual Secure* activado.

Finalmente, se sugiere la herramienta portable gratuita *Belkasoft Live RAM Capturer* (existen versiones tanto de 32 como de 64 bits para minimizar la huella que provocan al ser utilizadas en el sistema), que permite extraer de manera forense el contenido completo de la memoria RAM de un dispositivo, incluso si se encuentra protegido por un sistema antidepuración (*anti-debugging*) o antivolcado (*anti-dumping*). Es compatible con sistemas operativos de Microsoft cuya versión sea igual o superior a *Windows XP* o *Windows Server 2003*. Los volcados de memoria RAM creados con esta herramienta pueden ser analizados empleando *Live RAM Analysis* dentro de la *suite* forense *Belkasoft Evidence Center*.

La mayoría de las herramientas de adquisición de memoria se ejecutan en modo usuario (también conocido como *ring 3*), lo que resulta un impedimento a la hora de intentar realizar la adquisición de memoria de un dispositivo que está ejecutando una protección *anti-debugging* o *anti-dumping*, ya que esta protección se ejecuta en modo *kernel* (también conocido como *ring 0*). Herramientas como *AccessData FTK Imager* presentan el volcado de una zona protegida de memoria como vacía, mientras que otras como *PMDump* presentan datos aleatorios. En cambio, herramientas como *Belkasoft Live RAM Capturer*, se ejecutan en modo *kernel* y sí permiten realizar el volcado.

Entre las aplicaciones que protegen la memoria RAM contra el volcado se encuentran algunas muestras de *malware*, ciertas aplicaciones comerciales y determinados videojuegos multijugador en línea. En la mayoría de los casos, como ya se ha comentado, el resultado de intentar obtener la información contenida en estas zonas protegidas de la memoria es en un volcado vacío o uno cuyo contenido ha sido generado aleatoriamente, en lugar de contener la información que realmente se aloja en esa región de la memoria. En algunos casos, si el sistema antidepuración detectara un intento de acceder a áreas de memoria protegida, podría tomar como medida reactiva la destrucción de la información protegida o llegar a provocar un fallo en modo *kernel*, bloqueando por tanto el dispositivo, lo que en la práctica se traduce en la pérdida de la evidencia digital y la imposibilidad de poder llevar a cabo el análisis forense de la memoria RAM.

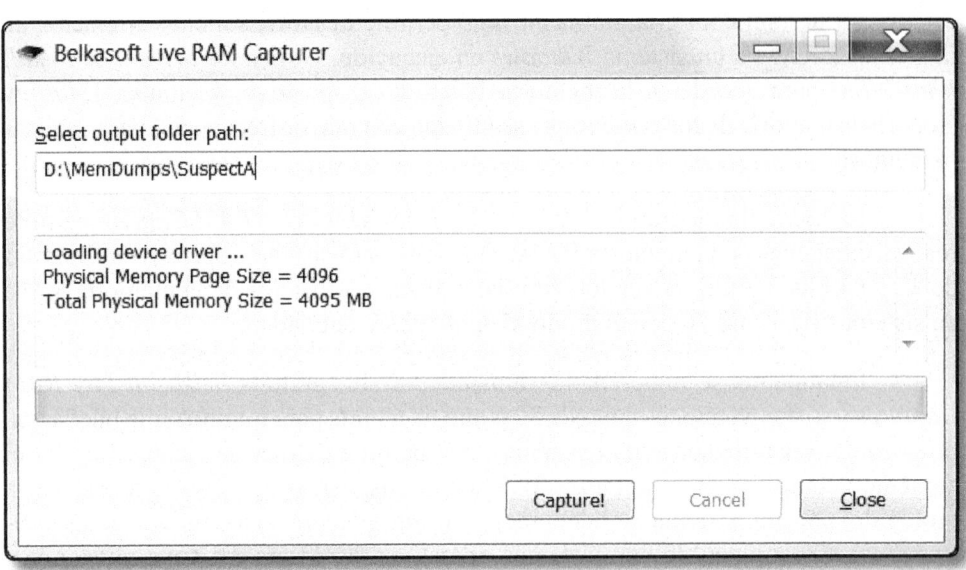

Ilustración 75. Ejemplo obtención de volcado de la memoria RAM empleando Belkasoft Live RAM Capturer.

Cuando el DFIR quiera únicamente obtener como evidencia el contenido de memoria de un único proceso sospechoso sin pararlo, resultan de interés las herramientas gratuitas *PMDump*, *NirSoft memdump* y *Magnet Forensics MAGNET Process Capture*.

5.2.3 Volcado de memoria utilizando pmem

Rekall incluye las herramientas *linpmem* (Linux), *osxpmem* (*macOS X*) y *WinPMEM* (*Windows*), conocidas globalmente como las herramientas *pmem*, para llevar a cabo un volcado de memoria en sus respectivos sistemas operativos objetivo. El DFIR dispondrá de acceso a la memoria RAM a través de los componentes en modo *kernel* de estas herramientas, o a través de *Rekall*, que también utiliza los mismos componentes en modo *kernel*.

Michael Cohen, uno de los principales exponentes del desarrollo de *pmem* ha abandonado recientemente Google Inc. Las herramientas siguen estando disponibles gratuitamente en GitHub, pero en la cuenta *Velocidex*.

El manejo de las tres herramientas *pmem* es semejante, y para su correcto funcionamiento deberán ejecutarse con privilegios de administrador. Por defecto, las herramientas *pmem* realizan el volcado de memoria RAM en el formato abierto AFF4.

El DFIR debe tener en especial consideración que las herramientas se deben de ejecutar con permisos de administrador, puesto que si el sistema objeto de estudio se encontrase comprometido por un *keylogger* en ejecución o una herramienta de volcado de memoria de credenciales de usuario (Ej. *Mimikatz*), las credenciales de administrador empleadas por el DFIR se verían expuestas. De ahí que el DFIR deba utilizar únicamente credenciales de administrador para ese equipo local, y no credenciales de administrador de dominio, pues estas podrían verse expuestas y facilitar al adversario llevar a cabo un ataque de movimiento lateral contra otros sistemas conectados al dominio. Por tanto, se recomienda que el DFIR utilice la cuenta de administrador local, o cree una nueva cuenta con permisos de administrador local para el sistema objetivo. En este segundo escenario, el DFIR debe eliminar o inhabilitar esta nueva cuenta cuando finalice la adquisición de la memoria RAM.

Como en otros escenarios de respuesta a incidentes, normalmente el DFIR conectará al equipo objeto de estudio un dispositivo externo de almacenamiento al puerto USB en el que se encontrará la herramienta *pmem* correspondiente al sistema operativo de ese equipo.

En algunos escenarios el volcado de memoria RAM podría realizarse directamente contra un *share* accesible mediante protocolo SMB en la red corporativa. Esta alternativa es de especial utilidad en aquellos entornos en los cuales se encuentra inhabilitada la posibilidad de añadir nuevos dispositivos USB en los sistemas del dominio. Para ello, será necesario que el usuario administrador local del sistema objeto de la investigación tenga permisos de *RWX* en la carpeta compartida en red. En el *share* se encontrará el ejecutable *pmem*.

En sistemas *Windows*, para garantizar que se está extrayendo el archivo de paginación correcta, se recomienda ejecutar previo al volcado de memoria el siguiente comando WMIC para obtener la ruta completa del archivo *pagefile.sys*:

```
wmic pagefile list brief
```

winpmem.exe [opciones]	
-o <archivo.aff4>	Especifica el archivo de salida donde se volcará el contenido de la memoria RAM.
--format	Especifica el formato para los datos adquiridos. Por defecto, AFF4.
-p <pagefile.sys>	Establece si se pretende extraer también el archivo de paginación.
-V <archivo.aff4>	Muestra los metadatos de un archivo AFF4.
-v	Modo *verbose*.

Tabla 24. Manejo de la herramienta WinPMEM.

La instrucción del siguiente ejemplo permite realizar un volcado de memoria en un *share* en red:

```
\\s1\evidencias\winpmem.exe -p c:\pagefile.sys -o \\s1\evidencias\volcado.aff4
```

El DFIR debe tener en cuenta que la ejecución de la herramienta *winpmem.exe* modifica el sistema de ficheros del sistema objetivo, creando un archivo de tamaño 40 KB en la carpeta *%TEMP%*. El nombre de este archivo comienza por "*pme*" y el resto es una cadena alfanumérica aleatoria, y su extensión es *.tmp*. Otras modificaciones se producirán en las claves del *Registro* (claves asociadas a la ejecución de archivos, conexión de dispositivo USB, conexión a un *share*) y en la creación de un archivo de *Prefetch*. Además, también se sobrescribirá una pequeña cantidad de espacio no asignado del sistema de ficheros, lo que podría potencialmente sobrescribir datos eliminados de interés para la investigación que se encontrasen en esos sectores. El DFIR debe valorar en cada escenario si el riesgo de perder datos merece la pena con respecto a la posibilidad de obtención de evidencias de la memoria RAM.

Además, el investigador debe ser consciente de todos estos cambios producidos en el sistema de ficheros y detallarlos en su informe forense, por si pudieran alterar el resultado de la investigación.

5.2.4 Archivos de paginación e hibernación

Debido al funcionamiento de la arquitectura de la memoria virtual de *Microsoft Windows*, puede encontrarse información de relevancia para la investigación tanto en el archivo de paginación, *pagefile.sys*, como en el archivo de hibernación, *hiberfil.sys*. Por tanto, resulta de interés para un DFIR obtener ambos archivos como evidencia para su posterior análisis. Además, en sistemas operativos *Windows 8*, *Server 2012* y posteriores, también será de interés para el DFIR la recogida del archivo *swapfile.sys* para obtener información de las aplicaciones obtenidas de *Windows Store*.

No obstante, en *Windows 8* y en las diferentes versiones de *Windows 10*, el tiempo de vida de los datos almacenados en el archivo de hibernación se reduce en la práctica al tiempo transcurrido entre la última vez que pasó el sistema al modo *Hibernar* o *Hibernar híbrido* y el siguiente reinicio del sistema, pues el archivo *hiberfil.sys* es puesto a cero al finalizar el reinicio. En cambio, en *Windows 7* y versiones anteriores, el contenido de *hiberfil.sys* permanecía almacenado hasta que el sistema entraba en un nuevo modo de hibernación.

Los modos *Hibernar* e *Hibernar híbrido* generan un archivo de hibernación cuyo tamaño aproximadamente es el del 40% de la capacidad de la memoria RAM del sistema. Este tamaño se ve reducido al 20% en el modo *Inicio rápido*.

Desde la consola del sistema, puede pasarse al modo *Hibernar* con la siguiente instrucción, que es la que genera un volcado de mayor tamaño:

```
shutdown /h
```

Puede establecerse el pase al modo *Hibernar híbrido* con la siguiente instrucción:

```
shutdown /s /hybrid
```

La instrucción anterior genera un archivo de hibernación equivalente a apagar el equipo desde la interfaz gráfica del sistema. No almacena memoria de la región *userland*, lo que reduce el posterior análisis a un conjunto de estructuras del *kernel* que residen en páginas no liberadas.

Si el sistema se apaga con la siguiente instrucción, generalmente utilizada para apagar equipos en remoto, el archivo *hiberfil.sys* no contendrá información:

```
shutdown /s
```

De un modo semejante, si el sistema se apaga desconectando la fuente de alimentación o desenchufando el cable de alimentación, no se generará un archivo de hibernación.

5.2.5 Volcado de la memoria RAM tras un fallo del sistema operativo

La técnica del volcado de la memoria RAM tras un fallo en el sistema operativo (*memory crash dump*) se basa en provocar un fallo catastrófico del sistema para que este inicie un volcado (*dump*) de la memoria RAM a un archivo del sistema de ficheros. Este archivo será posteriormente recogido como evidencia y analizado por el DFIR en busca de las anomalías responsables del comportamiento sospechoso del sistema y de posibles indicios dejados por el agente malicioso.

La principal diferencia entre un volcado de memoria RAM y el obtenido mediando un *crash dump* es que este sí almacena los valores de los registros del procesador. En cambio, no almacena la primera página de la memoria ni el mapeado de memoria de los dispositivos.

Realizar un *crash dump* tiene varias ventajas para un DFI, entre las que se encuentra la interoperabilidad de este volcado con la aplicación gratuita *Microsoft WinDbg*. Esta aplicación soporta de manera nativa *Microsoft Symbols* y el formato de archivo embebido que contiene la información más relevante para poder llevar a cabo el análisis de memoria. Dos extensiones interesantes para esta aplicación son *SwishDbgExt* y *Wdbgark*.

A partir de las versiones del sistema operativo *Windows Server 2008* y *Windows Vista SP1*, la infraestructura de retroalimentación basada en eventos denominada WER (*Windows Error Reporting*) puede ser configurada para la recolección y almacenamiento local de volcados de memoria completos en modo usuario (*full user-mode dumps*) tras producirse el fallo catastrófico de una aplicación ejecutándose en modo usuario. No obstante, aquellas aplicaciones que realicen su propio informe de fallo catastrófico, incluyendo las aplicaciones desarrolladas en .NET, no pueden utilizar esta característica del sistema operativo.

En determinados escenarios, recurrir al volcado de la memoria RAM suele ser la única opción en situaciones complicadas en las que, por ejemplo, no se disponga de acceso físico al equipo objeto de la investigación, existan errores de configuración del hardware del dispositivo o el dispositivo objeto de la investigación carezca de dispositivo de entrada tipo teclado (Ej. Servidores en las salas de servidores).

Existen diferentes métodos para provocar un volcado de la memoria RAM al sistema de ficheros. Del conjunto de herramientas disponibles en *Microsoft Sysinternals*, la herramienta *NotMyFault* (existen versiones en modo gráfico para procesadores x86 y x64, además de una en modo línea de comandos para *Nano Server*) puede utilizarse para generar un BSD (*Blue Screen of Death*) y provocar el volcado de la RAM. Una herramienta alternativa sería emplear *SystemDump*.

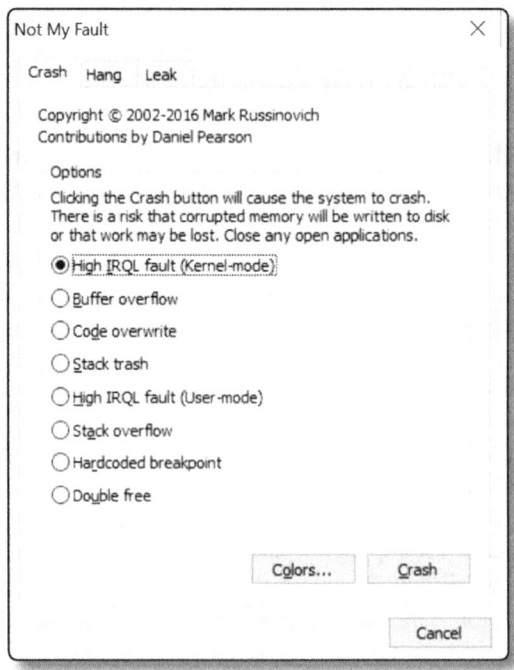

Ilustración 76. Captura de Microsoft Sysinternals NotMyFault.

5.2.6 Adquisición de memoria de máquinas virtuales

Actualmente, es muy probable que el DFIR tenga que intervenir en escenarios donde los sistemas se encuentran virtualizados, especialmente en los servidores de entornos corporativos. Una técnica empleada con frecuencia es suspender desde el hipervisor el estado de la máquina virtual (VM, *Virtual Machine*), de manera que el hipervisor fuerce un volcado completo del estado de la memoria RAM virtualizada de esa VM. Este volcado de memoria será un archivo en el sistema de ficheros del sistema operativo anfitrión, en el caso de los hipervisores de Tipo 2 (Ej. *VMware Workstation, Microsoft Server 2008 Hyper-V, Parallels*). Al tratarse de una copia en crudo (copia bit a bit), puede ser analizado directamente empleando herramientas de análisis de memoria RAM como *Volatility Framework*. En cambio, en los hipervisores de Tipo 1 (Ej. *VMware ESX, Microsoft Hyper-V*), el volcado de memoria puede ser almacenado de manera más compleja.

En el hipervisor *Oracle VirtualBox* el archivo de memoria contiene únicamente la memoria RAM virtualizada en activo, no todo el espacio de memoria RAM reservada para la VM. Por este motivo, la mayoría de las herramientas forenses de análisis de memoria RAM no serán capaces de reconocer este archivo de volcado de memoria RAM. *Volatility Framework* dispone de un espacio de direccionamiento que permite analizar algunas imágenes de *VirtualBox*, dependiendo del formato de salida. Utilizando las opciones de depuración de *VirtualBox* se puede forzar un volcado completo de la memoria RAM de la máquina virtual.

Alternativamente, siempre se puede utilizar una herramienta de adquisición de memoria RAM dentro de la VM en ejecución para obtener una imagen en crudo de la memoria RAM.

En ocasiones, los *snapshots* de las máquinas virtuales tendrán su propia volcado completo del contenido de la memoria RAM del instante en el que se generó el *snapshot*. A modo de ejemplo, los hipervisores de Tipo 2 de VMware generan para cada *snapshot* un archivo de volcado de memoria con extensión *.vmem*. Este archivo puede ser analizado con herramientas como *Volatility Framework*.

En cambio, el hipervisor de Tipo 1 *VMware ESX* genera archivos con extensión *.vmss* (asociados al estado de la VM) y *.vmsn* (asociados al *snapshot*) para almacenar los volcados de memoria RAM de la VM. Si bien estos archivos no son volcados en crudo de la memoria RAM, sí que normalmente almacenan una imagen completa de la memoria. La herramienta *Volatility Framework* dispone de un espacio de direccionamiento que permite el análisis de la memoria RAM almacenada en estos archivos. Además, VMware proporciona la herramienta gratuita *vmss2core* para extraer un volcado de RAM a partir de archivos VMSS.

Cuando se detecte la presencia de un hipervisor de Tipo 2 en el sistema objeto de estudio, se recomienda la búsqueda y extracción de los archivos de volcado de memoria RAM asociados a las VM. La Tabla 25 recoge las extensiones más habituales de estos archivos de volcado.

Hipervisor	Extensión
VMware Workstation/Fusion	*.vmem (memoria en crudo).*
VMware ESX	*.vmss y .vmsn (imagen de memoria).*
Microsoft Hyper-V	*.bin (imagen de memoria) y .vsv (estado almacenado).*
Parallels Desktop	*.mem (imagen en crudo).*
Oracle VirtualBox	*.sav (copia parcial de la memoria).*

Tabla 25. Extensiones de archivos asociados a volcados de memoria RAM de máquinas virtuales.

5.2.7 Adquisición de memoria de contenedores

A diferencia de las VM, los contenedores no virtualizan todo el sistema operativo. Los contenedores crean un espacio de proceso virtual para una aplicación o microservicio, independiente de otras aplicaciones que pudieran estar ejecutándose en el sistema operativo anfitrión.

Cada contenedor es aislado de la memoria del *kernel* del anfitrión y es confinado a su propio entorno de espacio de usuario virtual, lo que ayuda a proteger al sistema anfitrión y a otros contenedores que estuvieran ejecutándose en él frente a potencial actividad maliciosa que estuviera teniendo lugar en uno de los contenedores. Los contenedores han sido diseñados para ser rápidamente instanciados y descartados, lo que permite: escalar nuevas instancias bajo demanda; destruir instancias cuando la demanda decrece; separar una aplicación entre múltiples microservicios, cada uno ejecutándose en su propio contenedor; y reiniciar rápidamente los contenedores a una condición estable conocida siempre que se detecte un problema. Este reinicio es realizado normalmente de manera automática por un orquestador sin intervención de un administrador humano.

Pese a que todos estos beneficios pueden favorecer las operaciones IT, suponen un reto desde el punto de vista de la respuesta a incidentes. Los datos del sistema de ficheros dentro de un contenedor pueden ser reiniciados rápidamente, destruyéndose por tanto cualquier artefacto forense. De manera similar, debido al aislamiento de procesos impuesto en los contenedores, el código que se encuentra en ejecución dentro de un contenedor no puede acceder a la memoria del *kernel*, lo que limita la adquisición de volcados de memoria desde dentro del propio contenedor únicamente al espacio de proceso asignado a ese contenedor. Esto no incluirá los objetos de *kernel* necesarios para llevar a cabo un análisis completo del volcado de memoria. Si el DFIR puede ejecutar herramientas forenses desde el *host* del contenedor, entonces podría adquirir el acceso necesario a la memoria para ejecutar adquisiciones de memoria. No obstante, también se recibiría el proceso de memoria de todos los otros contenedores en ese *host*, lo que complica el análisis.

El proyecto de software libre *Sysdig*, de la compañía homónima, permite monitorizar las llamadas del sistema realizadas por los contenedores al *kernel* del *host*, proporcionando así visibilidad de la actividad de los contenedores.

En aquellos entornos corporativos en los cuales existan contenedores en sistemas en producción, será necesario tomar medidas proactivas para implementar las herramientas y procedimientos necesarios para monitorizar los contenedores antes de que se produzca un incidente de seguridad. En este tipo de escenarios en los que resultan comprometidos contenedores, las medidas reactivas no son especialmente adecuadas debido a los problemas anteriormente comentados de acceso a la memoria RAM y la probabilidad de que los contenedores hayan sido eliminados o reiniciados antes de que el DFIR tenga la oportunidad de recopilar las posibles evidencias. Soluciones como *Sysdig* permiten aumentar la cantidad de datos recopilados de las actividades realizadas por cada contenedor, pudiendo proporcionar así artefactos forenses especialmente valiosos si se produjera un ciberincidente.

5.2.8 Recolección de memoria de sistemas remotos

Existen escenarios en los cuales el DFIR no podrá proceder a la realizar un volcado de la memoria RAM teniendo acceso físico al propio dispositivo de interés. Es frecuente que los entornos corporativos sean de tipo distribuido, y que el DFIR y el sistema objetivo se encuentren por este motivo a cientos o miles de kilómetros de distancia. El sistema objetivo también podría encontrarse bajo control físico de un CSP (*Cloud Service Provider*). En caso de producirse un incidente en un sistema de la red corporativa, utilizar credenciales de administrador de dominio para realizar el volcado resulta excesivamente arriesgado si se sospecha que el sistema objeto de estudio pudiera estar comprometido por algún tipo de muestra maliciosa.

En sistemas *Windows*, puede accederse remotamente empleando WMIC, *PowerShell* e, incluso, RDP (*Remote Desktop Protocol*). Conviene recordar que el acceso mediante RDP es equivalente a un inicio de sesión interactiva, salvo que se emplee el modo de administrador restringido (*restricted administrator mode*).

Dado que en la mayoría de los escenarios el modo de administrador restringido no se encontrará activado, el DFIR optará normalmente por emplear WMIC o *PowerShell* para realizar el volcado de memoria. WMIC y *PowerShell* protegen las credenciales de usuario no realizando el cálculo ni almacenando las credenciales NT *Hash* en memoria RAM.

De modo semejante, un *ticket* TGT (*Ticket-Granting Ticket*) de *Kerberos* se almacenará en el sistema local del DFIR y no en el sistema remoto objetivo al que se está accediendo, evitando así que pueda ser adquirido por un adversario que controlase el sistema objetivo. Pese a que esta medida proporciona protección a las credenciales de usuario, introduce el conocido como "problema de segundo salto" (*second-hop problem*). Dado que cuando se accede a un sistema remoto utilizando WMIC o *PowerShell* no se almacenan las credenciales en su memoria RAM, entonces si el DFIR necesita mapear un *share* de red, *Windows* no puede utilizar autenticación *pass-through* por no disponer de las credenciales almacenadas en memoria. Esto se traduce en que cuando se quiere saltar del primer sistema remoto a un segundo sistema remoto se producirá un error, de ahí el nombre de problema de segundo salto.

Si se utilizase RDP en modo administrador restringido aparecería nuevamente el mismo problema. No obstante, como se dispondría de una GUI para introducir el usuario y contraseña para acceder al segundo sistema, el DFIR podría introducir las credenciales de acceso al sistema. En este segundo equipo, las credenciales sí serían susceptibles de poder ser capturadas por un atacante que tuviera comprometido el segundo sistema remoto. Por este motivo, nunca debe llevarse a cabo esta aproximación a la obtención de un volcado RAM de un sistema remoto.

De forma similar, la utilización del protocolo *CredSSP* (*Credential Security Support Provider*) para intentar evitar el problema del segundo salto expone también las credenciales de usuario y, por tanto, suponen un riesgo innecesario de exposición de credenciales de administrador de dominio.

En algunos escenarios sería posible utilizar KCD (*Kerberos Constrained Delegation*), pero esta solución no funcionaría con aquellas cuentas que estuviesen marcadas con la opción "Sensible y no puede ser delegada". Esta opción requiere de servidores *Server 2012* o posteriores, y no funciona con *WinRM*. Además, debe instalarse el módulo de AD para *PowerShell*.

El problema del segundo salto supone en la práctica que, en la mayoría de los escenarios, el DFIR no disponga de un modo de acceder a *shares* remotos que requieran acceso autenticado cuando se está empleando *PowerShell Remoting* o WMIC para interactuar con un sistema remoto. Por tanto, el DFIR deberá copiar la herramienta de adquisición de memoria en el sistema remoto, crear el volcado de memoria en el sistema de ficheros del sistema remoto y, posteriormente, copiar el volcado en el sistema de recogida de evidencias del DFIR.

De ahí que coja fuerza la alternativa de realizar análisis de memoria RAM "en vivo" de los sistemas remotos.

Recolección de memoria RAM utilizando WMIC

Dentro de las buenas prácticas que debe seguir todo DFIR se encuentra la de introducir únicamente sus credenciales privilegiadas en su estación segura de administrador (SAW, *Secure Administrator Workstation*). Desde esta SAW, el DFIR copiará su herramienta de volcado de memoria en el sistema remoto objetivo, ejecutará de manera remota esta herramienta y copiará el archivo resultante en su sistema local. Desde el punto de vista forense, estas operaciones generan un elevado número de escrituras en el sistema remoto. Por tanto, si la recuperación de datos es una prioridad, debería optarse por la adquisición de memoria en local, si esta opción resulta físicamente posible. En entornos corporativos distribuidos, esta opción no suele ser físicamente posible y debe llegarse a una solución de compromiso entre la importancia de obtener los artefactos forenses presentes en la memoria RAM y la posibilidad de recuperar datos de interés del sistema de ficheros, especialmente tras el auge de los soportes de almacenamiento SSD y NVMe que prácticamente reducen a cero la posibilidad de recuperar datos en un breve periodo de tiempo desde su eliminación.

En ocasiones, es posible solicitar a personal técnico del entorno corporativo remoto que conecte un soporte de almacenamiento USB al sistema objeto de estudio. En este almacenamiento externo deberá haberse copiado previamente la herramienta de volcado de memoria RAM y se procedería a realizar el volcado de memoria RAM en él. Esto minimizaría notoriamente la contaminación del sistema de ficheros del sistema remoto. De modo similar, pueden llegarse a un acuerdo con el personal técnico del CSP para que conecte un soporte de almacenamiento externo USB si esta opción resulta posible.

Si finalmente el DFIR decidiese realizar el volcado de memoria RAM de manera remota, podría emplear comandos WMIC. En primer lugar, debe asegurarse de la ubicación del archivo de paginación *pagefile.sys* del sistema *Windows*. Para ello, ejecutaría una instrucción similar a la del siguiente ejemplo, donde *<objetivo>* puede ser el nombre de *host* o su dirección IP:

```
wmic /node:<objetivo> pagefile list brief
```

Mediante una instrucción WMIC similar a la siguiente (*process call create*), en la que se asume que la unidad externa conectada al sistema objetivo es la *E:* y el archivo de paginación es *C:\pagefile.sys*, se ejecutaría la herramienta de volcado de memoria RAM *winpmem.exe* volcando el resultado en la unidad externa:

```
wmic /node:<objetivo> process call create "E:\winpmem.exe -p c:\pagefile.sys -
o E:\evidencias\<objetivo.aff4>"
```

En los escenarios en los que no resulta posible conectar un soporte de almacenamiento externo, si en el sistema objetivo se encontrase habilitado el protocolo SMB (puerto por defecto *445*), y el DFIR dispusiese de privilegios suficientes en el sistema remoto, entonces podría copiar en el sistema remoto con el comando *copy* la herramienta de volcado de memoria. Ejemplo:

```
copy winpmem.exe \\<objetivo>\C$
```

El comando WMIC para realizar el volcado de memoria RAM sería muy similar al del ejemplo anterior. Conviene recordar que es preferible no mapear un *share* en el que copiar el volcado de memoria para evitar el problema del segundo salto, de ahí que el volcado se genere sobre el soporte de almacenamiento del sistema remoto, si bien esta aproximación reducirá la posibilidad de recuperar datos del sistema de ficheros del sistema objetivo. Ejemplo:

```
wmic /node:<objetivo> process call create "c:\winpmem.exe -p c:\pagefile.sys -
o c:\<objetivo.aff4>"
```

Una vez ha finalizado el volcado de memoria, el DFIR puede recuperar el archivo generado nuevamente empleando el protocolo SMB y el comando *copy*. Ejemplo:

```
copy \\<objetivo>\C$\<objetivo.aff4> c:\evidencias
```

Finalmente, siguiendo el manual de buenas prácticas forenses, el DFIR eliminará del sistema remoto con el comando *del* tanto la herramienta de volcado de memoria empleada como el volcado de memoria obtenido para proteger la privacidad de los datos del usuario del sistema objetivo. Ejemplo:

```
del \\<objetivo>\C$\winpmem.exe
del \\<objetivo>\C$\<objetivo.aff4>
```

Recolección de memoria RAM utilizando *PowerShell*

Los problemas existentes para obtener utilizando *PowerShell* un volcado de memoria RAM de un sistema objetivo remoto son similares a los explicados para WMIC.

Cuando no se dispone de conectividad SMB con el sistema remoto, puede emplearse una sesión *PowerShell Remoting* para copiar la herramienta de volcado forense de memoria RAM, bien a un soporte de almacenamiento externo, bien al sistema de ficheros del sistema objetivo.

En primer lugar, el DFIR deberá establecer una sesión persistente *PowerShell Remoting* con el sistema objetivo. Para ello, creará una variable (Ej. *$RemoteSession*) en la que se almacena la sesión creada mediante el *cmdlet New-PSSession* con el sistema remoto, determinado mediante el parámetro *-ComputerName*. Ejemplo:

```
$RemoteSession= New-PSSession -ComputerName <objetivo>
```

En el siguiente paso, el DFIR copiará la herramienta de volcado de memoria RAM empleando el *cmdlet Copy-Item*. Mediante el parámetro *-ToSession* se determina a qué sesión *PowerShell Remote* se copiará el archivo. El parámetro *-Path* permite determinar la ruta completa del archivo a copiar. El parámetro *-Destination* permite determinar la ruta destino. En el siguiente ejemplo se copiará a una unidad externa *E:* el archivo *winmpmem.exe*:

```
Copy-Item -ToSession $RemoteSession -Path .\winpmem.exe -Destination E:\
```

El DFIR puede interactuar con el sistema objetivo con el *cmdlet Enter-PSSession*. Mediante el parámetro *-Session* especificará la sesión *PowerShell Remote* establecida previamente mediante el *cmdlet New-PSSession*. Ejemplo:

```
Enter-PSSession -Session $RemoteSession
```

Si no surgen errores, se muestra en la consola *PowerShell* del DFIR un *prompt* que indica que ha iniciado sesión en el sistema objetivo. Podrá ejecutar remotamente comandos *PowerShell* en el sistema objetivo, pues dispondría a todos los efectos de una *shell* inversa (*reverse shell*) en el sistema objetivo. Como *PowerShell* puede ejecutar comandos de *cmd.exe*, podría obtener la ubicación del archivo de paginación del sistema objetivo mediante el comando WMIC:

```
wmic pagefile list brief
```

El DFIR accederá entonces a la unidad externa donde copió remotamente la herramienta de volcado de la memoria RAM y la ejecutará. Una vez finalizado el volcado de memoria, siguiendo el manual de buenas prácticas forenses, se cierra la *shell* inversa mediante el comando *Exit*. Ejemplo:

```
E:
.\wimpmem.exe -p c:\pagefile.sys -o e:\<objetivo.aff4>
Exit
```

El DFIR debe tener presente que esto no finaliza la sesión *PowerShell Remote*, y que solo le devolverá al *prompt* de su sistema local. Por tanto, el DFIR podría copiar en su sistema local el archivo correspondiente al volcado de memoria con el *cmdlet Copy-Item* y el parámetro *-FromSession*. El parámetro *-Path* establece la ruta del archivo remoto a copiar. Y el parámetro -*Destination*, la ruta local en la que copiar el archivo. Ejemplo:

```
Copy-Item -FromSession $RemoteSession -Path E:\<objetivo.aff4>
-Destination c:\Evidencias
```

El DFIR puede comprobar la integridad del archivo copiado calculando el valor resumen del archivo remoto y del archivo local. Para ello, podría ejecutar los siguientes comandos como en el siguiente ejemplo:

```
Get-FileHash .\<objetivo.aff4>
Invoke-Command -Session $RemoteSession {Get-FileHash E:\<objetivo.aff4>}
```

Finalmente, si el archivo copió correctamente, el DFIR deberá cerrar la sesión *PowerShell Remote*. Para ello, deberá utilizar el *cmdlet Remove-PSSession* y el parámetro -*Session* especificando el identificador de la sesión. Ejemplo:

```
Remove-PSSession -Session $RemoteSession
```

Como sucedía en los escenarios planteados para la recolección de evidencias con WMIC, en caso de que no se pueda conectar un disco duro en el equipo remoto, el volcado de memoria tendría que almacenarse en el sistema de ficheros del sistema remoto, aplicándose las mismas consideraciones planteadas anteriormente sobre la potencial destrucción de los datos eliminados.

Agentes de recolección remota de memoria RAM

Existen herramientas comerciales para facilitar la captura remota tanto de datos volátiles como no volátiles de manera forense. Estas herramientas normalmente requieren del despliegue de un agente (*agent*) en el sistema remoto. Se entiende por agente un programa de tamaño reducido que se ejecuta como servicio o demonio en el sistema y que espera una conexión autenticada sobre un canal de comunicaciones cifrado y empleando el puerto de comunicaciones establecido.

Muchas de estas herramientas permiten además la búsqueda de artefactos forenses concretos en el entorno corporativo en el que se despliegan. Frente a las ventajas ofrecidas, su precio suele ser elevado. Muchas de estas herramientas combinan respuesta forense y capacidad de detección en *suites* de detección y respuesta a nivel *endpoint*. Un ejemplo de este tipo de herramientas sería *F-Response*, algunas de cuyas versiones proporcionan durante un incidente soporte para acceder a los datos corporativos almacenados en los principales CSP. El despliegue de los agentes puede realizarse fácilmente empleando directivas de grupo, o de forma selectiva empleando la consola de gestión de las herramientas. Además, utiliza *pmem* para realizar el volcado de la memoria RAM de los sistemas objetivo.

6

ANÁLISIS DE LÍNEAS TEMPORALES

6.1 INTRODUCCIÓN

6.1.1 Importancia de la elaboración de una línea temporal

En numerosas investigaciones, el DFIR necesitará establecer una línea temporal con los artefactos forenses recopilados de los sistemas potencialmente comprometidos. En esta línea temporal se situarán artefactos del *Registro* de *Windows*, eventos del sistema, *timestamps* de archivos, etc., permitiendo al investigador obtener la potencial relación existente entre los artefactos y establecer su secuencia correcta dentro de una ventana temporal.

El análisis de la línea temporal se ha ido convirtiendo en una de las técnicas de análisis más potentes a disposición del DFIR, permitiendo incluso predecir las líneas de acción del adversario. No obstante, pese a que acelera el ritmo de la investigación, esta técnica requiere de una elevada pericia del analista para identificar e inferir el significado de cada uno de los artefactos forenses, la mayoría aislados entre sí. En general, una línea temporal permitirá responder a las preguntas qué (*What*) y cuándo (*When*) de las preguntas 5WH deberían contestarse en toda investigación forense.

Las líneas temporales permiten al investigador ordenar los artefactos forenses obtenidos durante el transcurso de una investigación, facilitando además realizar el seguimiento de las actividades llevadas a cabo por el intruso en un entorno corporativo. Como estos artefactos forenses se obtienen a nivel sistema operativo y no a nivel de red, determinadas medidas antiforenses (Ej. Cifrado del canal de información) no afectarán a la elaboración de la línea temporal. Cualquier acción realizada por el atacante necesita interactuar con el sistema operativo víctima

(Ej. Creación, modificación, eliminación de archivos; lanzamiento de programas; creación de *sockets*; aplicación de medidas antiforenses).

El análisis de línea temporal resulta también de especial utilidad en la descripción de la actividad de una muestra de *malware* cuando se realiza un análisis dinámico (Ej. Ejecución del binario, creación de archivos temporales en el sistema de ficheros, creación de un proceso hijo, creación de claves de *Registro*, conexión con el C2 del adversario, descarga de otros archivos del C2).

6.1.2 Dificultades en la generación de líneas temporales

Debido a su importancia desde el punto de vista forense, los atacantes avanzados suelen incluir técnicas antiforenses en sus acciones con la intención de dificultar la potencial elaboración de líneas temporales. No obstante, en la mayoría de los escenarios, debido a la gran cantidad de artefactos forenses generados en el sistema durante una intrusión, resulta extremadamente difícil para el atacante actuar contra todos ellos para modificar o eliminar sus huellas en el sistema víctima. Además, si el atacante decide copiar herramientas antiforenses en el sistema víctima, estaría generando nuevos artefactos forenses al crear esos archivos en el sistema de ficheros.

El DFIR debe aprender a filtrar los artefactos correspondientes a las acciones de un usuario con el sistema de aquellos que son generados por otros usuarios (Ej. Locales, remotos, administradores de dominio) y por determinados procesos del sistema (Ej. *System*, *Local Service*, *Network Service*). No obstante, la mayoría de esta actividad será independiente entre sí, de modo que el DFIR podrá determinar si corresponde a uno u otro usuario.

Solo el profundo conocimiento del sistema y la experiencia acumulada permitirán al DFIR analizar de forma precisa una línea temporal compleja. Cuando se analiza un sistema operativo Windows, las tres principales áreas de conocimiento en las que el DFIR necesita alcanzar la maestría serán: el sistema de ficheros, los artefactos de *Windows* y el *Registro*. El DFIR debe dominar estas tres áreas y comprender la interrelación entre ellas.

Uno de los artefactos más difíciles de interpretar serán los archivos LNK, puesto que disponen de *timestamps* MACB (*Modified, Accessed, Changed, Birth*), pero apuntan a *timestamps* MAB (*Modify, Access, Birth*).

6.1.3 Punto de partida de una investigación

El DFIR deberá recopilar artefactos y analizar los datos obtenidos para elaborar una visión completa de la actividad que estaban llevando a cabo los usuarios (*Who* y *What*), desde qué sistema y/o contra qué sistema (*Where*), cómo estaban realizando esas acciones (*How*), cuándo tuvieron lugar esas acciones (*When*), y el motivo (*Why*).

Durante la investigación, podrán encontrarse numerosos artefactos que soportan una determinada hipótesis, lo que dará un mayor peso a la evidencia de una determinada acción (Ej. Diferentes artefactos permiten demostrar la ejecución de un binario en el sistema, diferentes artefactos permiten demostrar la apertura o creación de un archivo). El DFIR deberá aprender a agrupar los artefactos del sistema que demuestran una misma acción (Ej. Evidencia de ejecución) y que permiten contestar a una misma pregunta. El investigador deberá centrarse en detallar los hechos mediante el análisis de los artefactos obtenidos, no mediante hipótesis preconcebidas.

Normalmente, el DFIR necesitará un punto de partida en la línea temporal para poder comenzar la investigación. Este punto se conoce como punto pivote (*pivot point*), y puede consistir en un archivo, un *timestamp*, o cualquier otro artefacto, que se encuentre en la línea temporal y que permita al investigador examinar otros artefactos ubicados dentro de una ventana temporal alrededor de ese punto pivote. De ahí que este tipo de investigaciones se conozcan también como de proximidad temporal.

En la mayoría de los casos de investigación en un entorno corporativo, la investigación comienza porque se produce un incidente. Por tanto, el investigador partirá de su conocimiento a priori del caso para tomar la decisión sobre qué artefacto puede resultar de interés para comenzar la investigación (Ej. El *timestamp* del intento de conexión a una URL potencialmente maliciosa determinado por un archivo de *log* del *proxy web* corporativo). No obstante, existen otros escenarios, en los cuales el investigador carecerá de conocimiento a priori que le permita disponer de un punto pivote (Ej. Se entrega al investigador la imagen de un soporte de almacenamiento y/o un volcado de memoria del dispositivo de una víctima/sospechoso y debe determinar la actividad realizada con él).

Categoría	Ejemplos
Timestamp del incidente	Último inicio de sesión de un usuario en el sistema.
	Alerta generada por el IDS.
Actividad de red	Detección de paquetes generados desde el sistema investigado.
	Timestamp relacionado con esa actividad de red.
Actividad de un proceso	Identificar un proceso en ejecución relacionado con el incidente.
	Timestamp relacionado con ese proceso.
Nombre de un archivo	(Ej. *Powershell.exe*, *1.bat*).
Tipo de archivo	EXE, PS, PY, JS, PDF, DOC, DOCX, XLS
Actividad	Movimiento lateral (Ej. Eventos, copia de archivos, ejecución de binarios y/o *scripts*).
	Medidas antiforenses (Ej. *Wipers*).

Tabla 26. Ejemplo de puntos pivote que pueden emplearse durante una investigación.

Normalmente, en entornos corporativos, el investigador tomará como punto de partida una referencia temporal estimada como la del comienzo del incidente, y examinará los artefactos disponibles en una ventana temporal anterior y posterior a esa referencia. No obstante, también podrá iniciar la investigación a partir de artefactos concretos (Ej. Nombres de procesos, actividad de red) procedentes de fuentes externas (Ej. Alerta del SIEM, IOC de un proveedor de CTI).

En otros escenarios, un buen punto de partida será el nombre de un archivo (Ej. IOC de potencial actividad maliciosa), archivos ejecutables no legítimos (Ej. EXE, BAT, PS1, JS) o determinados tipos de archivos con contenido sensible de la organización (Ej. Archivos ofimáticos, bases de datos, código fuente).

La identificación de un único artefacto no será suficiente para comprender el modo en el que puede ser utilizado dentro de la línea temporal. Será necesario dar contexto a ese artefacto analizando la proximidad temporal de otros artefactos anteriores y posteriores al artefacto utilizado como pivote. A modo de ejemplo, esto permitirá encontrar pruebas de la ejecución de un programa, la apertura de un archivo o su eliminación.

6.1.4 Proceso de análisis de una línea temporal

El primer paso que debe seguir el DFIR para analizar una línea temporal es determinar el alcance de la investigación que pretende alcanzarse con ella. En entornos corporativos, es normal que se almacenen sistemáticamente artefactos forenses durante varios años por cumplimiento normativo (Ej. Archivos de *log* de navegación). No obstante, la investigación debe centrarse en un incidente cuyo marco temporal será muy concreto (Ej. Horas o días). Centrar la visión en esa ventana temporal permitirá reducir enormemente el volumen de datos que será necesario analizar.

El investigador deberá intentar reducir el número de los posibles puntos de pivote, bien dentro del marco de una ventana temporal, bien utilizando un artefacto que se considere vital para la resolución del incidente (Ej. Creación de un archivo con un nombre concreto en el sistema de ficheros del sistema víctima).

En determinados escenarios, primará la rapidez a la hora de crear la línea temporal, y el DFIR creará una línea temporal basada en metadatos del sistema de ficheros. Los investigadores menos experimentados optarán por la elaboración de una línea temporal automatizada (*automated timeline*), especialmente en aquellos escenarios en los cuales se desconoce lo que se está buscando. De esta manera, se incluirán todos los artefactos forenses. No obstante, los investigadores más avezados optarán por la creación de líneas temporales limitadas únicamente a aquellos artefactos forenses potencialmente de interés para la resolución del incidente (*targeted timeline*).

El investigador filtrará los datos disponibles dentro de la ventana temporal para trabajar únicamente con aquellos que considere de su interés para la resolución del incidente. También se podrán aplicar filtros para mostrar únicamente aquellos datos coincidentes con palabras clave o expresiones regulares.

El análisis de la línea temporal deberá realizarse centrándose en el contexto de la evidencia. Es decir, el investigador deberá encontrar artefactos forenses dentro de la ventana temporal delimitada alrededor del punto pivote que ayuden a determinar el modo en el que ese pivote fue empleado en el incidente. Dependiendo del tipo de evidencia que se quiera demostrar (Ej. Descarga de archivo, ejecución de programa, eliminación de archivos), deberán buscarse unos u otros artefactos forenses.

6.1.5 Predicción en el análisis de líneas temporales

Una de las formas que disponen los analistas menos experimentados para mejorar sus habilidades es leer informes técnicos disponibles de diferentes ataques, lo que les ayudará a asimilar el orden cronológico en el que sucedieron sus diferentes eventos. De este modo, adquirirán y perfeccionarán una habilidad esencial para los analistas, conocida como predicción (*forecasting*).

Cualquier alerta que sirva como iniciadora de una investigación servirá como punto de pivote de la línea temporal de un potencial ataque. Un analista experimentado será capaz de deducir a partir de un evento dado qué otros eventos podrían precederle o seguirle, permitiendo de este modo analizar con criterio la línea temporal de artefactos forenses disponible. Y aquí es donde interviene la predicción. El analista planteará hipótesis sobre las posibles líneas temporales existentes, formulando preguntas que permitan reducir de entre todas las diferentes hipótesis planteadas a la que realmente refleja lo ocurrido. De este modo, el analista pasará de una percepción teórica de lo que podría haber sucedido a determinar analíticamente lo que realmente sucedió.

A modo de ejemplo, si una regla *Sigma* generara una alerta al procesar un evento de denegación de inicio de sesión de un usuario a través de RDP, el analista debería deducir las posibles secuencias de eventos anteriores (qué condujo a la generación de este evento) y posteriores (eventos acaecidos tras este evento) al evento que generó esta alerta.

Para determinar si esa alerta se trata de un falso positivo o si realmente corresponde a un intento de inicio de sesión no autorizado, el análisis de los artefactos forenses precedentes en la línea temporal aportará al DFIR el siguiente contexto para la toma de decisión. Así, el DFIR debería buscar artefactos que demostrasen:

▸ La existencia de otros intentos de inicio de sesión similares procedentes del mismo sistema origen.

▸ Descargas sospechosas realizadas desde el sistema origen.

▸ Ejecución de procesos sospechosos en el sistema origen.

▸ Eventos que difieran del perfil habitual del usuario.

▸ Evidencias de que se volcaron credenciales de usuario en el sistema origen.

Un analista experimentado deduciría que, si se ha producido un intento de autenticación de usuario a través de RDP y el sistema destino ha denegado el inicio de sesión, seguramente se deba a que un atacante haya conseguido previamente una cabeza de playa en el sistema desde el que se está produciendo el intento de inicio de sesión remota. Por tanto, deberían existir otros artefactos forenses precedentes en la línea temporal al evento que generó la alerta, los cuales permitirían apoyar esa hipótesis formulada por el analista.

Además, el DFIR debería analizar también los artefactos forenses posteriores en la línea temporal al evento que generó la alerta, obteniendo así contexto adicional que permita apoyar la hipótesis de que el sistema origen ha resultado comprometido. Por tanto, si la alerta estuviese asociada a un evento malicioso, debería permitir encontrar artefactos forenses como los siguientes:

▸ La existencia de otros intentos de inicio de sesión similares procedentes de la misma fuente (sistema/dispositivo).

▸ Escaneo continuado del sistema destino desde el sistema origen.

▸ Intento de acceder a otros servicios en el sistema destino desde el sistema origen.

▸ En caso de éxito por parte del atacante, artefactos que demuestren el éxito del establecimiento de una conexión RDP con el sistema destino.

▸ Intentos de utilizar esas mismas credenciales en otros sistemas.

El analista deberá asumir que el atacante tiene algún tipo de interés en acceder al sistema destino, y persistirá en sus intentos hasta conseguir finalmente el acceso, generalmente mediante la obtención de credenciales del sistema origen comprometido, de otros sistemas del entorno corporativo donde se produjo la intrusión, o incluso de filtraciones o adquiridas en la *Dark Web*.

En el escenario propuesto en este apartado como ejemplo, el DFIR podría formular sus hipótesis en base a lo que tendría que haber ocurrido con anterioridad a que el atacante intentase iniciar sesión en otro sistema a través del protocolo RDP, y lo que podría haber ocurrido a posteriori en base al evento que generó la alarma.

La mejor manera de que los analistas adquieran este conocimiento es mediante la disección y aprendizaje de lo que ocurrió en diferentes tipos de ataques (Ej. *Spyware*, *ransomware*, automatizado, ejecutado manualmente). Esta disección y aprendizaje puede tener lugar a diferentes niveles de abstracción. Los niveles de abstracción más elevados emplearán para describir el ciclo de vida de un ataque las tácticas empleadas por los adversarios (Ej. La fase de reconocimiento normalmente tiene lugar antes que la de explotación; la obtención de una cabeza de playa es posterior a la del compromiso inicial de un sistema). En cambio, los niveles de abstracción inferiores utilizarán para describir el ataque las técnicas y procedimientos empleados (Ej. La ejecución de *PsExec* en el sistema origen tendría como consecuencia, en caso de éxito, la ejecución de un archivo binario en el sistema destino). Una buena práctica de los analistas es referenciar las TTP (Tácticas, Técnicas y Procedimientos) de los atacantes a estándares de facto, como LM CKC (*Lockheed Martin Cyber Kill Chain*) o el *framework MITRE ATT&CK*.

Desde el punto de vista del DFIR, la predicción permitiría seleccionar, a partir de artefactos forenses ordenados mediante una línea temporal, la hipótesis correcta de entre todas las posibles hipótesis que se pudieran formular sobre lo que pudo haber ocurrido en el sistema o entorno corporativo objeto de investigación. No obstante, numerosos factores influirán en la toma de decisión de cuál de las hipótesis posibles es la correcta. En múltiples ocasiones, el DFIR tardará menos en demostrar que una hipótesis formulada corresponde a comportamiento normal del usuario o funcionamiento correcto del sistema que en demostrar que se trata de una acción maliciosa vinculada con un ciberataque.

A modo de ejemplo, el evento que disparó la alerta podría encontrarse vinculado a la introducción incorrecta por el usuario legítimo de sus credenciales de acceso en el sistema origen. O, quizás, el usuario se equivocase al escribir la dirección IP o nombre de *host* del sistema en el que deseaba iniciar una sesión remota empleando el protocolo RDP. Una forma sencilla de probar esta hipótesis sería contactando con el usuario que supuestamente realizó el intento de conexión.

Conviene reseñar que la experiencia de un DFIR no solo se mide en el número de años dedicado a esta actividad, son también en los diferentes tipos de casos en los que interviene el analista. Generalmente, un DFIR en su entorno de trabajo no tendrá la oportunidad de practicar con un amplio espectro de ataques, pero sí podrá leer y aprender sobre ellos gracias a la inteligencia de seguridad compartida mediante redes sociales, *blogs*, informes públicos o de suscripción. De este modo, este conocimiento adquirido permitirá incrementar su capacidad de predecir la hipótesis correcta de entre todas las potenciales líneas temporales planteadas.

6.1.6 Herramientas para la confección de líneas temporales

Elaboración de líneas temporales basadas en metadatos del sistema de ficheros

Existen varias herramientas gratuitas que permiten elaborar líneas temporales a partir de los artefactos forenses de un sistema. La *suite* forense gratuita *The Sleuth Kit*, desarrollada por Brian Carrier, incluye las herramientas *fls* y *mactime*.

La herramienta *fls* utiliza como entrada un archivo "en crudo" procedente de una copia forense de un soporte de almacenamiento que incluya uno o más volúmenes. Permite operar con sistemas de ficheros HFS, UFS, *ext*, FAT, NTFS e ISO 9660. La salida de *fls* consisten en un listado de todos los archivos existentes en la tabla de asignación de archivos para su utilizar posteriormente como entrada de la herramienta *mactime*.

La herramienta *mactime* recibirá como entrada un listado con todos los datos contenidos en el sistema de ficheros objeto de estudio y proporcionará como salida una línea temporal almacenada en un archivo de texto codificado en ASCII.

La herramienta gratuita *Mac-robber* puede ser utilizada para recoger *timestamps* de archivos existentes en un sistema "en vivo". Es por tanto de utilidad en escenarios de respuesta a incidentes, pero también puede ser empleada para el análisis de imágenes de sistemas de ficheros "en muerto". La salida de esta herramienta puede ser utilizada por la herramienta *mactime* de *The Sleuth Kit* para elaborar una línea temporal de la actividad del sistema de ficheros del sistema objeto de la investigación. *Mac-robber* solo opera con sistemas de ficheros montados, y no permite recopilar datos de archivos eliminados. Al basar sus resultados en la información proporcionada por el sistema operativo, *Mac-robber* es susceptible a ser manipulada por *rootkits*, y no recopilará la información de los archivos que estos pudieran haber escondido. No obstante, soporta sistemas de ficheros no soportados por *The Sleuth Kit*.

De entre las herramientas gratuitas desarrolladas por Eric Zimmerman, *MFTECmd* permite parsear de un sistema de ficheros NTFS los archivos *$MFT*, *$Boot*, *$J* y *$SDS*. La herramienta permite operar con archivos bloqueados, es decir, permite trabajar en escenarios "en vivo", no solo con imágenes de sistemas de ficheros NTFS "en muerto".

Elaboración de líneas temporales a partir de un volcado de memoria RAM

La herramienta *Autotimeliner*, desarrollada en lenguaje Python por Andrea Fortuna y disponible gratuitamente en GitHub, permite generar a partir del volcado de la memoria RAM un archivo con formato CSV donde se almacenan los artefactos forenses dentro de una línea temporal. Para ello, fusiona la salida de los *plugins timeliner*, *mftparser* (extrae *$MFT* de la memoria) y *shellbags* (actividad del usuario) de *Volatility Framework* en un archivo con formato *body*, ordena y filtra este archivo utilizando la herramienta *mactime* y exporta el resultado en un archivo con formato CSV.

Super Timeline

Esta aproximación se basa en emplear la herramienta *Plaso*, desarrollada en lenguaje Python y disponible gratuitamente en GitHub. *Plaso* emplea la herramienta *log2timeline*, desarrollada también en lenguaje Python. Además de recopilar información del sistema de ficheros, permite recopilar datos de un amplio espectro de artefactos del sistema operativo *Windows* para elaborar una línea temporal que incluye toda esta información, conocida como *Super Timeline*. Además, *log2timeline* permite obtener datos de sistemas operativos Linux y *macOS*.

Timesketch

Timesketch, herramienta desarrollada por Google y disponible gratuitamente en GitHub, permite realizar análisis forense colaborativo de líneas temporales. El DFIR puede comentar y etiquetar los artefactos forenses para añadir información significativa para la investigación.

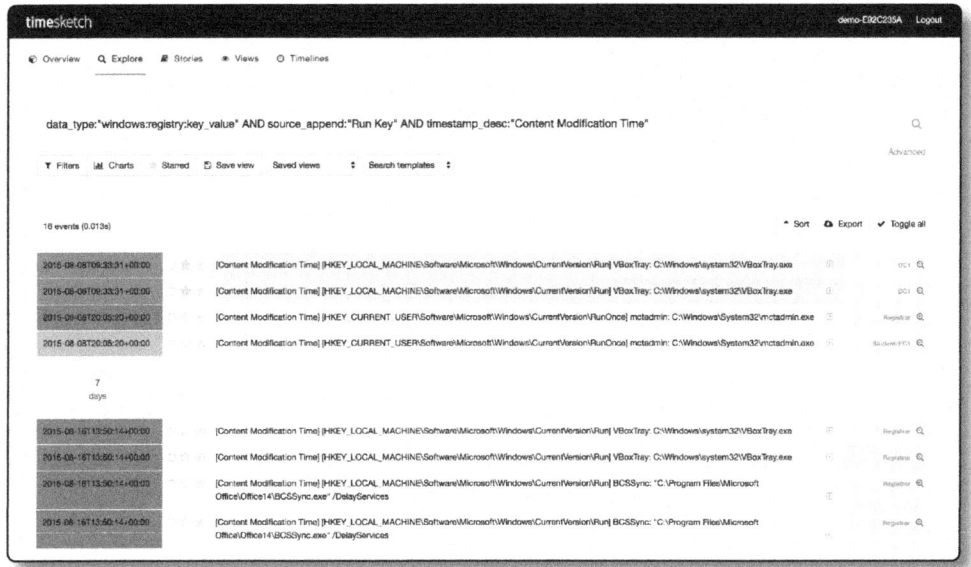

Ilustración 77. Captura de ejemplo de Timesketch.

Timesketch permite extraer datos para la elaboración de líneas temporales utilizando como fuente archivos JSONL o CSV con *timestamps* en formato *ISO 8601 (aaaa-mm-ddThh:mm:ss+00:00)*. La herramienta de línea de comandos *tsctl* permite importar líneas temporales desde archivos fuente. También permite crear líneas temporales a partir de un archivo *plaso* empleando la herramienta *psort*. Todos los datos en *Timesketch* se almacenan en una base de datos *Elasticsearch*.

Además, *Timesketch* implementa soporte para la herramienta *Sigma*, la cual puede utilizarse como analizador de archivos de *log*, y aprovechar el amplio conjunto de reglas ya disponibles públicamente para esta herramienta.

Una de las características más destacadas de *Timesketch* es que permite al DFIR documentar la investigación en *stories* conforme va analizando artefactos forenses.

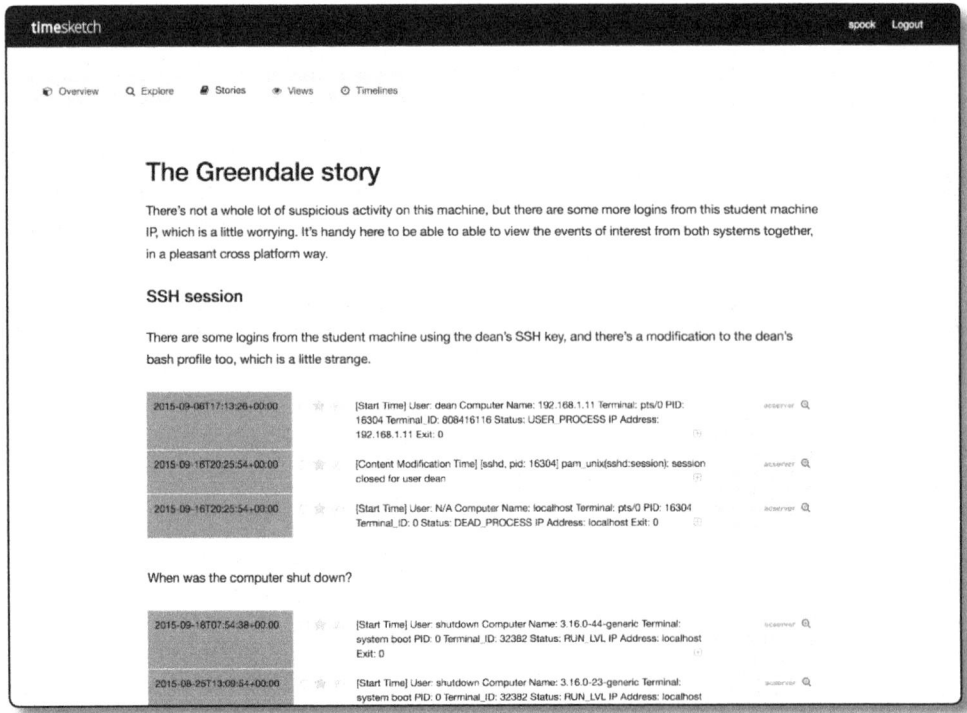

Ilustración 78. Ejemplo de story de una investigación de línea temporal realizada con Timesketch. Fuente: Johan Berggren.

6.2 ANÁLISIS DE ARTEFACTOS FORENSES EN WINDOWS

6.2.1 Evidencias de descarga de archivos

Abrir/guardar MRU (*Most Recently Used*)

Descripción
Esta clave permite realizar un seguimiento de los archivos abiertos/guardados desde un cuadro de diálogo de *Windows*. Esto incluye los archivos manipulados empleando tanto el navegador web como aplicaciones del sistema.
Ubicación
Windows XP
NTUSER.DAT\Software\Microsoft\Windows\CurrentVersion\Explorer\ComDlg32\OpenSaveMRU
Windows 7, 8 y 10
NTUSER.DAT\Software\Microsoft\Windows\CurrentVersion\Explorer\ComDlg32\OpenSavePIDlMRU
Interpretación
Subclave *. Realiza un seguimiento de los archivos MRU de cualquier extensión realizada desde un cuadro de diálogo *Abrir/Guardar*.
.ext (extensión de tres caracteres). Esta subclave almacena según su extensión la información del archivo del cuadro de diálogo *Abrir/Guardar*.

Anexos de correo electrónico

Descripción
A nivel mundial, se estima que el 80% de los datos correspondientes a los correos electrónicos corresponden a sus anexos. Los anexos deben codificarse en MIME/*Base64*.
Ubicación
Windows XP
%userprofile%\Local Settings\ApplicationData\Microsoft\Outlook
Windows 7, *8 y 10*
%localappdata%\Microsoft\Outlook
Interpretación
Los archivos de datos de *Microsoft Outlook* ubicados en estas rutas corresponden a los archivos OST y PST. El DFIR debe también comprobar el contenido de la carpeta OLK (*Outlook Temporary*), cuya ubicación puede obtenerse de la siguiente clave del *Registro*:
HKCU\Software\Microsoft\Office\<versión>\Outlook\Security

Historial de *Skype*

Descripción
El historial de *Skype* mantiene un archivo de *log* de las sesiones de conversación y los archivos transferidos de un sistema a otro. Esta característica se encuentra habilitada por defecto.

Ubicación
Windows XP
C:\Documents and Settings\<usuario>\Application\Skype\<nombre-skype>
Windows 7, *8* y *10*
%AppData%\Skype\<nombre-skype>

Interpretación
Cada entrada dispondrá de un *timestamp* y un usuario *Skype* asociado con la acción.

Artefactos del navegador

Descripción
No relacionado directamente con la descarga de archivos. Se almacena artefactos de cada cuenta de usuario local. Registra el número de veces visitado (frecuencia).

Ubicación
Internet Explorer
Internet Explorer 8-9
%AppData%\Microsoft\Windows\IEDownloadHistory\index.dat
Internet Explorer 10-11
%localappdata%\Microsoft\Windows\WebCache\WebCacheV*.dat

Firefox
v3-v25
%AppData%\Mozilla\Firefox\Profiles\<texto_aleatorio>.default\downloads.sqlite
v26 y posteriores
%AppData%\Mozilla\Firefox\Profiles\<texto_aleatorio>.default\places.sqlite Tabla: moz_annos

Chrome
Windows 7, 8 y 10
%localappdata%\Google\Chrome\User Data\Default\History

Interpretación
Numerosos sitios web generarán un histórico de los archivos abiertos desde ubicaciones remotas y descargados en el sistema local. El historial almacenará el acceso al archivo en el sitio web accedido pulsando un enlace.

Descargas

Descripción
Internet Explorer y *Firefox* disponen de un gestor integrado de descargas que mantienen un histórico de cada archivo descargado por el usuario. Este artefacto del navegador puede proporcionar excelente información sobre los sitios visitados por el usuario y el tipo de archivos que ha descargado de ellos.

Ubicación
Internet Explorer
Internet Explorer 8-9
%AppData%\Microsoft\Windows\IEDownloadHistory\
Internet Explorer 10-11
%localappdata%\Microsoft\Windows\WebCache\WebCacheV*.dat

Firefox
Windows XP
%userprofile%\Application Data\Mozilla\ Firefox\Profiles\<texto_aleatorio>.default\downloads.sqlite
Windows 7, 8 y 10
%AppData%\Mozilla\ Firefox\Profiles\<texto_aleatorio>.default\downloads.sqlite

Interpretación
El término descargas hace referencia a: nombre de archivo, tamaño y tipo; sitio desde el que se produce la descarga y la página de referencia; ubicación del archivo guardado; aplicación utilizada para abrir el archivo; *timestamp* de inicio y finalización de la descarga.

ADS identificador de zona

Descripción
A partir de *Windows XP SP2* y en sistemas de ficheros NTFS, si un archivo se descarga desde la *Zona Internet* (*Internet Zone*) utilizando un navegador web, se añade un ADS (*Alternate Data Stream*) al archivo descargado. Este ADS recibe el nombre de identificador de zona (*Zone. Identifier*).

Interpretación
Los archivos que tengan un *ZoneID=3* habrán sido descargados de Internet. *URLZONE_TRUSTED= ZoneID=2* *URLZONE_INTERNET= ZoneID= 3* *URLZONE_UNTRUSTED= ZoneID= 4*

6.2.2 Evidencias de ejecución de programas

UserAssist

Descripción
El sistema almacena un registro de los programas que disponen de una GUI y son lanzados desde el *Escritorio*.
Ubicación
Hive NTUSER.DAT
NTUSER.DAT\Software\Microsoft\Windows\Currentversion\Explorer\UserAssist\{GUID}\Count
Interpretación
Todos los valores se almacenan con codificación ROT13.
GUID para *Windows XP*
75048700   *Escritorio Activo.*
GUID para *Windows 7, 8 y 10*
CEBFF5CD   Ejecución de archivo ejecutable.
F4E57C4B   Ejecución de acceso directo.

Timeline de *Windows 10*

Descripción
Windows 10 almacena las aplicaciones y archivos utilizados en una línea temporal. Los datos se almacenan en una base de datos SQLite.
Ubicación
%localappdata%\ConnectedDevicesPlatform\L.<usuario>\ActivitiesCache.db
Interpretación
Ejecución de aplicaciones.
Contador por aplicación.

RecentApps

Descripción
El sistema realiza un seguimiento de la ejecución de aplicaciones con GUI mediante la subclave *RecentApps* del Registro.

Ubicación
NTUSER.DAT\Software\Microsoft\Windows\Current Version\Search\RecentApps

Interpretación	
Cada subclave GUID apunta a una aplicación ejecutada recientemente.	
AppID	Nombre de la aplicación
LastAccessTime	*Timestamp* última ejecución (UTC).
LaunchCount	Número de veces que se ejecuta.

ShimCache

Descripción
El sistema utiliza la base de datos de compatibilidad de aplicaciones para identificar posibles errores de compatibilidad en la ejecución de aplicaciones. La base de datos realiza un seguimiento del nombre del archivo, tamaño, última modificación. En *Windows XP*, se añade además la última actualización.

Ubicación
Windows XP
SYSTEM\CurrentControlSet\Control\SessionManager\AppCompatibility
Windows 7, 8 y 10
SYSTEM\CurrentControlSet\Control\Session Manager\AppCompatCache

Interpretación
Cualquier ejecutable lanzado en el sistema puede ser localizado en esta subclave. Permite determinar, a partir del nombre del ejecutable, sistemas en los cuales se ha ejecutado una determinada muestra de *malware*. Además, permite determinar la última ejecución.
En *Windows XP* se almacenan hasta 96 entradas, y *LastUpdateTime* se actualiza cuando se ejecutan los archivos.
En *Windows 7* se almacenan hasta 1.024 entradas, y no se registra el *LastUpdateTime*.

Jump Lists

Descripción
La barra de tareas de *Windows 7* (*Jump List*) permite a los usuarios acceder a objetos accedidos recientemente o con frecuencia. Esta funcionalidad incluye archivos y tareas recientes. Los datos almacenados en la carpeta *AutomaticDestinations* incluirá un único archivo precedido con el *AppID* de la aplicación asociada.

Ubicación
Windows 7, 8 y 10
%AppData%\Microsoft\Windows\Recent\AutomaticDestinations

Interpretación
Primera ejecución de una aplicación. *Timestamp* de creación= Primera vez que un objeto se añadió al archivo *AppID*.
Última vez que se ejecutó la aplicación con un archivo abierto. *Timestamp* de modificación= Última vez que se añadió un objeto al archivo *AppID*.
Listado de ID de *Jump List* *https://gist.github.com/atilaromero/2146441*

Hive AmCache

Descripción
La tarea *ProgramDataUpdater* utiliza el *hive AmCache.hve* para almacenar datos durante la creación de los procesos.

Ubicación
Windows 7, 8 y 10
%systemroot%\AppCompat\Programs\Amcache.hve

Interpretación
Subclaves *AmCache.hve\Root\File\{Volume GUID}\#######*
Se crea una entrada por cada ejecutable lanzado, incluyendo la ruta completa de la imagen, el *timestamp Última modificación* tomado de *$SI*, y el volumen del disco desde el que se ejecutó el proceso. Además, se incluye un valor resumen SHA1 de la imagen del proceso.
La primera ejecución corresponde al *timestamp Última modificación* de la subclave vinculada a la imagen del proceso.

System Resource Usage Monitor (SRUM)

Descripción
Histórico de datos de entre 30 y 60 días con información del rendimiento del sistema. Entre la información registrada se encuentra: aplicación ejecutada; cuenta de usuario que lanzó la aplicación; bytes enviados/recibidos por aplicación por hora.
Ubicación
Windows 8 y *10*
SOFTWARE\Microsoft\WindowsNT\CurrentVersion\SRUM\Extensions
%systemroot%\System32\sru\SRUDB.dat
Interpretación
La herramienta *srum_dmp.exe* permite correlacionar los datos entre las subclaves del *Registro* y la base de datos ESE *SRUDB.dat*.

BAM/DAM

Descripción
BAM (*Background Activity Moderator*) del sistema.
Ubicación
Windows 10
SYSTEM\CurrentControlSet\Services\bam\UserSettings\{SID}
SYSTEM\CurrentControlSet\Services\dam\UserSettings\{SID}
Interpretación
Proporciona la ruta completa de un archivo ejecutado en el sistema y el *timestamp* de última ejecución.

MRU última visita

Descripción
Realiza un seguimiento del ejecutable utilizado por una aplicación para abrir los archivos documentados en la subclave *OpenSaveMRU* del *Registro*. Además, cada valor permite realizar un seguimiento de la ubicación del último archivo que fue accedido por esa aplicación.
Ubicación
Windows XP
NTUSER.DAT\Software\Microsoft\Windows\CurrentVersion\Explorer\ComDlg32\LastVisitedMRU
Windows 7, 8 y 10
NTUSER.DAT\Software\Microsoft\Windows\CurrentVersion\Explorer\ComDlg32\LastVisitedPidlMRU
Interpretación
Realiza un seguimiento de los ejecutables utilizados para abrir archivos en *OpenSaveMRU* y la última ruta utilizada del archivo.

Prefetch

Descripción
Incrementa el rendimiento del sistema precargando páginas de código que son utilizadas con frecuencia por las aplicaciones. El *Gestor de la Caché* monitoriza todos los archivos y carpetas referenciadas para cada aplicación o proceso y las mapea en un archivo con extensión .pf. Permite conocer si una aplicación fue ejecutada en el sistema.
En *Windows XP* y *Windows 7*, limitado a 128 archivos PF.
En *Windows 8* y *Windows 10*, limitado a 1.024 archivos PF.
Formato del nombre del archivo: *nombre_archivo.exe-hash.pf*
Ubicación
Windows XP, 7, 8 y 10
%SystemRoot%\Prefetch
Interpretación
Cada archivo PF incluye la última ejecución, número de ejecuciones, y dispositivos y *handles* de archivo utilizados por el programa.
El *timestamp* de creación del archivo PF proporciona la primera ejecución del archivo, con un margen de tolerancia de 10 segundos.
Proporciona la última ejecución en el *timestamp Última modificación*.
El archivo PF en *Windows 8* y *10* contiene hasta los ocho últimos *timestamps* de ejecución del binario asociado.

6.2.3 Evidencias de archivo eliminado o conocimiento de archivo

Búsqueda en *Windows XP*- ACMRU

Descripción
Existe una gran cantidad de información disponible a través del asistente de búsqueda de *Windows XP*. El asistente de búsqueda almacena los términos de búsqueda de un usuario relativos a nombres de archivos, equipos o palabras dentro de un archivo.
Ubicación
NTUSER.DAT\Software\Microsoft\Search Assistant\ACMru\####
Interpretación
Búsquedas en Internet: ####= *5001*.
Nombre completo o parte de un documento: ####= *5603*.
Palabra o frase en un archivo: ####= *5604*.
Impresoras, equipos y personas: ####= *5647*.

Thumbcache

Descripción
Miniaturas (*thumbnails*) de archivos gráficos, documentos ofimáticos y carpetas existentes en una base de datos denominada *thumbcache*. Cada usuario del sistema dispone de su propia base de datos basada en los tamaños de las miniaturas visualizadas por el usuario (pequeña, mediana, grande y extragrande).
Ubicación
C:\%UserProfile%\AppData\Local\Microsoft\Windows\Explorer
Interpretación
Los *thumbnails* se crean cuando un usuario conmuta el modo de visualización de una carpeta a modo miniatura o visualiza archivos gráficos en modo presentación (*slide show*). A partir de *Windows 7*, se almacenan en cuatro bases de datos separadas conforme a su tamaño: *32* (pequeña), *96* (mediana), *256* (grande) y *1024* (extragrande).
La base de datos *thumbcache* almacenará la copia miniatura del archivo gráfico conforme al tamaño de la miniatura en la respectiva base de datos.

Thumbs.db

Descripción
Archivo oculto de base de datos donde se almacenan las imágenes del sistema en modo miniatura. Este archivo cataloga las imágenes en una carpeta y almacena una copia de la miniatura incluso cuando las imágenes han sido eliminadas.

Ubicación
Windows XP
Creado automáticamente en cualquier carpeta que tenga activado *homegroup*.
Windows 7/8/10
Creado automáticamente en cualquier carpeta y accedido mediante una ruta UNC local o remota.

Interpretación
Incluye la imagen en miniatura de la imagen original, miniatura del documento (incluso si fue eliminado), el *timestamp Última modificación* (únicamente en *Windows XP*) y el nombre de archivo original (únicamente en *Windows XP*).

Microsoft Internet Explorer o Microsoft Edge file://

Descripción
El sistema también almacena la actividad local y remota (*shares*) de acceso a archivos de los navegadores *Internet Explorer* y *Edge*. Esto permite determinar los archivos y aplicaciones que han sido accedidos en el sistema.

Ubicación
Internet Explorer 6-7
%UserProfile%\LocalSettings\History\History.IE5
Internet Explorer 8-9
%UserProfile%\AppData\Local\Microsoft\WindowsHistory\History.IE5
Internet Explorer 10-11
%UserProfile%\AppData\Local\Microsoft\Windows\WebCache\WebCacheV*.dat

Interpretación
Para las versiones de *Internet Explorer 6-9*, se almacena en el archivo *index.dat* como *file:///<Unidad>:/<carpeta>/<archivo.ext>*.
Las entradas de *index.dat* no significa que el archivo fuese abierto en el navegador.

Búsqueda *WordWheelQuery*

Descripción
Palabras clave buscadas desde el menú *Inicio* (*Start*) en *Windows 7*.
Ubicación
Windows 7/8/10
NTUSER.DAT\Software\Microsoft\Windows\CurrentVersion\Explorer\WordWheelQuery
Interpretación
Las palabras clave se añaden en codificación Unicode y se listan en orden temporal en una *MRUlist*.

Papelera de Reciclaje de *Windows XP/2003*

Descripción
La *Papelera de Reciclaje* permite encontrar archivos eliminados de manera temporal en el sistema. Es una carpeta oculta del sistema de ficheros. El *timestamp* de eliminación del archivo y el nombre de archivo original almacenados en archivos separados para cada archivo eliminado.
Ubicación
Windows XP/2003/NT/2000
C:\RECYCLER
Interpretación
Se crea una subcarpeta con el SID de cada usuario. Puede asociarse con el nombre de usuario mediante el *Registro*.
Se crea un archivo oculto en la subcarpeta con nombre *INFO2*. Este archivo contiene el *timestamp* de eliminación y el nombre del archivo original parcialmente eliminado. El nombre de archivo se almacena tanto en codificación ASCII como en Unicode.

Papelera de Reciclaje en *Windows 7/8/10*

Descripción
La *Papelera de Reciclaje* permite encontrar archivos eliminados de manera temporal en el sistema. Es una carpeta oculta del sistema de ficheros. El *timestamp* de eliminación del archivo y el nombre de archivo original almacenados en archivos separados para cada archivo eliminado.
Ubicación
Windows 7/8/10
C:\$Recycle.bin
Interpretación
Puede asociarse el SID del usuario al nombre de usuario mediante el *Registro*.
Los archivos cuyos nombres tienen el formato *$I######* contienen la ruta y el nombre original de archivo eliminado, y el *timestamp* de eliminación.
Los archivos cuyos nombres tienen el formato *$R######* contienen los datos eliminados parcialmente y que pueden ser restaurados a su ruta original con su nombre original, gracias a la información del archivo asociado *$I######*.

Últimos archivos visitados MRU

Descripción
Realiza un seguimiento de los ejecutables utilizados para abrir los archivos especificados en la subclave del Registro *OpenSaveMRU*. Además, cada valor también realiza un seguimiento de la carpeta del último archivo que fue accedida por la aplicación.
Ubicación
Windows XP
NTUSER.DAT\Software\Microsoft\Windows\CurrentVersion\Explorer\ComDlg32\LastVisitedMRU
Windows 7/8/10
NTUSER.DAT\Software\Microsoft\Windows\CurrentVersion\Explorer\ComDlg32\LastVisitedPidlMRU
Interpretación
Realiza un seguimiento de los ejecutables utilizados para abrir archivos en *OpenSaveMRU* y la última ruta de archivo empleada.

6.2.4 Evidencias de actividad de red y de ubicación física

Zona horaria

Descripción
Identifica la zona horaria del sistema.
Ubicación
SYSTEM\CurrentControlSet\Control\TimeZoneInformation
Interpretación
Conocer la zona horaria del sistema permite correlar con precisión los diferentes artefactos del sistema (artefactos con *timestamps* en UTC con artefactos con *timestamps* referenciados a zona horaria local). Especialmente importante cuando en entornos corporativos haya que correlar sucesos que implican a sistemas ubicados en diferentes zonas horarias.

Cookies

Descripción
Las *cookies* proporcionan una visión de los sitios webs que han sido visitados y de las actividades que pudieron llevarse a cabo.
Ubicación
Internet Explorer 6-10
%UserProfile%\AppData\Roaming\Microsoft\Windows\Cookies
Internet Explorer 11
%UserProfile%\AppData\Local\Microsoft\Windows\INetCookies
Edge
%UserProfile%\AppData\Local\Packages\microsoft.microsoftedge_<APPID>\AC\MicrosoftEdge\Cookies
Firefox Windows XP
%UserProfile%\Application Data\Mozilla\Firefox\Profiles\<texto aleatorio>.default\cookies.sqlite
Firefox Windows 7/8/10
%UserProfile%\AppData\Roaming\Mozilla\Firefox\Profiles\<texto aleatorio>.default\cookies.sqlite
Chrome Windows XP
%UserProfile%\Local Settings\ApplicationData\Google\Chrome\User Data\Default\
Chrome Windows 7/8/10
%UserProfile%\AppData\Local\Google\Chrome\User Data\Default\Local Storage

Historial de red

Descripción
Identificar las redes cableadas o inalámbricas a la que se ha conectado el sistema. Permite identificar el nombre del dominio/intranet. Identificación del SSID de la red inalámbrica. Identificación de la dirección MAC del *gateway*.
Ubicación
SOFTWARE\Microsoft\Windows NT\CurrentVersion\NetworkList\Signatures\Unmanaged
SOFTWARE\Microsoft\Windows NT\CurrentVersion\NetworkList\Signatures\Managed
SOFTWARE\Microsoft\Windows NT\CurrentVersion\NetworkList\Nla\Cache
Interpretación
Identificar las redes a las que se ha conectado el sistema. Permite obtener el nombre de la intranet y la última conexión a partir del *timestamp Último acceso* de la subclave del *Registro*.
Permite obtener un listado de las redes a las que se ha accedido a través de VPN.

Archivo de *log* de eventos de la red inalámbrica

Descripción
Determina las redes inalámbricas a las que se asoció el sistema e identifica características de la red para encontrar la ubicación del sistema.
Ubicación
Microsoft-Windows-WLAN-AutoConfig%4Operational.evtx
EID *11000- Comenzó la asociación a una red inalámbrica.*
EID *8001- Conexión con éxito a una red inalámbrica.*
EID *8002- Conexión fallida a una red inalámbrica.*
EID *8003- Desconexión de red inalámbrica.*
EID *6100- Diagnóstico de red (log del sistema).*
Interpretación
Muestra el registro histórico de las conexiones de red inalámbricas.
Registra el SSID y el BSSID (dirección MAC del WAP). No obstante, a partir de *Windows 8*, no se registra el BSSID.

Términos de búsqueda del navegador web

Descripción
Registro de los sitios web visitados mediante *timestamp*. Se almacenan detalles para cada cuenta de usuario local. Se registran el número de veces que se ha visitado un sitio (frecuencia). Realiza también un seguimiento del acceso a los archivos locales. Incluye un historial de los términos de búsqueda empleados en motores de búsqueda.
Ubicación
Internet Explorer 6-7
%UserProfile%\LocalSettings\History\History.IE5
Internet Explorer 8-9
%UserProfile%\AppData\Local\Microsoft\WindowsHistory\History.IE5
Internet Explorer 10-11
%UserProfile%\AppData\Local\Microsoft\Windows\WebCache\WebCacheV*.dat
Firefox Windows XP
%UserProfile%\Application Data\Mozilla\Firefox\Profiles\<texto aleatorio>.default\places.sqlite
Firefox Windows 7/8/10
%UserProfile%\AppData\Roaming\Mozilla\Firefox\Profiles\<texto aleatorio>.default\places.sqlite

SRUM

Descripción
Registra entre 30 y 60 días de datos relativos al rendimiento del sistema. Permite obtener las aplicaciones ejecutadas, el usuario que las ejecutó, y el flujo de entrada y salida de datos de las aplicaciones por hora.
Ubicación
SOFTWARE\Microsoft\Windows NT\CurrentVersion\SRUM\Extensions\{973F5D5C-1D90-4944-BE8E-24B94231A174} = Monitor de utilización de datos de red de Windows
SOFTWARE\Microsoft\Windows NT\CurrentVersion\SRUM\Extensions\{DD6636C4-8929-4683-974E-22C046A43763} = Monitor de la utilización de conectividad de red de Windows
SOFTWARE\Microsoft\WlanSvc\Interfaces\
C:\Windows\System32\SRU\
Interpretación
Herramienta como *srum_dump.exe* permiten correlar los datos presentes en las subclaves del *Registro* con la base de datos ESE de SRUM.

6.2.5 Evidencia de apertura de archivos/carpetas

Abrir/Guardar MRU

Descripción
Esta clave permite realizar un seguimiento de los archivos abiertos/guardados desde un cuadro de diálogo de *Windows*. Esto incluye los archivos manipulados empleando tanto el navegador web como aplicaciones del sistema.

Ubicación
Windows XP
NTUSER.DAT\Software\Microsoft\Windows\CurrentVersion\Explorer\ComDlg32\OpenSaveMRU
Windows 7, *8* y *10*
NTUSER.DAT\Software\Microsoft\Windows\CurrentVersion\Explorer\ComDlg32\OpenSavePIDlMRU

Interpretación
Subclave *. Realiza un seguimiento de los archivos MRU de cualquier extensión realizada desde un cuadro de diálogo *Abrir/Guardar*.
.*ext* (extensión de tres caracteres). Esta subclave almacena según su extensión la información del archivo del cuadro de diálogo *Abrir/Guardar*.

Archivos recientes

Descripción
Esta subclave del *Registro* realiza un seguimiento de los últimos archivos y carpetas abiertas. Se utiliza para rellenar los datos de los menús "*Reciente*" (*Recent*) del menú *Inicio* (*Start*).

Ubicación
NTUSER.DAT\Software\Microsoft\Windows\CurrentVersion\Explorer\RecentDocs

Interpretación
La subclave *RecentDocs* mantiene un seguimiento de las últimos 150 archivos o carpetas abiertos. La lista MRU (*Most Recent Used*) llevará un seguimiento del orden temporal en el cual cada archivo/carpeta fue abierto. La última entrada y *timestamp* de modificación de esta subclave será el *timestamp* y la ubicación en el que el archivo de una determinada extensión fue abierto.
.*ext* (extensión de tres caracteres). Esta subclave almacena los últimos archivos abiertos de una extensión determinada. La lista MRU realiza un seguimiento del orden temporal en el cual fue abierto cada archivo. La última entrada y *timestamp* de modificación de esta subclave será el *timestamp* de apertura del último archivo de esa extensión específica.
Folder. Esta subclave almacena las últimas carpetas abiertas. *MRU lists* mantiene un seguimiento del orden temporal en el que fue abierto cada carpeta. La última entrada y *timestamp* de modificación de esta subclave será el tiempo y ubicación de la última carpeta abierta.

Jump Lists

Descripción
La barra de tareas de *Windows 7* (*Jump List*) permite a los usuarios acceder a objetos accedidos recientemente o con frecuencia. Esta funcionalidad incluye archivos y tareas recientes. Los datos almacenados en la carpeta *AutomaticDestinations* incluirá un único archivo precedido con el *AppID* de la aplicación asociada y archivos LNK embebidos en cada *stream*.

Ubicación
Windows 7, *8 y 10*
%AppData%\Microsoft\Windows\Recent\AutomaticDestinations

Interpretación
Utilizando *Structured Storage Viewer*, abrir uno de los archivos *JumpList* de *AutomaticDestinations*.
Cada uno de estos archivos es un archivo LNK separado. Están almacenados numéricamente desde el origen (normalmente, *1*) hasta el más reciente (entero de mayor valor).

Shell Bags

Descripción
Estas subclaves del *Registro* almacenan las carpetas accedidas en el sistema local, la red y/o dispositivos removibles. Permite demostrar la existencia previa de carpetas que actualmente han sido eliminadas o sobrescritas. Permite demostrar el *timestamp* de acceso a determinadas carpetas.

Ubicación
Windows XP
NTUSER.DAT\Software\Microsoft\Windows\Shell\Bags
NTUSER.DAT\Software\Microsoft\Windows\Shell\BagMRU
NTUSER.DAT\Software\Microsoft\Windows\ShellNoRoam\Bags
NTUSER.DAT\Software\Microsoft\Windows\ShellNoRoam\BagMRU
NTUSER.DAT\Software\Microsoft\Windows\Currentversion\Explorer\StreamMRU
NTUSER.DAT\Software\Microsoft\Windows\Currentversion\Explorer\StreamMRU\Streams
Windows 7/8/10
NTUSER.DAT\Software\Microsoft\Windows\Shell\Bags
NTUSER.DAT\Software\Microsoft\Windows\Shell\BagMRU
UsrClass.dat\LocalSettings\Software\Microsoft\Windows\Shell\Bags
UsrClass.dat\LocalSettings\Software\Microsoft\Windows\Shell\BagMRU

Interpretación
Almacenan información relativa a las carpetas por las que el usuario navegó recientemente.

Archivos LNK

Descripción
Accesos directos creados automáticamente por el sistema. Objetos recientes. Abrir un archivo local o remoto generará un archivo LNK.

Ubicación
Windows XP
%UserProfile%\Recent
Windows 7, 8 y 10
%UserProfile%\AppData\Roaming\Microsoft\Windows\Recent\
%UserProfile%\AppData\Roaming\Microsoft\Office\Recent\

Interpretación
Primera apertura del archivo asociado: *timestamp Creación* del archivo LNK.
Última apertura del archivo asociado: *timestamp Última modificación* del archivo LNK.
Datos en el archivo LNK: *Modificación, Acceso* y *Creación* del archivo objetivo; Información del volumen (Nombre, tipo, número de serie); información de share; ubicación original; nombre del sistema.

Prefetch

Descripción
Incrementa el rendimiento del sistema precargando páginas de código que son utilizadas con frecuencia por las aplicaciones. El *Gestor de la Caché* monitoriza todos los archivos y carpetas referenciadas para cada aplicación o proceso y las mapea en un archivo con extensión .pf. Permite conocer si una aplicación fue ejecutada en el sistema.
En *Windows XP* y *Windows 7*, limitado a 128 archivos PF.
En *Windows 8* y *Windows 10*, limitado a 1.024 archivos PF.
Formato del nombre del archivo: *nombre_archivo.exe-hash.pf*

Ubicación
Windows XP, 7, 8 y 10
%SystemRoot%\Prefetch

Interpretación
Cada archivo PF incluye la última ejecución, número de ejecuciones, y dispositivos y *handles* de archivo utilizados por el programa.
El *timestamp* de creación del archivo PF proporciona la primera ejecución del archivo, con un margen de tolerancia de 10 segundos.
Proporciona la última ejecución en el *timestamp Última modificación*.
El archivo PF en *Windows 8* y *10* contiene hasta los ocho últimos *timestamps* de ejecución del binario asociado.

Última visita MRU

Descripción
Realiza un seguimiento del ejecutable utilizado por una aplicación para abrir los archivos tipificados en la subclave *OpenSaveMRU*. Además, cada valor también realiza un seguimiento de la ubicación del último archivo accedido por la aplicación.
Ubicación
Windows XP
NTUSER.DAT\Software\Microsoft\Windows\CurrentVersion\Explorer\ComDlg32\LastVisitedMRU
Windows 7, *8* y *10*
NTUSER.DAT\Software\Microsoft\Windows\CurrentVersion\Explorer\ComDlg32\LastVisitedPidlMRU
Interpretación
Realiza un seguimiento de los ejecutables utilizado para abrir archivos en *OpenSaveMRU* y la última ruta utilizada.

Internet Explorer y *Microsoft Edge file://*

Descripción
El sistema también almacena la actividad local y remota (*shares*) de acceso a archivos de los navegadores *Internet Explorer* y *Edge*. Esto permite determinar los archivos y aplicaciones que han sido accedidos en el sistema.
Ubicación
Internet Explorer 6-7
%UserProfile%\LocalSettings\History\History.IE5
Internet Explorer 8-9
%UserProfile%\AppData\Local\Microsoft\WindowsHistory\History.IE5
Internet Explorer 10-11
%UserProfile%\AppData\Local\Microsoft\Windows\WebCache\WebCacheV*.dat
Interpretación
Para las versiones de *Internet Explorer 6-9*, se almacena en el archivo *index.dat* como *file:///<Unidad>:/<carpeta>/<archivo.ext>*.
Las entradas existentes en *index.dat* no significan que el archivo fuese abierto en el navegador.

Archivos recientes de *Microsoft Office*

Descripción
Las aplicaciones de *Microsoft Office* realizan su propio seguimiento de los Archivos Recientes para simplificar a los usuarios recordar los archivos con los que estaban trabajando.
Ubicación
Versiones *10* (*Office XP*), *11* (*Office 2003*), *12* (*Office 2007*) y *14* (*Office 2010*)
NTUSER.DAT\Software\Microsoft\Office\<#_versión>
Versión *15*
NTUSER.DAT\Software\Microsoft\Office\VERSION\UserMRU\LiveID_####\FileMRU
Interpretación
Realiza un seguimiento de los últimos archivos abiertos con las aplicaciones de *Microsoft Office*. La última entrada añadida será el timestamp de la última apertura del documento por una de las aplicaciones de *Microsoft Office*.

6.2.6 Evidencias de utilización de cuentas de usuario

Último inicio de sesión

Descripción
Lista las cuentas locales del sistema y sus SID asociados.
Ubicación
%SystemRoot%\system32\config\SAM
SAM\Domains\Account\Users
Interpretación
Únicamente el *timestamp* de último inicio de sesión es almacenado en la subclave del *Registro*.

Último cambio de contraseña

Descripción
Lista el último cambio de contraseña de un usuario local.
Ubicación
%SystemRoot%\system32\config\SAM
SAM\Domains\Account\Users
Interpretación
Únicamente el *timestamp* de último cambio de contraseña es almacenado en la subclave del *Registro*.

Conexiones RDP

Descripción
Realiza un seguimiento de los inicios de sesión RDP en clientes remotos. Estos eventos solo se almacenan en *Windows 7* y posteriores en el *log Seguridad*.
Ubicación
%SystemRoot%\System32\winevt\logs\Security.evtx
EID *4778*- Conexión/reconexión de la sesión.
EID *4779*- Desconexión de sesión.
Interpretación
Los eventos proporcionan el nombre del sistema y la dirección IP del sistema remoto. Suele ser habitual encontrarse eventos con EID *4779* seguidos de eventos con EID *4778*.

Eventos de servicios

Descripción
Analizar archivos de *log* de servicios sospechosos lanzándose durante el inicio del sistema. Revisar los servicios que inician o se detienen en una ventana temporal próxima al punto pivote del incidente.
Ubicación
%SystemRoot%\System32\winevt\logs\System.evtx
EID *7034*- El servicio finalizó de manera inesperada.
EID *7035*- El servicio envió una señal de control de inicio/parada.
EID *7036*- El servicio inició/se detuvo.
EID *7040*- Se modificó el tipo de inicio del servicio (*Inicio* | *Bajo petición* | *Deshabilitado*).
EID *7045*- Se instaló un servicio en el sistema.
%SystemRoot%\System32\winevt\logs\Security.evtx
EID *4697*- Se instaló un servicio en el sistema.
Interpretación
Numerosas muestras de *malware* utilizan servicios para su ejecución.
Los servicios permiten a las muestras de *malware* adquirir persistencia lanzándose al iniciarse el sistema.
La ejecución de los servicios puede fallar debido a que las muestras de *malware* implementen técnicas de ataque como la inyección de procesos.

Tipos de inicio de sesión

Descripción
Los eventos de inicio de sesión proporcionan información específica relativa a la naturaleza de las autorizaciones de la cuenta en un sistema. Proporcionan información relativa al *timestamp*, nombre de usuario y el estado de éxito/fracaso (*Success/Failure*) de un intento de inicio de sesión.

Ubicación
%SystemRoot%\System32\winevt\logs\Security.evtx
EID *4624*.

Interpretación	
Logon Type	Descripción
2	Inicio de sesión mediante la consola.
3	Inicio de sesión en red.
4	Inicio de sesión *batch*.
5	Inicio de sesión de servicio de *Windows*.
7	Credenciales utilizadas para desbloquear la pantalla.
8	Inicio de sesión de red enviando contraseñas en claro.
9	Se utilizaron credenciales diferentes a las utilizadas por el usuario que inició sesión.
10	Inicio de sesión remoto interactivo (RDP).
11	Se utilizaron credenciales cacheadas para iniciar sesión.
12	Credenciales remotas interactivas cacheadas (similar a *Tipo 10*).
13	Desbloqueo cacheado (similar a *Tipo 7*).

Eventos de autenticación

Descripción
Mecanismos de autenticación. Los eventos se almacenan en el sistema que autentica las credenciales.

Ubicación
%SystemRoot%\System32\winevt\logs\Security.evtx
EID *4776*- Autenticación exitosa/fallida. Protocolo NTLM.
EID *4768*- Se concedió un *ticket* TGT. Autenticación *Kerberos* con éxito.
EID *4769*- Solicitud de *ticket* de servicio *Kerberos* (acceso a un recurso del servidor).
EID *4771*- Fallo de pre-autenticación *Kerberos* (fallo de inicio de sesión).
La ejecución de los servicios puede fallar debido a que las muestras de *malware* implementen técnicas de ataque como la inyección de procesos.

Inicios de sesión exitosos/fallidos

Descripción
Determinar las cuentas utilizadas para intentar iniciar sesión en el sistema. Permite realizar un seguimiento de las cuentas comprometidas.
Ubicación
%SystemRoot%\System32\winevt\logs\Security.evtx
EID *4624-* Inicio de sesión con éxito.
EID *4625-* Fallo de inicio de sesión.
EID *4634|4647-* Finalización de sesión con éxito.
EID *4648-* Inicio de sesión utilizando credenciales explícitas (*RunAs*). Elevación de privilegios.
EID *4672-* Inicio de sesión utilizando credenciales de administrador.
EID *4720-* Se creó una cuenta.

6.2.7 Evidencias de conexión de dispositivos USB

Subclave de identificación de dispositivos

Descripción
Realiza un seguimiento de los dispositivos USB conectados a un sistema.
Ubicación
SYSTEM\CurrentControlSet\Enum\USBSTOR
SYSTEM\CurrentControlSet\Enum\USB
Interpretación
Identificar el fabricante, producto y versión de un dispositivo USB conectado a un sistema.
Identificar de manera unívoca un dispositivo USB conectado en un sistema.
Determinar el *timestamp* de la conexión de un dispositivo USB a un sistema.
Los dispositivos que carecen de un número de serie único dispondrán de un carácter "&" en la segunda posición del número de serie.

Timestamps de primera y última conexión

Descripción
Determinar el *timestamp* de conexión de un dispositivo USB.
Ubicación
Timestamp de primera conexión *Windows XP*
%systemroot%\setupapi.log
Timestamp de primera conexión Windows 7/8/10
%ssytemroot%\inf\setupapi.dev.log
Timestamp de primera y última conexión, y última desconexión.
SYSTEM\CurrentControlSet\Enum\USBSTOR\<fabricante>\<#_serie>\Properties\{83da6326-97a6-4088-9453-a19231573b29}\####
0064- Primera conexión (*Windows 7-10*).
0066- Última conexión (*Windows 8-10*).
0067- Última desconexión (*Windows 8-10*).
Interpretación
Buscar el número de serie del dispositivo.
Los *timestamps* se registran en horario local.

Usuario

Descripción
Encontrar el usuario que utilizó un USB con identificador único.
Ubicación
SYSTEM\MountedDevices
NTUSER.DAT\Software\Microsoft\Windows\CurrentVersion\Explorer\MountPoints2
Interpretación
El GUID del dispositivo permite identificar el usuario que lo conectó. El *timestamp Última escritura* de esta subclave corresponde con la última conexión del dispositivo al sistema por ese usuario. El número aparecerá referenciado en la subclave *MountPoints2* del *hive NTUSER.DAT* del usuario.

Eventos PnP

Descripción
Cuando se intenta instalar un controlador PnP, el servicio creará una entrada de evento con EID *20001* en el *log Sistema*. El evento proporciona información del estado. Este evento se genera para dispositivos USB, FireWire y PCMCIA.
Ubicación
%SystemRoot%\System32\winevt\logs\System.evtx
EID *20001*- Se intentó instalar un controlador PnP.
Interpretación
El evento EID *20001* proporciona el *timestamp* de intento de instalación, información del dispositivo, el número de serie del dispositivo y el estado. *Status= 0* sin errores.

Número de serie del volumen (VSN, *Volume Serial Number*)

Descripción
Proporciona el VSN de la partición del sistema de ficheros de la memoria USB.
Ubicación
Windows *XP/10* en los que el SO no está instalado en un SSD
SOFTWARE\Microsoft\WindowsNT\CurrentVersion\EMDMgmt
Windows 10 no particionado o con particionamiento MBR
%systemroot%\system32\winevt\logs\Microsoft-Windows-Partition%4Diagnostic.evtx
Interpretación
Disponer del VSN y del nombre del volumen permite correlar los datos del análisis del archivo LNK y de la subclave *RecentDocs* del *Registro*.
El archivo LNK contiene el número de serie del volumen y su nombre.
La subclave *RecentDocs* del *Registro* suele contener el nombre del volumen cuando el dispositivo USB es abierto utilizando el *Explorador de archivos*.
En *Windows 10*, los eventos con EID *1006* del archivo de *log Microsoft-Windows-Partition/Diagnostic* con EID *1006* recopilan información relacionada tanto con soportes de almacenamiento removibles (Ej. Memorias USB, tarjetas SD, discos duros externos) como con soportes de almacenamiento internos (Ej. Soporte de almacenamiento del sistema operativo). De especial utilidad en aquellos escenarios en los cuales el sistema operativo se encuentra instalado en un SSD, pues el sistema no se rellena la subclave *EMDMgmt*.

Letra de unidad y nombre de volumen

Descripción
Proporciona el número de serie del volumen de la partición del sistema de ficheros en la memoria USB.

Ubicación
Windows XP
SYSTEM\CurrentControlSet\Enum\USBSTOR (obtener *ParentIdPrefix*).
SYSTEM\MountedDevices (Último punto de montaje gracias a *ParentIdPrefix*).
Windows 7/8/10
SOFTWARE\Microsoft\Windows Portable Devices\Devices
SYSTEM\MountedDevices (Examinar letra de unidad en valor del *Registro*).

Interpretación
Identificar el dispositivo USB que fue mapeado por última vez a una determinada letra de unidad. No proporciona un historial de todas las letras de unidad mapeadas a un dispositivo removible.
El archivo LNK contiene el número de serie del volumen y su nombre.
La subclave *RecentDocs* del *Registro* suele contener el nombre del volumen cuando el dispositivo USB es abierto utilizando el *Explorador de archivos*.

Archivos LNK

Descripción
Accesos directos creados automáticamente por el sistema. Objetos recientes. Abrir un archivo local o remoto generará un archivo LNK.

Ubicación
Windows XP
%UserProfile%\Recent
Windows 7, 8 y 10
%UserProfile%\AppData\Roaming\Microsoft\Windows\Recent\
%UserProfile%\AppData\Roaming\Microsoft\Office\Recent\

Interpretación
Primera apertura del archivo asociado: *timestamp Creación* del archivo LNK.
Última apertura del archivo asociado: *timestamp Última modificación* del archivo LNK.
Datos en el archivo LNK: *Modificación, Acceso y Creación* del archivo objetivo; Información del volumen (Nombre, tipo, número de serie); información de *share*; ubicación original; nombre del sistema.

6.2.8 Evidencias de utilización del navegador

Historial de navegación

Descripción
Registro de los sitios web visitados mediante *timestamp*. Se almacenan detalles para cada cuenta de usuario local. Se registran el número de veces que se ha visitado un sitio (frecuencia). Realiza también un seguimiento del acceso a los archivos locales. Incluye un historial de los términos de búsqueda empleados en motores de búsqueda.
Ubicación
Internet Explorer 6-7
%UserProfile%\LocalSettings\History\History.IE5
Internet Explorer 8-9
%UserProfile%\AppData\Local\Microsoft\WindowsHistory\History.IE5
Internet Explorer 10-11, Edge
%UserProfile%\AppData\Local\Microsoft\Windows\WebCache\WebCacheV*.dat
Firefox Windows XP
%UserProfile%\Application Data\Mozilla\Firefox\Profiles\<texto aleatorio>.default\places.sqlite
Firefox Windows 7/8/10
%UserProfile%\AppData\Roaming\Mozilla\Firefox\Profiles\<texto aleatorio>.default\places.sqlite
Chrome XP
%UserProfile%\Local Settings\Application Data\Google\Chrome\UserData\Default\History
Chrome Windows 7/8/10
%UserProfile%\AppData\Local\Google\Chrome\User Data\Default\History

Cookies

Descripción
Las *cookies* proporcionan una visión de los sitios webs que han sido visitados y de las actividades que pudieron llevarse a cabo.
Ubicación
Internet Explorer 6-10
%UserProfile%\AppData\Roaming\Microsoft\Windows\Cookies
Internet Explorer 11
%UserProfile%\AppData\Local\Microsoft\Windows\INetCookies
Edge

%UserProfile%\AppData\Local\Packages\microsoft.microsoftedge_<APPID>\AC\MicrosoftEdge\Cookies

Firefox Windows XP

%UserProfile%\Application Data\Mozilla\Firefox\Profiles\<texto aleatorio>.default\cookies.sqlite

Firefox Windows 7/8/10

%UserProfile%\AppData\Roaming\Mozilla\Firefox\Profiles\<texto aleatorio>.default\cookies.sqlite

Chrome Windows XP

%UserProfile%\Local Settings\ApplicationData\Google\Chrome\User Data\Default\

Chrome Windows 7/8/10

%UserProfile%\AppData\Local\Google\Chrome\User Data\Default\Local Storage

Caché

Descripción
La caché es el lugar donde los componentes de una página web se almacenan localmente para acelerar posteriores visitas. Proporciona un *snapshot* de las páginas web que estaba visitando el usuario. Los archivos cacheados quedan vinculados al usuario. Los *timestamps* proporcionan información de la primera visita al sitio y la última visualización.
Ubicación
Internet Explorer 8-10
%UserProfile%\AppData\Local\Microsoft\Windows\Temporary Internet Files\Content.IE5
Internet Explorer 11
%UserProfile%\AppData\Local\Microsoft\Windows\INetCache\IE
Edge
%UserProfile%\AppData\Local\Packages\microsoft.microsoftedge_<APPID>\AC\MicrosoftEdge\Cache
Firefox Windows XP
%UserProfile%\Local Settings\ApplicationData\Mozilla\Firefox\Profiles\<texto aleatorio>.default\Cache
Firefox Windows 7/8/10
%UserProfile%\AppData\Roaming\Mozilla\Firefox\Profiles\<texto aleatorio>.default\Cache
Chrome Windows XP
%UserProfile%\Local Settings\Application Data\Google\Chrome\UserData\Default\Cache - data_# and f_######
Chrome Windows 7/8/10
%UserProfile%\AppData\Local\Google\Chrome\User Data\Default\Cache\ - data_# and f_######

Super cookies

Descripción
Los LSO (*Local Stored Objects*), también conocidos como *Flash Cookies*, se crean con la ejecución de aplicaciones *Adobe Flash* presentes en sitios web. Son más persistentes que las *cookies* debido a que carecen de un tiempo de caducidad y los navegadores no disponen de un mecanismo de eliminación automática de estas *cookies*.
Ubicación
Windows 7, 8 y 10
%AppData%\Roaming\Macromedia\FlashPlayer\#SharedObjects\<idperfilaleatorio>
Interpretación
Sitios web visitados.
Cuenta de usuario empleada para acceder al sitio web.
Timestamp de creación y último acceso a la *super cookie*.

Restauración de la sesión

Descripción
Características de restauración automática incluidas en el navegador en caso de fallo crítico.
Ubicación
Internet Explorer Windows 7, 8 y 10
%UserProfile%\AppData\Local\Microsoft\Internet Explorer\Recovery
Firefox Windows 7, 8 y 10
%UserProfile%\AppData\Roaming\Mozilla\Firefox\Profiles\<randomtext>.default\sessionstore.js
Chrome Windows 7, 8 y 10
%UserProfile%\AppData\Local\Google\Chrome\User Data\Default\
Archivos: *Current Session, Current Tabs, Last Session, Last Tabs*.
Interpretación
Histórico de los sitios web visitados en cada pestaña del navegador.
Sitios web referenciados.
Timestamp de finalización de la sesión.
Timestamp de modificación de los archivos .dat en la carpeta *LastActive*.
Timestamp de apertura de cada pestaña cuando tiene lugar un error fatal.
Timestamp de creación de archivos .dat en la carpeta *Active*.

Cookies de *Google Analytics*

Descripción
Google Analytics permite realizar un seguimiento de las visitas a un sitio web y la actividad del usuario.
Ubicación
_utma (visitantes únicos)
Valor resumen del dominio; ID del visitante; *timestamp* de creación de la *cookie*; *timestamp* de la segunda visita más reciente; *timestamp* de la visita más reciente; número de visitas.
_utmb (seguimiento de sesión)
Valor resumen del dominio; páginas visitadas en la sesión actual; pulsación en enlaces salientes; *timestamp* de inicio de la sesión actual.
_utmz (fuentes de tráfico)
Valor resumen del dominio; *timestamp* de última actualización; número de visitas; número de diferentes tipos de visitas; fuente utilizada para acceder al sitio web; nombre de la campaña *Google AdWords*; método de acceso (orgánico, referencia, *cpc*, email, directo); palabra clave utilizada para encontrar el sitio web (únicamente para tráfico no SSL).

6.3 CREACIÓN Y ANÁLISIS DE LÍNEAS TEMPORALES

6.3.1 Triaje de la línea temporal del sistema de ficheros

Las líneas temporales generadas a partir de metadatos del sistema de ficheros son las más habituales. Existen herramientas capaces de elaborar líneas temporales a partir de los metadatos de sistemas de ficheros tan dispares como NTFS, FAT 12/16/32, *ext2/3/4*, HFS+, ISO-9660 y UFS 1/2. Si la investigación se centra en sistemas operativos *Windows*, esta información podrá ser enriquecida adicionalmente con artefactos extraídos de datos del sistema de ficheros y generar una *Super Timeline*.

La línea temporal del sistema de ficheros incluye datos de todos los archivos y carpetas existentes en una partición, tanto si pertenecen a estructuras de metadatos asignados como no asignados. Es decir, la línea temporal incluirá archivos eliminados.

Las herramientas recopilan los *timestamps* de los metadatos del sistema de ficheros. Estos *timestamps* son MACB (*Modified, Accessed, Changed, Birth*):

- Modificación de datos (*M*). *Timestamp* que refleja la última modificación de los datos de un archivo.

- Acceso a datos (*A*). *Timestamp* del último acceso a los datos.

- Cambio en los metadatos (*C*). Última modificación de este registro de la MFT.

- Creación de metadatos (*B*). *Timestamp* de la creación del archivo en el volumen.

La combinación de estos *timestamps* puede proporcionar información sobre si el archivo fue creado en ese volumen, copiado desde otra ubicación, o eliminado.

En el sistema de ficheros NTFS, los MACB se corresponden con los siguientes metadatos: Última modificación (*Last modification time*); Último acceso (*Last access time*), Última modificación del registro de la MFT; y Creación del archivo (*File creation time*). En NTFS, las actualizaciones del *timestamp Último acceso* a un archivo pueden llegar a demorarse hasta 3600 segundos.

Sistema de ficheros	Zona horaria	Precisión	Datos modificados	Datos accedidos	Metadatos modificados	Metadatos de creación
FAT	Local	1 de enero 1980	Modificados (2 segundos)	Fecha de acceso (1 día)	N/A	Creado (10 ms)
NTFS	UTC	1 de enero 1601, 100 ns	Modificados	Acceso	Modificación de MFT	Creado
exFAT	UTC	1 de enero de 1601, 10 ms	Modificados	Acceso	N/A	Creado

Tabla 27. Comparativa de timestamps entre sistemas de ficheros habituales en sistemas Windows.

En el sistema de ficheros FAT no existe un *timestamp Acceso*, solo una fecha de acceso. El sistema operativo *Windows* mostrará como hora *00:00* (o *12:00 AM*). El DFIR deberá tener en cuenta que algunas herramientas forenses mostrarán también este valor horario, pese a no existir. Por otro lado, los valores horarios son almacenados en el horario local del sistema en el cual se generaron, permaneciendo invariables independientemente de la zona horaria sistema en el cual se consulten los *timestamps*.

NTFS almacena los *timestamps* en incrementos de 100 nanosegundos, tomando como origen el 1 de enero de 1601. En cambio, UNIX almacena los *timestamps* como el número de segundos transcurridos desde el 1 de enero de 1970.

NTFS almacena los *timestamps* en formato UTC (GMT+0) *FILETIME 64* bits, de modo que los *timestamps* no se ven afectados por la zona horaria definida en el sistema operativo o por el ajuste del horario de verano. En cambio, FAT almacena los *timestamps* conforme a la hora local definida en el sistema operativo. El DFIR deberá tener especial cuidado con las modificaciones horarias a la hora de interpretar los datos de la línea temporal, especialmente si la investigación implica sistemas de diferentes husos horarios y configurados en horario local.

En NTFS, los *timestamps* también son almacenados en el atributo *$FileName* (*$FN*). Si fuera necesario, existirá un atributo *$FN* para los nombres largo y corto de un archivo. Es decir, un archivo en un sistema de ficheros NTFS podrá tener ocho o doce *timestamps* en la MFT y otros cuatro u ocho *timestamps* en el listado de la carpeta en la que se ubican los archivos.

Las mayores discrepancias a la hora de interpretar los *timestamps* MACB entre diferentes sistemas de ficheros se encuentran en la columna *C*. A modo de ejemplo, tanto en NTFS como en UNIX el *timestamp C* almacena la última vez que se modificaron los metadatos del archivo (Ej. Cambio de permisos de seguridad, modificación del tamaño del archivo, cambio del propietario del archivo).

Resulta vital recordar el significado de los *timestamps*, pues modifica el contexto del evento en la línea temporal. Así, si un archivo es creado en un sistema de ficheros NTFS y posteriormente es copiado a una memoria USB cuyo sistema de ficheros es FAT32, el *timestamp Modificado* del archivo en la memoria USB será el mismo que el del volumen NTFS, pero el *timestamp B* (Creación) será el de su creación en el sistema de ficheros FAT32. Esta diferencia entre los *timestamps* de ambos volúmenes permite determinar al DFIR cuál de los dos sistemas de ficheros es el origen y cuál el destino del archivo.

Modificado	Acceso	Metadatos	Creación
Creación de archivo			
Timestamp de creación del archivo	*Timestamp* de creación del archivo	*Timestamp* de creación del archivo	*Timestamp* de creación del archivo
Acceso a archivo			
Sin cambio	*Timestamp* de acceso (sin cambio en NTFS *Windows* 7+)	Sin cambio	Sin cambio
Modificación de archivo			
Timestamp de modificación del archivo	Sin cambio	*Timestamp* de modificación del archivo	Sin cambio
Renombrar archivo			
Sin cambio	Sin cambio	*Timestamp* de modificación de datos	Sin cambio
Copiar archivo			
Heredado del original	*Timestamp* de copia del archivo	*Timestamp* de copia del archivo	*Timestamp* de copia del archivo
Mover archivo localmente			
Sin cambio	Sin cambio	*Timestamp* de mover archivo localmente	Sin cambio
Mover archivo a otro volumen utilizando CLI			
Heredado del original	*Timestamp* de mover archivo mediante CLI	Heredado del original	*Timestamp* de mover archivo mediante CLI
Mover archivo a otro volumen utilizando *Explorador de Archivos*			
Heredado del original	*Timestamp* de cortar/copiar	Heredado del original	Heredado del original
Eliminación de archivo			
Sin cambio	Sin cambio	Sin cambio	Sin cambio

Tabla 28. Timestamps en NTFS $Standard_Information. Fuente: SANS Institute.

La Tabla 28 recoge las reglas generales de los *timestamps* en el sistema de ficheros NTFS cuando un archivo se mueve, copia, accede, modifica o se crea.

En ocasiones, el sistema operativo puede modificar los *timestamps* descritos en la Tabla 28. Una de las modificaciones más habituales se produce cuando un archivo es descomprimido (Ej. ZIP, RAR, TGZ). Cuando se trata de nuevos archivos locales, se mantiene invariable la fecha de creación, modificación y acceso. No obstante, la hora de modificación de los archivos será la original de creación de los archivos.

Otra posible manipulación de la fecha y la hora de un archivo puede estar motivada por la utilización de herramientas antiforenses. Esta acción se conoce como *timestomping*. Herramientas como *timestomp* permiten al atacante modificar los cuatro *timestamps* *$Standard_Information* (*$SI*). Si el DFIR sospecha de la posible utilización de técnicas antiforenses de manipulación de *timestamps*, puede comprobar los *timestamps* almacenados en *$SI* con los almacenados en *$FN*, disponibles en la Tabla 29. Los *timestamps* *$FN* son más difíciles de manipular. La herramienta *istat* de la *suite* forense gratuita *The Sleuth Kit* permite examinar posibles inconsistencias entre los *timestamps* *$SI* y *$FN*.

Modificado	Acceso	Metadatos	Creación
Creación de archivo			
Timestamp de creación del archivo	*Timestamp* de creación del archivo	*Timestamp* de creación del archivo	*Timestamp* de creación del archivo
Acceso a archivo			
Sin cambio	Sin cambio	Sin cambio	Sin cambio
Modificación de archivo			
Sin cambio	Sin cambio	Sin cambio	Sin cambio
Renombrar archivo			
Sin cambio	Sin cambio	Sin cambio	Sin cambio
Copiar archivo			
Timestamp de copia del archivo	*Timestamp* de copia del archivo	*Timestamp* de copia del archivo	*Timestamp* de copia del archivo
Mover archivo localmente			
Sin cambio	Sin cambio	Sin cambio	Sin cambio
Mover archivo a otro volumen utilizando CLI			
Timestamp de mover archivo mediante CLI	*Timestamp* de mover archivo mediante CLI	*Timestamp* de mover archivo mediante CLI	*Timestamp* de mover archivo mediante CLI
Mover archivo a otro volumen utilizando *Explorador de Archivos*			
Timestamp de cortar/copiar	*Timestamp* de cortar/copiar	*Timestamp* de cortar/copiar	*Timestamp* de cortar/copiar
Eliminación de archivo			
Sin cambio	Sin cambio	Sin cambio	Sin cambio

Tabla 29. Timestamps en NTFS $FileName. Fuente: SANS Institute.

Timestamps de archivos en *shares* de archivos

Una de las características más interesantes del análisis de las líneas temporales es que los *timestamps* seguirán las normas definidas en la Tabla 28 y la Tabla 29, incluso el sistema origen se conecta a otro sistema en red estableciendo una sesión mediante el comando *net use* y empleando credenciales válidas para acceder al sistema remoto. Para poder moverse lateralmente a otro sistema de la red, el atacante deberá transferir el malware desde el equipo comprometido al equipo objetivo, en el cual ejecutará la muestra maliciosa (Ej. Tarea programada, comando WMI, *PsExec*). Cuando se emplea el protocolo SMB, los *timestamps* del archivo transferido permanecen intactos. De hecho, un sistema de ficheros remoto montado en el sistema local se asemeja a un sistema de ficheros del sistema local. En la subclave *mountpoints2* del *hive NTUSER.DAT*, se detalla para cada cuenta de usuario la última ocasión en la que se le asignó una letra de unidad a un sistema de ficheros remoto montado en el sistema local.

```
HKU\{SID}\Software\Microsoft\Windows\CurrentVersion\Explorer\MountPoints2\{GUID}
```

Cuando se copia un archivo utilizando el protocolo SMB a un *share* de archivos, el *timestamp Modificado* será heredado del archivo original. El resto de los *timestamps* corresponderán a los de creación en el *share*.

Modificado	Acceso	Metadatos	Creación
Archivo copiado utilizando protocolo SMB a un *share*			
Heredado del original	*Timestamp* de creación en el *share*	*Timestamp* de creación en el *share*	*Timestamp* de creación en el *share*

Desde el punto de vista del DFIR, la importancia del *timestamp* de "copia" del archivo radica en que puede ser utilizado como punto pivote en la línea temporal. Resulta muy probable que este *timestamp* exprese el momento inicial en el cual el atacante se movió lateralmente sobre el sistema objetivo, y que existan artefactos forenses adicionales de actividad del atacante comprendidos dentro de una ventana temporal alrededor de ese punto pivote. Una manera de determinar si el archivo cuyos timestamps se están analizando ha podido ser transferido desde otro equipo de la red es comparando los *timestamps Modificado* y *Creación*. Si el valor del *timestamp Modificado* es anterior al del *timestamp Creación*, y se asume que no se ha producido *timestomping*, entonces el archivo procederá de otro sistema.

A modo de ejemplo, podrían encontrarse eventos con EID *4624* (Inicio de sesión) en el archivo de *log Security.evtx*, o eventos con EID *4672* si el atacante estuviera accediendo como usuario administrador. Otros artefactos forenses adicionales posteriores al inicio de sesión podrían ser eventos con EID *4688* (Ejecución de procesos).

6.3.2 Creación y análisis de una línea temporal del sistema de ficheros

Creación de la línea temporal

El primer paso para crear una línea temporal es recopilar los datos de todas las imágenes en un único archivo, el cual es conocido como archivo *body*.

Existen tres tipos diferentes de datos que deben recolectarse:

▶ Archivos asignados. Archivos normales que se muestran con los comandos *dir* (línea de comandos en *Windows*), *Get-ChildItem* (*PowerShell*) o *ls* (Linux).

▶ Nombres de archivos eliminados. Archivos eliminados cuyos nombres todavía existen. Permite al DFIR obtener la ruta completa del archivo eliminado y detalles adicionales como sus *timestamps* y sus permisos. No todos los sistemas de ficheros almacenan un enlace del nombre de archivo eliminado al *inodo*.

▶ *Inodos* no asignados *($Orphan Files)*. Todas las estructuras de archivos que actualmente no están siendo utilizadas. Esto incluye datos de todos los archivos eliminados, incluso cuando la estructura del nombre de archivo no exista. Los *timestamps* son actualizados cuando el archivo es eliminado.

La *suite The Sleuth Kit* determina los archivos huérfanos avanzando en primer lugar por el árbol de directorios y enumerando todas las direcciones de metadatos a las que apuntan los nombres de archivo. En el siguiente paso, avanza a través de las estructuras de metadatos e identifica cuáles de las estructuras que no se encuentran asignadas carecen de un nombre de archivo que las apunte. Estas estructuras constituyen los archivos huérfanos.

MFTECmd

La herramienta gratuita *MFTECmd* permite generar líneas temporales a partir del sistema de ficheros.

MFTECmd.exe -f "<origen>" --body "<destino>" --bodyf <archivo.body> --blf --bdl <unidad>	
-f "<archivo>"	Archivo $MFT\|$J|$LogFile\|$Boot|$SDS.
--json "<carpeta>"	Carpeta en la que almacenar resultados en formato JSON.
--csv "<carpeta>"	Carpeta en la que almacenar resultados en formato CSV.
--csvf nombre	Nombre de archivo CSV.
--body "<carpeta>"	Carpeta en la que almacenar resultados en formato *body*. Necesario utilizar el parámetro --bdl.
--bodyf <archivo.body>	Nombre de archivo en formato *body*.
--bdl <unidad>	Unidad para utilizar con el parámetro --bodyf. Solo es necesario proporcionar la letra (Ej. C, D, E).
--blf	Si cierto, utilizar *LF* vs *CRLF* para nuevas líneas. Por defecto, su valor es falso.
--dd	Carpeta en la que almacenar registro *FILE*. Necesario el parámetro --do.
--do	*Offset* del archivo *FILE* del que volcar (en decimal o hexadecimal). Utilizar --de o --v1 1 para mostrar los *offsets*.
--de	Volcar detalles completos del número de entrada/secuencia. El formato es Entrada-secuencia como decimal o hexadecimal.
-v1 #	Mensajes de *log*. Si *1*, modo depuración; si *2*, modo traza.

Tabla 30. Manejo de la herramienta MFTECmd.

La ejecución de *MFTECmd* generará un archivo con extensión .*body*, el cual servirá de entrada para la herramienta *mactime*. Esta herramienta permite generar un archivo de línea temporal en formato CSV limitado únicamente a una ventana temporal del total de los datos disponibles en la MFT.

fls

fls [opciones] imagen [inodo]	
-u	Muestra los archivos asignados.
-d	Mostrar únicamente las entradas eliminadas (archivos y carpetas).
-D	Mostrar únicamente carpetas.
-F	Mostrar únicamente archivos y archivos especiales.
-r	Recursivo en carpetas.
-p	Mostrar la ruta completa cuando se lleva a cabo un paso recursivo de carpetas.
-l	Mostrar todos los detalles de los archivos (equivalente a *ls -l*). Añade los timestamps MAC.
-m	Mostrar en formato *body*.
-s <seg>	Retraso del sistema en segundos.
-a	Muestra las entradas "." y "..".
-z	Permite especificar una zona horaria diferente a la de la estación de análisis forense.

Tabla 31. Manejo de la herramienta fls.

La herramienta *fls* permite analizar una imagen de un sistema de ficheros y extraer los nombres de archivos y carpetas que contiene. Debido a que procesa el contenido de las carpetas, permite mostrar los datos de archivos eliminados. Dependiendo del sistema de ficheros objeto de estudio, los archivos eliminados podrán o no disponer de un puntero a la estructura de metadatos.

Si el usuario no proporciona el *inodo* de un directorio en la línea de comandos de *fls*, entonces la herramienta analizará la carpeta raíz. Mediante la bandera *-r* se realizará una búsqueda recursiva en las carpetas jerárquicamente dependientes. Por defecto, se muestran tanto los archivos asignados como los eliminados, además de mostrarse tanto archivos como carpetas.

mactime

mactime [-b archivo_body] [-p archivo_password] [-g archivo_group] [-i día|hora archivo_idx] [-d] [-h] [-V] [-y] [-z Zona_horaria] [fecha]	
-b	Establece la ubicación del archivo *body*. Si no se utiliza, se emplea la entrada estándar.
-d	Salida en formato CSV.
-h	Mostrar una cabecera con información de la sesión.
-i	Archivo *día|hora*. Especifica el archivo índice con un resumen de los resultados.
-y	Las fechas se muestran en formato *ISO 8601*.
-m	Las fechas disponen de mes como número en lugar de palabra. Incompatible con *-y*.
-z	Especifica la zona horaria de la que proceden los datos. Incompatible con *-y*.
-g	Establece la ubicación del archivo *group*, en caso contrario utiliza GID.
-p	Establece la ubicación del archivo *password*, en caso contra
-V	Muestra la versión en la salida estándar.
[fecha]	Fecha de inicio (*aaaa-mm-dd*) o rango (*aaaa-mm-dd..aaaa-mm-dd*).

Tabla 32. Manejo de la herramienta mactime.

Tras generarse el archivo *body* bien con *MFTECmd* o con *fls*, este archivo es utilizado como entrada de la herramienta *mactime*. Básicamente, *mactime* permite generar un filtrado del archivo *body* en función de una ventana temporal alrededor del punto pivote que inicia el incidente. Si no se especifica esta ventana temporal, *mactime* procesará el archivo completo.

Análisis de la línea temporal

Ejemplo:

```
MFTECmd.exe -f "C\$MFT" --body "E:\timeline" --bodyf test.body --blf --bdl E:
mactime -z UTC -y -d -b /test.body 2019-07-23..2019-08-07 > /test-filesystem-
timeline.csv
```

El archivo CSV correspondiente a la línea temporal se estructura en siete columnas (*Time, Filesize, MACtime, Permissions, UID/GID, Meta #, Filename*). Este archivo de texto puede ser visualizado directamente en la consola, importado como datos en *Microsoft Excel* o utilizando herramientas como *Timeline Explorer*, desarrollada por Eric Zimmerman y disponible gratuitamente en GitHub.

	Date	Size	Type	Meta	File Name
220386	Fri Apr 06 2012 22:34:39	76 mac.		16051-48-4	C:/WINDOWS/system32/SET19C.tmp ($FILE_NAME) (deleted)
220387	Fri Apr 06 2012 22:39:40	56 mac.		22637-144-6	C:/Documents and Settings/All Users/Application Data/McAfee/SiteAdvisor
220388	Fri Apr 06 2012 22:39:41	1019445 mac.		13012-128-4	C:/Documents and Settings/All Users/Application Data/McAfee/Common Framework/DB/PrdMgr_WKS-WINXP32BIT.log
220389	Fri Apr 06 2012 22:39:41	1058 mac.		15898-128-3	C:/Documents and Settings/All Users/Application Data/McAfee/Common Framework/Task/3.ini
220390	Fri Apr 06 2012 22:39:41	1058 mac.		15898-128-3	C:/Documents and Settings/All Users/Application Data/McAfee/Common Framework/Task/5.ini
220391	Fri Apr 06 2012 22:39:41	76 mac.		15898-48-2	C:/Documents and Settings/All Users/Application Data/McAfee/Common Framework/Task/3.ini ($FILE_NAME)
220392	Fri Apr 06 2012 22:39:41	76 mac.		15898-48-2	C:/Documents and Settings/All Users/Application Data/McAfee/Common Framework/Task/5.ini ($FILE_NAME)
220393	Fri Apr 06 2012 22:39:41	1058 ..c.		16051-128-3	C:/Documents and Settings/All Users/Application Data/McAfee/Common Framework/Task/5.tmp (deleted)
220394	Fri Apr 06 2012 22:39:41	1058 ..c.		16051-128-3	C:/WINDOWS/Temp/Perflib_Perfdata_7c4.dat
220395	Fri Apr 06 2012 22:39:41	1058 ..c.		16051-128-3	C:/WINDOWS/system32/SET19C.tmp (deleted)
220396	Fri Apr 06 2012 22:39:41	723 mac.		5411-128-1	C:/Documents and Settings/All Users/Application Data/McAfee/Common Framework/Task/1.ini
220397	Fri Apr 06 2012 22:39:41	723 mac.		5411-128-1	C:/WINDOWS/PCHealth/HelpCtr/DataColl/CollectedData_8052.xml (deleted-realloc)
220398	Fri Apr 06 2012 22:39:41	76 mac.		5411-48-2	C:/Documents and Settings/All Users/Application Data/McAfee/Common Framework/Task/1.ini ($FILE_NAME)
220399	Fri Apr 06 2012 22:39:41	76 mac.		5411-48-2	C:/WINDOWS/PCHealth/HelpCtr/DataColl/CollectedData_8052.xml ($FILE_NAME) (deleted-realloc)
220400	Fri Apr 06 2012 22:39:41	192244 mac.		7448-128-3	C:/System Volume Information/_restore{55024D91-8423-49CF-94C2-8A4546B748EE}/RP283/change.log
220401	Fri Apr 06 2012 22:39:41	723 mac.		8261-128-3	C:/Documents and Settings/All Users/Application Data/McAfee/Common Framework/Task/3.ini
220402	Fri Apr 06 2012 22:39:41	1058 mac.		8261-128-3	C:/Documents and Settings/All Users/Application Data/McAfee/Common Framework/Task/1.ini
220403	Fri Apr 06 2012 22:39:41	76 mac.		8261-48-2	C:/Documents and Settings/All Users/Application Data/McAfee/Common Framework/Task/1.ini ($FILE_NAME)
220404	Fri Apr 06 2012 22:39:41	76 mac.		8261-48-2	C:/Documents and Settings/All Users/Application Data/McAfee/Common Framework/Task/3.ini ($FILE_NAME)
220405	Fri Apr 06 2012 22:41:00	424 mac.		36084-128-1	C:/WINDOWS/Tasks/User_Feed_Synchronization-{D6C7120C-FF29-48A4-8E04-CB584F4A1AB9}.job
220406	Fri Apr 06 2012 22:41:16	56164 mac.		3425-128-3	C:/WINDOWS/system32/CatRoot2/dberr.txt
220407	Fri Apr 06 2012 22:41:33	6802 mac.		7374-128-4	C:/WINDOWS/Prefetch/A.EXE-239305EA.pf
220408	Fri Apr 06 2012 22:41:33	6802 mac.		7374-128-4	C:/WINDOWS/system32/dllcache/msrd2x40.dll (deleted-realloc)

Ilustración 79. Ejemplo de visualización con Microsoft Excel de una línea temporal.

Interpretación de las columnas del archivo de la línea temporal:

▼ *Time*. Almacena el *timestamp* del archivo. Utiliza únicamente una precisión de segundos. Por tanto, si dos o más eventos compartieran el mismo *timestamp*, no se podría precisar el orden en el que estos eventos ocurrieron.

▼ *Filesize*. Almacena el tamaño del archivo.

▼ *MACtime*. Almacena el *timestamp* que ha sido modificado. Estará marcado por la letra correspondiente al *timestamp* que ha sido modificado. Así, *M* para *Modificación*, *A* para *Acceso*, *C* para *Metadatos*, y *B* para *Creación*.

Solo se muestra el último cambio. Si el tiempo no se emplea en esta entrada, aparecerá un "*a.*".

▶ *Permissions*. Información de permisos de seguridad del archivo. Si se encuentra establecida la bandera "*x*" en los permisos de seguridad, se trata de un archivo ejecutable.

▶ *UID/GID* (*user ID/group ID*). Información de permisos de seguridad del archivo.

▶ *META #*. Almacena la dirección del *inodo* del archivo.

▶ *Filename*. Almacena el nombre del archivo.

Los archivos que han sido eliminados incorporan la etiqueta "*(deleted)*" junto a la columna *Filename*. En aquellos sistemas de ficheros en los cuales se elimina el puntero a la estructura de metadatos de la estructura del nombre del archivo, no existirán entradas con nombre eliminado en la línea temporal, puesto que la información MAC de esos archivos será desconocida.

La facilidad de interpretación de una línea temporal está también condicionada por el conocimiento a priori del que dispone el DFIR sobre el sistema. Así, resultará más complicado analizar una línea temporal de un sistema y/o de un usuario que no pertenecen al entorno corporativo que analizar una línea temporal del sistema del investigador, puesto que este sistema, podrá siempre discriminar más rápidamente la actividad potencialmente maliciosa de la legítima.

Cuando el archivo haya sido descargado de Internet, dispondrá en su ADS de un *Zone.Identifier*. Puede determinarse el tiempo de descarga de un archivo analizando la diferencia temporal existente entre el *timestamp* de *Creación* y el de *Última modificación*.

En el caso de las carpetas, el *timestamp* de *Última modificación* debe interpretarse como que se produjo un cambio en el contenido de esa carpeta. Normalmente, el DFIR interpretará que este cambio corresponde con que se añadió/ eliminó/renombró un archivo en esa carpeta. El contenido o datos de una carpeta es el listado de archivos y metadatos asociados con los archivos, incluyendo nombre, tamaño, entrada MFT, etc.

La creación de una carpeta de usuario en el sistema de ficheros suele indicar que fue el instante en el que se produjo el primer inicio de sesión interactiva de ese usuario en el sistema. En determinados escenarios, puede representar el primer inicio de sesión de red, como cuando se inicia sesión con *PsExec* sin especificar el parámetro -*e*, o cuando se establece una sesión remota con *PowerShell* sin utilizar el parámetro de opciones de sesión -*NoMachineProfile*.

En algunos escenarios resultan de especial relevancia los artefactos forenses correspondientes a la apertura de archivos mediante una sesión de escritorio interactiva. Estos artefactos corresponden con archivos LNK de la ruta vinculada al usuario:

```
C:/Users/<usuario>/AppData/Roaming/Microsoft/Windows/Recent
```

Un atacante generaría este tipo de actividad si estuviera buscando información sensible de la organización víctima que resultase de interés su exfiltración. El DFIR puede inferir de esta información cuáles pudieran ser los verdaderos intereses del atacante en su intrusión a la red. El *timestamp* de *Creación* será la referencia de la primera vez que fue abierto el archivo, mientras que el *timestamp* de *Última modificación* indicará la última vez que fue abierto el archivo.

6.3.3 Creación y análisis de una línea temporal a partir de un volcado de memoria RAM

La herramienta *Autotimeliner* es un *front-end* que permite generar una línea temporal a partir de un volcado de memoria RAM de un sistema operativo *Windows*. Para ello, utiliza como *back-end* las herramientas *Volatility Framework* y TSK *mactime*.

autotimeline.py [-h] -f <imagen> [-t <aaaa-mm-dd..aaaa-mm-dd>] [-p <perfil>]	
-f, --imagefile	Volcado de memoria RAM.
-t, --timeframe	Marco temporal utilizado para filtrar la línea temporal (formato de fechas *aaaa-mm-dd..aaaa-mm-dd*).
-p	Saltar la identificación del volcado de memoria RAM y procesar utilizando el perfil de *Volatility* indicado.

Tabla 33. Manejo de la herramienta Autotimeliner.

Ejemplo:

```
./autotimeline.py -f TargetServerMemory.raw -p Win2008R2SP1x64
```

Tras la ejecución de *Autotimeliner* se genera un archivo de salida cuyo nombre tiene el formato $*<imagen>*-*timeline.csv*. Conforme al ejemplo anterior, se generaría un archivo de salida con nombre $ *TargetServerMemory.raw-timeline.csv*.

6.3.4 Creación de una Super Timeline

La creación de una *Super Timeline* permite al DFIR tener una visión al segundo de todos los artefactos forenses generados (Ej. Últimos programas abiertos, archivos recientes, favoritos, eventos del sistema, historial de navegación, *$MFT*) en el sistema objeto de la investigación.

Plaso es una herramienta gratuita desarrollada en lenguaje Python por Kristinn Guðjónsson. El objetivo de la herramienta es unir los artefactos forenses encontrados en un sistema de ficheros en una única línea temporal, de ahí el término *Super Timeline*.

Plaso actúa como *back-end* para las siguientes herramientas:

▶ *log2timeline*. Principal *front-end* de *Plaso*. Permite extraer artefactos de un archivo, punto de montaje o archivo imagen y guardar la salida en un archivo formato *plaso* para su posterior proceso. Entre los artefactos procesados se encuentran: *Registro*; historial de navegación; objetos de la *shell*; *Prefetch*; archivos de *log* de herramientas antivirus (*McAfee* y *Symantec*); bases de datos ESE correspondientes a los navegadores *IE10/11*; bases de datos *Microsoft Exchange*; y la base de datos del indexador de búsquedas *Windows Search Index*.

▶ *pinfo*. El archivo *plaso* contiene información sobre cómo y cuándo tuvo lugar la recogida de artefactos. Adicionalmente, pudiera contener información de un estado de preproceso. Esta herramienta está diseñada para mostrar esta información de un archivo *plaso*.

▶ *psort*. Herramienta de post-procesado utilizada para filtrar, ordenar y analizar automáticamente el archivo de almacenamiento de *plaso*.

▶ *psteal*. Es una herramienta de línea de comandos que combina la funcionalidad de *log2timeline* y *psort*. Es decir, extrae y procesa artefactos forenses en un único paso. Dispone de una funcionalidad limitada comparado con *log2timeline* y *psort*.

Creación de una línea temporal

La forma más sencilla de crear una línea temporal con *Plaso* es utilizar el frontend *psteal*. El siguiente ejemplo genera, a partir de la imagen de un soporte de almacenamiento establecida con el parámetro *--source*, un archivo de texto en formato CSV establecido con el parámetro *-w* aplicando las opciones por defecto definidas en *log2timeline* y *psort*:

```
psteal.py --source ~/casos/<fuente> -o l2tcsv -w /tmp/<destino.csv>
```

La herramienta *psteal* genera además un archivo *plaso* intermedio, el cual puede ser utilizado para post-procesado con *psort* o *Timesketch*. El formato del nombre del archivo *plaso* sigue el siguiente esquema:

```
<timestamp>-<fuente>.plaso
```

En aquellos escenarios en los que el DFIR requiera utilizar opciones concretas para la extracción y procesado de los artefactos, deberá emplear las herramientas *log2timeline* y *psort*.

Plaso fue diseñado inicialmente para escanear y extraer artefactos forenses relativos a archivos de *log* de sistemas operativos *Windows*, si bien actualmente dispone de cierto soporte para sistemas operativos Linux y *macOS*. La herramienta *log2timeline.py* permite extraer un amplio espectro de artefactos forenses de elementos como el *Registro*, el histórico de navegación, la consola, el mecanismo de *Prefetch*, etc. Estos artefactos constituyen prácticamente la totalidad de los artefactos forenses que suelen emplearse durante las investigaciones de ciberincidentes.

Una de las especialidades de *Plaso* es la extracción de datos de los *hives* del *Registro* de *Windows*, los cuales contienen información de especial relevancia tanto para la resolución de ciberincidentes debidos a que el sistema objeto de estudio resulte comprometido como para determinar la actividad llevada a cabo por el usuario en el sistema.

Plaso también dispone de un numeroso número de parseadores del historial de navegación Web (Ej. *Internet Explorer v6-9* archivo *index.dat*; *Internet Explorer v10-11* archivo de base de datos ESE *webcachev01.dat*). También extrae los artefactos de otros navegadores, como *Google Chrome*, *Firefox* u *Opera*. Además, parsea archivos de tipo *Java IDX*, que son los archivos asociados con las descargas Java en el sistema local.

Adicionalmente, *Plaso* permite parsear, entre otros, artefactos forenses de sistemas operativos *macOS*, Linux, SELinux y *Google Android*, archivos *bencoded* (archivos del protocolo P2P *BitTorrent*), bases de datos SQLite de *Google Drive*, archivos formato OXML y *syslog*.

Nombre	Parseadores/*plugins*
AppCompatCache (ShimCache)	parsers/winreg_plugins/appcompatcache.py
SetupAPI	parser/setupapi.py
UserAssist: XP (v3), 7 (v5)	parsers/winreg_plugins/userassist.py
Win At Jobs	parsers/winjob.py
Chrome Cookies	parsers/sqlite_plugins/chrome_cookies.py
McAfee AV logs	parsers/mcafeeav.py
MSIE WebCache	esedb_plugins/msie_webcache.py
Restore Points (change. log)	parsers/winrestore.py
Timezone	parsers/winreg_plugins/timezone.py
Windows Desktop Search	esedb_plugins/windows_search.py
mlocate.db	parsers/mlocate.py
Email - PST/OST	parsers/pff.py
Windows Sound Mixer	parsers/winreg_plugins/sound_mixer.py
Android Application Usage	parsers/android_app_usage.py
Chrome Extension Activity	parsers/sqlite_plugins/chrome_extension_activity.py
Hachoir	parsers/hachoir.py
Outlook	parsers/winreg_plugins/outlook.py
Plist Recent files	plist_plugins/recentfiles.py
Syslog pyparsing edition	syslog.py
SetupAPI Dev/App	parser/setupapi_dev.py
Syslog	parsers/syslog.py
Task Scheduler - Task Cache	parsers/winreg_plugins/task_scheduler.py
Auth Log	parsers/linuxlogauth.py
dmesg	parsers/linuxlogdmesg.py

Tabla 34. Hoja de ruta de Plaso.

En ocasiones, puede resultar de interés convertir el archivo de salida *body* de la herramienta *mactime* de la *suite* forense *The Sleuth Kit* en una base de datos en formato *plaso*. De este modo, se puede importar el archivo en formato *body* de la salida del *plugin timeliner* de *Volatility Framework* dentro de un archivo *plaso* ya existente.

La herramienta *log2timeline* actúa de *front-end* para *Plaso*, permitiendo la recogida y el procesado de datos a partir de un único archivo, punto de montaje o archivo imagen de un sistema de ficheros.

log2timeline.py |<destino>| |<fuente>| |opciones|
destino	Archivo de base de datos *Plaso*.
origen	Archivo fuente (dispositivo, imagen, archivo).
--partition <#>	Escoge el número de partición del archivo origen.
-o	*Offset* de sector del archivo origen.
-p	Activar preprocesado si un punto de montaje está siendo parseado.
-z <entrada>	Define la zona horaria del origen. Solo necesario si se analiza un único archivo y no toda la imagen origen.
--parsers PARSER_LIST	Define la lista de parseadores que serán utilizados. Lista separada por comas, donde cada entrada puede ser un nombre de un parseador o una lista de parseadores. Si el nombre va precedido de "-", actúa como negación y no será aplicado. Los nombres deben coincidir con un parseador existente (sensible a mayúsculas/minúsculas). Admite expresiones regulares (no sensible a mayúsculas/minúsculas).
-f <archivo>, --file_filter <archivo>, --file-filter <archivo>	Lista de archivos a parsear. Cada archivo debe especificarse en una línea independiente. El carácter "|" actúa como *OR* booleano para diferentes opciones. El carácter "+" establece realizar una búsqueda recursiva en esa carpeta. Las búsquedas no son sensibles a mayúsculas/minúsculas. Los atributos se definen entre llaves "*{atributo}*" y reemplazan a valores descubiertos durante el preprocesado de una imagen de un sistema de ficheros.
--info	Lista los parseadores disponibles.
--no_vss, --no-vss	No buscar VSS (*Volume Shadow Snapshots*). No se incluirá en la salida la información procedente de las VSS.
--vss_stores <#>, --vss-stores <#>	Define los VSS que serán procesados. Puede definirse un rango (Ej. *3..5*) o un listado (Ej. *1,3,5*). También admite una combinación de listado y rango (Ej. *1,3..5*). El primer VSS comienza en *1*.

Tabla 35. Manejo de la herramienta log2timeline.

Ejemplos:

```
log2timeline.py ./salida.dump /evidencias/imagen.dd
log2timeline.py ./salida.dump /dev/sdd
```

```
log2timeline.py -o 63 ./salida.dump /evidencias/imagen.dd
log2timeline.py --partition 1 ./salida.dump /evidencias/imagen.dd
log2timeline.py ./salida.dump /mnt/windows
```

6.3.5 Creación de una Super Timeline dedicada

Desde el punto de vista del DFIR, suele parecer la mejor opción recoger todos los artefactos posibles del sistema objeto de la investigación, y filtrar posteriormente los que resulten de verdadero interés para la investigación. Es lo que se conoce como *Super Timeline*. No obstante, en determinados escenarios, resulta más útil generar únicamente líneas temporales cuyo contenido se limite exclusivamente al interés del DFIR para esa investigación. Este tipo de líneas temporales se conocen como *Super Timeline* dedicadas (*targeted Super Timelines*) o *mini Timelines*. La herramienta *log2timeline* permite generar este tipo de líneas temporales utilizando las opciones apropiadas (parámetros *--file-filter* y *--parsers*).

Por supuesto, también se puede generar en primer lugar la *Super Timeline* y, posteriormente, tantas *Super Timeline* dedicadas como el DFIR considere oportunas.

Ejemplo para parsear con *log2timeline* el archivo *$MFT* y la *Papelera de Reciclaje*:

```
/[$]MFT
/[$]Recycle.Bin
/[$]Recycle.Bin/.+
/[$]Recycle.Bin/.+/.+
```

Ejemplo para parsear con *log2timeline* el *hive NTUSER.DAT* de todos los usuarios de un sistema *Windows*, ya sea *Windows XP* o *Windows Vista* o posteriores:

```
/(Users|Documents and Settings)/.+/NTUSER.DAT
```

Puede simplificarse la definición de las rutas de los archivos que deben ser procesados empleando atributos, que actúan como etiquetas. Algunos ejemplos de atributos:

Atributo	Ruta
programfiles	*/Program Files*
programfilesx86	*/Program Files (x86)*
sysregistry	*/(Windows|WinNT|WINNT35|WTSRV)/system32/config*
SystemRoot	*/(Windows|WinNT|WINNT35|WTSRV)/*

Tabla 36. Ejemplos de atributos aplicables en log2timeline para la definición de rutas en el sistema de ficheros.

Ejemplo para analizar los archivos de *log* de eventos de un sistema *Windows Vista* o posterior. Se utiliza el atributo *SystemRoot* (equivalente a la ruta *C:\Windows\System32*):

```
{SystemRoot}/winevt/Logs/.+evtx
```

El siguiente ejemplo procesaría los *hives SAM, SOFTWARE, SECURITY* y *SYSTEM*:

```
{sysregistry}/(SAM|SOFTWARE|SECURITY|SYSTEM)
```

6.3.6 Triaje rápido de artefactos forenses

En los entornos corporativos, un mismo incidente puede implicar a más de un sistema, siendo habitual que haya que recoger evidencias en varias decenas de ellos. En este tipo de escenarios no es factible la recogida de un volcado de memoria RAM y una imagen completa del sistema de ficheros de cada uno de los equipos implicados, lo que en la práctica impide la elaboración de una *Super Timeline*. Por tanto, el DFIR deberá planificar los artefactos forenses que debe recoger de estos sistemas (Ej. *$MFT*, *Registro*, *Prefetch*, archivos LNK, archivos de eventos, datos de navegadores, volcado de memoria RAM). El contexto del caso determinará otros posibles artefactos forenses que deban recopilarse (Ej. Archivos de correo electrónico, perfil de usuario). La herramienta gratuita *AccessData FTK Imager* mediante su característica *Custom Content Creation* facilita la labor de triaje.

Además, como la extracción de evidencias se realiza en sistemas "en vivo", el DFIR deberá tener especial precaución durante el proceso de extracción de los archivos de *log* de eventos para evitar que estos se corrompan. Este proceso puede ser llevado a cabo con herramientas como el *Visor de eventos* del propio *Windows*, o con la herramienta *Microsoft Sysinternals PSLogList*.

Para la extracción selectiva de artefactos de una imagen del sistema de ficheros con *log2timeline* puede utilizarse el archivo de filtro *filter_windows*. Este filtro, desarrollado por Rob Lee y mantenido por Mark Hallman, se encuentra disponible gratuitamente en GitHub y forma parte de la distribución oficial de *Plaso*. Su utilización permite reducir de horas a minutos el tiempo de extracción de artefactos forenses. Recolecta: los archivos NTFS *$MFT*, *$LogFile* y *$UsnJrnl*; el contenido de *Recycle Bin/Recycler*; todos los *hives* del *Registro*; los archivos LNK de *Recent Files*; los archivos *Jump List*; los archivos del *log* de *Eventos*; los archivos *Prefetch*; SRUM; la base de datos de *Windows Search Index*; el archivo *SetupAPI*; *ShimCache*, hive *AmCache.hve*, archivo *RecentFileCache.bcf*; archivos de tareas JOB; historial de navegación de *Internet Explorer*, *Firefox* y *Google Chrome*; *cookies* de *Internet Explorer*; *cookies* de *Adobe Flash*, o archivos LSO/SOL del reproductor *Adobe Flash*; archivos PST y OST de *Microsoft Outlook*.

El parámetro *--parsers* permite definir una lista de parseadores separados por comas que utilizará *log2timeline* para procesar la imagen de un sistema de ficheros. Cada entrada puede estar precedida por el carácter "-" para excluir esa selección. Cuando pretende utilizarse un parseador predefinido debe producirse una coincidencia exacta del nombre (Ej. *win7*), mientras que la coincidencia de un parseador individual acepta una coincidencia de cadena parcial no sensible a mayúsculas/minúsculas, pudiendo utilizar patrones globales. A modo de ejemplo, el patrón "*sky[pd]*" producirá una coincidencia con todos los parseadores cuyo nombre incluya los caracteres "*skyp*" o "*skyd*".

Parseador predefinido	Parseadores individuales y *plugins*
android	*android_app_usage, chrome_cache, filestat, sqlite/android_calls, sqlite/android_sms, sqlite/android_webview, sqlite/android_webviewcache, sqlite/chrome_8_history, sqlite/chrome_17_cookies, sqlite/chrome_27_history, sqlite/chrome_66_cookies, sqlite/skype*
linux	*apt_history, bash_history, bencode, czip/oxml, dockerjson, dpkg, filestat, gdrive_synclog, googlelog, olecf, pls_recall, popularity_contest, selinux, sqlite/google_drive, sqlite/skype, sqlite/zeitgeist, syslog, systemd_journal, utmp, vsftpd, webhist, xchatlog, xchatscrollback, zsh_extended_history*
macos	*asl_log, bash_history, bencode, bsm_log, cups_ipp, czip/oxml, filestat, fseventsd, gdrive_synclog, mac_appfirewall_log, mac_keychain, mac_securityd, macwifi, olecf, plist, sqlite/appusage, sqlite/google_drive, sqlite/imessage, sqlite/ls_quarantine, sqlite/mac_document_versions, sqlite/mac_notes, sqlite/mackeeper_cache, sqlite/mac_knowledgec, sqlite/skype, syslog, utmpx, webhist, zsh_extended_history*
webhist	*binary_cookies, chrome_cache, chrome_preferences, esedb/msie_webcache, firefox_cache, java_idx, msiecf, opera_global, opera_typed_history, plist/safari_history, sqlite/chrome_8_history, sqlite/chrome_17_cookies, sqlite/chrome_27_history, sqlite/chrome_66_cookies, sqlite/chrome_autofill, sqlite/chrome_extension_activity, sqlite/firefox_cookies, sqlite/firefox_downloads, sqlite/firefox_history, sqlite/safari_historydb*
win7	*amcache, custom_destinations, esedb/file_history, olecf/olecf_automatic_destinations, recycle_bin, winevtx, win_gen*
win7_slow	*mft, win7*
win_gen	*bencode, czip/oxml, esedb, filestat, gdrive_synclog, lnk, mcafee_protection, olecf, pe, prefetch, setupapi, sccm, skydrive_log, skydrive_log_old, sqlite/google_drive, sqlite/skype, symantec_scanlog, usnjrnl, webhist, winfirewall, winjob, winreg*
winxp	*recycle_bin_info2, rplog, win_gen, winevt*
winxp_slow	*mft, winxp*

Tabla 37. Parseadores predefinidos en log2timeline a fecha de julio de 2020.

6.3.7 Filtrado de una Super Timeline

La herramienta *pinfo.py* muestra la información recopilada dentro de un archivo *plaso*: *timestamp* de ejecución de plaso y los parámetros utilizados; información recopilada durante el preprocesado; metadatos sobre cada contenedor; listado de *plugins* y *parsers* utilizados. El parámetro *-v* mostrará en la salida los servicios de *Windows* cargados. El parámetro *--compare* permite comparar dos archivos *plaso*, obteniéndose las diferencias entre ellos. Este parámetro resulta de utilidad cuando los dos archivos *plaso* han sido generados a partir del mismo sistema de ficheros en momentos diferentes.

```
$ pinfo.py -v test.plaso
...
Preprocessing information:
        Operating system       : Microsoft Windows XP
        Hostname               : N-1A9ODN6ZXK4LQ
        Time zone              : CST6CDT
        %ProgramFiles%         : Program Files
        %SystemRoot%           : /WINDOWS
        %WinDir%               : /WINDOWS
    Users information:
        Name                   : systemprofile
        SID                    : S-1-5-18
        Profile path           : %systemroot%\system32\config\systemprofile
        Name                   : LocalService
        SID                    : S-1-5-19
        Profile path           : %SystemDrive%\Documents and Settings\LocalService
        Name                   : NetworkService
        SID                    : S-1-5-20
        Profile path           : %SystemDrive%\Documents and Settings\NetworkService
        Name                   : Mr. Evil
        SID                    : S-1-5-21-2000478354-688789844-1708537768-1003
        Profile path           : %SystemDrive%\Documents and Settings\Mr. Evil
    Other:
        Time zone              : CST6CDT
        Operating system       : Windows
        Registry path          : /WINDOWS/system32/config
        store_range            : (1, 1)
        Code page              : cp1252
```

Ilustración 80. Ejemplo de ejecución de pinfo.py con el parámetro -v.

La herramienta *psort.py* permite post-procesar archivos *plaso*. De esta forma, el DFIR puede filtrar, ordenar cronológicamente y ejecutar análisis automáticos del contenido de un archivo *plaso*. Por defecto, se eliminan los eventos duplicados y la salida de los *timestamps* se representan en formato horario UTC.

psort.py [-a] [-o FORMATO] [-w <salida>] [--output-time-zone TIME_ZONE] STORAGE_FILE FILTER	
-o FORMATO	Establecer el formato de salida. Para obtener una salida en formato CSV, *l2tcsv*. Para obtener una salida en formato *Microsoft Excel, xlsx*. Para obtener una salida en formato *Timesketch, timesketch*. Para almacenar los eventos en una base de datos *Elasticsearch, Elastic*.
FILTER	Filtro. Ej. Si se pretende filtrar entre dos fechas "*date > 'aaaa-mm-dd hh:mm:ss' AND date < 'aaaa-mm-dd hh:mm:ss'*".
-w <archivo>	La ruta del archivo de salida.
-z "Timezone", -- output-time-zone "Timezone"	La zona horaria de la salida o "*-z list*".
-a, --include_all	No eliminar los elementos duplicados.
-q	No mostrar el resumen al final.
--slice FECHA	Crear una porción de tiempo alrededor de cierta fecha. Por defecto, *5* minutos anterior, *5* minutos posterior al punto de pivote designado.
--slice_size TAMAÑO_ PORCIÓN	Define el tamaño de la porción de tiempo de *--slice* o el número de eventos anteriores y posteriores del parámetro *--slicer*.
--slicer	Añadir este parámetro cuando se quiera añadir contexto a las coincidencias devueltas por un filtro. Por defecto, *5* eventos anteriores y *5* eventos posteriores al punto de pivote.
--analysis <plugin>	Puede obtenerse una lista de todos los *plugins* existentes mediante el parámetro *--analysis list*. Actualmente, existen los siguientes *plugins*: *browser_search, chrome_extension, file_hashes, tagging, viper, virustotal, windows_services*. Para obtener ayuda adicional de cada uno de estos *plugins*, *--analysis list -h*.

Tabla 38. Manejo de la aplicación psort.py.

Ejemplo definiendo la salida en formato *l2tcsv* y la zona horaria a *EST5EDT*:

```
$ psort.py -o l2tcsv -w test.csv --output-time-zone EST5EDT test.plaso
```

Ejemplo de post-procesado utilizando *psort.py* y el *plugin tagging*, el cual permite etiquetar eventos conforme a las reglas definidas en un archivo de etiquetas (en el ejemplo, el archivo *tag_windows.txt*). El parámetro *-o null* establece que no se muestre ningún evento.

```
$ psort.py -o null --analysis tagging --tagging-file tag_windows.txt test.plaso
```

El filtro de artefactos forenses más sencillo que se puede definir con *psort. py* es la porción temporal (*time slice*), configurable mediante los parámetros *--slice* y *--slice-size*. Este filtro resulta de especial interés cuando el DFIR ya dispone de un *timestamp* para actuar como punto de pivote del incidente objeto de la investigación, pues limita los artefactos forenses en el archivo de salida a aquellos acaecidos antes y después del *timestamp* de referencia.

```
$ psort.py -q --slice "2004-09-20T16:13:02" --slice_size 100 test.plaso
datetime,timestamp_desc,source,source_long,message,parser,display_name,tag,store_number,store_index
2004-09-20T15:18:38+00:00,Expiration Time,WEBHIST,MSIE Cache File URL record,Location: :200408252004
0,msiecf,TSK:/Documents and Settings/Mr. Evil/Local Settings/History/History.IE5/MSHist0120040825200
2004-09-20T15:18:38+00:00,Expiration Time,WEBHIST,MSIE Cache File URL record,Location: Visited: Mr.
0,msiecf,TSK:/Documents and Settings/Mr. Evil/Local Settings/History/History.IE5/index.dat,-,1,14362
2004-09-20T15:18:54+00:00,Expiration Time,WEBHIST,MSIE Cache File URL record,Location: Visited: Mr.
Evil@http://www.yahoo.com/_ylh=X3oDMTB1M2EzYWFoBF9TAzI3MTYxNDkEdGVzdAMwBHRtcGwDaWUtYmV0YQ--/s/208739
Evil/Local Settings/History/History.IE5/index.dat,-,1,143626
2004-09-20T15:19:00+00:00,Expiration Time,WEBHIST,MSIE Cache File URL record,Location: :200408252004
Evil@http://story.news.yahoo.com/news?tmpl=story&cid=564&ncid=564&e=1&u=/nm/20040825/ts_nm/iraq_usa
Settings/Mr. Evil/Local Settings/History/History.IE5/MSHist012004082520040826/index.dat,-,1,143627
```

Ilustración 81. Ejemplo de ejecución de psort.py definiendo una ventana temporal de 100 segundos.

También pueden definirse filtros al final de la línea de comandos de *psort.py*, como el filtro temporal de la Ilustración 82.

```
$ psort.py -q  test.plaso "date < '2004-09-20 16:20:00' and date > '2004-09-20 16:10:00'"
datetime,timestamp_desc,source,source_long,message,parser,display_name,tag,store_number,store_index
2004-09-20T16:13:02+00:00,Expiration Time,WEBHIST,MSIE Cache File URL record,Location: Visited: Mr. Evil
Cached file size: 0,msiecf,TSK:/Documents and Settings/Mr. Evil/Local Settings/History/History.IE5/index
...
```

Ilustración 82. Filtrado de eventos en psort.py definiendo un filtro de ventana temporal.

Puede añadirse contexto a las coincidencias de un filtro utilizando el parámetro *--slicer*, como en la Ilustración 83. El filtro establecido se aplica a la salida de todos los archivos de la caché de *Internet Explorer* cuyo tamaño es de 43 bytes. Por defecto, *slicer* añade 5 eventos anteriores y otros 5 eventos posteriores a cada una de las coincidencias que devuelva el filtro aplicado.

```
$ psort.py --slicer -q test.plaso "cached_file_size is 43"
datetime,timestamp_desc,source,source_long,message,parser,display_name,tag,store_number,store_index
...
2001-02-23T03:15:06+00:00,Content Modification Time,WEBHIST,MSIE Cache File URL record,Location: htt
file: JIRVJY9X\masthead2[1].jpg Cached file size: 2558 HTTP headers: HTTP/1.0 200 OK - ETag: "565062
- - ~U:mr. evil - ,msiecf,TSK:/Documents and Settings/Mr. Evil/Local Settings/Temporary Internet Fi
2001-02-23T03:15:21+00:00,Content Modification Time,WEBHIST,MSIE Cache File URL record,Location: htt
PN0J7OQM\sch23[1].gif Cached file size: 11739 HTTP headers: HTTP/1.1 200 OK - ETag: "565064-2ddb-3a9
~U:mr. evil - ,msiecf,TSK:/Documents and Settings/Mr. Evil/Local Settings/Temporary Internet Files/C
2001-02-24T18:46:19+00:00,Content Modification Time,WEBHIST,MSIE Cache File URL record,Location: htt
HYU1BON0\1[1].gif Cached file size: 43 HTTP headers: HTTP/1.1 200 OK - ETag: "565065-2b-3a98017b" -
,msiecf,TSK:/Documents and Settings/Mr. Evil/Local Settings/Temporary Internet Files/Content.IE5/ind
2001-02-24T20:51:57+00:00,Content Modification Time,WEBHIST,MSIE Cache File URL record,Location: htt
file: HYU1BON0\storeadmed[1].jpg Cached file size: 4323 HTTP headers: HTTP/1.0 200 OK - ETag: "56506
image/jpeg - - ~U:mr. evil - ,msiecf,TSK:/Documents and Settings/Mr. Evil/Local Settings/Temporary
2001-02-24T22:19:38+00:00,Content Modification Time,WEBHIST,MSIE Cache File URL record,Location: htt
file: PN0J7OQM\oldmasthead[1].gif Cached file size: 26273 HTTP headers: HTTP/1.0 200 OK - ETag: "565
image/gif - - ~U:mr. evil - ,msiecf,TSK:/Documents and Settings/Mr. Evil/Local Settings/Temporary I
2001-02-26T05:16:09+00:00,Content Modification Time,WEBHIST,MSIE Cache File URL record,Location: htt
Cached file: PN0J7OQM\725274831586[1].gif Cached file size: 1568 HTTP headers: HTTP/1.1 200 OK - ETa
image/gif - - ~U:mr. evil - ,msiecf,TSK:/Documents and Settings/Mr. Evil/Local Settings/Temporary I
...
```

Ilustración 83. Filtrado de eventos en psort añadiendo contexto con el parámetro --slicer.

Este valor puede ser modificado utilizando el parámetro *--slice-size* <#>. Ejemplo:

```
$ psort.py --slice_size 15 --slicer -q test.plaso "cached_file_size is 43"
```

Se puede filtrar también a partir de las etiquetas, como en el siguiente ejemplo:

```
psort.py -w timeline.log timeline.plaso "tag contains 'browser_search'"
```

6.3.8 Análisis de una Super Timeline

La salida estándar de la herramienta *log2timeline* es un archivo formato CSV con las columnas relacionadas en la Tabla 39.

Columna	Significado
Date	Fecha del evento, en format *MM/DD/AAAA*.
Time	Hora del día, en formato 24H, *HH:MM:SS*.
Timezone	Zona horaria utilizada en *log2timeline*.
MACB	Significado de los campos MACB.
source	Nombre abreviado de la fuente (Ej. *WEBHIST* para el historial del navegador web; *REG* para entradas del *Registro*; *LOG* para entradas de los archivos de *log*).
sourcetype	Descripción extendida de la fuente (Ej. "Internet Explorer" para WEBHIST; "NTUSER.DATA" para REG).
type	Tipo de *timestamp* (Ej. "*Last Accessed*", "*Last Written*", "*Last Modified*").
user	Nombre de usuario.
host	Nombre de *host*.
short	Breve descripción de la entrada, normalmente con menor cantidad de texto que la descripción completa.
desc	Campo descripción, donde se almacena la mayoría de la información y donde se almacena la información parseada de la entrada.
version	Identificador de la versión del objeto *timestamp*.
filename	Ruta completa y nombre del archivo que contenía la entrada.
Inode	Número de *inodo* del archivo parseado.
notes	Algunos módulos insertan información adicional en forma de notas en esta columna.
format	Nombre del módulo de entrada utilizado para parsear el archivo.
extra	Información adicional parseada.

Tabla 39. Relación de las columnas de la salida de un archivo CSV de la herramienta log2timeline.

De las columnas referenciadas en la Tabla 39, las de mayor relevancia por su contenido a la hora de ordenar eventos son *Date*, *Time*, *MACB*, *sourcetype*, *desc*, *filename* e *inode*.

En determinados escenarios, resultará también de interés ordenar por la columna *user*, especialmente en los entornos multiusuario. Por otro lado, el contenido de la columna *host* será de especial relevancia si se desea comparar la actividad entre dos o más equipos de un entorno corporativo.

El resto de las columnas aportarán información de interés para el DFIR. Así, suele ser interesante escoger bien la columna *source*, bien la columna *sourcetype*, siendo a priori de mayor interés la columna *source* por contener menor cantidad de datos.

Una vez aplicado el filtro, suele ser recomendable visualizar el contenido de todas las columnas para obtener una mayor visibilidad sobre cada entrada del incidente.

Las líneas temporales en formato CSV pueden ser analizadas con diferentes herramientas. Desde herramientas de búsqueda de patrones de texto en consola (Ej. En la consola de *Windows* la herramienta *findstr*; en *Powershell* el *cmdlet Select-String*; en la consola de Linux, la herramienta *grep*) hasta hojas de cálculo como *Microsoft Excel*, pasando por herramientas gratuitas para *Windows* como *Timeline Explorer*, desarrollada por Eric Zimmerman.

Una ventaja de *Timeline Explorer* es que visualiza el archivo CSV "de forma forense" (modo solo lectura), lo que garantiza no modificar los datos accidentalmente mientras son analizados. Permite además analizar *Super Timelines* generadas con *Plaso* y la utilización de plantillas precargadas con las columnas a mostrar y/o reglas de formateo a aplicar a los datos mostrados. De este modo, según el tipo de artefacto forense, es asignado un color específico y visualmente simplifica la labor del analista. Otra función de interés para el DFIR es la posibilidad de etiquetar (*tag*) las filas consideradas de interés para la investigación.

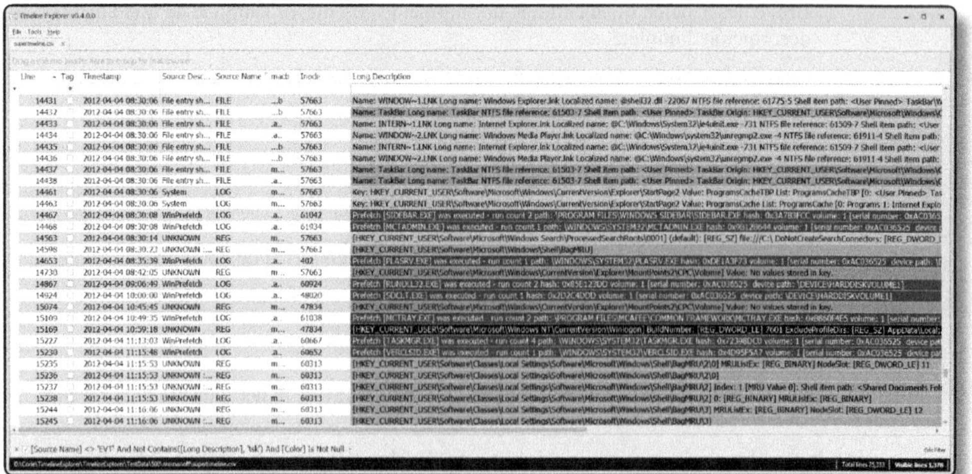

Ilustración 84. Ejemplo de plantilla de colores aplicada a una Super Timeline de Plaso en Timeline Explorer.

Esta plantilla de *Timeline Explorer* está basada en una existente para *Microsoft Excel* diseñada por Rob Lee, prestigioso profesor de SANS Institute y ponente en numerosos eventos de ciberseguridad.

Una buena aproximación de análisis de la línea temporal sería filtrar en primer lugar los elementos temporales de navegación Web para que no sean mostrados al analista, debido a su elevado número. Posteriormente, podrían ser consultados de considerarse necesarios.

El análisis de la línea temporal deberá basarse en el contexto de la evidencia. El DFIR comprobará los eventos existentes alrededor del punto pivote considerado de potencial interés. En sistemas operativos *Windows*, pueden utilizarse de referencia los artefactos forenses reflejados en el apartado *Herramientas para la confección de líneas temporales*.

Herramientas para la elaboración de líneas temporales basadas en metadatos del sistema de ficheros

Existen varias herramientas gratuitas que permiten elaborar líneas temporales a partir de los artefactos forenses de un sistema. La *suite* forense gratuita *The Sleuth Kit*, desarrollada por Brian Carrier, incluye las herramientas *fls* y *mactime*.

La herramienta *fls* utiliza como entrada un archivo "en crudo" procedente de una copia forense de un soporte de almacenamiento que incluya uno o más volúmenes. Permite operar con sistemas de ficheros HFS, UFS, ext, FAT, NTFS e ISO 9660. La salida de *fls* genera un listado de todos los archivos existentes en la tabla de asignación de archivos y servirá como entrada de la herramienta *mactime*.

La herramienta *mactime* recibirá como entrada un listado con todos los datos contenidos en el sistema de ficheros objeto de estudio y proporcionará como salida un archivo de texto codificado en ASCII con los datos ordenados conforme a una línea temporal.

La herramienta gratuita *Mac-robber* permite recopilar los *timestamps* de archivos existentes en un sistema "en vivo". Es por tanto de utilidad en escenarios de respuesta a incidentes, pero también puede ser empleada para el análisis de imágenes de sistemas de ficheros "en muerto". La salida de esta herramienta podrá ser utilizada como entrada de la herramienta *mactime* de la *suite The Sleuth Kit* para elaborar una línea temporal de la actividad del sistema de ficheros del sistema objeto de la investigación. *Mac-robber* solo opera con sistemas de ficheros montados, y no permite recopilar datos de archivos eliminados. Al basar sus resultados en la información proporcionada por el sistema operativo, el procesamiento de la información por *Mac-robber* es susceptible a ser manipulado por *rootkits*, no recopilando la información de los archivos que estos pudieran haber escondido. No obstante, soporta sistemas de ficheros no soportados por *The Sleuth Kit*.

De entre las herramientas gratuitas desarrolladas por Eric Zimmerman, *MFTECmd* permite parsear los archivos *$MFT*, *$Boot*, *$J* y *$SDS* de un sistema de ficheros NTFS. Esta herramienta permite operar con archivos bloqueados, es decir, permite trabajar en escenarios "en vivo", y no solo con imágenes de sistemas de ficheros NTFS "en muerto".

Herramientas para la elaboración de líneas temporales a partir de un volcado de memoria RAM

La herramienta *Autotimeliner*, desarrollada en lenguaje Python por Andrea Fortuna y disponible gratuitamente en GitHub, permite generar a partir del volcado de la memoria RAM un archivo con formato CSV donde se almacenarán los artefactos forenses conforme a una línea temporal. Para ello, en primer lugar, aplicará al volcado de memoria RAM los *plugins timeliner*, *mftparser* (extrae *$MFT* de la memoria) y *shellbags* (actividad del usuario) de *Volatility Framework* fusionando su salida en un archivo intermedio con formato *body*. Este archivo *body* será ordenado y filtrado utilizando la herramienta *mactime*, exportándose el resultado en un archivo con formato CSV.

Super Timeline

Esta aproximación se basa en utilizar la herramienta *Plaso*, desarrollada en lenguaje Python y disponible gratuitamente en GitHub. *Plaso* a su vez emplea la herramienta *log2timeline*, desarrollada también en lenguaje Python. Además de recopilar información del sistema de ficheros, permite recopilar datos de un amplio espectro de artefactos del sistema operativo *Windows* para elaborar una línea temporal que incluya toda esta información, conocida como *Super Timeline*. Además, *log2timeline* permite obtener artefactos forenses de sistemas operativos Linux y *macOS*.

Timesketch

Timesketch, herramienta desarrollada por Google y disponible gratuitamente en GitHub, permite realizar análisis forense colaborativo de líneas temporales. El DFIR puede comentar y etiquetar los artefactos forenses para añadir información significativa para la investigación.

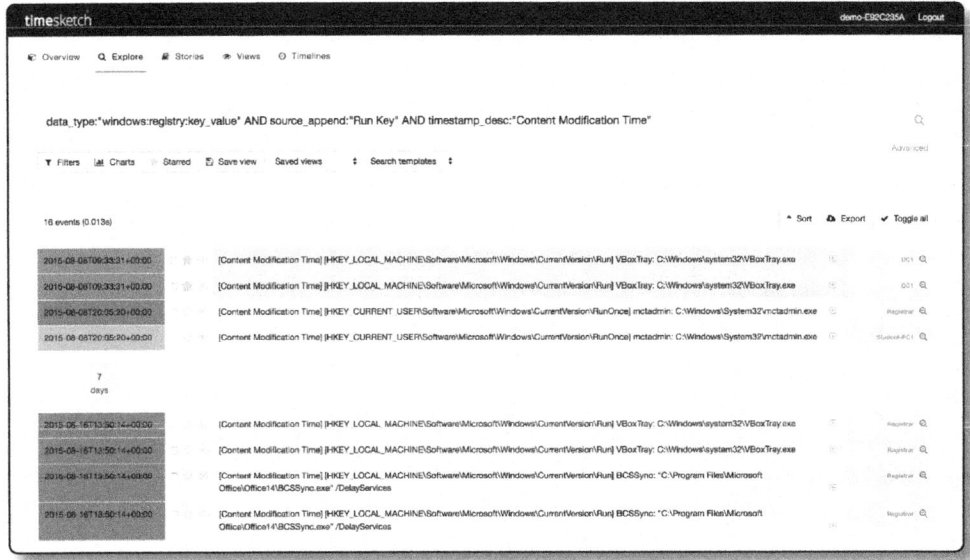

Ilustración 85. Captura de ejemplo de Timesketch.

Timesketch permite extraer datos para la elaboración de líneas temporales utilizando como fuente archivos JSONL o CSV con *timestamps* en formato ISO 8601 (*aaaa-mm-ddThh:mm:ss+00:00*). La herramienta de línea de comandos tsctl permite importar líneas temporales desde archivos fuente. También permite crear líneas temporales a partir de un archivo *plaso* empleando la herramienta *psort*. Todos los datos en *Timesketch* se almacenan en una base de datos *Elasticsearch*.

Además, *Timesketch* implementa soporte para la herramienta *Sigma*, la cual puede utilizarse como analizador de archivos de *log*, y aprovechar el amplio conjunto de reglas ya disponibles públicamente para esta herramienta.

Una de las características más destacadas de *Timesketch* es que permite al DFIR documentar la investigación en *stories* conforme va analizando artefactos forenses.

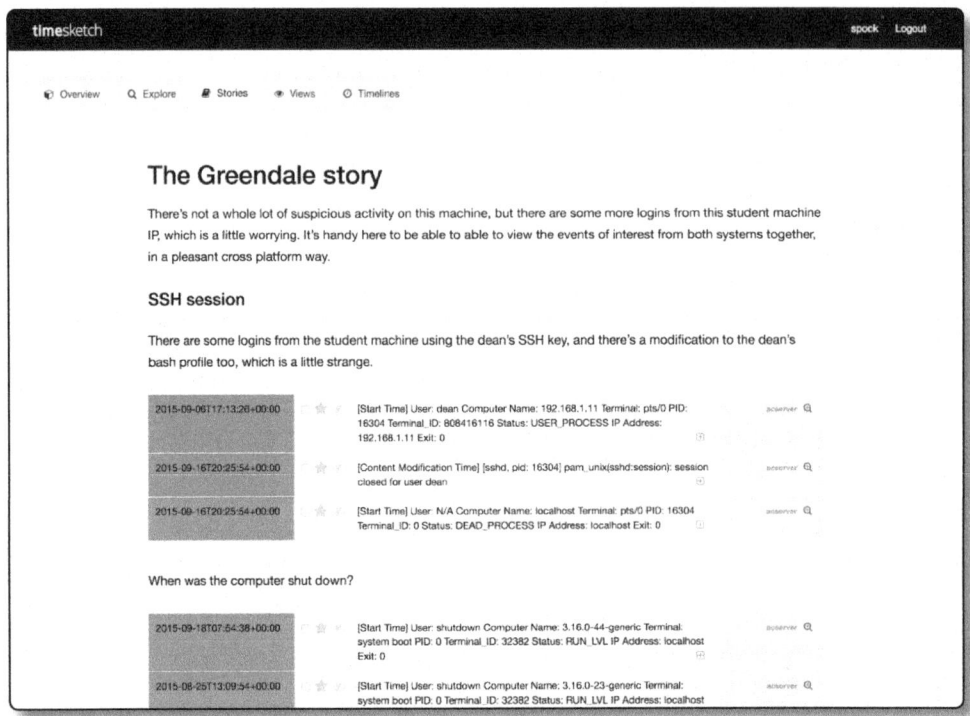

Ilustración 86. Ejemplo de story de una investigación de línea temporal realizada con Timesketch.
Fuente: Johan Berggren.

7

ARCHIVOS DE LOG

7.1 INTRODUCCIÓN

7.1.1 Archivo de log de eventos

Un archivo de *log* contiene datos en crudo almacenados por un dispositivo o aplicación relacionados con una acción o actividad. Un evento es un conjunto de entradas que pueden ser extraídas a partir de datos de un archivo de *log*, permitiendo relacionar sucesos acaecidos en un sistema o dispositivo de la red. Un incidente es un evento que se identifica como una potencial brecha de seguridad.

Un archivo de *log* de eventos es un archivo que registra información relativa a las operaciones y el modo en el que se emplea una aplicación, dispositivo o sistema operativo. Sistemas operativos, dispositivos y aplicaciones generan sus propios eventos y los almacenan en sus respectivos archivos de *log*. La recopilación de estos archivos de *log* procedentes de diferentes fuentes permite su procesamiento, de modo que pueda identificarse actividad sospechosa, detectar vulnerabilidades o realizar el seguimiento de la actividad de los usuarios en el entorno corporativo. Las organizaciones con mayor presupuesto dedicado a ciberseguridad dispondrán de herramientas de gestión y análisis de archivos de *log* (Ej. SIEM), monitorizar eventos y utilizar esta información en la identificación e investigación de incidentes de seguridad.

Desde el punto de vista del DFIR, además de los archivos de *log* generados por los sistemas operativos de los *endpoints* y servidores del entorno corporativo, resultan también de interés tanto los archivos de *log* generados por dispositivos de defensa perimetral de la red (Ej. NIDS, NIPS, HIDS, HIPS, *firewalls*, *proxies*, servidores DHCP) como los generados por determinadas aplicaciones en ejecución en los sistemas operativos. Un ejemplo de estas aplicaciones serían las herramientas antivirus, los agentes EDR desplegados en una organización, las aplicaciones de servidores Web (Ej. *Apache*, IIS) o los servidores de correo electrónico (Ej. *Microsoft Exchange Server*).

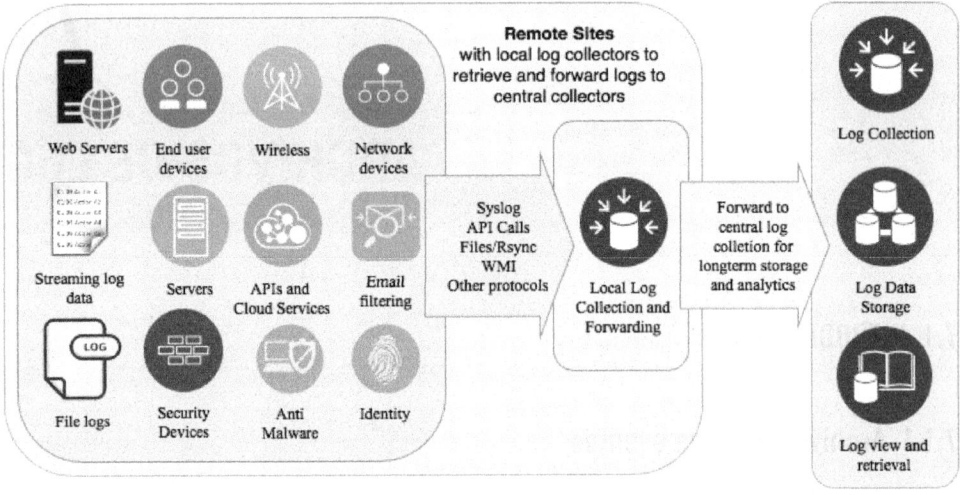

Ilustración 87. Ejemplos de fuentes de archivos de log que pueden ser recopilados en una organización.

El DFIR tampoco debe obviar durante el proceso de adquisición de evidencias la recogida de los archivos de *log* generados por impresoras, faxes y otros dispositivos similares presentes en el entorno corporativo. Además de los archivos almacenados en la propia impresora, hay que tener en cuenta que algunos modelos imprimen marcas de agua (*watermarks*) que pueden ser de gran ayuda para identificar su utilización. Con frecuencia, durante el curso de una entrada y registro, se tiende a obviar estos dispositivos, pero en determinados casos pueden llegar a ser esenciales; de ahí la importancia de valorar adecuadamente la incautación de estos elementos. Por ejemplo, si una víctima ha recibido una amenaza escrita mediante una impresora, podría resultar vital relacionar el documento impreso con una impresora concreta.

7.1.2 Agregación de logs

Se entiende por agregación de *logs* (*log aggregation*) el proceso de recopilar archivos de *log* de múltiples sistemas, su parseo y la extracción de datos estructurados, agrupándolos en un formato que facilite la realización de búsquedas mediante el empleo de herramientas de proceso de datos.

Normalmente, se consideran cuatro tipos de agregación de *logs*, si bien los sistemas de agregación de *logs* utilizarán la combinación de varios de estos métodos:

▸ *Syslog*. Considerado como el protocolo estándar de registro de eventos. Los administradores de red pueden establecer un servidor *Syslog* que reciba los archivos de *log* procedentes de múltiples sistemas, y los almacene en un formato eficiente y condensado que pueda ser fácilmente consultado. Los agregadores de *log* pueden directamente leer y procesar datos *Syslog*.

▸ *Streaming* de eventos. Protocolos como SNMP, *NetFlow* e IPFIX (*Internet Protocol Flow Information Export*) permiten a los dispositivos de red proporcionar información estandarizada relativa a su funcionamiento. Esta información puede ser interceptada por el agregador de *logs*, parseada y finalmente añadida a un almacenamiento centralizado de archivos de *log*.

▸ Colectores de archivos de *log*. Los agentes software que se ejecutan en los dispositivos de red capturan información de los archivos de *log*, los parsean y los envían a un agregador centralizado para su almacenamiento y análisis.

▸ Acceso directo. Los agregadores de *logs* pueden acceder directamente a los equipos o a los dispositivos de red empleando una API o un protocolo de red para recibir directamente los archivos de *log*. Esta aproximación requiere la integración a medida de cada fuente de datos.

7.1.3 Monitorización de archivos de log

La monitorización de archivos de *log* consiste en el análisis de los archivos de *log* recopilados para detectar patrones, reglas o comportamiento potencialmente relacionados con eventos de interés, lanzándose una alerta que pueda ser procesada por los analistas de seguridad.

La monitorización de archivos de *log* permite identificar la existencia de problemas antes de que estos sean percibidos por los usuarios. Esta actividad puede ayudar a la detección de comportamiento sospechoso que represente un ataque contra los sistemas de la organización. Adicionalmente, puede ayudar a generar una referencia (*baseline*) del comportamiento de los dispositivos, sistemas y/o usuarios, permitiendo la identificación de anomalías que requieran la atención del equipo de respuesta a incidentes.

7.1.4 Importancia de los archivos de log de eventos de seguridad

La agregación y la monitorización de archivos de *log* constituyen el pilar central de la actividad de los equipos de defensa de la red corporativa. La recopilación de información de sistemas críticos y de herramientas de seguridad, y el análisis de estos archivos de *log*, es una de las maneras más habituales de identificar actividad anómala o sospechosa que pudieran representar un incidente de seguridad.

Los dos conceptos básicos de la gestión de archivos de *log* de seguridad son los eventos y los incidentes. Se entiende por evento algo que ocurre en un *endpoint* (Ej. Estación de trabajo, servidor, *smartphone, firewall*). Uno o más eventos podrán ser categorizados como un incidente, es decir, un ataque, violación de políticas de seguridad, acceso no autorizado o modificaciones de los datos o sistemas sin el consentimiento del legítimo propietario.

A modo de ejemplo, entre los eventos más relevantes desde el punto de vista de la ciberseguridad se encontrarían: el aviso de una herramienta antivirus de que un sistema está infectado por *malware*; el aviso del *firewall* relativo al tráfico entrante/saliente desde/hacia una dirección de red prohibida; el intento de acceder a un sistema crítico desde un equipo o dirección IP desconocida; la modificación de los privilegios de un usuario; y la utilización de protocolos o puertos inseguros o prohibidos.

Desde el punto de vista de la ciberseguridad, entre los incidentes más habituales se encontrarían: un correo electrónico malicioso recibido y activado por usuarios de la organización; el acceso a un sitio web malicioso por usuarios de la organización; utilización impropia o prohibida por parte de un usuario autorizado; acceso no autorizado; el intento de comprometer, denegar el acceso o eliminar sistemas de la organización; la pérdida o robo de equipamiento (Ej. Portátiles de empleados, servidores); y la filtración de datos o la infección por *malware* mediante dispositivos removibles.

7.2 GESTIÓN DE ARCHIVOS DE LOG

En una organización de tamaño medio, el volumen de datos registrados que genera la actividad habitual de los sistemas del entorno corporativo será superior a varios GB diarios.

Desde el punto de vista de la administración del entorno corporativo, esto conlleva tanto el desarrollo de políticas como la implementación de medidas técnicas de rotación de archivos de *log* (Ej. La aplicación *NIX *logrotate*, configurable modificando el archivo */etc/logrotate.conf*). Normalmente, y en aras de reducir el espacio de almacenamiento necesario para la retención de datos, se aplicarán a los archivos de *log* recopilados algoritmos de compresión de datos que garanticen que no se pierde información (*lossless data compression*) (Ej. ZIP, GZIP, 7Z). La compresión de datos resulta especialmente eficiente para reducir el tamaño en disco de archivos de *log* en crudo (*raw data*) en formato texto. En cambio, cuando los archivos de *log* generados son en formato binario (Ej. Fotografía digital, audio digital, vídeo de seguridad en formato digital), suelen emplearse algoritmos de compresión que producen pérdidas de datos (*loss data compression*) (Ej. JPEG, MP3, AVI).

Desde el punto de vista del DFIR, el volumen de datos registrado en estos archivos de *log* recomienda emplear aplicaciones especializadas para analizar su contenido (Ej. *Large Text File Viewer* en *Microsoft Windows*, *gVim* en entornos Linux con interfaz gráfica GTK+2).

7.2.1 Gestión de archivos de log de seguridad

Se conoce como gestión de archivos de *log* de seguridad (*security log management*) al proceso de generar, transmitir, almacenar, analizar y desechar información de los eventos de seguridad acaecidos en un sistema. La necesidad de gestionar archivos de log viene motivada por razones de seguridad, operación sistemas y redes, y cumplimiento normativo. No obstante, la gestión de los archivos de *log* tiene un coste para la organización determinado por los siguientes factores:

▸ Tiempo de procesado en el sistema de recolección de archivos de *log*.

▸ Ancho de banda para la transmisión de los archivos de *log* desde las sondas al sistema centralizado de gestión de archivos de *log*.

▸ Espacio de almacenamiento y, dependiendo de las organizaciones, de espacio de almacenamiento adicional para copias de seguridad en una ubicación diferente (*offsite*).

Resulta por tanto vital decidir qué datos almacenar y la granularidad (el nivel de detalle) con la que hacerlo, el tamaño de los archivos de *log* y el tiempo de retención de estos archivos de *log* (la legislación puede llegar a requerir que se mantengan durante varios años).

Un SIEM mejora la gestión de archivos de *log*, pues no solo realiza la agregación de datos, sino que también permite realizar la correlación de eventos, la generación de alertas y representar la información gráficamente en paneles (*dashboards*), facilitando la retención de datos y el cumplimiento normativo. Básicamente, un SIEM proporciona inteligencia a la gestión de archivos de log, facilitando que se pueda monitorizar y gestionar la seguridad y operaciones del entorno corporativo de un modo más proactivo.

7.2.2 Sistema centralizado de archivos de log

Se conoce como sistema centralizado de archivos de *log*, también conocido como *log-host*, al conjunto de dispositivos que actúan como colector de los archivos de *log* generados en el entorno corporativo. Normalmente, la recopilación de datos provendrá de dispositivos de red perimetrales (Ej. *Firewall*, IDS), los cuales suelen disponer de mecanismos integrados para la remisión de los archivos de *log* generados, y del despliegue de agentes en los *endpoints* (Ej. Estaciones de trabajo, servidores, *smartphones*). Por este motivo, tanto si se perdiese la información almacenada en el *log-host* como si no se pudieran seguir recopilando nuevos archivos de *log* por carecer de suficiente capacidad de almacenamiento, se produciría la pérdida completa de visibilidad y conocimiento de la actividad en el entorno corporativo.

Es por tanto habitual distribuir múltiples *log-hosts* en la organización para poder realizar de manera local las tareas de seguridad de monitorización y control. Estos archivos de *log* recopilados localmente serán remitidos a servidores de archivos de *log* centralizados para disponer de una visión global de los eventos que tuvieron lugar en el entorno corporativo. También permite la correlación de eventos, la cual puede realizarse en función del tiempo, de las direcciones IP origen/destino, de la aplicación empleada, etc.

7.3 ESTIMACIÓN DE GENERACIÓN DE ARCHIVOS DE LOG

Si se dispone de la capacidad de estimar la generación de archivos de *log* en el entorno corporativo se podrá realizar una estimación tanto la cantidad de espacio de almacenamiento necesario para retener los archivos de *log* como del coste de licenciamiento de la solución SIEM para su posterior análisis.

Existen diferentes factores que impactan en la cantidad de datos generados:

▶ Complejidad y diseño de la red, determinadas por el número y tipo de dispositivos (Ej. *Switches*, *routers*, *firewalls*, servidores) y la carga en cada dispositivo.

▶ Políticas de registro de datos en cada dispositivo, especialmente conforme al nivel de criticidad de los archivos de *log* que se desean recolectar y monitorizar.

▶ Tamaño en bytes del archivo de *log* generado.

7.3.1 Eventos por segundo

La métrica más utilizada para determinar el volumen de datos generados es la de la estimación de los eventos por segundo (EPS, *Events Per Second*). EPS es, literalmente, el número de registros o eventos del sistema generados por un dispositivo cada segundo.

$$EPS = \frac{N\acute{u}mero\ de\ eventos\ del\ sistema}{Periodo\ temporal\ en\ segundos}$$

Esta métrica permite determinar:

▸ El esquema de gestión de archivos de *log* o la licencia del SIEM más adecuada. Numerosos proveedores de SIEM facturan a sus clientes conforme a la cantidad de datos o a los EPS registrados. Resultará fundamental para la organización que se realice una estima precisa de los EPS que se generan en el entorno corporativo, o se correrá el riesgo bien de sobredimensionar la solución (repercusión económica), bien de quedarse cortos (pérdida de datos).

▸ Requisitos de almacenamiento en línea y fuera de línea. En ocasiones, el cumplimiento normativo obligará a establecer algún tipo de política de retención de datos. Esta política, junto con la cantidad de datos generada, determinarán los requisitos de almacenamiento para los archivos de *log*.

▸ Gestión del almacenamiento diario. El almacenamiento requerido supone tanto un gasto económico como un riesgo de pérdida de datos. Comprender los EPS del entorno corporativo permitirá gestionar y planificar adecuadamente las necesidades de almacenamiento de archivos de *log* de la organización.

7.3.2 Generación normal y picos de EPS

Existen dos métricas de EPS que deben ser tenidas en cuenta durante el proceso de planificación y análisis:

▸ Eventos normales por segundo (NE_x, *Normal Events per second*). Representa el número habitual de eventos por segundo.

▸ Pico de eventos por segundo (PE_x, *Peak Events per Second*). Representa un pico de eventos provocado por una actividad anómala en el sistema (Ej.

330 IFCD083PO - INFORMÁTICA FORENSE Y CIBERSEGURIDAD

Ataque DoS, ataque por fuerza bruta). Pese a que esta métrica se trataría de una medida teórica, necesita ser tenida en cuenta, pues podría impactar negativamente en el rendimiento de la solución de gestión de archivos de *log* o del SIEM, además de en los requisitos de almacenamiento de archivos de *log*.

7.3.3 Volumen de los archivos de log

Puede estimarse la cantidad de datos que se registrarán en los archivos de *log* por segundo y día utilizando las siguientes fórmulas:

$$GBps = \frac{EPS \cdot Bytes\ por\ evento}{10^9}$$

$$GBpd = GBps \cdot 64800\ segundos/día$$

Algunos fabricantes de soluciones SIEM o de gestión de archivos de *log* licencian sus productos en base a la cantidad de datos registrados diariamente. Por tanto, el cálculo del *GBpd* permitirá estimar correctamente el licenciamiento necesario para ese modelo de facturación.

El cálculo anterior puede emplearse en las políticas de retención de datos para estimar el espacio de almacenamiento necesario para los archivos de *log*.

$$GB = GBps \cdot 64800\frac{segundos}{día} \cdot Periodo\ de\ retención\ (días)$$

7.4 TIPOS DE ARCHIVOS DE LOG

La mayoría de los sistemas informáticos generan uno o más tipos de archivos de *log*. Entre los formatos más comunes de estos archivos se encuentran CSV, JSON, CEF (*Common Event Format*), y par clave valor. Entre las fuentes más comunes de archivos de *log* destacan las siguientes:

▶ *Endpoints*. Los diferentes equipos (Ej. Estaciones de trabajo, portátiles, *smartphones*, servidores) conectados a la red corporativa generan múltiples archivos de *log* en los diferentes niveles de su pila software (hardware, sistema operativo, *middleware* y bases de datos, aplicaciones). Los archivos de *log* de los *endpoints* que se recopilan de las capas inferiores de esta pila permiten conocer el estado, actividad y salud del dispositivo.

▸ Dispositivos de red. La electrónica de red (Ej. *Routers, switches,* balanceadores de carga) proporciona archivos de *log* con datos relativos al flujo de tráfico (Ej. Destinos visitados por usuarios internos de la red corporativa, fuentes de tráfico externo, volúmenes de tráfico, protocolos empleados). Los *routers* suelen emplear para transmitir los datos el formato *Syslog*, y estos datos recopilados podrán ser analizados en los servidores *Syslog* de la red corporativa.

▸ Eventos de aplicación. Las aplicaciones que se ejecutan en los *endpoints* generan archivos de *log*. El sistema operativo *Windows* proporciona un servicio centralizado de eventos de *log* que recopila información relativa al inicio, apagado, funcionamiento y errores de las aplicaciones ejecutadas en el sistema. En Linux, el sistema registra en la carpeta */var/log* los mensajes generados por las aplicaciones. Además, los agregadores de archivos de *log* pueden recopilar y parsear directamente de aplicaciones corporativas (Ej. Correo electrónico, servidores web, servidores de bases datos).

▸ IoT. Cada vez es mayor el número de dispositivos IoT (*Internet of Things*) conectados. Estos dispositivos almacenan información relativa a su propia actividad y/o de los sensores a los que están conectados. En la mayoría de las organizaciones, la visibilidad de la actividad de estos dispositivos es un auténtico reto, pues normalmente los archivos de *log* que generan solo se encuentran disponibles en el propio dispositivo, lo que limita la capacidad de acceder a esa información o su agregación con los datos registrados por otros dispositivos del entorno corporativo. Los despliegues más sofisticados de IoT almacenan los archivos de log generados en un servicio centralizado en la nube. Actualmente, entre estos dispositivos se está popularizando el protocolo de recopilación de información *syslog-ng*, centrado en la portabilidad y la recopilación centralizada de archivos de *log*.

▸ *Proxy*. En muchas redes corporativas se emplea un *proxy* trasparente que proporciona visibilidad del tráfico de los usuarios internos de la red. Un servidor *proxy* registra las peticiones realizadas por los usuarios y las aplicaciones en una red local, además de las peticiones de servicios o aplicaciones realizadas a través de Internet (Ej. Actualización de aplicaciones). Desde el punto de vista de la ciberseguridad, para aportar valor el tráfico de todos los usuarios, o al menos de aquellos en segmentos críticos de la red, debe atravesar estos *proxies* para descifrar e interpretar el tráfico del protocolo HTTPS.

7.5 ARCHIVOS DE LOG GENERADOS EN ENDPOINTS EN CIBERSEGURIDAD

La explotación de vulnerabilidades existentes en los *endpoints* (Ej. Estaciones de trabajo, ordenadores portátiles, *smartphones*) de la organización permiten a los atacantes penetrar en la red corporativa. De ahí la importancia de recopilar, procesar y analizar los archivos de *log* generados en estos sistemas, pues permitirán identificar la presencia de actividad maliciosa en la red.

7.5.1 Archivos de log de Eventos de Windows

El sistema operativo *Windows* registra la actividad de componentes hardware conectados al dispositivo y del software que se ejecuta en él. Por defecto, existen seis categorías en las que se clasifican los archivos de *log*: *Aplicación, Sistema, Seguridad, Servicio de Directorio, Servidor DNS,* y *Servidor de replicación de archivos*. Desde el punto de vista del DFIR, el que proporciona información más relevante suele ser el de *Seguridad*, pues registra eventos relativos a acceso al servicio de Directorio Activo, eventos del sistema, acceso a objetos, cambios de directivas, privilegios empleados, seguimiento de procesos, intentos de inicio de sesión, gestión de cuentas, e inicio de sesión de cuentas.

Por defecto, en sistemas "en vivo", el DFIR podrá consultar la información registrada en los eventos estos archivos de *log* empleando la herramienta gráfica del sistema *Visor de Eventos* (*Event Viewer*), la consola del sistema o la consola de *PowerShell*.

7.5.2 Archivos de log de Linux

En los sistemas operativos Linux, el DFIR puede recopilar una línea temporal de eventos relacionados con el *kernel*, servicios de servidor, y con aplicaciones. Los archivos se registran conforme a cuatro categorías principales: *Eventos, Servicio, Aplicación,* y *Sistema*.

Archivo	Descripción
/var/log/syslog	Archivos de *log* de actividad general del sistema.
/var/log/messages	Archivos de *log* de actividad general del sistema.
/var/log/auth.log	Archivos de *log* de autenticación/autorización.
/var/log/secure	Archivos de *log* de autenticación/autorización.
/var/log/boot.log	Mensajes almacenados durante el inicio del equipo.
/var/log/kern	Archivos de *log* de la actividad del *kernel* del sistema.
/var/log/dmesg	Archivos de log de los controladores de dispositivos.
/var/log/faillog	Archivos de *log* de intentos fallidos de inicio de sesión.
/var/log/maillog	Archivos de *log* del servidor de correo electrónico.
/var/log/mail.log	Archivos de *log* del servidor de correo electrónico.
/var/log/cron	Eventos relativos a las tareas *cron* o al demonio *cron*.
/var/log/yum.log	Eventos relacionados con la instalación de paquetes *yum* en el sistema.
/var/log/httpd	Errores HTTP y archivos de *log* de acceso que contienen todas las peticiones HTTP.
/var/log/mysqld.log	Archivos de *log* de la base de datos MySQL.
/var/log/mysql.log	Archivos de *log* de la base de datos MySQL.

Tabla 40. Principales archivos de log de un sistema Linux desde el punto de vista del DFIR.

Una solución SIEM que analice de forma automatizada estos archivos de *log* de la debe ser capaz de mostrar el identificador de usuario, intentos de inicio de sesión, cambios en la configuración, utilidades del sistema, eventos de seguridad y cualquier intento de acceder a datos, aplicaciones, archivos o redes.

7.5.3 Archivos de eventos de dispositivos iOS

En ocasiones, la política de seguridad de la organización requiere la recopilación de archivos de *log* procedentes de dispositivos con sistema operativo iOS (Ej. *iPad*, *iPhone*) utilizados por sus trabajadores y que se conectan a los recursos IT corporativos.

El sistema operativo *iOS* no almacena eventos de *log* como tal, pero sí genera informes cuando se produce un error fatal en una aplicación. A partir de la versión *10*, puede utilizarse una API para almacenar eventos de aplicación.

Adicionalmente, los dispositivos *iOS* disponen de sus propias características de seguridad y, a través de la API, una solución SIEM puede acceder a los siguientes tipos de datos generados por esas características: seguridad de aplicación, seguridad de red, servicios de Internet, cifrado de datos, gestión de contraseñas de usuario, controles de dispositivo, controles de privacidad.

7.5.4 Archivos de eventos de dispositivos *Android*

El sistema operativo Android ofrece una plataforma dedicada para proporcionar acceso a los archivos de log del sistema y de las aplicaciones. Entre estos archivos de *log* recopilados se encuentran los de *kernel* y los relativos a la ejecución de código en lenguajes C/C++/Java. Esta plataforma dedicada de recopilación de datos proporciona funcionalidad de filtrado y visualización de mensajes. Los archivos de *log* del sistema operativo *Android* se pueden clasificar conforme a tres categorías: Aplicación, Eventos y Sistema.

7.5.5 Archivos de log de interés para incorporar al SIEM

Además de las fuentes mencionadas anteriormente, existen otras fuentes de archivos de *log* disponibles dentro de la infraestructura IT de la organización que pueden resultar de interés para incorporar al listado de archivos de *log* procesados por el SIEM. Dado que la mayoría de las organizaciones disponen recursos humanos limitados, resulta de vital importancia priorizar los archivos de log que procesará el SIEM. Los de mayor relevancia son los siguientes:

1. Controles de seguridad. Dentro de esta categoría se encuentran los archivos de log generados por dispositivos como *firewalls*, *proxies* web, IDS/IPS, herramientas antivirus, soluciones de prevención de pérdida de datos, filtros de conexión web a través de la VPN, *honeypots*, etc.

2. Archivos de *log* de dispositivos de tráfico de red. Dentro de esta categoría se encuentran los archivos de log generados por dispositivos como *routers*, *switches*, puntos de acceso inalámbrico, controladores de dominio, servidores de aplicaciones, aplicaciones de la intranet corporativa, bases de datos, etc.

3. Infraestructura. Dentro de esta categoría se encuentran listados de configuración, inventario de software, informes de vulnerabilidades, mapas de red, propietarios de recursos, ubicaciones, etc.

4. Negocio. Dentro de esta categoría se encuentra el mapeado de procesos de negocio, información procedente de socios comerciales, puntos de contacto, etc.

7.6 GESTIÓN DE ARCHIVOS DE LOG DE EDR

Las herramientas EDR (*Endpoint Detection and Response*) permiten detectar, investigar y mitigar incidentes de ciberseguridad en los *endpoints* del entorno corporativo. Este tipo de herramientas complementan a las herramientas de seguridad tradicionales (Ej. Antivirus, DLP, SIEM). Las soluciones EDR proporcionan visibilidad de los eventos que tienen lugar en los *endpoints*, de forma que el DFIR puede disponer de información relativa a la actividad de las aplicaciones, las operaciones que tienen lugar en el sistema operativo, la creación, modificación, copia y movimiento de datos, la utilización de la memoria o el acceso de los usuarios a datos sensibles.

Los sistemas EDR proporcionan archivos de *log* agregados que permiten analizar y explorar eventos generados por una gran variedad de *endpoints* del entorno corporativo.

7.7 GESTIÓN DE ARCHIVOS DE LOG DE FIREWALLS

Los archivos de *log* procedentes de los *firewalls* del entorno corporativo resultan de gran valor para el DFIR, pues registran trazas de casi todo el tráfico que entra y sale de la red de la organización. Si estuviera teniendo lugar actividad maliciosa en el entorno corporativo, incluso aunque esta no pudiera ser detectada automáticamente mediante el empleo de firmas de ataques o de valores resumen de *malware* conocido, el análisis de los archivos de *log* generados por el *firewall* en busca de actividad anómala (Ej. Número elevado de intentos de conexión denegados procedentes de sistemas remotos desconocidos) podrían permitir detectarla.

Los firewalls suelen permitir almacenar los archivos de log en formato syslog y visualizarlos a través de una interfaz de administración. Dependiendo del modelo, pueden disponer de un soporte de almacenamiento interno o tener que remitir los archivos de *log* generados a un colector de *logs* centralizado. Entre las entradas realizadas por el *firewall* en los archivos de *log*, las de mayor interés desde el punto de vista del DFIR serán:

- ▶ Conexiones autorizadas por las políticas de seguridad del *firewall*. Permiten detectar posibles errores a la hora de definir las políticas.

- ▶ Conexiones denegadas por las políticas de seguridad del *firewall*. Permiten detectar posibles comportamientos sospechosos o relacionados con ataques conocidos.

▶ Analizar la tasa de errores de intentos de inicio de sesión. Permiten detectar ataques DoS o de fuerza bruta.

▶ Mensajes de actividad del IDS. Este tipo de mensajes, disponibles en los NGF (*Next Generation Firewall*), proporcionan información relativa a la detección de ataques conocidos (detección automática mediante firmas).

▶ Autenticación del usuario y comandos utilizados. Permiten analizar y auditar cambios producidos en las políticas del *firewall*.

▶ Análisis del consumo de ancho de banda de conexión. Muestra las conexiones por duración y volumen de tráfico, permitiendo encontrar "objetos brillantes" (*outliers*) que puedan resultar potencialmente sospechosos.

▶ Mensajes de protocolos utilizados. Muestran los protocolos y puertos utilizados, lo que permite detectar la presencia de protocolos inusuales o inseguros.

▶ Conexiones NAT o PAT. Permite comprobar la presencia de actividad maliciosa generada internamente en la red corporativa.

7.8 RECOLECCIÓN DE ARCHIVOS DE LOG CON SYSLOG

Entre las aplicaciones más utilizadas para recolección de archivos de *log* se encuentra *syslog*, por estar incluida esta herramienta en el BSD (*Berkeley Systems Division*) UNIX y en la mayoría de los sistemas *NIX y *Microsoft Windows*.

Los sistemas tipo UNIX utilizan *syslog* para registrar los eventos acaecidos en el sistema. Cada código está relacionado con un evento de seguridad determinado. La ruta habitual de almacenado de archivos de *log* en sistemas UNIX es:

```
/var/log
```

No obstante, esta ruta puede estar sujeta a cambios en las distintas distribuciones existentes. Por defecto, los archivos de *log* de seguridad se almacenan en los archivos:

```
/var/log/auth.log
/var/log/authpriv.log
```

Los eventos almacenados dependerán de la configuración del sistema. Así, en los sistemas *Microsoft Windows*, los eventos registrados dependen en gran medida de los eventos de auditoría que hayan sido configurados. En los sistemas tipo UNIX, los eventos almacenados están definidos en el archivo:

```
/etc/syslog.conf
```

Además, las aplicaciones pueden guardar sus propios archivos de *log* (Ej. Servidor web *Apache*, IIS, servicio DHCP). Otro ejemplo de *log* en sistemas operativos *Microsoft Windows* es el archivo ODBC (*Open Database Connectivity*).

Actualmente existen diferentes versiones de *syslog*:

▶ *syslog* estándar. Definida en la *RFC 3164* y estandarizada en la *RFC 5424*. Tradicionalmente, utiliza para el transporte de datos el protocolo UDP, empleando el servidor el puerto *514*. No obstante, y dado que UDP carece de mecanismos de control de congestión, se recomienda utilizar TLS sobre TCP, y como puerto del servidor el *6514*.

▶ *syslog-ng*. Conforme a la *RFC 3164* (como la *BSD syslog*), y desde la versión *3.0*, conforme también a la *RFC 5424*. extiende el modelo original de *syslogd* con filtrado basado en contenidos, opciones de configuración más flexibles, timestamps conforme a la *ISO 8601* (granularidad en milisegundos e información de zona horaria), transporte de datos vía TCP y TLS (desde la versión *3.0.1*).

▶ *rsyslog* (acrónimo de *rocket-fast system for log processing*). Conforme a la *RFC 3164*, y, adicionalmente, las *RFC 5424, RFC 5425 y RFC 5426*. Incluye soporte para *timestamps* conformes a la *ISO 8601*, protocolos TCP, GSS-API (*Generic Security Service Application Program Interface*), TLS y RELP (*Reliable Event Logging Protocol*), operación en modo *buffer* (los mensajes se almacenan localmente en el emisor si el receptor no está preparado para recibir nuevos *logs*) y una implementación completa de entrada/salida de *systemd journal*.

Un mensaje estándar de *syslog* consiste en una cabecera seguida de datos estructurados y un mensaje. La información estructurada es simplemente una dupla nombre/valor, seguido de un mensaje opcional. La cabecera define la siguiente secuencia de valores:

Priority	Version	Timestamp	Hostname/IP	App-name	processID	messageID

Tabla 41. Cabecera de un mensaje syslog.

Entre la información facilitada por el origen de un mensaje *syslog* se incluye el **código de recurso** (*facility code*) y el **nivel de criticidad** (*severity level*). La aplicación *syslog* añade información a la cabecera antes de pasar la entrada al receptor *syslog*.

Código de recurso	Clave	Descripción
0	kern	Mensajes del *kernel*
1	user	Mensajes de nivel usuario
2	mail	Sistema de correo
3	daemon	*Daemons* del sistema
4	auth	Mensajes de autorización/seguridad
5	syslog	Mensajes generados internamente por *syslogd*
6	lpr	Subsistema de impresora en línea
7	news	Subsistema de noticias en red
8	uucp	Subsistema UUCP
9		*Daemon* del reloj
10	authpriv	Mensajes de autorización/seguridad
11	ftp	*Daemon* FTP
12	-	Subsistema NTP
13	-	Auditoría de *log*
14	-	Alerta de *log*
15	cron	*Daemon* de planificación de tareas
16	local0	Uso local 0 (local0)
17	local1	Uso local 1 (local1)
18	local2	Uso local 2 (local2)
19	local3	Uso local 3 (local3)
20	local4	Uso local 4 (local4)
21	local5	Uso local 5 (local5)
22	local6	Uso local 6 (local6)
23	local7	Uso local 7 (local7)

Tabla 42. Facility codes conforme a la RFC 3164.

El significado de los niveles de criticidad es un indicativo de la importancia de un evento en particular, conforme a la clasificación de la Tabla 43. El **código de**

prioridad (*priority code*) se obtiene multiplicando por ocho el código de recurso y sumándole el nivel de criticidad.

```
Código de prioridad= facility number *8 + nivel de criticidad
```

Valor	Criticidad	Clave	Descripción	Ejemplos
0	Emergencia	*emerg*	Sistema inutilizable	Este nivel no debe ser utilizado por aplicaciones.
1	Alerta	*alert*	Debería ser corregido de manera inmediata	Pérdida de conexión con el ISP primario.
2	Crítico	*crit*	Condiciones críticas	Fallo en la aplicación primaria del sistema.
3	Error	*err*	Condiciones de error	No existe espacio suficiente en disco para una operación de escritura.
4	Advertencia	*warn*	Podría ocurrir un error si no se toma acción	Posible caída del sistema por exceso de temperatura.
5	Notificación	*notice*	Eventos inusuales, pero no errores	Notificación de exceso de temperatura.
6	Informativo	*info*	Mensajes normales de operación del sistema y no requiere tomar acción	Inicio/cierre correcto de una aplicación del sistema.
7	Depuración	*debug*	Información útil para depuración de la aplicación por sus desarrolladores	

Tabla 43. Criticidad conforme a la RFC 5424.

En los sistemas *NIX, se puede configurar el demonio (*daemon*) de *syslog* editando el archivo */etc/syslog.conf*. Cada entrada en el archivo está constituida por un selector y una acción (Ej. Escribir a archivo, enviar a dispositivo remoto, enviar los resultados a otra aplicación, enviar un mensaje a ciertos usuarios del sistema).

Un selector se define mediante la estructura *facility.severity*. Un asterisco en un selector indica que se aplica a todos los elementos. (Ej. El selector *.err* indica que se seleccionarán todos los mensajes de criticidad *err* o superior para todos los recursos, mientras que el selector *kern.** seleccionará todos los mensajes del recurso *kern*). La criticidad *none* indica que no deben incluirse mensajes de ese recurso. Un asterisco en una acción indica que se envía un mensaje a todos los usuarios logueados en el sistema.

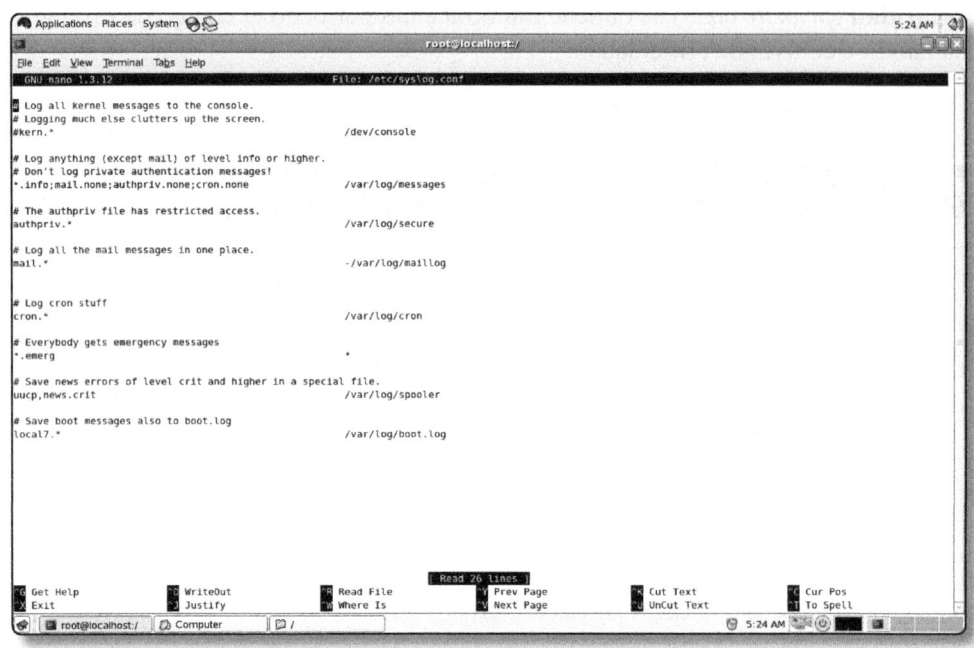

Ilustración 88. Ejemplo de /etc/syslog.conf.

El proceso del servidor que gestiona el mensaje de *syslogd* incluye generalmente todos los niveles inferiores. Es decir, si los mensajes se encontraran separados por criticidad individual, una entrada de nivel *advertencia* se introduciría además en *notificación*, *informativo* y *depuración*.

Otros comandos y archivos relacionados con el registro de tareas en sistemas operativos *NIX son:

- ▸ *lastlog*: Este comando muestra la información almacenada en el archivo binario */var/log/lastlog* concerniente al último inicio de sesión (*login*) de los usuarios contenidos en el archivo */etc/passwd*. Los agentes maliciosos avanzados suelen emplear aplicaciones especiales para intentar eliminar sus huellas en este archivo como medida antiforense.

- ▸ *last*: Este comando proporciona información relativa a cada conexión y desconexión del sistema. Esta información se encuentra almacenada en el archivo binario */var/log/wtmp*.

- ▸ *who*: Este comando muestra los usuarios conectados al sistema leyendo el contenido del archivo */var/run/utmp*.

▼ *btmp*: Archivo binario donde se almacenan los errores de intento de registro en el sistema. Su ruta es */var/log/btmp*. Puede ser leído mediante el comando *last* indicando como entrada la ruta del archivo *btmp*:

```
last -f /var/log/btmp
```

▼ *messages*: Archivo de texto que almacena actividades del sistema (Ej. Usuarios conectados, dirección IP que tienen asignada). Permite configurar la información que se desea almacenar. Su ruta es:

```
/var/log/messages
```

7.9 TÉCNICAS DE ANÁLISIS DE ARCHIVOS DE LOG

Una técnica habitual de análisis de los archivos de *log* es la creación de una línea temporal (*timeline*) que represente cuándo se registró cada evento (Ej. Se recibe un correo electrónico con un enlace a un sitio malicioso; el destinatario del correo pulsa negligentemente en el enlace malicioso; el navegador web por defecto del dispositivo del usuario intenta conectar con el sitio malicioso para realizar una descarga de un archivo alojado en esa URL; los dispositivos de seguridad perimetral de la organización tienen esa URL en sus *blacklists* y bloquean el acceso a dicha URL).

Otra técnica habitualmente empleada junto a la del análisis de las líneas temporales es la de creación de histogramas que permitan determinar el número de eventos acaecidos en un momento concreto (Ej. Diferentes dispositivos de la red corporativa realizan a simultáneo cada uno 30.000 peticiones por segundo de una determinada URL durante un periodo de tiempo).

La combinación de estas técnicas permitirá obtener una visión global del número de eventos que ocurren en un momento determinado. Esta visión global suele representarse de manera gráfica para facilitar el trabajo del analista en la identificación de patrones de tráfico de red anómalos (Ej. Conexiones desde un dispositivo a una determinada URL en intervalos periódicos suele ser indicativo de un dispositivo infectado con un *malware* que intenta conectar con un servidor de C2 asociado).

7.10 PROCESADO DE ARCHIVOS DE LOG

Se entiende por procesado de archivos de *log* el arte de interpretar la estructura o esquema de archivos de *log* "en crudo" (*raw*) procedentes de múltiples fuentes para convertirlos en una fuente de datos consistente y estandarizada.

7.10.1 Flujo de procesado de los archivos de log

A continuación, se expone el flujo de procesado de archivos de *log*:

1. Análisis del archivo de *log*. Cada archivo de *log* generado por una aplicación o dispositivo tiene un formato predefinido que incluye campos de datos y sus valores y, en ocasiones, cabeceras. No obstante, el formato de estos archivos varía entre diferentes sistemas. Incluso podrán diferir entre los diferentes archivos de *log* generados por el mismo sistema. Un parseador de archivos de *log* es un software que permite interpretar un formato específico de archivo de *log* y convertirlo en datos estructurados. El software de agregación de archivos de *log* incluirá diferentes parseadores para procesar los archivos de *log* procedentes de los sistemas con mayor difusión.

2. Normalización y categorización de archivos de *log*. La normalización fusiona eventos que contienen diferentes datos en un formato reducido que contiene atributos comunes entre los diferentes eventos. La mayoría de los archivos de *log* permiten capturar la misma información básica (Ej. Tiempo, dirección de red, acción realizada). La categorización implica añadir contexto a los eventos, identificando datos de *log* relacionados con eventos del sistema, autenticación, operaciones locales o remotas, etc.

3. Enriquecimiento de archivos de *log*. Implica añadir información de interés a los datos disponibles de forma que estos adquieran mayor relevancia (Ej. Añadir geolocalización a las direcciones IP).

4. Indexado de archivos de *log*. En las redes corporativas se generan archivos de *log* con un volumen de datos elevado. Para realizar búsquedas efectivas en estos archivos debe crearse un índice de atributos comunes a través de todos los datos almacenados. Las búsquedas o consultas de datos que utilicen estas claves de indexación serán sensiblemente más rápidas que aquellas basadas en el análisis completo de todos los datos recopilados.

5. Almacenamiento de archivos de *log*. Debido al enorme volumen de datos recopilado en los archivos de *log*, y su crecimiento exponencial, el almacenamiento de los archivos de *log* evoluciona rápidamente. Históricamente, los agregadores de archivos de log almacenaban los archivos de *log* en un repositorio centralizado. Actualmente, los archivos de *log* tienen a almacenarse empleando *data lakes* (Ej. Amazon S3, Hadoop).

7.11 ANÁLISIS DE ARCHIVOS DE LOG EMPLEANDO UN SIEM

En entornos corporativos se utiliza un SIEM para agregar archivos de *log*, monitorizarlos y generar alertas. Las plataformas SIEM agregan datos y alertas en tiempo real utilizando como fuentes soluciones de seguridad y sistemas TI de la organización (Ej. Servidores de correo electrónico, servidores web, sistemas de autenticación). Permiten analizar estos datos y establecer relaciones que ayuden a identificar anomalías, vulnerabilidades e incidentes. Los SIEM se centran en eventos relativos a seguridad (Ej. Inicios de sesión sospechosos, *malware*, escalado de privilegios). Identificará aquellos eventos de mayor relevancia desde el punto de vista de la ciberseguridad, generará una alerta y esta será supervisada por un analista.

Actualmente, los SIEM proporcionan paneles (*dashboards*) y herramientas de visualización de datos que permiten analizar proactivamente conjuntos de datos y detectar potenciales incidentes de seguridad, lo que se conoce como *threat hunting*.

Las soluciones SIEM de próxima generación se basan en tecnologías data lake, de modo que permiten almacenar un volumen ilimitado de datos de archivos de log, lo que habilita disponer de un histórico de datos mayor. Estas soluciones incorporan tecnología de análisis de comportamiento, lo que permite establecer en primer lugar una *baseline* de la actividad de dispositivos y usuarios, y posteriormente identificar por comparación con esa *baseline* potenciales comportamientos anómalos o sospechosos. Esta capacidad de análisis avanzada de datos permite a los analistas realizar búsquedas proactivas en los archivos de log, capacidad de detección conocida como *threat hunting*.

7.12 SINCRONIZACIÓN HORARIA ENTRE DISPOSITIVOS

Recoger datos de múltiples fuentes ayuda al DFIR a comprender el modo en el que ha podido tener lugar un incidente en el sistema y apoyar una hipótesis particular. No obstante, para que estas evidencias recogidas tengan validez ante un tribunal, deben mantener una coherencia temporal.

El protocolo NTP (*Network Time Protocol*) es un protocolo de red utilizado para sincronizar el reloj de diferentes dispositivos a través de redes de conmutación de paquetes con latencia variable. Su primera versión es de 1985 y actualmente la versión *4* del protocolo se encuentra definido en las *RFC 5905*, *RFC 5906*, *RFC 5907* y *RFC 5908*. Su funcionamiento se basa en utilizar como referencia horaria UTC (*Coordinated Universal Time*), que a su vez está basado en el TAI (*International Atomic Time*), determinado por la rotación del planeta Tierra.

Se denominan **relojes de referencia** (*reference clocks*), también conocidos como *Stratum 0*, a los dispositivos horarios de alta precisión (Ej. Relojes atómicos, relojes GPS, relojes vía radio) empleados como referencia horaria. Estos dispositivos generan una señal muy precisa de un pulso por segundo (*pulse per second*) capaz de generar una interrupción y un *timestamp* en un dispositivo conectado. Suelen constituirse a nivel nacional como servicio nacional horario (Ej. En España, el Real Instituto y Observatorio de la Armada).

Los dispositivos conocidos **servidores primarios de tiempo** (*primary time servers*), o como *Stratum 1*, son aquellos cuyos relojes del sistema están sincronizados con unos microsegundos de diferencia con respecto de los dispositivos *Stratum 0* a los cuales se conectan. Estos dispositivos *Stratum 1* pueden conectarse a otros *Stratum 1* como medida de respaldo.

Los dispositivos conocidos como *Stratum 2* son aquellos que se sincronizan a través de una red con servidores *Stratum 1*. Es común que un dispositivo *Stratum 2* solicite referencias de tiempo a diferentes servidores *Stratum 1*. Los dispositivos *Stratum 2* pueden a su vez conectar con otros dispositivos *Stratum 2* para conseguir entre todos los pares (*peers*) del grupo una referencia horaria más robusta.

Los dispositivos conocidos como *Stratum 3* sincronizan con servidores *Stratum 2*. Emplean los mismos algoritmos de *peering* y de muestreo de datos que los dispositivos *Stratum 2*, pudiendo a su vez actuar como servidores de dispositivos *Stratum 4*.

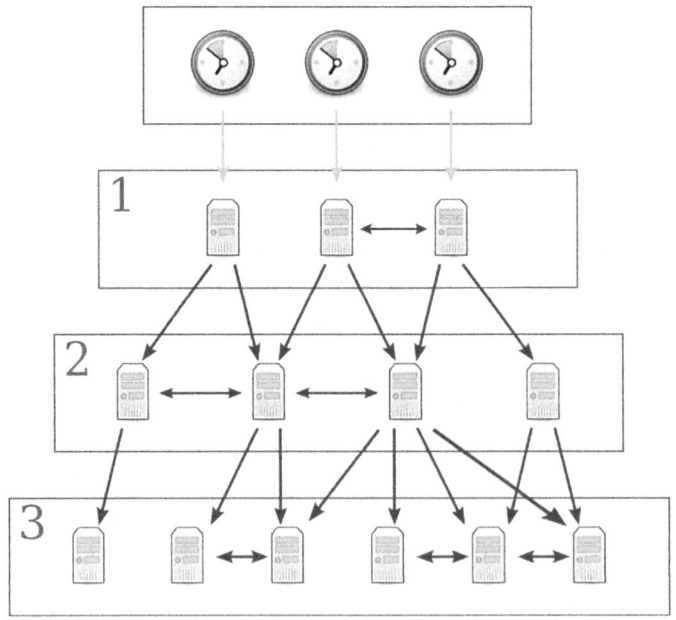

Ilustración 89. Esquema de conexionado de servidores horarios en el protocolo NTP.

Existen listas públicas de servidores NTP primarios y secundarios, como el listado disponible en *www.ntp.org* o los listados facilitados en las diferentes distribuciones Linux (Ej. *ntp.ubuntu.com*). Con el comando Linux *ntpdate* se obtiene la información horaria del servidor designado, actualizándose el reloj del sistema dependiendo de la desincronización existente entre el reloj del sistema y el del servidor. Si el diferencial es mayor de 0,5 segundos, *ntpdate* modificará la hora del sistema de manera inmediata; en caso de ser menor que esa diferencia de 0,5 segundos, *ntpdate* ajusta el reloj del sistema en función del *offset* existente entre el reloj del sistema local y el del sistema remoto.

La implementación del servicio NTP en los sistemas *Microsoft Windows* se realiza de manera diferente. En los entornos corporativos donde existe un dominio *Windows*, es común que exista en el controlador de dominio un servicio horario.

Si desde un cliente del dominio se ejecuta el siguiente comando, el cliente solicita la información horaria del dominio al cual está conectado y la establece en el sistema local:

```
net time /DOMAIN[:nombre de dominio] /SET
```

En cambio, si el sistema no forma parte de un dominio, puede establecerse manualmente un servidor horario (Ej. *time.windows.com*, *time.nist.gov*) modificando el dato del valor *NtpServer* de la subclave del *Registro*:

```
HKLM\System\CurrentControlSet\Services\W32Time\Parameters
```

7.13 LOS ARCHIVOS DE LOG DESDE UN PUNTO DE VISTA LEGAL

7.13.1 Procesado de archivos de log conforme a la legislación estadounidense

Para poder presentar un archivo de *log* ante un tribunal, deben seguirse las mismas premisas de preservación de la evidencia que las aplicadas a cualquier otra forma de evidencia digital. Es decir, se debe mantener la cadena de custodia, crear una imagen forense de la evidencia, el DFIR debe a ser posible realizar su investigación con una copia de la copia forense, etc. Desde el punto de vista forense, es importante que el responsable de la producción y almacenamiento de estos registros aporte información adicional que permita conocer la precisión y fiabilidad de la información almacenada.

Cuando se presentan archivos de *log* como parte de las evidencias de un proceso judicial, hay que saber que la organización de la cual se han recogido las evidencias digitales debe facilitar a la otra parte en el litigio acceso al software de monitorización y a los archivos de *log* almacenados. Además, deberá incluirse cualquier prueba exculpatoria que pudiese ayudar a exonerar al acusado.

Por otro lado, los archivos de *log* recogidos de manera adicional tras una intrusión no serán admisibles como prueba ante un tribunal, dado que no se considerarían prácticas habituales de la organización. Adicionalmente, el contenido de los archivos de *log* quedará en entredicho si la recogida de información tiene lugar tras detectarse una intrusión. Del mismo modo, la información de los archivos de *log* también perderá credibilidad si el dispositivo de recolección tiene un registro que demuestra la existencia de fallos de seguridad o incidentes previos al incidente objeto de la investigación.

Otro factor que debe tenerse en cuenta cuando se presentan archivos de *log* como prueba ante un tribunal es la preservación de la integridad de estos archivos. Además de adjuntar el valor resumen obtenido en el momento de su generación y en el de su recolección, una buena práctica consistiría en almacenar los archivos en soportes WORM (*Write Once Read Many*) (Ej. CD-ROM, DVD-ROM) si bien, debido a la pérdida de popularidad de este tipo de soportes de almacenamiento, está cada día más en desuso.

7.13.2 Archivos de log conforme a la legislación española

En España, los ISP tienen la obligación de mantener los archivos de *log* durante un tiempo máximo de doce meses, conforme a la *Ley 34/2002 de Servicios de la Sociedad de la Información y del Comercio Electrónico* (LSSICE).

Sin embargo, la LSSICE no determina ningún mínimo exigible, motivo por el cual es necesario actuar rápidamente en caso de presunto delito. Además, también hay que tener presente que la dirección IP asignada a un usuario tiene la consideración de dato de carácter personal, protegido por tanto por la *Ley Orgánica 15/99 de Protección de Datos* (LOPD) y la *General Data Protection Regulation* EU 2016/679 (GDRP), en consecuencia, los archivos de *log* de conexión de los ISP no pueden solicitarse si no es bajo mandato judicial.

8

·····

FORENSE DE RED

8.1 DEFINICIÓN DE FORENSE DE RED

Puede definirse forense de red como la captura, almacenamiento y análisis de los eventos de red en aras de descubrir el origen de un ciberataque.

Existen varias aproximaciones para afrontar las investigaciones forenses en red:

- ▶ Fuerza bruta. Consiste en capturar toda la información posible que circula por la red. Se almacena el paquete completo (cabecera y *payload*). Requiere gran cantidad de recursos económicos para sufragar los gastos de almacenamiento.

- ▶ Captura de flujo. Se almacena la cabecera del paquete, pero no su *payload*. Requiere una cantidad de recursos económicos sensiblemente menor que la aproximación por fuerza bruta.

- ▶ Parar, mirar y escuchar. Es la aproximación que menos recursos económicos y humanos requiere.

Los medios de transmisión empleados por las redes pueden ser cableados (Ej. Coaxial, UTP, fibra óptica) o inalámbricos (Ej. WiFi, *Bluetooth*, redes de telefonía móvil). Independientemente del medio de transmisión empleado, las técnicas forenses de red comparten ciertas características en común. No obstante, los ataques difieren en cómo transmiten y reciben datos a través del medio físico. Además, el DFIR debe disponer de la capacidad de capturar datos en el medio físico de la red objeto de la investigación.

En los escenarios de investigaciones en las que el dispositivo objeto de estudio ha sido objeto de un ciberataque, se encuentran bajo los epígrafes legales relativos a accesos no autorizados a un dispositivo electrónico. En la legislación de EE.UU., está contemplado por la *Computer Fraud and Abuse Act* de 1986, añadido a la sección 1030 del Título 18 del Código de EE.UU., y enmendado por la *Patriot Act* de 2001 y por la *Identity Theft and Restitution Act* de 2008.

La sección *1030 (a)* es de especial interés para un DFIR que esté llevando a cabo una investigación relacionada con forense de red. La sección *1030 (a)(5)* establece tres circunstancias en las que se puede aplicar abuso informático (*computer abuse*). Existe abuso cuando un individuo, careciendo de autorización previa y actuando de manera consciente y deliberada, remite una aplicación, información, código o comando, de cuyo resultado se produce un daño intencionado sobre un dispositivo o sistema, o pérdida o daño en la información almacenada en ellos. Es decir, incluirían casos relacionados con *malware*, *defacement* de sitios web, DNS *hijacking*, DDoS, etc.

8.2 HERRAMIENTAS DE MONITORIZACIÓN DE RED

8.2.1 Capturador de paquetes

Un capturador de paquetes (*packet sniffer*) es un programa que solicita una copia a una NIC de todos los paquetes que entran y salen por ella. Estos paquetes capturados pueden almacenarse en un archivo denominado archivo de captura, mostrarse por pantalla, redirigirse a una tercera aplicación, etc. Un capturador de paquetes puede ejecutarse en distintos tipos de dispositivos, como un *end point* de la red (Ej. Un ordenador), un *switch*, un *router* o en un *appliance* dedicado conectado a un puerto SPAN (*Switch Port Analyzer*) del *switch*.

Como el objetivo de un capturador de paquetes es capturar la mayor cantidad posible de tráfico, suelen emplearse configurados en modo promiscuo (también denominado modo monitor), o al puerto SPAN de un *switch* (*port mirroring*).

8.2.2 Analizador de paquetes

Suele ser habitual que los capturadores de paquetes vengan integrados con un software que permita analizar los paquetes capturados. Estas aplicaciones se conocen como analizadores de paquetes (*packet analyzers*).

Un buen analizador de paquetes permite filtrar conforme a diferentes conceptos (Ej. Dirección física, dirección IP origen, dirección IP destino, tipo de tráfico). El mejor ejemplo de este tipo de aplicaciones es *Wireshark*.

8.2.3 Monitorización del flujo de paquetes

La monitorización del flujo de paquetes consiste en analizar el tráfico de red que fluye entre determinados dispositivos origen y destino. Se realiza con un conjunto de herramientas generalistas de captura y análisis de paquetes.

El concepto de monitorización de flujo de paquetes fue desarrollado por Cisco, que lo incluyó en su electrónica de red (*switches* y *routers*). La herramienta más conocida es *NetFlow*.

NetFlow se basa en el concepto de flujos definidos por el administrador de red para poder monitorizar el tipo de tráfico deseado. Un flujo es un conjunto de paquetes desde un dispositivo específico a otro. Cada uno de los flujos monitorizados constituye una caché de flujo. Una única entrada en una caché de flujo contiene información como direcciones de origen y destino, puertos origen y destino, el origen del dispositivo que corre el flujo y el número total de bytes de ese flujo.

Analizar el flujo de datos permite a los administradores obtener una visión más clara del volumen y flujo del tráfico en la red. Esto permite a su vez optimizar la red (Ej. Añadiendo mayor capacidad en aquellos puntos que sean necesarios).

La mayor parte de la carga de trabajo de *NetFlow* es gestionada por los colectores de *NetFlow* (*NetFlow collectors*). Los colectores de *NetFlow* almacenan en una tabla la información procedente de uno o más cachés de dispositivos *NetFlow*, lo que permite analizar la información empleando herramientas de análisis *NetFlow*. Una de las herramientas que permite este análisis es *LiveAction*.

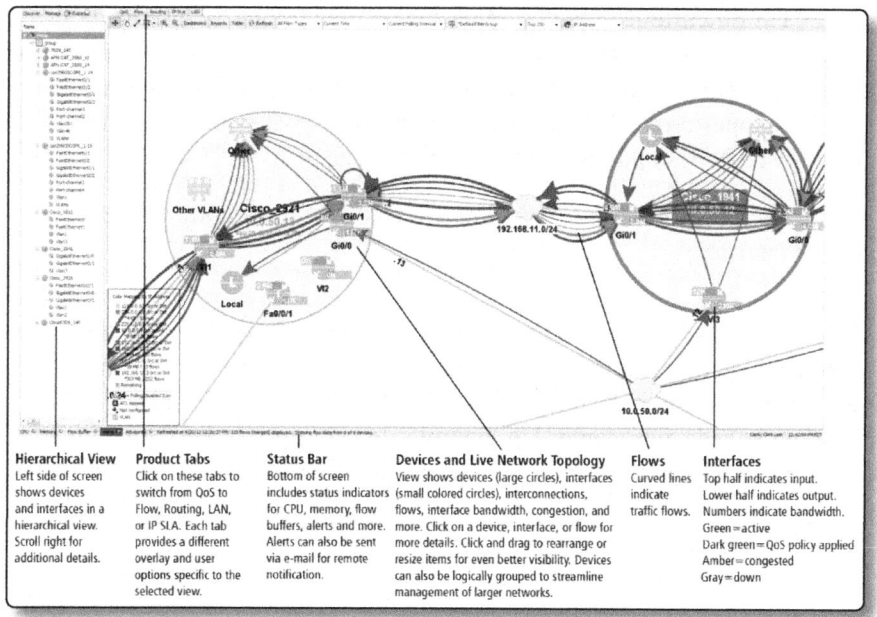

Ilustración 90. Captura de LiveAction.

Otras herramientas similares a *NetFlow* son *sFlow*, *Netstream* e *IPFix*.

8.2.4 Monitor de interfaz

Un monitor de interfaz (*interface monitor*) permite determinar la robustez de la red en la que se conecta. Permite medir el ancho de banda y utilización de una o más interfaces de red de uno o más dispositivos.

Un monitor de interfaz monitoriza la utilización y caudal de tráfico a través de uno o más puertos físicos de un único dispositivo. Dispondrá al menos de los siguientes elementos:

▶ Velocidad y utilización del canal (simplex, semidúplex, dúplex).

▶ Ancho de banda consumido.

▶ Paquetes descartados (*packet drops*). Un puerto descartará paquetes por error o por considerar que deben ser descartados.

▶ Errores (*errors*). Determinar el número de paquetes erróneos por segundo. Se considera que un paquete es erróneo si está malformado (*malformed*) o ilegible (*unreadable*).

▶ Descartes (*discards*). Determinar las tramas descartadas por segundo. Un descarte es aquella trama bien formada que es eliminada (*drop*) de manera intencionada por un puerto. Un descarte no es un error. Existen diferentes razones por las que un puerto puede descartar una trama. Si un puerto realiza *trunking* de las VLAN 1 y 2 y recibe una trama para la VLAN 3, el puerto descartará el paquete.

▶ Reinicios de la interfaz. Control de la frecuencia de los reinicios de la interfaz.

Los monitores de interfaz comenzaron como herramientas específicas de cada fabricante, y pese a que existen numerosos interfaces de monitor que funcionan con casi todas las plataformas, sigue siendo habitual utilizar las aplicaciones propietarias de cada fabricante. Un ejemplo de este tipo de herramientas es *Cisco Network Assistant* (CNA), la cual permite monitorizar *routers* y *switches* de Cisco.

8.2.5 Monitor de rendimiento

Un monitor de rendimiento permite medir el rendimiento de algún aspecto de un sistema en función del tiempo. De este modo, el administrador de red conocerá cuándo se está produciendo una anomalía.

Los medidores de rendimiento suelen estar asociados a un determinado sistema operativo o aplicación, ya que el medidor de rendimiento debe tener un conocimiento profundo a bajo nivel del sistema para poder realizar de forma correcta su función.

Las dos herramientas más habituales de medición de rendimiento son *Windows Performance Monitor*, en entornos *Microsoft Windows*, y *syslog* en entornos Linux.

Para determinar si se está produciendo un comportamiento anómalo con respecto al rendimiento normal de la red (Ej. Caudal de tráfico exageradamente alto), debe generarse en primer lugar un registro previo del rendimiento considerado como normal (*baseline*). Comparar las nuevas mediciones con esa baseline ayudará a esclarecer qué es lo que puede estar ocurriendo en la red.

8.2.6 Registros de eventos del sistema y su gestión

Los monitores de rendimiento utilizan los archivos de registro de eventos del sistema (*log files*) para ofrecer una estimación del rendimiento en función del tiempo. Los archivos de *log* almacenan la información relativa al rendimiento de un aspecto específico (denominados *counters* en *Windows* y *facilities* en *syslog*) del sistema. Algunos ejemplos de los aspectos que pueden ser monitorizados son el porcentaje de utilización de un puerto Ethernet específico o el rendimiento a través de una conexión de red.

Cualquier sistema que almacene archivos de *log* en formato electrónico se enfrenta a dos problemas:

▶ Seguridad. La seguridad de los archivos de *log* es muy importante debido a la información que contienen, pues en muchos casos esta información será privada o sensible (Ej. Datos de navegación web). El acceso a los *logs* activos debe ser gestionado de manera rigurosa (Ej. Otorgar únicamente permisos de lectura a los administradores que tengan que acceder a estos archivos). En muchos casos, las aplicaciones solo tendrán permisos de escritura en la carpeta de este tipo de archivos.

▶ Mantenimiento. Si no se gestionan correctamente, los archivos de *log* crecerán en el tiempo hasta ocupar todo el espacio de almacenamiento disponible. De ahí que sea común configurar los *logs* para que sean cíclicos y, al alcanzar un tamaño en disco determinado, comience un nuevo ciclo. Se conoce como ciclo a la sobreescritura del archivo antiguo por el archivo nuevo de *log* al alcanzar el umbral de tamaño máximo establecido. También es posible definir que el ciclo de un nuevo *log* comience en función de umbral temporal (Ej. 24 horas, semanal). Los archivos de *log* pueden ser almacenados mediante una copia de respaldo en una ubicación diferente en caso de existir legislación que obligue a almacenar durante un tiempo determinado estos archivos.

8.3 ANÁLISIS DE TRÁFICO DE RED

La actividad forense más básica y fundamental de forense de red es el análisis de paquetes de red.

En general, una PDU (*Protocol Data Unit*) puede dividirse en: cabecera (*header*), la cual incluye entre otra información su direccionamiento; datos (*payload*), la información a transmitir; y cola (*trailer* o *footer*), para establecer mecanismos que indiquen que el final del paquete y mecanismos de detección de errores.

Existen diferentes tipos de paquetes (utilizado como término genérico; siendo estricto, un *paquete* es una PDU de Capa Internet TCP/IP). Una primera clasificación para distinguir entre diferentes tipos de paquetes es distinguir entre los que tienen longitud fija y los que no. Los paquetes de longitud fija suelen llamarse celdas (*cells*) o tramas (*frames*). Sirva como ejemplo la celda ATM (*Asynchronous Transfer Mode*), de 53 bytes.

8.3.1 Cabecera del paquete

El primer lugar donde el DFIR debe fijar su atención para la obtención de información durante una investigación forense de red es en la cabecera de los paquetes del tráfico de red objeto de estudio. Como se vio en el apartado 8.2, el encapsulamiento de la información entre capas da lugar a que el DFIR tenga normalmente que analizar tres cabeceras: la cabecera Ethernet, la cabecera IP y la cabecera TCP/UDP. La cabecera TCP contiene información relativa a la Capa de Transporte en el modelo OSI, como los puertos origen y destino de la comunicación. Además, incluye el número de secuencia (Ej. Segmento *10* de *21*). Las banderas (*flags*), también llamadas bits de control, ofrecen además información muy valiosa, pues pueden ser empleadas, por ejemplo, para determinar si un servidor está siendo víctima de un determinado tipo de ataque (Ej. Ataque SYN). Las principales banderas que debe analizar el DFIR son *SYN, URG, ACK, RST* y *FIN*.

Durante el inicio de una conversación TCP normal, el cliente envía al servidor un segmento con la bandera SYN de la cabecera TCP activada ('*1*'). El servidor responde con un segmento en el cual están activadas las banderas *SYN* y *ACK*. El cliente responde al servidor con un nuevo segmento, en el cual solo está activada la bandera *ACK*. Esto es lo que se conoce como el *three-way-handshake*. Tras este proceso, comienza la comunicación entre cliente y servidor, que finalizará de manera normal y correcta con el cliente enviando un segmento con la bandera *FIN* activada.

La cabecera IP también contiene información muy importante para la investigación forense digital. Obviamente, la más importante son las direcciones origen y destino de la comunicación. Además, contiene información del protocolo de comunicación empleado en la capa superior (Ej. TCP, UDP), y de la versión de protocolo IP (IPv4 o IPv6) del paquete. El campo tamaño describe la longitud en bits del *payload*. Otro campo interesante es el TTL, ya que indica cuántos saltos tiene que dar un paquete IP hasta llegar a su destino.

La cabecera Ethernet contiene las direcciones MAC origen y destino. Conviene aclarar que la dirección MAC del dispositivo destino solo aparece en el campo *MAC destino* de la cabecera de la trama si este se encuentra dentro del mismo segmento de red que el dispositivo origen de la comunicación, o de encontrarse la trama enviada en el segmento de red en el que está conectado el equipo destino. En caso contrario, la dirección MAC que aparece en el campo destino de la cabecera Ethernet será la de la interfaz de red del próximo dispositivo de red (Ej. *Router*) en la ruta hacia el dispositivo destino de la comunicación.

Algunos ciberataques se basan en la malformación de las cabeceras de las PDU. Por ejemplo, se puede llevar a cabo un ataque de denegación de servicio (DoS, *Denial of Service*) contra un servidor inundándole de segmentos con la bandera SYN activada y no respondiendo con ningún segmento SYN/ACK desde el equipo atacante, de tal modo que el servidor queda a la espera asignando recursos para esa comunicación maliciosa que nunca llega a completarse. Otro ejemplo serían los ataques de secuestro de sesión (*session hijacking*) que utilizan un segmento malicioso con la bandera RST activada.

8.3.2 Payload

La importancia de los datos enviados para una investigación forense digital es obvia. Si entre los extremos se cifró la comunicación (Ej. SSL/TLS), es

354 IFCD083PO - INFORMÁTICA FORENSE Y CIBERSEGURIDAD

muy probable que no pueda interceptarse y extraerse en claro tras un proceso de criptoanálisis la información transmitida, limitándose entonces la investigación al análisis de las cabeceras.

En los casos en los que la comunicación no está cifrada, si se siguió un esquema de captura de datos por fuerza bruta (es decir, volcado del contenido de la comunicación), existen aplicaciones (Ej. *NetworkMiner*, *Wireshark*) que facilitan la labor de reconstrucción del *payload* a partir de todas las PDU que conforman la comunicación. Esto permite, por ejemplo, recuperar el contenido multimedia de un sitio web visitado por el cliente objeto de la investigación o un archivo descargado empleando el protocolo FTP.

8.3.3 Trailer

La cola de una PDU, referenciadas en inglés como *trailer* o *footer*, indica el final de una PDU. Suele contener un mecanismo de control de errores, siendo el más habitual el CRC (*Cyclic Redundancy Check*).

Una implementación habitual del CRC consiste en que el remitente realice una suma binaria de todos los bits en el *payload* y lo almacene como valor hexadecimal en el campo CRC de la cola de la PDU a transmitir. El dispositivo destino adiciona '*1*' al *payload* y compara el resultado obtenido con el almacenado en el campo CRC. Si los resultados coinciden, entonces el *payload* de la PDU llegó correctamente. En caso contrario, el *payload* de la trama llegó de manera incorrecta y se descarta.

En el caso de TCP, la detección de un error implicará que el dispositivo destino solicite al origen que retransmita nuevamente el segmento. En cambio, en UDP no se solicita retransmisión, y la información transmitida se perderá de manera definitiva.

8.4 INVESTIGANDO EL TRÁFICO DE RED

8.4.1 Ventajas de investigar el tráfico de red

Una de las principales ventajas de investigar el tráfico de red sería la identificación de posible tráfico malicioso (Ej. Conexión de balizamiento con el servidor de mando y control de una *botnet*, descargas realizadas de un servidor reportado como distribuidor de *malware*).

Otra ventaja sería poder determinar el origen y el destino de ese tráfico malicioso para poder disponer de una visión general del incidente, en especial cuando el ataque tiene lugar en varias fases (Ej. Recepción en el buzón de la víctima de un correo electrónico con un anexo malicioso-> Apertura del anexo del correo por la víctima-> Infección del dispositivo por ser vulnerable a la vulnerabilidad que explota el *malware*-> Conexión con el servidor de mando y control malicioso para notificar la infección del dispositivo y descargar funcionalidades adicionales al *malware* del dispositivo infectado).

Además, investigar el tráfico de red permite a una organización elaborar un perfil del tráfico de red habitual en la misma. De este modo, si se emplean dispositivos de seguridad de red basados en comportamiento, se podrán detectar la ocurrencia de patrones anómalos en el tráfico de red y proceder a investigar lo que está sucediendo.

Los motivos por los que una red puede ser vulnerable a un ciberataque son variados: vulnerabilidades existentes en el software de la electrónica de red; parches de seguridad no aplicados a los sistemas; permisos de acceso demasiado genéricos con respecto al acceso a los recursos de red (Ej. Ausencia de restricción por dirección IP de origen a determinados servicios de la intranet); permisos de tráfico saliente demasiado laxos, lo que puede provocar que se permita la salida de tráfico cifrado sin tener en cuenta la reputación del dispositivo destino o de un servicio externo (lo que podría suponer una violación de las Directivas de seguridad de la organización con respecto al cómo y dónde puede ser almacenada la información sensible de dicha organización).

8.4.2 Acceso ilícito a la red objetivo

La forma habitual de intentar obtener acceso ilícito en una red es una estrategia "Invítame a entrar". Es decir, el atacante intentará que la víctima descargue sin su conocimiento *malware* que le permita acceder de forma remota al dispositivo. Este tipo de *malware* se suele conocer como RAT (*Remote Access Tool*). Entre los métodos más empleados se encuentra los ataques:

▸ Directos (*Drive-by*). La víctima es transferida a un sitio comprometido que provoca la descarga del *malware*. En ocasiones, estos sitios se encontrarán añadidos a listas negras (*blacklists*) de sitios maliciosos elaboradas por compañías de ciberseguridad u organizaciones sin ánimo de lucro. Las Directivas de seguridad perimetral de la organización ser proactivas en la adición de estas listas a las reglas de sus dispositivos de seguridad perimetral para evitar que sus usuarios sean transferidos a esos sitios y puedan infectar sus dispositivos.

▼ *Watering hole*. La víctima visita un sitio web con un nivel de reputación adecuado (es decir, permitido por las Directivas de *whitelisting* de la organización), pero que ha sido comprometido por agentes maliciosos, provocando la infección de sus visitantes. Este tipo de ataques resultan más difíciles de detectar en grandes organizaciones con un elevado volumen de tráfico.

8.4.3 Fuentes de evidencias para forense de red

Para poder llevar a cabo una investigación forense de red, el DFIR debe recoger evidencias de diferentes fuentes. Las principales fuentes serán tanto el propio dispositivo víctima como cualquier dispositivo de infraestructura de red (Ej. *Switch, router, firewall*, servidor DHCP, *proxy web*) que se encuentre en la ruta entre el dispositivo atacado y la infraestructura IT del atacante a los que el DFIR pueda tener acceso. La lista de evidencias a recoger de estos sistemas y dispositivos incluye archivos de registros de eventos (*logs*) y los archivos de configuración e información volátil disponible en la memoria del dispositivo (Ej. Conexiones de red activas, configuración real en uso del dispositivo).

El análisis de la memoria "en vivo" (o de un volcado *offline*) del dispositivo víctima permitirá obtener detalles de las conexiones de red, servicios (Ej. DNS, NTP, *gateway*), interfaces de red, etc. del sistema en el momento de la captura. Otros artefactos forenses, como las tablas ARP y las tablas de enrutamiento también podrán proporcionar información muy valiosa relativa a la configuración del dispositivo en el momento del incidente o tras producirse el compromiso inicial.

Finalmente, y especialmente en los casos de ataques en los cuales el adversario haya pivotado entre los sistemas de la red corporativa objetivo, podrán recopilarse y analizarse las evidencias de todos o parte (deduplicación) de los sistemas comprometidos hasta encontrar el sistema cabeza de playa que habilitó la intrusión en la red. Este sistema albergará valiosos artefactos del modo en el que se produjo la intrusión (Ej. Conexiones de red con la infraestructura IT del atacante). En ocasiones, los atacantes emplean únicamente un sistema de la red víctima para exfiltrar la información recopilada. En estos escenarios, la detección de este sistema permitirá la recopilación y análisis de artefactos forenses que amplíen la información ya disponible de la intrusión.

8.4.4 Origen del ataque

Descubrir el origen y la fuente de un flujo de información es uno de los mayores retos en forense de red, ya que permite contestar las 5WH (*Who, What,*

When, Where, Why y *How*) conforme a la taxonomía VERIS A4: recurso (*What*), atacante (*Who*), acción (*How*) y atributo (cuáles de los pilares de la Tríada CIA fueron atacados). A partir de esta información, se podrán elaborar indicadores de compromiso (IOC, *Indicators Of Compromise*) que permitan la identificación automática de futuros ataques. La información capturada de los dispositivos de red intermedios entre el atacante (origen) y el dispositivo víctima (destino) aportará fuentes adicionales para corroborar las evidencias.

Las evidencias de red son volátiles. Los archivos de *log* pueden ser sobrescritos si no son recogidos con celeridad, pues es frecuente que, para ahorrar recursos de almacenamiento, se establezca una política de almacenamiento cíclico. Las pruebas almacenadas en la memoria desaparecerán si el dispositivo se apaga o se reinicia.

Acceder a los archivos de *log* de los dispositivos de red del ISP requerirá generalmente de una orden judicial. El tiempo necesario para obtener estos permisos puede suponer que, debido a su carácter volátil, la evidencia se pierda o sea incompleta.

Una vez que han sido recogidas todas las pruebas disponibles y correlado los eventos provenientes de múltiples dispositivos, el DFIR podrá comenzar a disponer de una visión general de la comunicación extremo a extremo (atacante-víctima) para poder llevar a cabo su análisis del incidente. El DFIR no debe olvidar que el evento objeto de estudio puede realmente formar parte de una cadena de incidentes, existiendo por tanto otros eventos precedentes o subsecuentes cuya suma conforman las pruebas de la intrusión.

8.4.5 Atribución a partir de evidencias forenses de red

En general, las evidencias forenses de red no suelen ser suficientes para poder resolver por sí solas un caso. Además, las actividades de red no constituyen una prueba concluyente de quién es el sujeto que se sienta detrás del teclado y realiza una acción maliciosa. Es decir, que una dirección IP, unas credenciales de acceso a un servicio, y una dirección MAC no suponen de forma inequívoca una identidad real humana.

Entre las técnicas antiforenses habitualmente empleadas para dificultar la atribución del atacante destaca el empleo de redes *onion* (Ej. Tor), y VPS (*Virtual Private Systems*). Por tanto, el DFIR deberá disponer de un listado actualizado de direcciones IP de nodos Tor y de las VPS comerciales más utilizadas, lo que evitará la incorrecta atribución del origen del ataque.

8.4.6 Forense en redes inalámbricas

Desde el punto de vista de un DFIR, no existen diferencias a la hora de realizar un análisis de las PDU de las capas 3 y superiores en el modelo OSI (Capa IP en la pila TCP/IP) proveniente de una captura de una red cableada o de una red inalámbrica. No obstante, por debajo de la Capa 3 del modelo OSI, existen ciertas diferencias entre el protocolo Ethernet y los diferentes protocolos de redes inalámbricas (Ej. WiFi, *Bluetooth*, *Zigbee*) que deben ser tenidas en consideración por el DFIR. Muchas de estas diferencias son enmascaradas gracias a que las interfaces inalámbricas generan *seudo paquetes* Ethernet.

En general, la mayoría de los ataques contra redes inalámbricas serán del tipo MITM (*Man-In-The-Middle*) y de suplantación (*impersonation*) de la red inalámbrica.

Entre las medidas de seguridad implementadas en numerosos WAP se encuentra la denominada como filtrado MAC (MAC *filtering*). Esta medida de control de acceso se basa en generar una *whitelist* de dispositivos autorizados utilizando como identificador la MAC de la NIC de los clientes legítimos. Esta lista es almacenada en el WAP. En los ataques tipo MITM, el atacante debe en una primera fase escuchar en modo pasivo (*eavesdrop*) el tráfico de red y configurar su dispositivo inalámbrico con una MAC válida para el WAP. Si el dispositivo legítimo se desconecta de la red inalámbrica, el atacante será visto como legítimo por el WAP y podrá asociarse a él.

Además, desde el punto de vista de la gestión de la seguridad, la técnica de filtrado MAC no es práctica en entornos de redes inalámbricas corporativas debido al excesivo trabajo que supondría para el administrador de red gestionar el listado de los dispositivos de red autorizados. Para estos entornos corporativos, suele ser más recomendable el empleo de un servidor de autenticación como RADIUS (*Remote Authentication Dial-In User Service*) y el empleo de doble factor de autenticación, o 2FA (*Two-Factor Authentication*).

Un modo de llevar a cabo un ataque de suplantación es utilizar un WAP malicioso (*rogue* WAP) emitiendo con una potencia de señal superior a la del WAP legítimo y que ofrezca a las potenciales víctimas el mismo SSID que el de la red a suplantar y al cual están conectadas. El DFIR debería comprobar la existencia de WAP maliciosos, ya sea que estén sirviendo una SSID legítima (el WAP emisor no estará registrado dentro del inventario de la corporación) u ofreciendo redes no autorizadas a las que pudieran conectarse potenciales víctimas (Ej. Ofreciendo acceso a Internet en entornos corporativos con elevadas medidas de seguridad).

Como se ha comentado al comienzo de este apartado, si la investigación forense se realiza en base a tráfico de red de la Capa IP y superiores, entonces el

DFIR puede utilizar las mismas herramientas que las empleadas para el análisis del tráfico en redes cableadas. No obstante, para poder capturar y analizar tráfico de red con la herramienta *Wireshark* en entornos *Microsoft Windows* y poder ver los mensajes de control de la Capa de Enlace enviados en redes inalámbricas, es necesario utilizar una NIC como *AirPcap* o la aplicación gratuita *Microsoft Message Analyzer* (que reemplaza a la ya obsoleta herramienta *Microsoft Network Monitor*).

Ilustración 91. NIC AirPcap Nx.

Una NIC inalámbrica en modo monitor (*monitor mode*) recibirá todas las tramas inalámbricas, incluidas las de control, sin asociarse con el WAP. Por el contrario, el modo promiscuo (*promiscuous mode*) requiere que la NIC esté asociada con el WAP para poder recibir también todas las tramas de control. No todos los *chipsets* empleados por los fabricantes de tarjetas de redes inalámbricas permiten activar el modo monitor. Entre los que habitualmente permiten este modo se encuentran los *chipsets* de los fabricantes Orinoco y Atheros.

Dado que las NIC de la mayoría de los ordenadores portátiles carecen de un *chipset* adecuado para capturar tramas inalámbricas en modo monitor, resulta de gran utilidad para el DFIR adquirir una NIC WiFi como *dongle* USB. Una de las más populares es la NIC AirPcap, del fabricante Riverbed. Esta interfaz WiFi USB puede ser configurada en modo promiscuo para capturar todo el tráfico inalámbrico del nodo de red, y en modo monitor para capturar los mensajes de control del estándar *IEEE 802.11*. Una NIC en modo monitor debería ver una petición de un dispositivo desconocido para poder obtener la presencia de otros WAP además de la respuesta del WAP al que está conectado.

Existen varias aplicaciones que permiten al DFIR investigar el espectro radioeléctrico de un área determinada de una manera relativamente sencilla para determinar la presencia de WAP no autorizados. Entre las comerciales, la más popular quizás sea *Metageek inSSIDer*. Entre las herramientas gratuitas, conviene destacar *Vistumbler* y *NetStumbler*, pero empiezan a quedarse algo obsoletas al ser proyectos discontinuados.

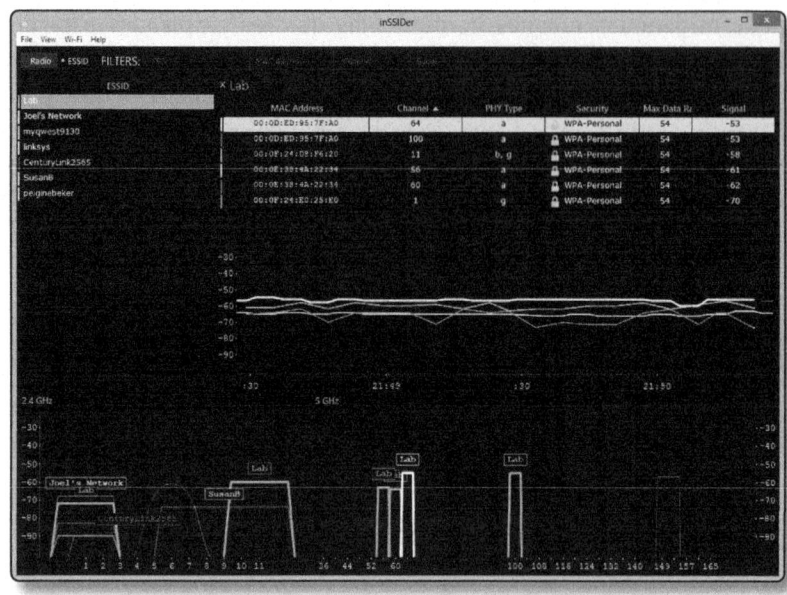

Ilustración 92. Captura de pantalla de Metageek inSSIDer.

También es posible utilizar sistemas operativos para dispositivos móviles para monitorizar el espectro radioeléctrico. Para *Android*, la aplicación gratuita *G-Mon* ofrece una amplia información al DFIR tanto de redes WiFi como de redes de telefonía móvil.

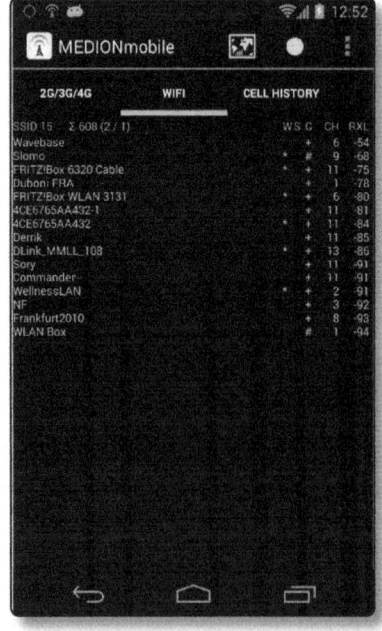

Ilustración 93. Captura de información Wi-Fi en G-Mon.

También el DFIR puede utilizar como herramientas de investigación en entornos inalámbricos aquellas empleadas habitualmente en actividades de *pentesting* WiFi. Entre estas herramientas, conviene destacar el paquete *aircrack-ng*, que incluye las herramientas *aireplay-ng* y *airodump*.

La herramienta *aireplay-ng* se utiliza para inyectar paquetes. Su función principal es generar tráfico para poder emplearlo posteriormente con *aircrack-ng* y poder obtener claves WEP y WPA-PSK. Permite realizar diferentes ataques para hacer desautenticaciones (*deauthentications*) con el objetivo de capturar un *handshake* WPA; para realizar una falsa autenticación; un reenvío interactivo de un paquete; o una reinyección automática de un *ARP-request*. Con la herramienta *packetforge-ng* es posible crear paquetes "*ARP request*" de forma arbitraria.

La herramienta *airodump-ng* se utiliza para capturar tramas *IEEE 802.11*. En redes WiFi con cifrado WEP permite acumular vectores de inicialización (IV, *Initialization Vectors*) con el fin de intentar emplear posteriormente *aircrack-ng* y obtener la clave WEP. Además, si el dispositivo de monitorización empleado por el DFIR dispone de un receptor GPS, *airodump-ng* es capaz de mostrar las coordenadas de los puntos de acceso que vaya encontrando.

8.5 HERRAMIENTAS FORENSES DE RED

8.5.1 Herramientas más habituales en forense de red

Existen gran cantidad de herramientas que pueden ser empleadas para realizar forense de red. Existen herramientas dedicadas a la captura de tráfico de red y otras diseñadas para el análisis de los datos capturados. Algunas de ellas funcionan desde la línea de comandos, mientras que otras disponen de una GUI (bien como aplicación o mediante un portal web).

Si entre las herramientas de captura de tráfico de red en modo consola destaca *tcpdump*, *Wireshark* es la herramienta gráfica de código abierto más popular orientada tanto para la captura como el análisis del tráfico de red. *Wireshark* incluye la herramienta en modo consola *TShark*, que es muy similar a *tcpdump*. Una de las características principales de *Wireshark* es que permite utilizar filtros de captura y de visualización de tráfico. Los filtros de captura permiten recoger tráfico específico (Ej. Tráfico saliente a una determinada dirección IP; capturar únicamente un protocolo determinado, como TCP).

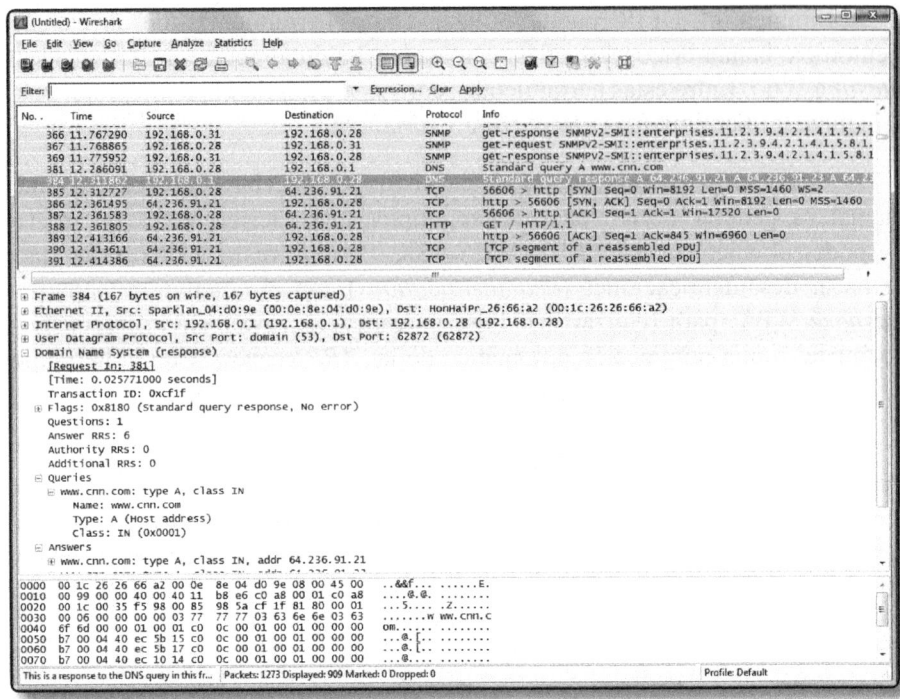

Ilustración 94. Análisis de tráfico de red con Wireshark.

Existen herramientas relacionadas con *Wireshark* orientadas a la monitorización y análisis de grandes volúmenes de tráfico, como *SteelCentral Packet Analyzer PE* y *SteelCentral NetShark appliance*.

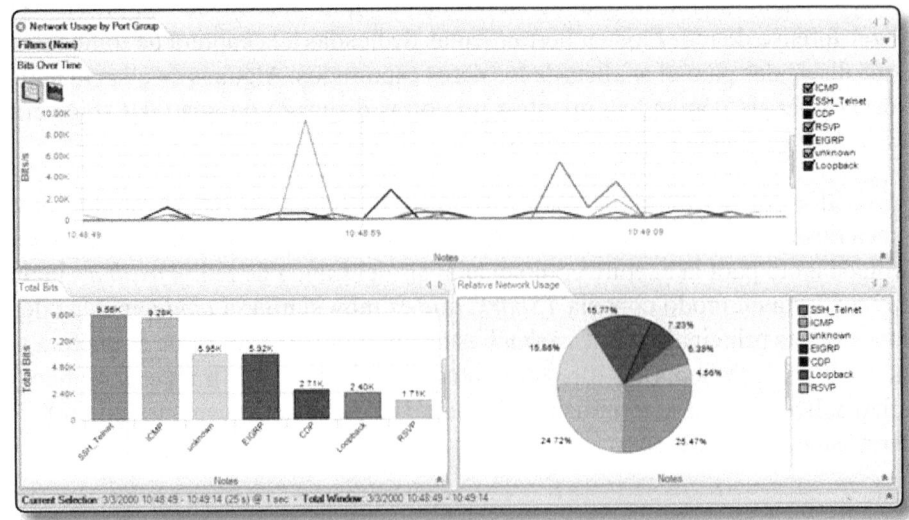

Ilustración 95. Análisis de tráfico de red con Packet Analyzer PE.

Entre las herramientas comerciales, conviene destacar *RSA NetWitness Investigator*. Permite también la recogida y análisis del tráfico de red, manteniendo compatibilidad de formato de recogida de datos con *Wireshark*.

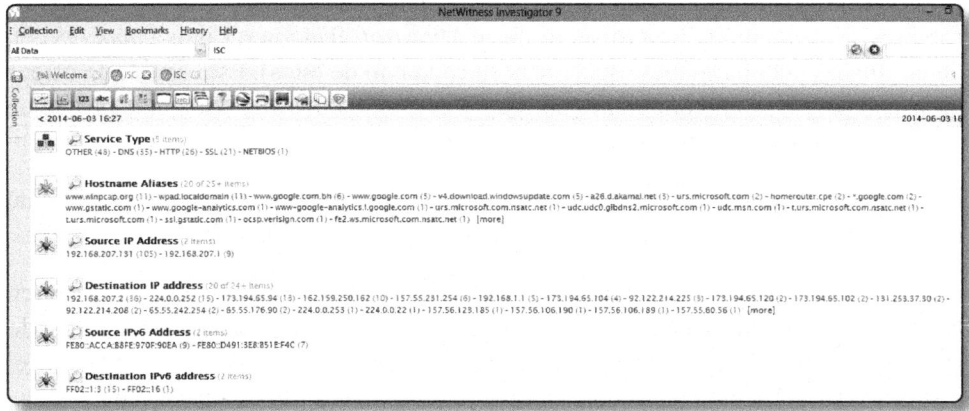

Ilustración 96. Análisis de tráfico de red empleando NetWitness Investigator.

NetworkMiner, disponible tanto en versión gratuita como profesional, es una herramienta empleada en forense de red con una perspectiva diferente a las anteriormente mencionadas. Permite como las anteriores la captura y análisis de paquetes. Pero su principal ventaja para el DFIR es que realiza una extracción automática de todos los archivos que se encuentran en las diferentes sesiones HTTP del tráfico capturado (Ej. Contenido multimedia, ejecutables, *scripts*), lo que reduce enormemente el trabajo a realizar, especialmente en los casos de grandes volúmenes de tráfico capturado.

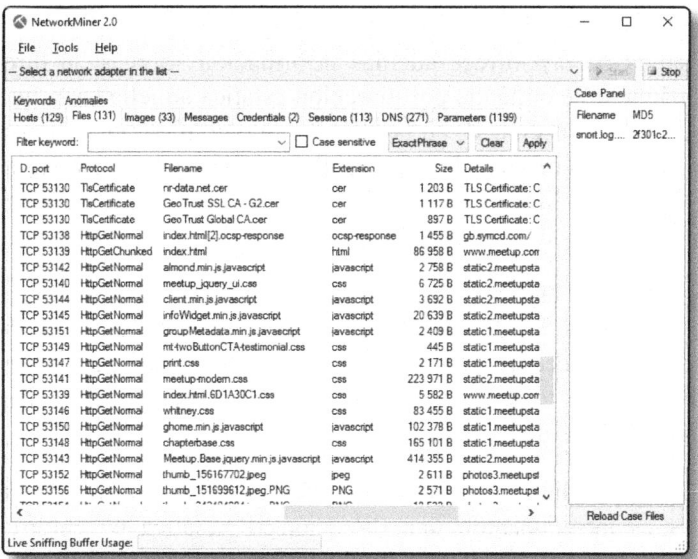

Ilustración 97. Extracción de archivos de una captura de tráfico empleando NetworkMiner.

364 IFCD083PO - INFORMÁTICA FORENSE Y CIBERSEGURIDAD

© RA-MA

8.5.2 Recopilación y análisis de artefactos forenses empleando la consola del sistema

Entre los comandos más útiles para obtener en un análisis "en vivo" artefactos forenses se encuentra *netstat* (disponible en *Microsoft Windows*, Linux y *macOS* con determinadas peculiaridades específicas en cada uno de ellos). Este comando ofrece un listado de todas las conexiones abiertas y el estado de la conexión, además de un listado de los puertos a la escucha.

Otro comando de gran utilidad para la obtención de evidencias es *arp*, el cual muestra un listado de relación entre direcciones MAC y sus direcciones IP asociadas.

El comando *ipconfig* de *Microsoft Windows*, o su equivalente *ifconfig* en Linux (*ip addr* en las nuevas versiones, al haber sido declarado obsoleto el comando *ifconfig*) y *macOS*, mostrará un listado de las interfaces de red disponibles en el dispositivo, la dirección IP asignada a cada interfaz de red y el estado de cada interfaz (*up* o *down*).

En *Windows*, para mostrar el contenido de la caché local DNS puede utilizarse el comando:

```
ipconfig /displaydns
```

En *Windows*, el siguiente comando muestra el mapeado de una dirección MAC con una dirección IP para cada interfaz de red de un determinado dispositivo:

```
arp /a
```

La salida de *arp* ofrece además información sobre si la dirección IP es estática o dinámica. Se entiende por dirección estática aquella en la que la relación entre la MAC y la dirección IP de la NIC ha sido configurada manualmente y no asignada por un servidor DHCP. Se entiende por dirección dinámica aquella en la que la relación entre la MAC y la dirección IP de la NIC ha sido resuelta mediante el protocolo ARP empleando un servidor DHCP.

Mientras que las direcciones estáticas son de carácter permanente, las direcciones dinámicas pueden ser modificadas mediante un ARP *broadcast*, o simplemente se establece un periodo máximo de caducidad en la asignación de la dirección IP. Hay que tener presente que, tras la caducidad de la asignación, las entradas serán borradas de la caché.

Un agente malicioso puede manipular la caché ARP de diferentes formas. Una de ellas es introduciendo una dirección IP estática en entornos donde el direccionamiento se resuelve de manera dinámica. Otro ataque habitual es aquel en el que el agente malicioso emplea un *broadcast* ARP anunciando que el dispositivo del atacante tiene una determinada dirección IP o que realiza la función de un determinado recurso de la red. Un ejemplo sería la suplantación de la puerta de enlace por defecto (*default gateway*), de modo que todo el tráfico saliente del segmento de red pase por el dispositivo del agente malicioso, tal y como sucede en los ataques MITM.

Otro método de ataque consistiría la inyección de información incorrecta en la caché DNS (DNS *poisoning*). Estás cachés DNS pueden localizarse en el propio archivo *host* del dispositivo víctima, siendo esta la primera en ser consultada en el intento de resolver el FQDN (*Fully Qualified Domain Name*) en una dirección IP. Otra ubicación es la caché DNS, consultable en *Microsoft Windows* con el comando: *ipconfig /displaydns*. Esta caché puede ser limpiada con el comando *ipconfig /flushdns*. Por su parte, el comando *ipconfig /registerdns* cancelará todas las asignaciones DHCP y el sistema operativo procederá a registrar nuevos registros DNS.

El comando *netsh* permite la gestión de servicios de red locales y remotos.

Otro posible ataque en el dispositivo de la víctima sería la reconfiguración del servidor *proxy* del dispositivo para que redirigiese todo su tráfico saliente hacia un dispositivo que estuviese bajo el control del atacante. Esto requiere que el atacante pueda ejecutar comandos en el dispositivo víctima y tener acceso físico a la red corporativa, pues los dispositivos de seguridad perimetral de red suelen configurarse para evitar que un dispositivo interno de la red corporativa pueda utilizar como *proxy* un dispositivo remoto (externo a la red corporativa).

En entornos corporativos distribuidos con redes en diferentes ubicaciones, frecuentemente la resolución DNS se realiza en un servidor del entorno corporativo. En caso de ser necesario, se solicitaría información adicional de otro servidor, o servidores, DNS de nivel jerárquico superior (*enterprise level*), sito en otra ubicación. Si el atacante envenenara la caché de este servidor DNS de nivel jerárquico superior, le permitiría que el tráfico saliente de cualquier dispositivo de la red corporativa pudiera ser redireccionado a un dispositivo externo controlado por el atacante.

8.6 FORENSE DE PÁGINAS WEB Y URL

8.6.1 Copia forense de sitios web

El DFIR puede utilizar herramientas como la gratuita *Magnet Forensics Web Page Saver* para generar un archivo de informe en formato HTML que contenga las páginas web archivadas.

Herramientas como la mencionada son ideales para capturar el aspecto de una página web en un momento concreto. Es decir, es una fotografía en el tiempo del momento en el que el DFIR solicitó la página web. Este tipo de herramientas resultan especialmente útiles cuando no se dispone de manera permanente de conexión a Internet (Ej. Ante un Tribunal) o se desea guardar como evidencia del contenido de una página web (Ej. Lo que mostraba la solicitud de una página web tras haber sufrido un *defacement*).

8.6.2 Servicios recortadores de URL

En ocasiones, los atacantes emplean técnicas de ingeniería social como los servicios recortadores de URL (Ej. *Bit.ly*) para enmascarar URL y *hosts* maliciosos que apuntan a servidores bajo su control. El DFIR dispone de herramientas gratuitas (Ej. *Threat Connect Bitly URL Lengthener*) para obtener dónde apuntan realmente este tipo de enlaces recortados que puede encontrar tanto en páginas web como en correos electrónicos pertenecientes a campañas *phishing*.

8.6.3 Resolución estática de servidores C2

Normalmente, los atacantes menos sofisticados mantienen una lista estática de dominios maliciosos utilizados como C2, lo que simplifica la labor de los analistas a la hora de obtener ese listado y poder bloquear el acceso a esas URL en los sistemas de defensa perimetral o a neutralizar el sitio malicioso (Ej. Informando al proveedor del servicio de *hosting* de que se están explotando sus recursos de forma maliciosa).

8.6.4 Domain Generation Algorithm

Determinadas muestras de *malware* implementan algoritmos conocidos como DGA (*Domain Generation Algorithm*) para dificultar el bloqueo de las URL de los C2 utilizados por los atacantes. Este tipo de algoritmos permiten a los agentes maliciosos cambiar rápidamente entre los dominios que utilizan como apoyo para ejecutar sus ataques. Además, dificultan el conocimiento o predicción por parte de los analistas de *malware* de las URL que están siendo utilizadas. Para poder obtener el listado de los dominios que serán utilizados por el *malware*, los analistas tendrán que decodificar el algoritmo, lo que en muchas ocasiones resultará una tarea ardua para los menos experimentados. Algunas de las muestras de *malware* más conocidas que implementan DGA son *Zeus GameOver, Cryptolocker, PushDo, Conficker* y *Ramdo.*

Incluso cuando los analistas logran decodificar el algoritmo generador, neutralizar todos los sitios maliciosos utilizados por el *malware* resultará tedioso, pues se tendrá que solicitar a los diferentes proveedores de *hosting* que anulen todas y cada una de las URL implicadas, sobrepasando en numerosas ocasiones el millar de dominios afectados. Esta tarea resulta en ocasiones frustrante, puesto que habitualmente estos dominios empleados maliciosamente solo son explotados durante breves periodos de tiempo.

Actualmente, los proveedores de soluciones de seguridad de red han implementado en sus productos tecnologías basadas en *Big Data* y ML (*Machine Learning*) que intentan predecir de forma automática los listados de URL generados mediante DGA y bloquear el acceso a esas URL por los clientes de la red.

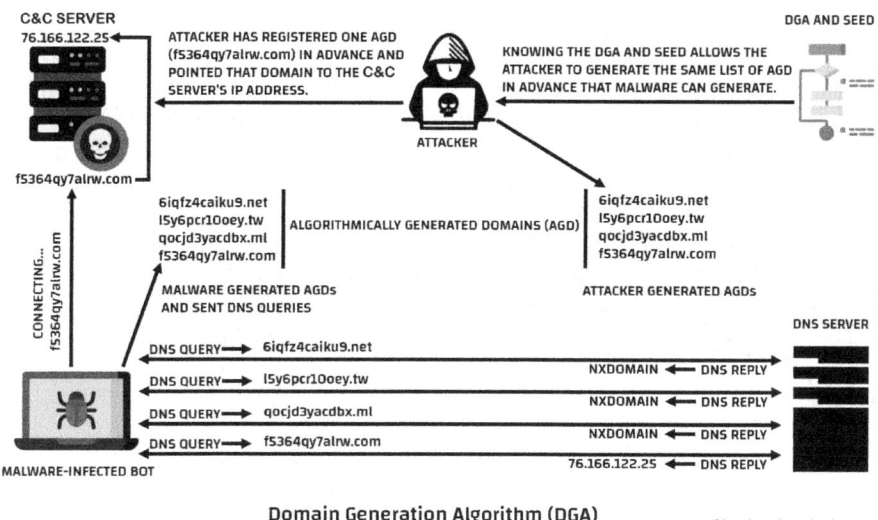

Ilustración 98. Esquema de funcionamiento de un ataque empleando malware con DGA. Fuente: Hackersterminal.com.

Cuando el nombre del dominio correspondiente al servidor C2 se modifica constantemente mediante una implementación DGA el ataque se conoce como *Domain-Fluxing.*

8.6.5 Fast-Flux Service Networks

Se conoce como *Fast Flux* una técnica DSN que permite la modificación rápida y frecuente de direcciones IP asociadas a un FQDN (*Fully Qualified Domain Name*) empleando para ello una red de *bots* que actúan como *proxies* inversos (*reverse proxies*).

El concepto principal de una red *Fast-Flux* es disponer de múltiples direcciones IP asociadas con un nombre de dominio, y saltar constantemente entre esas direcciones IP en una sucesión rápida de modificaciones del DNS A o registros AAAA con un valor TTL muy bajo. Estas direcciones IP pertenecen a sistemas comprometidos conocidos como *bots* o agentes *fast-flux*. Los atacantes emplean la técnica *Fast Flux* para evadir las medidas defensivas de detección de servidores C2 y las listas negras de direcciones IP. Permiten ocultar el servidor C2 detrás de una red de sistemas comprometidos que actúan como proxies inversos. Una red *Fast-Flux* garantiza que la víctima solo se conectará a agentes *fast flux*, pero nunca al servidor C2 real.

Existen dos tipos de FFSN (*Fast-Flux Service Networks*): *Single-Flux Networks* y *Double-Flux Networks*.

Single-Flux Networks

Se conoce como *Single-Flux* la modificación frecuente y rápida de direcciones IP asociadas con un nombre de dominio. En estas redes, el DNS a o los registros AAAA de un dominio son actualizados constantemente con las direcciones de los agentes *fast-flux* que actúan como *proxies* reversos.

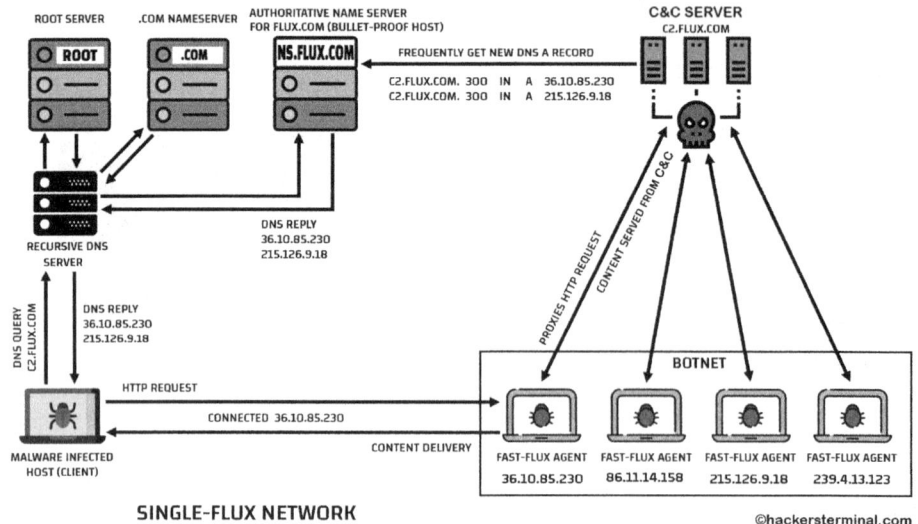

Ilustración 99. Funcionamiento de una red Single-Flux Network. Fuente: Hackersterminal.com.

Double-Flux Network

Se conoce como Double-Flux a la modificación dinámica y repetida de direcciones IP tanto del *Domain Name* como de sus ANS (*Authoritative Name Servers*) con un valor TTL muy bajo. El proceso *Double-Flux* se realiza modificando el DNS A y el registro DNS NS *Glue* frecuentemente en el archivo DNS *Zone* con la dirección IP de los agentes *fast-flux*. Los atacantes emplean miles de agentes *fast-flux* registrando y eliminando sus direcciones IP del registro DNS A y del registro DNS NS *Glue*, tanto del nombre del dominio como del ANS.

Un registro *Glue* es la dirección IP (registro A) de un *Nameserver* en el registro de nombre de dominio (*domain name registry*). Estos registros *Glue* son necesarios cuando los *Nameservers* de un nombre de dominio son los subdominios del propio nombre de dominio.

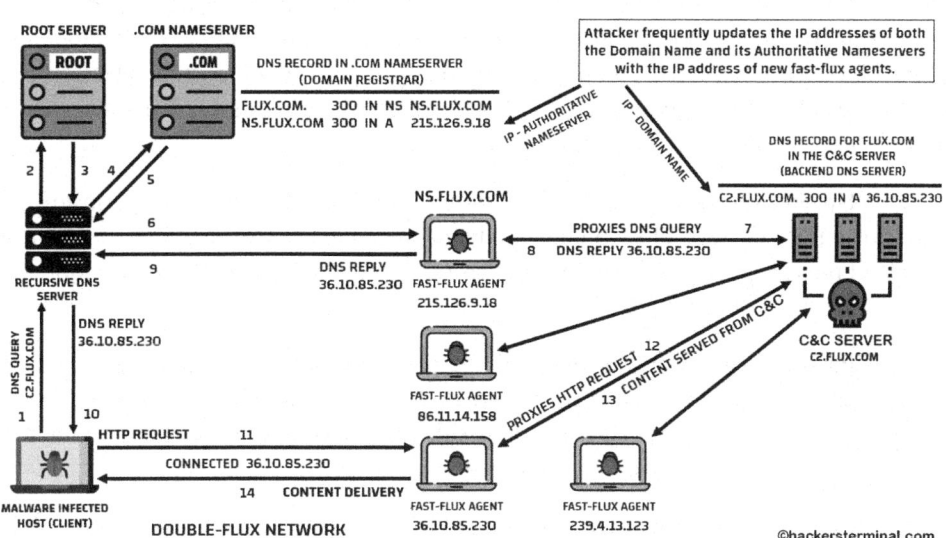

Ilustración 100. Funcionamiento de una red Double-Flux. Fuente: Hackersterminal.com.

8.7 CORREO ELECTRÓNICO

8.7.1 Protocolos y servicios de correo electrónico

El correo electrónico (*electronic mail* o *email*) se utiliza para enviar, recibir y almacenar mensajes a través de un sistema de comunicaciones electrónico. El sistema *email* se basa en una arquitectura cliente-servidor. Cuando se remite un mensaje desde un cliente (*client*) de correo electrónico, pasa a través de un servidor de correo, el cual gestiona los mensajes recibidos. Este servidor de correo redirige el mensaje a un servicio POP/IMAP si el destinatario (*recipient*) se encuentra en la misma subred, o implementa el protocolo estándar para enviar el mensaje a través de Internet al destinatario.

Los clientes de correo electrónico, o MUA (*Mail User Agent*), son aplicaciones diseñadas para leer, enviar y organizar correos electrónicos. Proporcionan una interfaz a los usuarios con la que recibir, componer o enviar correos electrónicos utilizando una o más cuentas de correo previamente configuradas (Ej. Identificador de cuenta, contraseña, direcciones de los servidores SMTP Y PO3/IMAP, puerto del servidor, cifrado). Cuando el usuario remite un correo, el MUA envía el mensaje a su servidor utilizando un MSA (*Mail Submission Agent*).

Los proveedores de servicios de correo electrónico (ESP, *Email Service Providers*) son los responsables de que el MTA se encuentre operativo, de modo que el MUA pueda interactuar con él para el envío y recepción de correos electrónicos. Hasta que el MUA no se conecta al MTA, los mensajes recibidos quedan almacenados en el buzón del usuario en el servidor de correo.

Un servidor de correo SMTP (*Simple Mail Transfer Protocol*) permite a los usuarios enviar correos electrónicos a cuentas destinatarias válidas. Por defecto, se utiliza el puerto *25*. El envío de los correos electrónicos entre distintos servidores se realiza mediante el protocolo SMTP.

Para que los usuarios puedan recibir correos electrónicos, es necesario establecer también un servidor de correo POP3 (*Post Office Protocol v3*) o IMAP (*Internet Message Access Protocol*). Estos dos protocolos son actualmente los más utilizados para la descarga de correo electrónico.

POP3 es un protocolo que permite al cliente recibir *emails* procedentes de un servidor de correo electrónico. Por defecto, utiliza el puerto *110*. Cuando el servidor POP recibe *emails*, estos son almacenados en el servidor hasta que el usuario los solicita. Los servidores POP3 no admiten el concepto de carpetas. El buzón de correo establecido en el servidor es el único almacenamiento posible. Una vez que el cliente de correo se conecta al servidor para descargar los *emails* recibidos y almacenados en el buzón de la cuenta de usuario, los mensajes son descargados automáticamente en el soporte de almacenamiento del sistema del usuario, eliminándose del buzón del servidor, salvo que el usuario configure que se mantenga una copia de los correos en él. Si se eliminan del buzón del usuario en el servidor los *emails*, no se podrán mantener sincronizados los clientes de correo de los diferentes dispositivos en los que el usuario hubiese configurado la misma cuenta.

El protocolo IMAP se encuentra definido en la *RFC 3501* y utiliza como soporte base el protocolo TCP/IP. La configuración por defecto de un servidor IMAP es utilizar el puerto *143*. No obstante, IMAPS (IMAP *over* SSL) utiliza el puerto *993*. Los correos son almacenados en el servidor y este permite su organización en carpetas. Fue diseñado para permitir la gestión de un mismo buzón de correo mediante múltiples clientes de correo electrónico, permaneciendo los mensajes en el servidor hasta que el usuario explícitamente los elimina.

IMAP y permite a los usuarios visualizar y manipular estos correos como si estuvieran almacenados en sus propios sistemas. A diferencia de POP3, IMAP no mueve los correos del servidor al buzón del usuario. Actúa como un servidor remoto que almacena todos los correos del usuario en el servidor. Permite a los clientes de correo descargar partes MIME (*Multipurpose Internet Mail Extensions*) tanto como mensajes completos como en múltiples fragmentos. De este modo el cliente puede, por ejemplo, descargar el texto del correo sin necesidad de descargar un archivo anexo.

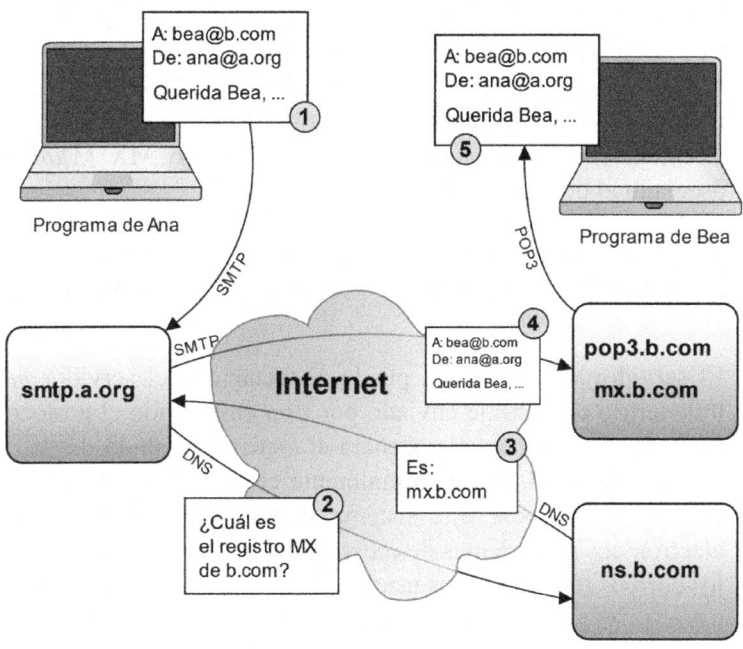

Ilustración 101. Esquema de funcionamiento del correo electrónico.

Un sistema de correo electrónico está formado por los clientes de correo electrónico para enviar o recibir los correos y dos servidores SMTP y POP3/IMAP independientes.

En el ejemplo descrito por la Ilustración 101, el usuario *Ana*, con cuenta de correo electrónico *ana* en el servidor *smtp.a.org* (*ana@a.org*), pretende enviar un correo electrónico al usuario *Bea*, con cuenta de correo electrónico *bea* en el servidor *smtp.b.com* (*bea@b.com*). Pese a que cada usuario tiene su cuenta en un servidor de correo electrónico distinto, los servidores deberán establecer contacto entre sí para llevar a cabo la transferencia del mensaje del usuario *Ana* al usuario *Bea*.

Para que pueda realizarse la transferencia, deben ejecutarse los siguientes pasos:

1. *Ana* escribe a *Bea* un mensaje utilizando su cliente de correo electrónico, conocido como MUA. Cuando *Ana* pulsa en el botón "*Enviar*", el MUA contacta con el servidor de correo de la cuenta *ana*, *smtp.a.org*. El servidor de correo es conocido también como MTA (*Mail Transfer Agent*). El MUA y el MTA se comunican entre sí empleando el protocolo SMTP. El MUA transfiere el correo al MTA y le ordena su remisión.

2. El servidor *smtp.a.org*, del dominio *a.com*, debe entregar un correo electrónico a un usuario del servidor *smtp.b.org*, del dominio *b.com*. Como el servidor *smtp.a.org* desconoce todavía el modo de conectar con *smtp.b.org*, procede a consultar cuál es el servidor de correo del dominio *b.com* utilizando el protocolo DNS al servidor DNS *ns.b.com*. Técnicamente, le está preguntando el registro MX (*Mail eXchange*) asociado al dominio *b.com*.

3. Como respuesta a esta petición, el servidor DNS contesta con el nombre de dominio del servidor de intercambio de correo (*email exchange server*), *mx.b.com*.

4. El servidor *smtp.a.org* ya puede conectar con el servidor *mx.b.com* y transferirle el mensaje enviado por *Ana* empleando el protocolo SMTP. El servidor *mx.b.com* almacenará el mensaje recibido de *Ana* para *Bea*. El servidor *pop3.b.com* normalmente correrá en el mismo sistema que *mx.b.com*. Es decir, este sistema se encarga tanto de recibir correos electrónicos procedentes de otros servidores de correo como de entregar los correos recibidos a los usuarios.

5. Cuando el MUA del usuario *Bea* inicie una conexión con su servidor de correo, empleará el protocolo POP3 o IMAP para descargar los mensajes recibidos. En este ejemplo, el MUA del usuario *bea* utiliza el protocolo POP3 para conectarse con el servidor *pop3.b.com* empleando el protocolo POP3. En este ejemplo, el usuario *Bea* se descarga el mensaje de *Ana* mediante el protocolo POP3.

Conviene matizar que si ambas cuentas de correo electrónico pertenecen a servidores conectados en la misma Intranet (Ej. Los servidores de correo electrónico asignados a profesores y alumnos de una Universidad), no será necesario que ambos servidores realicen una interconexión externa utilizando Internet para proceder al intercambio de los correos. En los casos en los que ambos usuarios utilizan el mismo servidor de correo electrónico, no es necesario enviar el mensaje de un servidor a otro porque ambos son el mismo.

Además, existen servicios de correo electrónico que no necesitan que el usuario utilice un MUA para enviar o recibir los mensajes. Un ejemplo serían los servicios de correo basados en interfaz web. El proceso es similar, pero el navegador web del usuario emplea conexiones HTTP/HTTPS para interconectar con servidor de correo electrónico, en vez de emplear los protocolos SMTP o POP3/IMAP.

8.7.2 Cabecera de un correo electrónico

Conviene destacar los siguientes campos de la cabecera de un correo electrónico (definida en la *RFC 4021*):

- ▼ *Return-path*: Dirección de correo electrónico que debe ser utilizada para los rebotes.

- ▼ *Delivery-date*: Fecha-hora de entrega del mensaje.

- ▼ *To*: Destinatarios del correo. No tiene por qué incluir la dirección de correo del destinatario.

- ▼ *Cc* (*Carbon Copy*): Destinatarios adicionales a los incluidos en la cabecera *To*. La diferencia entre *To* y *Cc* es realmente connotativa. Desde el punto de vista corporativo, los destinatarios incluidos en el campo *To* suelen ser los que tienen que tomar acción, mientras que los incluidos en *Cc* es para que tengan conocimiento de lo que se indica en el cuerpo del mensaje.

- ▼ *Bcc* (*Blind Carbon Copy*): Los destinatarios incluidos en este campo de la cabecera no recibirán las respuestas realizadas al correo. Además, el resto de los destinatarios no recibe notificación de que estos han recibido copia del correo.

- ▼ *From*: Remitente del mensaje. Formato "Nombre amistoso" *cuenta_ correo@servidor_correo.xxx*.

- ▼ *Reply-To*: Dirección de correo a la que enviar respuestas. Este campo puede ser utilizado maliciosamente por *spammers* para derivar las respuestas a un buzón de correo basura o apuntando al buzón de un tercero no relacionado con el atacante.

▶ *Sender*: Campo poco habitual, por ser más frecuente el empleo del campo *X-Sender*. La función de este campo es identificar al remitente.

▶ *Subject*: Asunto del mensaje. Campo de texto libre.

▶ *Apparently-To*: Los mensajes con un elevado número de destinatarios pueden incluir este campo. Suele aparecer en listas de correo.

▶ *Comments*: Campo no estándar en formato texto libre. Algunos clientes de correo electrónico añaden este campo para identificar al remitente. En ocasiones, los spammers introducen en este campo información falsificada.

▶ *Date*: La cabecera especifica una fecha de creación y envío del correo. Si el cliente de correo del remitente omite este campo, el servidor de correo probablemente la complete durante la ruta del mensaje.

▶ *Errors-To*: Especifica una dirección de correo a la que remitir errores producidos por los sistemas de correo (Ej. Mensajes rebotados). Normalmente, es diferente de la del remitente del correo. Uso poco frecuente.

▶ *Message-Id*: Especifica un identificador único asociado a cada mensaje. Lo añade el primer servidor de correo. Suele adoptar el formato foo@servidorcorreo.com.

▶ *In-Reply-To*: Campo Usenet que incluye el ID del mensaje al cual se está respondiendo. Poco frecuente, salvo en mensajes directamente relacionados con Usenet.

▶ *Content-Transfer-Encoding*: Campo relacionado con MIME. Afecta al modo en el que los clientes de correo interpretan el contenido del mensaje.

▶ *Content-Type*: Campo relacionado con MIME. Informa al cliente de correo del tipo de contenido incluido en el mensaje.

▶ *MIME-Version*: Campo relacionado con MIME. Especifica la versión del protocolo MIME utilizada por el remitente.

▶ *Newsgroups*: Campo que solo aparece en correos relacionados con Usenet, ya sean copias de correos de publicaciones en Usenet (especifica el grupo de noticias en el cual el usuario ha realizado la publicación) o respuestas de correo electrónico a publicaciones en Usenet (especifica el grupo de notificas en el que otro usuario ha realizado una publicación respondiendo al mensaje).

▼ *Organization*: Campo de formato libre que almacena el nombre de la organización a través de la que el remitente tiene acceso a Internet. Campo bajo control del usuario.

▼ *References*: Campo poco frecuente, salvo en respuestas en Usenet. Utilizado para identificar las publicaciones subidas a un mensaje. En los correos electrónicos, suele ser copia de una cabecera Usenet. También puede aparecer en respuestas a publicaciones en Usenet, aportando el ID del mensaje al que responde.

▼ *Priority*: Campo de formato libre que asigna una prioridad al correo electrónico. La mayoría del software ignora este campo.

Se conoce como *X-headers* a los campos de la cabecera que comienzan con los caracteres x y guion "*X-*". Este tipo de campos no son estándar y son incluidos únicamente para aportar información. Los campos *X-headers* más comunes son:

▼ *X-Confirm-Reading-To*: Este campo ayuda a los usuarios a recibir una notificación automatizada cuando el destinatario recibe o lee el mensaje.

▼ *X-Distribution*: El desarrollador del cliente *Pegasus* ha añadido este campo de cabecera para ayudar a luchar contra el *spamming*.

▼ *X*-Errors-To: Permite a los usuarios añadir una dirección de correo electrónico a la que dirigir los errores producidos.

▼ *X-Mailer*: Campo de texto libre para indicar el cliente de correo utilizado para enviar el mensaje.

▼ *X-PMFLAGS*: El cliente *Pegasus* añade este campo en cualquier mensaje enviado con él.

▼ *X-Priority*: Este campo permite definir una prioridad. Un cliente de correo que utiliza este campo es *Microsoft Outlook*.

▼ *X-Sender*: Equivale al campo de cabecera *Sender*. Es más consistente que el campo *From*. Resulta sencillo de falsificar por los atacantes.

▼ *X-UIDL*: El protocolo POP utiliza este identificador único para recuperar el correo procedente de un servidor. Los atacantes pueden, mediante un ataque MITM (*Man-In-The-Middle*), añadir este campo entre el servidor y el cliente de correo del destinatario. Si llegan mensajes al servidor de correo con el campo *X-UIDL*, existe una alta probabilidad de que se trate de correo basura.

Los tipos de codificación de correos electrónicos empleados con mayor frecuencia son los siguientes:

▶ MIME. Es un estándar de Internet que extiende el formato de mensajes de correo electrónico permitiendo la inserción de conjuntos de caracteres no incluidos en la codificación ASCII, la inclusión de anexos (Ej. Aplicaciones, multimedia), cuerpos de mensaje divididos en múltiples partes y la inclusión de caracteres no ASCII en la cabecera del mensaje.

▶ *Uuencode* (*Unix to Unix encode*). Es una aplicación que permite codificar y decodificar archivos compartidos entre usuarios o sistemas que utilizan sistemas operativos *NIX, pese a que también se encuentra disponible para otros sistemas operativos y aplicaciones de correo electrónico para codificar los anexos del mensaje de correo.

▶ *BinHex* (*Binary to Hexadecimal*). Sistema de codificación de binario a hexadecimal utilizado en *macOS* para enviar archivos binarios mediante correo electrónico. Similar a *Uuencode*.

Los anexos son objetos añadidos al correo electrónico. Para poder analizar los anexos, deben utilizarse herramientas independientes que permitan interpretar ese tipo concreto de archivo (Ej. *Microsoft Word, Microsoft Excel, Microsoft PowerPoint, Adobe Acrobat Reader*) o realizar un análisis estático y/o dinámico del archivo, si se sospecha que se trata de un anexo malicioso.

Desde el punto de vista del DFI, las cabeceras de los correos electrónicos contienen artefactos forenses de gran utilidad (Ej. Remitente, destinatario, servidores que gestionan el mensaje). Los campos obligatorios de la cabecera de un correo son *From, To* y *Date*.

8.7.3 Cuerpo de un correo electrónico

El cuerpo de un correo electrónico contiene el mensaje introducido por el usuario del servicio. El contenido puede estar formado por texto, imágenes y otros datos (Ej. Anexos). En ocasiones, incluye un pie de firma que identifica al supuesto autor del correo, y que suele estar formado por texto e imágenes.

Una línea en blanco separa la cabecera del cuerpo del correo electrónico. Siempre se encuentra tras finalizar los campos de la cabecera. El cuerpo del correo muestra los anexos de forma separada al texto del mensaje.

No existe un tamaño máximo establecido para el cuerpo de un correo electrónico. No obstante, los servidores de correo sí suelen establecer un tamaño máximo, que suele estar comprendido entre los 10 y los 25 MB. El tamaño mínimo admitido para la dupla cabecera y cuerpo es de 64 KB.

8.7.4 Importancia de la gestión de registros electrónicos

Para cualquier organización, cualquier información generada en formato de registro o documento electrónico es un activo propio. La gestión de registros electrónicos (ERM, *Electronic Records Management*) permite gestionar de manera eficiente y sistemática el proceso de creación, recepción, mantenimiento, disposición y usabilidad de registros electrónicos, incluido el proceso de captura y mantenimiento de evidencias digitales con fines administrativos, empresariales y legales. ERM permite asegurar que la organización tiene todos los documentos o registros disponibles en el momento que sean requeridos.

De este modo, la organización se protege contra accesos o modificaciones no autorizadas de los datos, preserva el formato original de los correos electrónicos y puede hacer frente a mandatos judiciales.

8.7.5 Delitos cometidos empleando el correo electrónico

Antes de comenzar una investigación forense de correos electrónicos, el DFIR debe comprender en qué consisten los delitos cometidos empleando el correo electrónico. En los últimos años, el correo electrónico se ha convertido en uno de los métodos preferidos por los delincuentes para llevar a cabo sus actividades criminales.

La tipificación de los delitos cometidos a través de los servicios de correo electrónico depende de las leyes del país desde el que se remite el mensaje, existiendo grandes diferencias legislativas entre unos países y otros.

Básicamente, los delitos cometidos empleando el correo electrónico pueden ser categorizados en:

- Cometidos por el envío de *emails* (Ej. *Spamming, phishing, mail bombing, mail storms*).

- Utilizar el correo electrónico como soporte (Ej. Venta de narcóticos, ciberacoso, fraude de identidad, remisión de pornografía infantil, secuestro, falsificación de correos).

Se conoce como *spam* al correo electrónico no solicitado o correo basura (*junk mail*). Requiere que el correo sea remitido a un elevado número de destinatarios al mismo tiempo, lo que suele provocar que se saturen los buzones de los destinatarios y que estos no puedan seguir recibiendo correo legítimo en sus buzones. Es decir, un ataque DoS. Los atacantes, conocidos como *spammers*, ocultan sus identidades falsificando la cabecera de los correos electrónicos.

El *phishing* se ha convertido en un método muy efectivo para que los cibercriminales puedan exfiltrar datos personales de las víctimas. Emplea técnicas de ingeniería social para intentar engañar (*scam*) a sus potenciales víctimas (Ej. Pulsar en un *link* que parezca legítimo pero que realmente dirija a un sitio web malicioso, abrir un anexo de correo malicioso). Los atacantes, conocidos como *phishers*, pueden intentar buscar el mayor número posible de víctimas, o dirigir su ataque a un conjunto específico y reducido de su interés, denominándose entonces el ataque *spear phishing*.

Se entiende por *mail bombing* al proceso de enviar repetidamente un mensaje de correo a un buzón particular. El atacante es conocido como *mail bomber*. En muchos casos, estos mensajes serán de gran tamaño y conformados por datos carentes de significado en aras de consumir adicionalmente recursos de red y del sistema. Cuando el objetivo son múltiples cuentas alojadas en el mismo servidor, se incrementa el impacto de la DoS. Este ataque es más abusivo que el spamming porque no solo envía cantidades ingentes de correo a un único buzón de usuario, sino que evita que otros usuarios puedan acceder a sus buzones alojados en el mismo servidor.

Se conoce como *mail storm* cuando los sistemas comienzan a comunicarse sin intervención humana, es decir, cuando se envía correo electrónico basura de forma accidental. La utilización de listas de correo, los correos que se auto redireccionan, las respuestas automáticas y la presencia de más de una dirección de correo electrónico son algunas de las posibles causas de un *mail storm*. Algunas muestras de *malware* (Ej. *Melissa*, *I-Love-U*) se diseñan para generar *mail storms*.

El fraude de identidad consiste en utilizar los datos personales de otra persona de manera maliciosa, en la mayoría de los casos con fines económicos.

El ciberacoso consiste en acosar a un individuo, grupo u organización utilizando *emails* o mensajería instantánea. Los atacantes suelen amenazar, solicitar relaciones sexuales, realizar acusaciones falsas, difamar o robar la identidad de sus víctimas como parte del acoso.

La pornografía infantil es un delito en el cual un menor es representado en una conducta sexual explícita (Ej. Fotografías, vídeos, dibujos, infografías). La legislación específica de cada país determina qué se considera pornografía infantil, pues varía enormemente de unos países a otros.

8.7.6 Delitos cometidos en salas de chat

Una sala de *chat* (*chat room*) es un servicio que permite comunicarse a un conjunto de individuos que conforman una comunidad con un interés común. Existen diferentes soluciones técnicas para implementar este servicio, siendo la más habitual su inserción en un portal web o mediante aplicaciones que admitan servicios de mensajería instantánea basados en los protocolos IRC (*Internet Relay Chat*) o XMPP (*Extensible Messaging and Presence Protocol*).

Los pedófilos suelen utilizar este tipo de servicios para contactar con sus potenciales víctimas. Otros delitos habitualmente cometidos utilizando salas de chat son el ciberacoso y el robo de identidad.

Una de las aplicaciones disponibles para analizar este tipo de artefactos forenses es *Paraben's Internet & Chat Examiner*. Permite analizar artefactos procedentes de *Yahoo!*, *Skype*, ICQ, *Miranda*, *Hello*, *Trillian*, *MSN/Live Messenger*.

8.7.7 Procedimiento para investigar delitos cometidos utilizando el correo electrónico y las salas de chat

Tanto el correo electrónico como las salas de *chat* permiten a los delincuentes llevar a cabo diferentes actividades maliciosas. El DFIR puede obtener valiosa información para la investigación en curso mediante el análisis del historial de ambos para intentar identificar a los autores.

En el caso más general, el DFIR debe seguir los siguientes pasos para llevar a cabo una investigación que requiera analizar correos electrónicos:

Obtener una orden de registro

Debe solicitarse una orden de registro que permita incautar todos los dispositivos y cuentas de correo electrónico que se sospeche puedan estar relacionados con el delito. Cuando la víctima es una organización, debe obtenerse permiso de las autoridades pertinentes y trabajar en colaboración con los administradores de las redes y sistemas corporativos.

Examinar los mensajes de correo electrónico

Como en otras investigaciones forenses, el análisis no debe realizarse sobre los datos originales. De ser posible, el DFIR realizará previamente una copia forense del sistema. La principal información necesaria para poder comenzar una investigación de correo electrónico es obtener la dirección IP del servidor de correo que envió el mensaje de la cabecera del correo.

Copiar e imprimir los mensajes de correo electrónico

Los mensajes de correo electrónico que se consideren sospechosos o que aporten información relevante para la investigación se almacenarán digitalmente de forma forense. Preferiblemente, se almacenará también su cabecera en un archivo de texto para facilitar su análisis. De considerarse necesario, se imprimirá en contenido del correo electrónico para facilitar su presentación ante un tribunal.

Analizar las cabeceras de los correos electrónicos

Proporcionan información del origen del mensaje, la ruta seguida hasta el destinatario y posibles causas del retraso en su entrega. Cuando un servidor SMTP recibe un mensaje de correo electrónico añade un campo *Received* a la cabecera del correo que confirma su recepción. En este campo se almacena el nombre del servidor, además de la fecha y la hora a la que se recibió el mensaje. Es decir, los campos *Received* se encuentran en la cabecera en orden inverso, siendo el servidor SMTP que se encuentra en primer lugar el último que fue añadido. No obstante, las cabeceras pueden ser falsificadas por los atacantes para conseguir engañar a los sistemas de defensa perimetral, posibilidad que debe ser tenida en cuenta por el DFIR. La única información que no puede manipular directamente un remitente malicioso es la relativa al servidor de correo de la víctima. La información más importante es el servidor de correo o la dirección IP origen del remitente. Otros datos de interés son la fecha y la hora del mensaje enviado, archivos anexos y el identificador único de mensaje. El DFIR tampoco debe de olvidarse de analizar los contactos de la agenda y la relación del usuario del buzón de correo electrónico con ellos.

Comprobar la ruta seguida por el correo electrónico

Se entiende como origen del correo a la información concerniente a la fuente utilizada para remitir el mensaje (Ej. Dirección IP, servidor de correo, nombre de usuario, nombre de dominio). Estos detalles ayudarán al DFIR a trazar al remitente de un correo electrónico. Examinando los campos *Received* desde el último (primero que fue añadido) al primero (último que fue añadido), el DFIR obtiene la ruta y orden de los servidores de correo por los que ha pasado el mensaje. El DFIR podría solicitar una orden judicial para obtener los *logs* del servidor desde el que se origina el correo electrónico y tratar así de identificar el usuario desde el que se remitió el correo, además de la identidad física de la persona asociada al usuario. Una forma sencilla de comprobar la ruta es utilizando herramientas (Ej. *Trace Email Analyzer*). Además, el DFIR puede comprobar la existencia una dirección de correo electrónico, para lo que cuenta con diferentes herramientas (Ej. *Email Address Verifier, Email Checker, G-Lock Software Email Verifier*).

Lo indicado hasta este momento en este punto es válido para aquellos correos remitidos desde clientes de correo electrónico. En cambio, cuando el atacante utiliza un servicio de correo web, se dificulta en gran medida la posibilidad de trazar al remitente. Este puede conectarse desde cualquier sistema y parte del mundo al servidor de *web mail*, pero la información disponible en el campo *Received* de la cabecera del correo electrónico termina en el servidor *web mail*. Estos servidores almacenan la dirección IP desde la que se conectó el usuario a sus servicios, pudiendo por tanto ser solicitada mediante requerimiento judicial en aras de identificar al remitente. Pero la dirección IP origen del remitente cuando se conecta al servidor web mail puede enmascararse fácilmente (Ej. Utilizando la red Tor). Además, por desgracia, la mayoría de los servidores de correo electrónico no exigen una autenticación de la identidad física a la hora de obtener un buzón de correo en sus servicios.

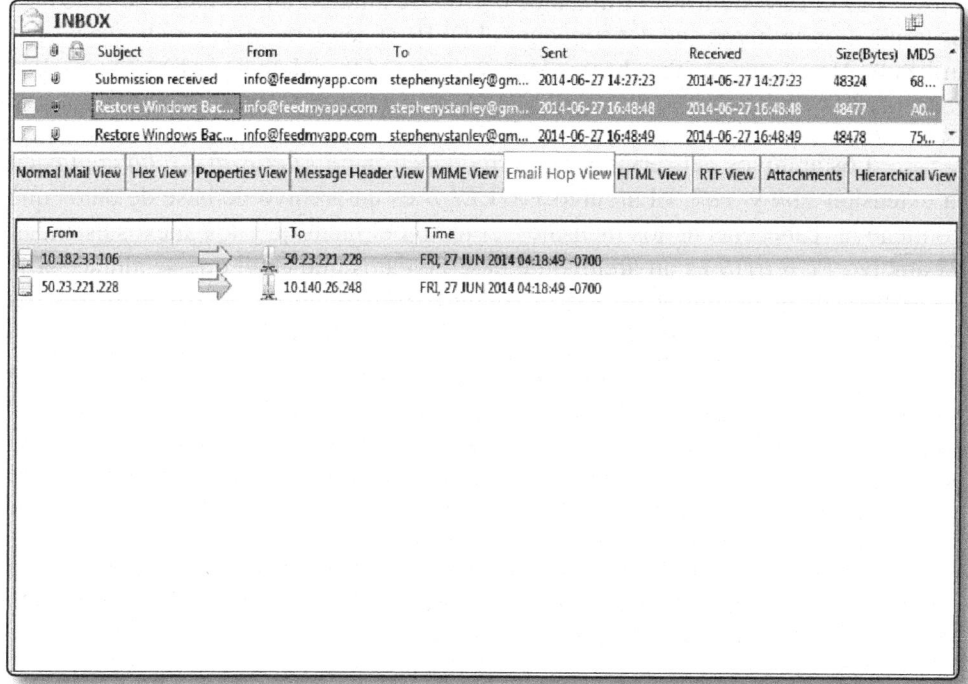

Ilustración 102. Análisis de la ruta de un mensaje de correo electrónico con Trace Email Analyzer.

382 IFCD083PO - INFORMÁTICA FORENSE Y CIBERSEGURIDAD

Adquirir archivos de clientes y servidores de correo electrónico

Permite al DFIR almacenar y proteger de una manera ordenada las evidencias procedentes de un buzón de correo electrónico. Simplifica además acceder posteriormente únicamente a los mensajes de interés para la investigación, ya que muchos buzones de correo pueden sobrepasar fácilmente el millar de mensajes y la mayoría normalmente no tendrán ningún tipo de relación con la investigación.

No obstante, es muy recomendable que el DFIR almacene como evidencia los archivos que actúan localmente como contenedores del buzón en el sistema investigado, pues además contienen otros artefactos de gran interés para la investigación (Ej. Agenda, Contactos). Un ejemplo serían los archivos de *Microsoft Outlook* (Extensiones *.ost* y *.pst*) o *FoxMail* (extensión *.box*). Estos archivos actúan como una tabla de contenidos (Ej. Leído/No leído, reenviado, redirigido, destacado, eliminado) de los correos almacenados, de ahí la importancia de su almacenamiento para lograr resultados forenses durante la investigación.

Herramientas como *Paraben's E3:EMX* permiten analizar los archivos de *Microsoft Outlook, Microsoft Outlook Express, Windows Mail Email, The Bat!*, AOL, *Mozilla Thunderbird, Eudora* y archivos de correo electrónico (extensión *.eml*).

En el caso de los servidores de correo, se almacenan los datos de todos los usuarios. Los archivos que debe recoger el DFIR dependerán del servidor de correo utilizado. No existen muchas herramientas que permitan adquirir archivos a nivel de red.

Los archivos del servidor de correo electrónico *Microsoft Exchange* tienen la extensión *.stm* y *.edb*. El archivo *PRIV.EDB* es un archivo de base de datos que contiene las cabeceras de los mensajes, el texto del mensaje y los anexos estándar. El archivo *PUB.EDB* es un archivo de base de datos que en el que se almacena la jerarquía de carpetas públicas y sus contenidos. El archivo *PRIV.STM* es un archivo de contenido de *streaming* para *streams* con codificación MIME. La mayoría de las copias de seguridad constituyen parte de la evidencia forense, de ahí la importancia de tener cuidado con estas copias de seguridad y con el almacenamiento fuera de línea. De ser necesario, el DFIR deberá solicitar asistencia del administrador del servidor de correo si aquel no está familiarizado con el proceso de restauración de copias de seguridad de servidores *Microsoft Exchange*.

Los archivos de interés forense del servidor de correo de *IBM Notes* tienen la extensión *.nsf* e *.id*. El archivo ID actúa como archivo de clave de cifrado, permitiendo abrir los mensajes de correo electrónico cifrados.

Los archivos de interés forense del servidor de correo *Novell GroupWise* tienen la extensión *.db*. El DFIR debe adquirir la estructura de directorios completa y mantenerla intacta. El de mayor interés es el archivo *Ngwguard.db*, el cual mantiene la información de cada una de las cuentas de usuario y su ubicación. Otros archivos de interés son *wphost.db* y *gwcheck.db*.

No obstante, existen herramientas que permiten restaurar estos archivos para su análisis. Un ejemplo sería *Ontrack PowerControls*, que permite copiar, buscar, restaurar y analizar mensajes de correo electrónico y buzones de correo directamente de copias de seguridad de *Microsoft Exchange Server*, bases de datos no montadas (archivos EDB) y archivos de almacenamiento de información. Otra herramienta de utilidad forense sería *Paraben's E3:NEMX*, que permiten procesar archivos de *Microsoft Exchange Server*, *IBM Notes* y *Novell GroupWise*.

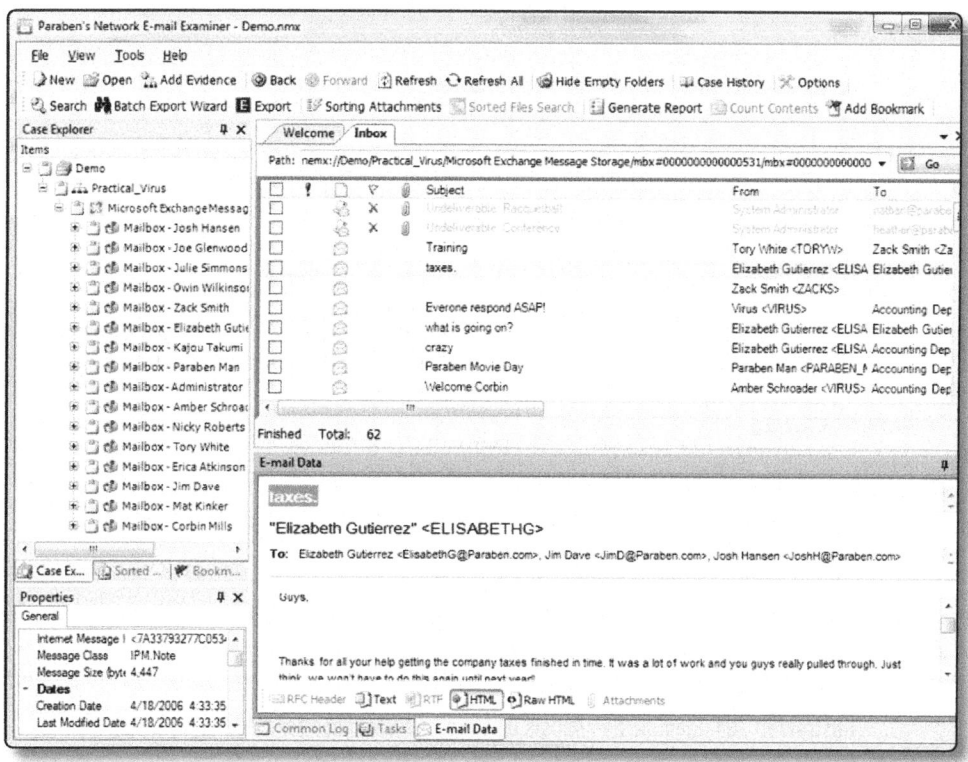

Ilustración 103. Captura de ejemplo de Paraben's E3:NEMX.

Los datos o carpetas que han sido eliminados de la papelera de reciclaje permanecen en el espacio no asignado del archivo de correo electrónico. La posibilidad de poder recuperar correos electrónicos eliminados depende en gran medida del cliente de correo electrónico empleado para enviar el mensaje.

Cuando se eliminan mensajes de correo electrónico en *Microsoft Outlook* de un archivo formato PST, los datos a eliminar son enviados de la parte activa del archivo PST a una papelera de reciclaje. Si la papelera de reciclaje es vaciada, los mensajes pasan a la parte no asignada del archivo de correo electrónico, en la cual residen durante un periodo concreto de tiempo. Además, la cantidad de datos que pueden ser recuperados depende también del tamaño del archivo PST.

Una herramienta que permite recuperar mensajes de correo electrónico eliminados de archivos con formato *Microsoft Outlook* PST y archivos con formato *Microsoft Outlook Express* DBX es *Recover My eMail*.

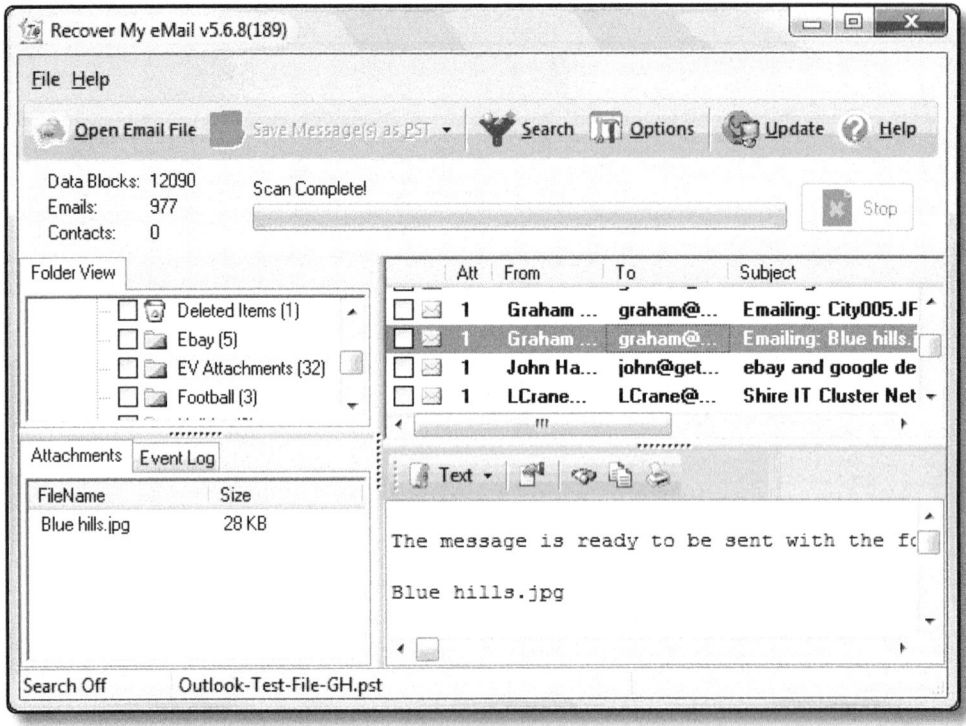

Ilustración 104. Ejemplo de análisis de correos electrónicos con Recover My eMail.

En el cliente de correo *Mozilla Thunderbird*, los mensajes de correo electrónico eliminados del buzón de correo son marcados para su borrado, y dejarán de estar visibles en el buzón. No obstante, estos mensajes eliminados residen en la carpeta de basura (*trash folder*) hasta que esta es vaciada.

Examinar los archivos de log de correo electrónico

En las investigaciones forenses en las que es necesario investigar correos electrónicos resulta de especial relevancia poder verificar las direcciones de correo electrónico, las fuentes y las rutas relacionadas con los mensajes de correo electrónico sospechosos. De ahí la importancia de comprobar los archivos de *log*, pues permite comprobar si la cabecera del correo ha sido manipulada tras el incidente.

Pese a que los atacantes puedan modificar las cabeceras de los mensajes de correo electrónico, no pueden modificar los archivos de *log* de todos los dispositivos de red (Ej. *Routers, firewalls*) por los que ha pasado el mensaje desde el remitente hasta el destinatario final del mismo. El DFIR puede utilizar los archivos de *log* de diferentes dispositivos para comprobar la ruta seguida por el mensaje.

Los archivos de *log* del sistema almacenan detalles de todo el tráfico que reciben y envían, junto con detalles como la aplicación, usuario, puerto y protocolo empleado para transferir los datos. Por tanto, estos archivos de *log* del sistema pueden también contribuir a la investigación de los correos y aportar información adicional sobre ellos. El DFIR debería conocer el proceso de búsqueda y recolección de estos datos que pueden contribuir a la elaboración de la línea temporal de un evento de seguridad.

Los archivos de *log* de los dispositivos de red (Ej. *Routers, switches, firewalls*, servidores) almacenan registros de los datos transmitidos. El DFIR puede trabajar en colaboración con los administradores de red para recopilar los archivos de *log* de tráfico entrante y saliente de la red corporativa. A modo de ejemplo, los archivos de *log* de los *routers* incluyen detalles del tráfico que permiten (*allow*) o rechazan (*deny*), direcciones IP fuente y destino, tipo de transmisión, etc.

Los administradores de red mantienen además los archivos de *log* de los *firewalls* que filtran el tráfico desde/hacia Internet. Estos archivos pueden contener detalles de los mensajes de correo electrónico que han pasado a través de esos *firewalls*. La recopilación de estos detalles y su correlación puede ayudar al DFIR a encontrar incongruencias existentes entre la información disponible procedente de las cabeceras de los mensajes de correo electrónico y la información procedente de los archivos de *log* de los dispositivos de red, lo que permitiría confirmar que las cabeceras de los mensajes de los correos electrónicos fueron manipuladas.

Los servidores de correo electrónico de *NIX suelen estar basados en el comando *sendmail*. El mantenimiento de los archivos de *log* en estos sistemas operativos suele estar basado en la aplicación *syslog* o alguna de sus variantes. El siguiente archivo de configuración determina la ubicación de los registros de los servicios de *syslog*:

```
/etc/syslog.conf
```

Este archivo de configuración contiene información relativa a la prioridad de registro de eventos, la ubicación a la que se envían los archivos de *log* (Ej. Carpeta local, colector remoto) y las acciones adicionales que deben ser adoptadas. Normalmente, los registros relacionados con el correo electrónico se almacenan en el archivo:

```
/var/log/mailog
```

Este archivo contiene las direcciones IP de origen y destino, los *timestamps* y otra información necesaria para poder validar los datos de la cabecera de un mensaje de correo electrónico.

El servidor de correo electrónico *Microsoft Exchange Server* utiliza el motor ESE (*Extensible Storage Engine*). Este motor utiliza MAPI (*Messaging Application Programming Interface*), interfaz que permite la colaboración entre diferentes aplicaciones de correo electrónico.

Cuando el DFIR investiga un mensaje remitido empleando un servidor de correo electrónico *Microsoft Exchange Server*, debe centrarse en los archivos de base de datos EDB (responsable de la información MAPI), STM (responsables de la información no MAPI), los archivos de control (*checkpoint*) y los archivos temporales.

Los archivos de *checkpoint* ayudan a descubrir cualquier pérdida de datos que haya podido ocurrir tras la última copia de seguridad, lo que permite al DFIR recuperar mensajes perdidos o eliminados.

Los archivos temporales almacenan la información que es recibida por el servidor de correo cuando se encuentra sobrecargado y no puede procesarla. El sistema retiene estos archivos, los cuales pueden ser recuperados por el DFIR con fines investigativos.

El archivo de *log* transaccional evita y procesa modificaciones realizadas en el archivo de base de datos, de modo que puede ser utilizado para determinar si el mensaje de correo electrónico fue remitido o recibido por el servidor.

El DFIR puede utilizar la aplicación *Visor de Eventos de Windows* (*Windows Event Viewer*) para leer el archivo de *log* de seguimiento, el cual permite visualizar el contenido del mensaje asociado con el correo electrónico. Por otro lado, los archivos de *log* de diagnóstico almacenan un conjunto de eventos para cada mensaje de correo electrónico enviado o recibido. Además, el cuadro de diálogo *Propiedades de evento*

(*Event Properties*) aporta información adicional que puede resultar de utilidad durante una investigación forense digital.

La plataforma de servicio de correo electrónico *Novell GroupWise* almacena los mensajes de los usuarios en casi 25 tipos de bases de datos propietarias diferentes. Cada base de datos es almacenada en el objeto *OFUSER Directory* y es referenciada por un nombre de usuario, seguida de un ID único y la extensión *.db*. La base de datos *NGWDFR.DB*, ubicada en el objeto *OFMSG directory* es utilizada para correos retrasados o diferidos.

En *GroupWise* existen dos modos de organizar los buzones de correo electrónico. El primero de ellos consiste en utilizar archivos de indexación permanente (extensión *.idx*). Estos archivos son actualizados y renombrados diariamente para mantener el orden de los correos electrónicos en los buzones. El segundo modo es *GroupWise QuickFinder*, que utiliza archivos de indexación incremental para el mantenimiento diario de los cambios producidos en el servidor de correo electrónico. Estos cambios son finalmente escritos en algún momento en el archivo *.idx*.

La base de datos *Guardian* (archivo *Ngwguard.db*) es una base de datos especial de *GroupWise* que mantiene un control centralizado de los servicios de correo electrónico y los archivos asociados. Realiza además un seguimiento de los cambios producidos en el entorno *GroupWise* y limpia cualquier proceso antes de que pueda realizar cambios no deseados en la base de datos GroupWise. Implementa salvaguardas como *Ngwguard.fbk*, *Ngwguard.rfl* y *Ngwguard.db*, las cuales ayudan a prevenir que se produzca una pérdida de datos. Mantienen además copias de seguridad y archivos de *log* de la base de datos *Guardian*.

GroupWise genera archivos de *log* (extensión *.log*) que son almacenados en carpetas *GroupWise*. Estos archivos pueden ser utilizados por el DFIR para correlar el contenido de la cabecera de un mensaje de correo electrónico con la dirección IP de un sospechoso.

8.7.8 Análisis de correos electrónicos

El análisis forense de correos electrónicos es uno de los temas de investigación más recurrentes en los foros especializados en análisis forense, especialmente desde el punto de vista legal.

En España, la apertura durante una investigación de los correos electrónicos no abiertos previamente de un determinado buzón de usuario suele realizarse buena parte de las ocasiones ante el juez instructor del caso. Esto es debido a que, en el marco legal actual, se ha asimilado el correo postal al correo electrónico. Desde el punto de vista estrictamente técnico, las diferencias entre ambos son apreciables y, en todo caso, el correo electrónico más bien debería asimilarse a una postal (es decir, a una carta "sin sobre", con los datos y el remitente a la vista). La apertura de los correos electrónicos ante el juez instructor conlleva innumerables problemas:

▶ Puede existir un gran número de correos electrónicos, quizás cientos, pendientes de abrir en el buzón.

▶ La apertura ante el juez instructor se realiza sobre un ordenador de análisis aportado por el DFIR. Dada la gran diversidad de programas cliente de correo electrónico, es posible que la apertura no sea una tarea sencilla, en especial si no ha podido ser analizada la evidencia con anterioridad y se trata de un buzón de correo de una aplicación poco habitual. No obstante, los clientes de correo electrónico más habituales son *Microsoft Outlook* (archivos *.ost* y *.pst*), *Mozilla Thunderbird* y *Apple Mail*.

▶ Desde un punto de vista estrictamente técnico, resulta complicado determinar si un correo electrónico ha sido o no abierto previamente. Por ejemplo, las *flags* que determinan en los clientes de correo electrónico si un correo ha sido o no abierto con anterioridad, pueden ser fácilmente manipuladas por el usuario.

Merecen una mención especial los correos electrónicos de buzones de correo *webmail*. En este caso, los correos aparecen, residualmente, en los directorios temporales de Internet, de donde podrán ser recuperados con relativa facilidad (el usuario desconoce la existencia de estos documentos, ya que se almacenan involuntariamente en los directorios temporales). A diferencia de los anteriores, en este caso no hay la menor duda de que los correos han sido previamente abiertos por el usuario y su análisis, probablemente, no debería comportar problema alguno. No obstante, el juez instructor será quien tome la decisión de si finalmente la apertura, a pesar de tratarse de correos *webmail*, se realiza o no en su presencia.

En EE.UU., el *CAN-SPAM Act* (*Controlling the Assault of Non-Solicited Pornography and Marketing Act*) es una ley que establece las directrices para el envío de mensajes de correo electrónico con fines comerciales, establece los requisitos mínimos para la mensajería comercial, otorga a los destinatarios de los correos electrónicos el derecho a solicitar a los remitentes que finalicen su actividad *spam* hacia ellos, y establece las penas en caso de que se transgreda alguna de estas directrices. A modo resumen, establece las siguientes directrices para los remitentes de correo electrónico:

▶ No falsificar las cabeceras de los mensajes de correo electrónico.

▶ No utilizar líneas de *Asunto* en un correo electrónico que pueda llevar lugar a engaño.

▶ El correo electrónico comercial debe estar identificado como tal.

▶ El correo electrónico debe contener la dirección de correo física del remitente.

▶ El correo electrónico debe contener la información necesaria de cómo detener el envío de correos electrónicos procedentes del remitente.

▶ Tanto la compañía cuyo producto está siendo promocionado en el mensaje de correo electrónico como el remitente del mensaje deben cumplir con la legislación vigente.

Por otro lado, el *CAN-SPAM Act* establece una sanción de hasta $16.000 para aquellos correos electrónicos que transgredan la ley, responsabilizándose de los actos a aquellas personas que se encuentren detrás del envío de estos correos (tanto a la empresa anunciante como al responsable del envío de los mensajes de correo electrónico).

Además, el *CAN-SPAM Act* define determinadas acciones que pueden implicar multas adicionales o, incluso, pena de privación de libertad:

▶ Acceder al sistema de un tercero para remitir desde este sistema *spam* sin su consentimiento.

▶ Utilizar información falsa para registrarse en múltiples cuentas de correo electrónico o nombres de dominio.

▶ Retransmitir múltiples mensajes *spam* con la intención de engañar a terceros sobre el origen real del mensaje.

▶ Recopilar direcciones de correo electrónico o generarlas a través de ataques de diccionario (enviar mensajes de correo electrónico a direcciones de correo generadas a partir de caracteres alfanuméricos aleatorios con la esperanza de generar direcciones válidas).

▶ Hacer un uso ilegítimo de *relays* o *proxies* abiertos sin autorización.

9

FORENSE DE BASE DE DATOS

9.1 INTRODUCCIÓN

Las bases de datos almacenan información, permitiendo a sus usuarios conforme a su nivel permisos visualizar, gestionar, añadir, eliminar y/o modificar su información.

Las aplicaciones de bases de datos, o las aplicaciones web que frecuentemente hacen de interfaz con ellas, no están exentas de vulnerabilidades que pueden permitir a los atacantes manipular los contenidos almacenados en la base de datos.

Por tanto, un DFIR debe tener un conocimiento profundo de los servidores de bases de datos y sus sistemas de ficheros. Además, el investigador debería ser capaz de examinar sus *logs* y encontrar la causa de los ataques.

9.2 BREVES NOCIONES DE BASES DE DATOS Y SQL

Una base de datos es una colección organizada de datos, almacenada y accesible electrónicamente. Los diseñadores de bases de datos intentan organizar los datos para modelar aspectos de la realidad de modo que soporten procesos que requieran información.

El DBMS (*Database Management System*) es la aplicación que interactúa con los usuarios finales, las aplicaciones y la propia base de datos para manipular y analizar los datos. Un DBMS de propósito general permite definir, crear, realizar consultas, actualizar y administrar las bases de datos.

El acrónimo DBMS puede en ocasiones extenderse para indicar el modelo de bases de datos subyacente. Así, RDBMS hace referencia a un sistema de gestión de bases de datos relacionales, y OODBMS o ORDBMS a un modelo orientado a objetos o relacional orientada a objetos, respectivamente. Otras extensiones pueden indicar otras características, como DDBMS para sistemas de gestión de bases de datos distribuidas.

Normalmente una base de datos se almacena en un formato específico del DBMS, no resultando por tanto portable directamente a otro DBMS. No obstante, mediante la utilización de estándares como SQL, ODBC o JDBC pueden compartirse datos entre diferentes DBMS. El conjunto de la base de datos, el DBMS y las aplicaciones asociadas es lo que se conoce como sistema de bases de datos (*database system*).

Los DBMS pueden clasificarse conforme a los modelos de bases de datos que soportan. Las bases de datos relacionales dominaron el mercado en la década de los 80. Estas bases de datos modelizan la información en filas (*rows*) y columnas (*columns*) en un conjunto de tablas (*tables*) y la gran mayoría utilizan SQL como lenguaje para realizar consultas y escritura de datos. A partir de comienzos del siglo XXI se fueron haciendo más populares las bases de datos no relacionales, conocidas como NoSQL, porque utilizan diferentes lenguajes para realizar peticiones.

El almacenamiento de la base de datos (*database storage*) es el contenedor de la materialización física de la base de datos. Comprende el nivel interno en la arquitectura de la base de datos. Además, contiene toda la información necesaria (Ej. Metadatos, estructuras internas de datos) para poder reconstruir el nivel conceptual y el nivel externo a partir del nivel interno si fuese necesario. El almacenamiento de datos de manera permanente es responsabilidad del motor de bases de datos (*database engine*).

En ocasiones, se utiliza redundancia de almacenamiento para incrementar el rendimiento. Un ejemplo sería almacenar vistas materializadas (*materialized views*), las cuales son vistas externas (*external views*) o consultas a la base de datos solicitadas con frecuencia. Almacenar estas vistas ahorra tiempo de procesamiento cada vez que son solicitadas. Un inconveniente de las vistas materializadas es el incremento de procesamiento requerido para mantenerlas sincronizadas con los datos almacenados en la base de datos, además del coste asociado a la redundancia de almacenamiento.

En determinados escenarios, una base de datos puede implementar redundancia de almacenamiento mediante replicación de una o más copias de objetos de la base de datos para aumentar la disponibilidad de la información. Este incremento de la disponibilidad se produce tanto en la mejora de la eficiencia de accesos simultáneos de múltiples usuarios al mismo objeto de la base de datos como aportando resiliencia en caso de fallo parcial de una base de datos distribuida. Las actualizaciones de un objeto replicado necesitan sincronizarse junto con las copias del objeto. En muchos casos, se replica el contenido completo de la base de datos.

Las transacciones de bases de datos (*database transactions*) pueden utilizarse para introducir un determinado nivel de tolerancia a fallos e integridad de datos tras recuperarse de un fallo crítico. Una transacción de base de datos es una unidad de trabajo, la cual normalmente encapsula un número determinado de operaciones sobre la base de datos (Ej. Lectura de un objeto de la base de datos, escritura). Cada transacción tiene límites bien definidas las operaciones que intervienen. El acrónimo ACID (*Atomicity*, *Consistency*, *Isolation* and *Durability*) define algunas de las propiedades ideales que debe tener una transacción de una base de datos: atómica, consistente, aislada y duradera:

- Atomicidad: Transacción indivisible e irreductible de operaciones de bases de datos según la cual ocurrirán todas o ninguna de estas operaciones. Se evita que las actualizaciones de la base de datos puedan ocurrir de manera parcial.
- Consistencia: Requisito de que cualquier transacción pueda únicamente modificar los datos de los modos autorizados. Evita que errores de programación puedan resultar en la violación de cualquier limitación definida en la base de datos.
- Aislamiento: Determina la visibilidad de la integridad de la transacción desde la perspectiva de otros usuarios y sistemas.
- Durabilidad: Propiedad que garantiza que las transacciones que han sido realizadas sobrevivan permanentemente. Un modo de lograr durabilidad es volcar todos los registros de transacciones a soporte de almacenamiento no volátil antes de asentir la realización de la acción solicitada. En las transacciones distribuidas, todos los servidores participantes deben coordinarse antes de asentir que se ha realizado la acción solicitada.

Se conoce como registro de transacciones (*transaction log*), también conocido como *log* de la base de datos (*database log*) o *log* binario (*binary log*), al histórico de acciones ejecutadas por el DBMS para garantizar las propiedades ACID contra fallos críticos o que se produzcan fallos en el hardware. Físicamente, se trata de un archivo que almacena los cambios realizados en la base de datos en un soporte de almacenamiento no volátil.

En caso de que se la base de datos se encuentre en un estado inconsistente o no se haya cerrado apropiadamente, el DBMS comprueba los *logs* de la base de datos para detectar transacciones no realizadas (*uncommited transactions*) y revierte (*roll back*) los cambios realizados por estas transacciones. Además, todas las transacciones realizadas cuyos cambios no se hubiesen materializado en la base de datos, son nuevamente aplicados. Estos dos pasos aseguran la atomicidad y durabilidad de las transacciones.

Un registro de un *log* de la base de datos está formado por:

▸ LSN (*Log Sequence Number*): Identificador único para un registro del *log*. La mayoría de los LSN son asignados en orden monótono creciente.

▸ LSN previo: Enlace con el último registro del *log*. Es decir, los *logs* de la base de datos están constituidos como listas enlazadas.

▸ Número ID de transacción: Referencia a la base de datos de transacciones que genera el registro de *log*.

▸ Tipo: Describe el tipo de registro de *log* de la base de datos.

▸ Información sobre los cambios que motivaron que se escribiera el registro en el *log*.

Se conoce como DML (*Data Manipulation Language*) a un lenguaje de programación que es utilizado para insertar, eliminar y modificar datos en una base de datos. Normalmente, es parte de un lenguaje más amplio, como SQL, comprendiendo DML algunos de los operadores del lenguaje. La selección de datos para operaciones de solo lectura suele considerarse parte de un lenguaje DQL (*Data Query Language*), pero en ocasiones se considera parte de DML porque existen operadores que ejecutan operaciones de selección y escritura.

Un lenguaje de manipulación de datos muy extendido es SQL (*Structured Query Language*), y se utiliza para recuperar y manipular datos en bases de datos relacionales. También se utilizan versiones diferentes de DML en bases de datos IMS/DLI y CODASYL.

En SQL, el DML comprende las sentencias de cambio de datos SQL, los cuales modifican los datos, pero no el *schema* o los objetos de la base de datos. La manipulación de objetos persistentes de la base de datos (Ej. Tablas, procedimientos almacenados) a través de sentencias SQL *schema* es considerada parte del lenguaje DDL (*Data Definition Language*). En SQL, estas dos categorías son similares en sintaxis, tipos de datos y expresiones, pero su funcionamiento general es diferente.

Las sentencias de modificación de datos SQL son un subconjunto de las sentencias de datos SQL. Estas contienen también las sentencias de peticiones *SELECT*, que estrictamente forman parte de DQL, no de DML. No obstante, en la práctica, esta distinción no suele tenerse en cuenta y *SELECT* suele considerarse parte de DML. De este modo, DML comprendería todas las sentencias de datos SQL, no solo las de modificación de datos SQL. Sentencias como *SELECT ... INTO* ... combinan selección y manipulación, y esto estrictamente sería DML porque manipulan datos.

Los lenguajes de manipulación de datos tienen capacidad funcional organizada por la palabra inicial de la sentencia, normalmente un verbo. En SQL, estos verbos son:

```
SELECT … FROM … WHERE …
SELECT … INTO …
INSERT INTO … VALUES …
UPDATE … SET … WHERE …
DELETE FROM … WHERE …
```

A modo de ejemplo, una sentencia para insertar una fila en la tabla empleados sería:

```
INSERT INTO empleados (nombre, apellido, fname) VALUES ('Juan', 'Perez',
'capit01');
```

9.3 IMPORTANCIA DEL FORENSE DE BASES DE DATOS

Actualmente, la mayoría de las aplicaciones utilizan bases de datos de alto rendimiento para gestionar los datos. A la par que las organizaciones implementan mecanismos robustos de seguridad para proteger sus bases de datos, los atacantes desarrollan sofisticados métodos para atacar estas bases de datos, lo que se traduce en un problema de exposición de información sensible de la organización o de sus clientes.

La capacidad forense de bases de datos está orientada a examinar las bases de datos y sus metadatos asociados. El proceso es similar al de forense de ordenadores.

Las bases de datos son la principal fuente de evidencias electrónicas para toda organización, independientemente de su tamaño y complejidad. En caso de que tuviera lugar un incidente, un DFIR presentaría estas pruebas ante un tribunal, independientemente del tamaño de las bases de datos. Como parte de una investigación, el DFIR puede:

▶ Examinar los *timestamps* de las tablas para comprobar y validar las actividades llevadas a cabo por los usuarios en los contenidos de la base de datos.

▶ Analizar las transacciones en los archivos de registro de transacciones (*transaction log data files*) (Ej. Archivo LDF en *Microsoft SQL Server*) para comprobar si algún usuario ejecutó actividades fraudulentas en la base de datos.

▶ Recuperar filas eliminadas.

▶ Seguir las operaciones DDL y DML ejecutadas por el atacante.

El servidor que aloja las bases de datos puede contener información almacenada en su memoria RAM. En ocasiones, las investigaciones forenses de bases de datos implican la utilización por el DFIR de técnicas de análisis forense en vivo.

10

FORENSE EN LA NUBE

10.1 INTRODUCCIÓN A LA COMPUTACIÓN EN LA NUBE

La computación en la nube (*cloud computing*) es una tecnología en auge que permite acceder a través de una conexión de red a diferentes servicios online como aplicaciones de negocio, almacenamiento y correo electrónico. La implementación de soluciones *cloud* permite a las empresas disponer de una fuerza de trabajo distribuida, reducir los gastos de la organización, incrementar la seguridad de la información y un largo etcétera. Entre los ejemplos de soluciones *cloud* destacan Google Cloud, Facebook, Dropbox, Microsoft Azure, Amazon Web Services y Salesforce.com.

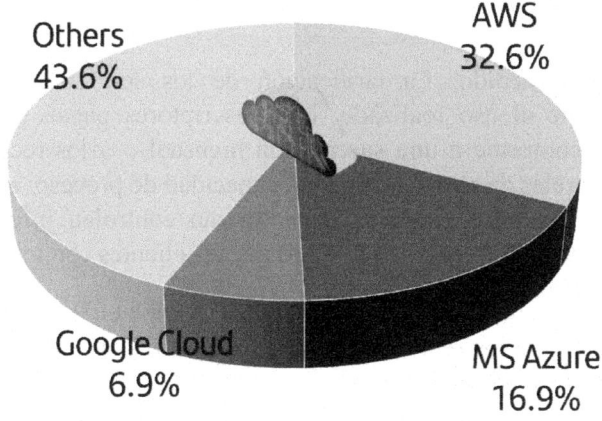

Ilustración 105. Principales proveedores de servicios cloud en 2019. Fuente: Santander Global Tech.

398   IFCD083PO - INFORMÁTICA FORENSE Y CIBERSEGURIDAD

Cada vez es mayor el número de empresas que adoptan soluciones en la nube atraídos por diferentes ventajas:

▼ Autoservicio bajo demanda. Permite a los proveedores de servicios *cloud* provisionar automáticamente los recursos computacionales, de almacenamiento y de red conforme a la demanda de sus clientes.

▼ Almacenamiento distribuido. Permite mejorar la escalabilidad, la disponibilidad y la fiabilidad de los datos. No obstante, introduce riesgos potenciales de seguridad y de cumplimiento normativo.

▼ Rápida flexibilidad. Ofrece provisionamiento instantáneo de capacidades para escalar conforme a la demanda de los clientes. Desde el punto de vista de estos, los recursos son ilimitados, pudiendo ser adquiridos en la cantidad necesaria en cualquier momento.

▼ Gestión automatizada. Minimizando la implicación del usuario, la automatización de la nube acelera los procesos, reduce el coste de la mano de obra y la posibilidad del fallo humano.

▼ Disponibilidad de red. Los recursos *cloud* se encuentran disponibles a través de la red y pueden ser accedidos mediante procedimientos estándar y empleando diferentes plataformas (Ej. Ordenadores portátiles, *smartphones*).

▼ Reserva de recursos. El proveedor de servicios *cloud* reserva todos los recursos juntos para servir a múltiples clientes en un entorno de tenencia múltiple (*multi-tenant environment*), con recursos físicos y virtuales asignados dinámicamente y reasignados bajo demanda por el consumidor *cloud*.

▼ Servicio medido. La tarificación de los servicios *cloud* se realiza conforme al uso realizado. Los suscriptores pagan por los servicios *cloud* conforme a una suscripción mensual o a los recursos utilizados (Ej. Niveles de almacenamiento, capacidad de proceso, ancho de banda). Los proveedores de servicio monitorizan, controlan, informan y facturan el consumo de recursos realizado por los clientes con total transparencia.

▼ Tecnología de virtualización. La virtualización en la nube permite escalar rápidamente los recursos de un modo que los entornos no virtualizados no pueden lograr.

No obstante, los servicios en la nube adolecen de ciertos inconvenientes:

- ▼ Las organizaciones tienen un control y flexibilidad limitados.
- ▼ Sujetos a caídas y otras incidencias técnicas.
- ▼ Connotaciones de seguridad y privacidad.
- ▼ Contratos y monopolios.
- ▼ El rendimiento depende en gran medida de la conectividad de red.

Además, los atacantes han comenzado a centrar sus ataques contra los servicios *cloud*. De ahí la importancia desde el punto de vista empresarial de securizar estas soluciones, detectar posibles vulnerabilidades existentes en ellas y disponer de una capacidad forense para investigar los posibles incidentes ocurridos en la nube.

10.2 TIPOS DE SERVICIOS DE COMPUTACIÓN EN LA NUBE

Los servicios en la nube pueden subdividirse en tres tipos, en función de los servicios suministrados: IaaS, PaaS y SaaS.

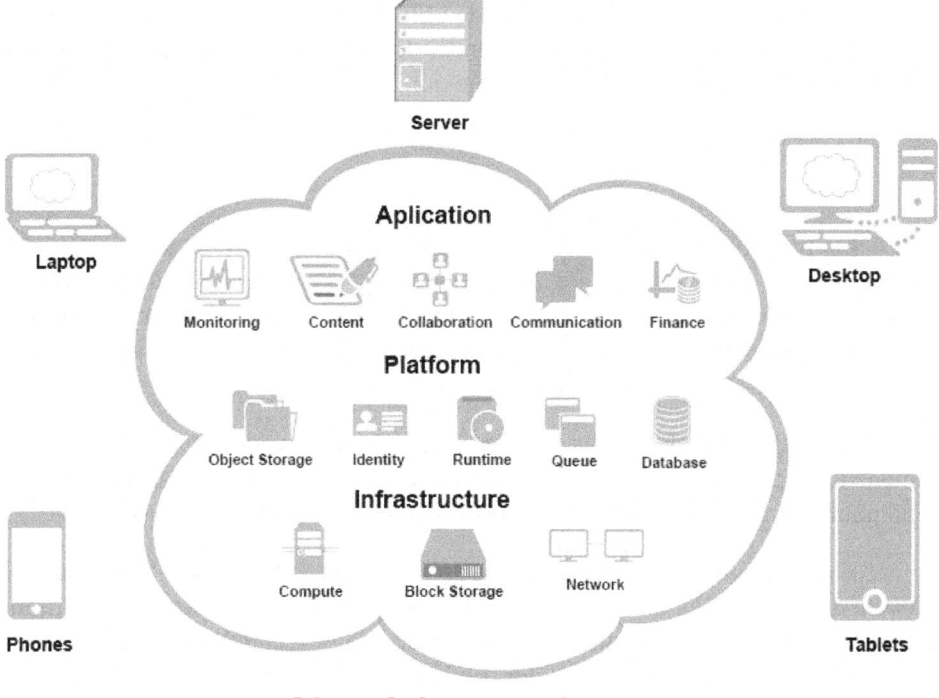

Ilustración 106. Infografía de los tres tipos de computación en la nube.

10.2.1 IaaS

La infraestructura como servicio (IaaS, *Infrastructure as a Service*) permite a los suscriptores utilizar recursos fundamentales de IT (Ej. Capacidad computacional, virtualización, almacenamiento de datos, conectividad de red) bajo demanda. Los proveedores de este tipo de servicios son responsables de mantener la infraestructura de computación en la nube subyacente, lo que permite a los suscriptores evitar los costes de capital humano, hardware y licenciamiento software. El suscriptor no administra ni controla la infraestructura subyacente en la nube, pero tiene control sobre los sistemas operativos, el almacenamiento y otras aplicaciones implementadas. En ocasiones, también dispone de un control limitado de los componentes de red seleccionados. Los principales proveedores mundiales de IaaS son Amazon Web Services, Microsoft Azure y Google Cloud.

Entre las principales ventajas de emplear IaaS se encuentra el escalado dinámico de la infraestructura, los tiempos de funcionamiento de los servicios se encuentran garantizados, la automatización de las tareas administrativas, ELB (*Elastic Load Balancing*), servicios basados en políticas y accesibilidad global.

Entre las principales desventajas de utilizar IaaS se encuentran el alto riesgo inherente en el software utilizado, al depender de terceros proveedores; y problemas de rendimiento y bajas velocidades de conexión.

10.2.2 PaaS

La plataforma como servicio (PaaS, *Platform as a Service*) ofrece la plataforma para el desarrollo de aplicaciones y servicios. Los suscriptores no necesitan ni adquirir ni gestionar el software y la infraestructura subyacente, pero tiene autoridad sobre las aplicaciones desplegadas y, en ocasiones, sobre la configuración del entorno de las aplicaciones de *hosting*.

Existen diferentes tipos de PaaS: público, privado e híbrido. En sus comienzos, PaaS fue concebido para aplicaciones que se ejecutaban en servicios cloud públicos. Posteriormente, surgieron los conceptos privado e híbrido.

El PaaS público se deriva de SaaS, situándose entre IaaS y SaaS. SaaS es software que se aloja en la nube, no consumiendo recursos hardware del suscriptor. IaaS proporciona hardware virtual del proveedor con escalabilidad ajustable, pero el suscriptor debe gestionar el servidor. En cambio, en PaaS la gestión del servidor es realizada por el proveedor de servicios. Un ejemplo de PaaS público es el proporcionado por Jelastic.

Un PaaS privado normalmente se descarga e instala en el centro de datos (*data center*) del usuario, lo que se conoce como instalación *on premises*, o en una nube pública. Una vez que el software está instalado en uno o más equipos, el PaaS privado gestiona la aplicación y los componentes de la base de datos en una plataforma de alojamiento unificada. Entre los proveedores de PaaS privado se encuentran Apprenda, Red Hat OpenShift, Pivotal Cloud Foundry y Heroku.

Un PaaS híbrido normalmente consiste en un despliegue en el que se entremezclan PaaS públicas y PaaS privadas.

Las ventajas de desarrollar aplicaciones en un entorno PaaS incluyen la escalabilidad dinámica, la automatización de las copias de seguridad y de otros servicios de la plataforma, sin que exista necesidad de programar explícitamente estas tareas. Además, se basa en un modelo de pago por utilización, lo que reduce costes.

Entre las desventajas se encuentran la alta dependencia del proveedor, el riesgo de la privacidad de los datos del suscriptor y problemas de integración con el resto de las aplicaciones del sistema.

10.2.3 SaaS

El software como servicio (SaaS, *Software as a Service*) ofrece aplicaciones a suscriptores bajo demanda a través de Internet. El proveedor de servicios factura al suscriptor conforme a su utilización, periodo de suscripción o por número de usuarios compartiendo el recurso.

Entre las ventajas de SaaS destacan su bajo coste, su fácil administración, accesibilidad global y su alta compatibilidad con diferentes plataformas.

Entre las desventajas se encuentran los riesgos de seguridad, una total dependencia de la accesibilidad a Internet de los suscriptores para poder acceder a los recursos, problemas derivados de la latencia de conexión y una alta dependencia del proveedor SaaS contratado (lo que dificulta la migración a otro proveedor diferente).

10.2.4 Separación de responsabilidades en la nube

En computación en la nube, resulta esencial la separación de responsabilidades entre suscriptor y proveedor de servicios. La separación de tareas evita conflictos de interés y responsabilidades, acciones ilegales, fraude, abuso y errores. Permite además identificar fallos en los controles de seguridad que puedan derivar en la intrusión y/o el robo de información por agentes maliciosos.

El Gobierno de EE.UU. ha establecido el FedRAMP (*Federal Risk and Authorization Management Program*) como el conjunto básico de los requisitos de seguridad que los CSP deben reunir antes de que pueda autorizarse la utilización de sus servicios por la Administración Federal. El cumplimiento de este Programa es obligatorio para los sistemas en la nube del Gobierno de EE.UU. Otras organizaciones voluntariamente también siguen los criterios establecidos por FedRAMP para seleccionar su CSP.

La Ilustración 107 permite identificar las responsabilidades de suscriptores y proveedores en los distintos tipos de servicios *cloud* y *on premises*. Como puede observarse, en los despliegues *on premises*, toda la responsabilidad recae en el cliente, mientras que en los despliegues SaaS, toda la responsabilidad recae sobre el proveedor de servicios *cloud*. En los despliegues PaaS, el cliente es responsable de los datos y las aplicaciones, recayendo el resto de las responsabilidades en el proveedor de servicios. En el caso de IaaS, el proveedor de servicios es el responsable de la virtualización, los servidores, el almacenamiento y la conectividad de red, recayendo el resto de las responsabilidades en el suscriptor.

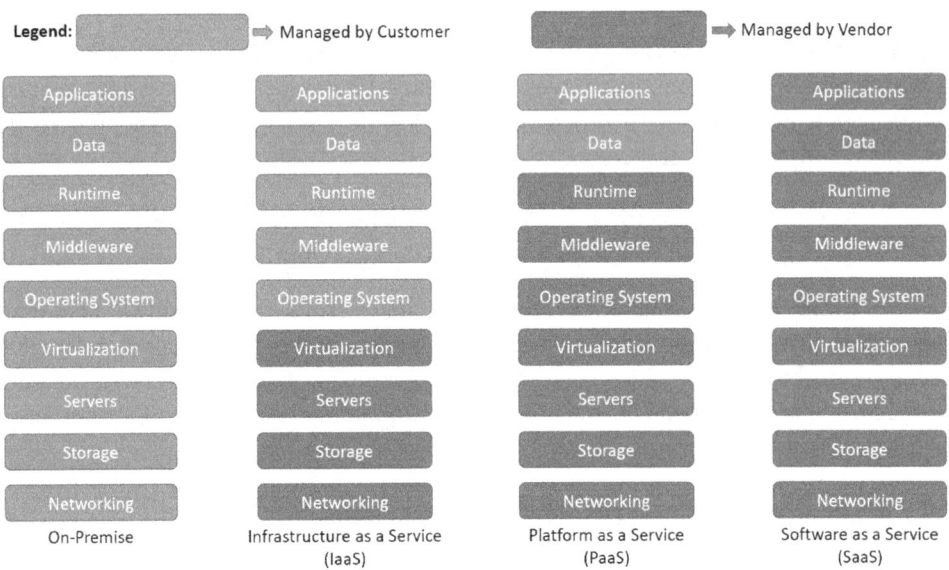

Ilustración 107. Infografía del reparto de responsabilidades entre suscriptores y proveedores de servicios cloud.

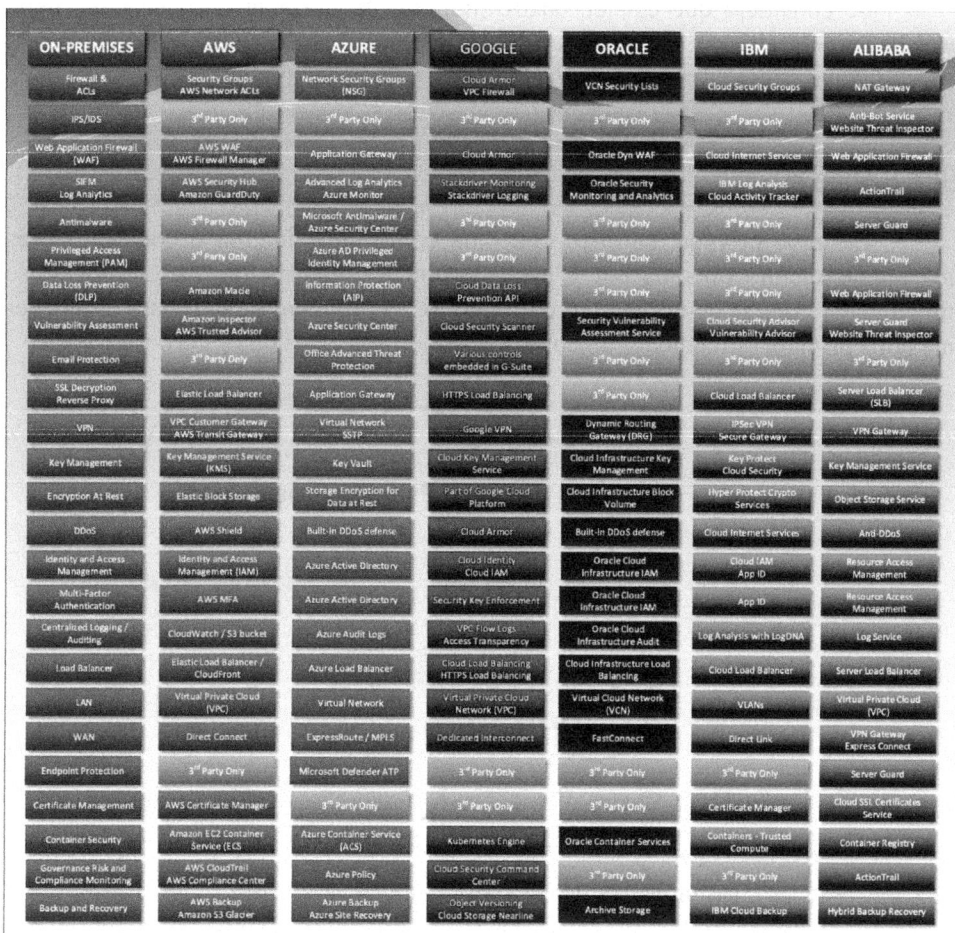

Ilustración 108. Comparación de controles de seguridad on-premises con los ofrecidos por los principales CSP. Fuente: Adrian Grigorof.

10.3 MODELOS DE DESPLIEGUE EN LA NUBE

Los servicios en la nube pueden ser desplegados conforme a diferentes factores:

- Ubicación donde se alojan los servicios *cloud*.
- Requisitos de seguridad.
- Servicios de nube compartida.
- Posibilidad de gestionar todos o parte de los servicios *cloud*.
- Posibilidades de personalización.

Se considera que existen cuatro modelos de despliegue en la nube: nube privada (*private cloud*), nube comunitaria (*community cloud*), nube híbrida (*hybrid cloud*) y nube pública (*public cloud*).

10.3.1 Nube privada

La nube privada, también conocida como nube interna o corporativa, es una infraestructura operada por y para una única organización. En ocasiones, se implementará detrás de un *firewall* corporativo. El principal motivo para establecer una nube privada es mantener un control absoluto sobre los datos corporativos.

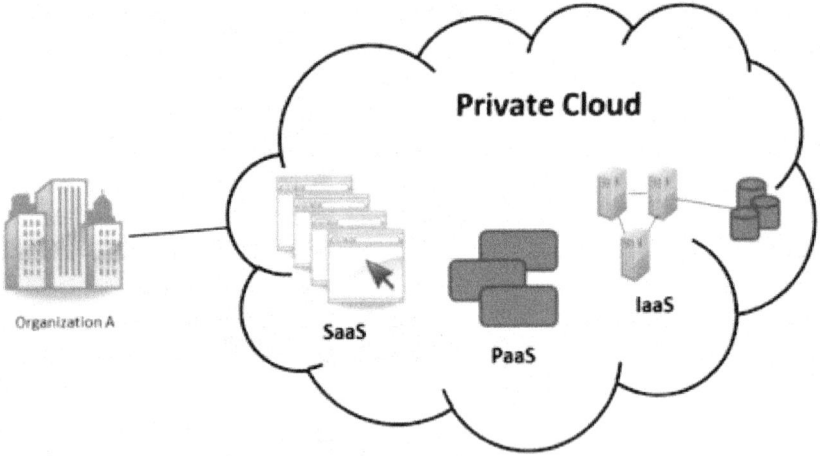

Ilustración 109. Acceso a servicios en una nube privada.

Entre las ventajas de las nubes privadas destacan:

▸ Incremento de la seguridad, al estar los servicios dedicados a una única organización.

▸ Mayor control sobre los recursos empleados, pues los gestiona la propia organización.

▸ Mayor rendimiento, pues las tasas de transferencia serán las de la red de la propia organización (Ej. Redes 1G, 2G).

▸ Posibilidad de personalizar el rendimiento del hardware, red y almacenamiento, al ser propiedad de la organización.

▸ Simplifica la adecuación al cumplimiento normativo (Ej. Sarbanes-Oxley, PCI DSS, HIPAA).

Entre las desventajas de las nubes privadas destacan su elevado coste de instalación y mantenimiento.

10.3.2 Nube híbrida

La nube híbrida es una nube constituida por dos o más nubes (privadas, públicas o comunidad) que permanecen como entidades únicas pero juntas ofrecen los beneficios de los distintos modelos de despliegue de *cloud*. En este modelo, la organización gestiona recursos *on premises* y externos (Ej. Operaciones críticas en una nube privada y las no críticas en una nube pública).

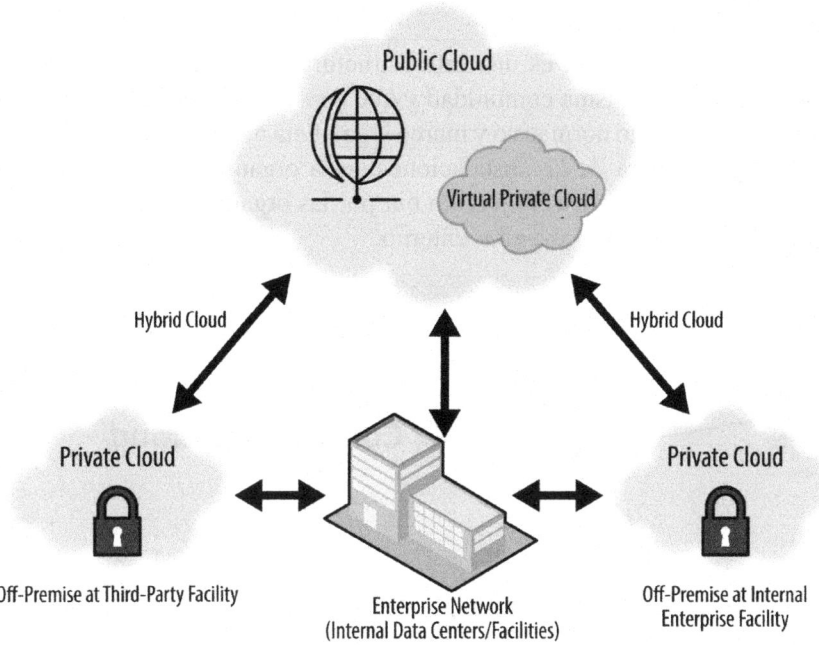

Ilustración 110. Disponibilidad de recursos a través de una nube híbrida.

Entre las ventajas del modelo de nube híbrida destacan:

- Fácilmente escalable, pues contiene tanto nubes públicas como privadas.
- Ofrece tanto recursos seguros *on premises* como públicos escalables.
- Alto nivel de seguridad en la parte de nube privada.
- Permite reducir y gestionar el coste por requisito.

Entre las principales desventajas del modelo de nube híbrida se encuentran:

⚑ La comunicación a nivel de red puede diferir al utilizarse nubes públicas y privadas.

⚑ La organización tiene que confiar que su propia infraestructura IT interna pueda solventar las posibles caídas del servicio, lo que implica mantener una redundancia a través de los diferentes centros de datos.

⚑ Resulta difícil lograr una adecuación al cumplimiento normativo.

⚑ Compleja redacción de los SLA (*Service Level Agreement*).

10.3.3 Nube comunitaria

La nube comunitaria es una infraestructura multiusuario compartida entre organizaciones de una misma comunidad y que comparten criterios de rendimiento, seguridad, cumplimiento normativo y marco legal. Esta nube puede encontrarse tanto *on premises* como fuera de las instalaciones de la organización (*off premises*). El gobierno de esta nube puede ser ejercido bin por las organizaciones que conforman la comunidad, bien por un proveedor externo.

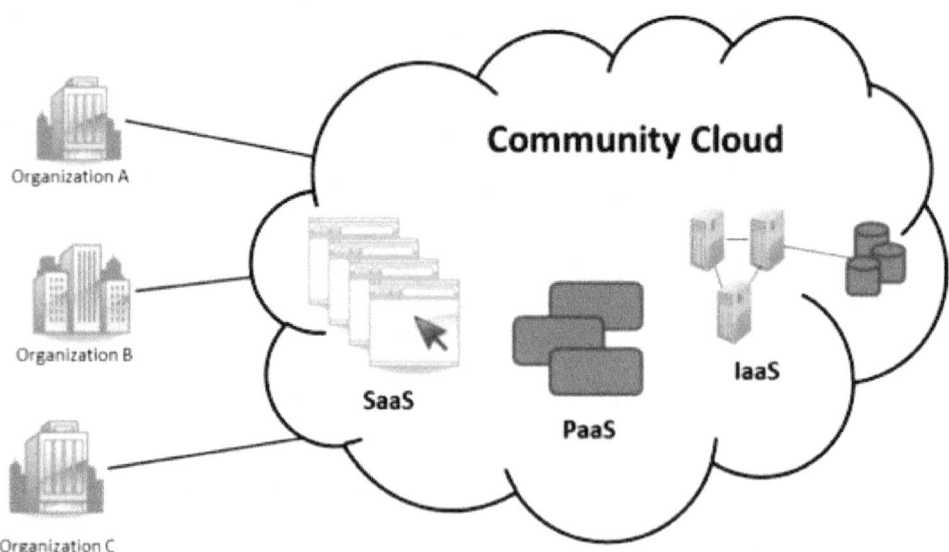

Ilustración 111. Compartición de recursos mediante una nube comunitaria.

Entre las ventajas de establecer una nube comunitaria se encuentran:

- Resulta más económica que una nube privada.

- Permite compartir a las organizaciones un conjunto de recursos a través de Internet.

- Flexibilidad para cumplir con los requisitos de la comunidad.

- Alta escalabilidad.

- Cumplimiento normativo y legal.

Entre las desventajas de las nubes comunitarias se encuentran:

- Las organizaciones que conforman la comunidad compiten por los recursos de la nube.

- Resulta complejo realizar una correcta previsión de los recursos necesarios.

- Nivel de seguridad medio, al existir la posibilidad de que otras organizaciones de la comunidad pudieran acceder a los datos.

- Grado de confianza entre los miembros de la comunidad.

- Dificultad de definir una entidad legal en caso de existir responsabilidades legales.

10.3.4 Nube pública

En una nube pública, es el proveedor de servicios el que establece las aplicaciones, los servidores y el espacio de almacenamiento disponible para sus clientes a través de Internet. El proveedor es el responsable de la creación y mantenimiento de la nube y de sus recursos IT. Los servicios en una nube pública pueden ser tanto gratuitos como basados en algún modelo de pago por suscripción. Ejemplos de servicios en la nube pública son Amazon Elastic Compute Cloud (EC2), Google App Engine y Microsoft Azure.

Desde el punto de vista del cliente, entre las ventajas de utilizar una nube pública se encuentran:

- Simplicidad y eficiencia.

- Tiempo reducido de restablecimiento de los servicios.

▶ No es necesario mantenimiento, al estar el servicio alojado fuera de las instalaciones y facilitado por un proveedor.

▶ Coste reducido.

▶ Ausencia de contratos, lo que evita la firma de compromisos a largo plazo con el proveedor de servicios.

Entre las desventajas de utilizar la nube pública se encuentran:

▶ No existe una garantía de seguridad, pues los datos se encuentran en posesión del proveedor del servicio.

▶ Falta de control sobre la infraestructura, pues depende por completo del proveedor del servicio.

▶ La velocidad de conexión a Internet es el cuello de botella para acceder a los servicios prestados por el proveedor.

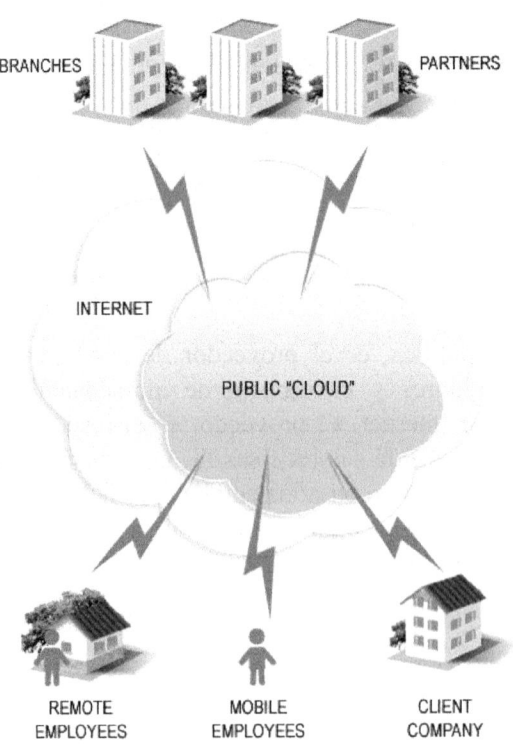

Ilustración 112. Acceso a la nube pública.

10.4 INTRODUCCIÓN AL FORENSE EN LA NUBE

10.4.1 Definición

Se conoce como **forense en la nube** o **forense de** *cloud* (*cloud forensics*) a la rama de la investigación forense digital orientada a los entornos en la nube. Algunos autores la consideran como parte de forense de red, al implicar redes públicas y privadas.

Debido a las peculiaridades de la computación en la nube, los procedimientos forenses deben ser adaptados conforme al servicio y al modelo de despliegue.

Las fases iniciales de recogida de evidencias varían según el modelo de nube escenario de la investigación. Así, en SaaS, el DFIR depende completamente del CSP para poder recoger las evidencias de los *logs* de aplicación. En cambio, en IaaS, el DFIR puede adquirir la instancia de una VM del cliente e iniciar la investigación forense y el proceso de análisis. En SaaS y PaaS, se dispone de un control restringido sobre los procesos o la monitorización de la red, si se compara con los de IaaS.

De un modo análogo, el DFIR puede tener acceso físico a las evidencias en entornos *cloud* privados, mientras que resultará muy complejo poder tener acceso físico en los modelos de despliegue públicos.

ENISA define en su documento "*Exploring Cloud Incidents*" forense de *cloud* como la capacidad de reconstruir y analizar eventos (cibercrímenes o incidentes) ocurridos en la nube aplicando la metodología forense digital. Este proceso es dividido en las siguientes fases:

- Adquisición (*adquisition*). Incautación y adquisición de datos remotos, grandes volúmenes de datos, datos *elásticos* (*elastic*) y distribuidos probablemente asociados con un incidente en un entorno en la nube.

- Protección (*preservation*). Protección de los artefactos digitales mediante la obtención de imágenes, valores resumen y duplicación para garantizar la integridad de la evidencia.

- Examen (*examination*). Examen de todos los datos forenses recopilados durante la fase de recogida de evidencias para generar la entrada para su posterior análisis forense.

- Análisis (*analysis*). Análisis y correlación de datos para generar conclusiones razonadas.

- Elaboración del informe (*reporting*). Presentación de los resultados en un informe.

ENISA define **incidente en la nube** como una brecha de seguridad acaecida en un entorno *cloud* que tiene un impacto en la operación de la red y/o los sistemas *core* de información proporcionados por los CSP o las administraciones públicas.

10.4.2 Ámbito de aplicación

La computación en la nube permite a los usuarios acceder a los recursos a demanda, para lo cual el CSP debe exponer datos privados y sensibles en la nube. Debido a esta exposición, los agentes maliciosos pueden acceder de forma no autorizada a esta información. Las técnicas de forense de *cloud* permiten al DFIR gestionar y proteger los recursos en la nube frente a posibles incidentes de seguridad.

Entre los diferentes usos que se le pueden dar a forense de *cloud* destacan:

▶ Investigación: Encontrar la fuente de diferentes delitos cometidos en la nube (Ej. Crimen organizado, violaciones de políticas en entornos públicos, actividades sospechosas que tienen lugar en entornos *cloud*).

▶ Resolución de incidentes técnicas: Resolver problemas funcionales, operacionales y de seguridad en entornos *cloud*. Asistir a los usuarios en el proceso de resolución de incidencias técnicas, determinando los datos y sistemas presentes física y virtualmente en un entorno *cloud*. Permiten al usuario encontrar y resolver cualquier error e incidente de seguridad en la nube. Además, ayudan a comprender las TTP empleadas por los atacantes en incidentes pasados, lo que permite poder hacer frente a incidentes futuros.

▶ Monitorización de archivos de *log*: Recogida, análisis y correlación de archivos de *log* procedentes de múltiples sistemas dentro de un ecosistema *cloud*. Sirve también de apoyo en procesos de auditoría, diligencia debida y complimiento normativo.

▶ Recuperación de datos y sistemas: Implica las técnicas de recuperación de datos y sistemas eliminados, corruptos o cifrados debido a ataques intencionados o acaecidos durante su utilización legítima. Permite también la adquisición y realización de copias forenses de los datos, las cuales los CSP podrían utilizar para restaurar los datos de los clientes y los DFIR presentar como evidencia ante un tribunal.

▶ Diligencia debida/cumplimiento normativo: Asistir a las organizaciones en llevar a cabo diligencia debida y cumplimiento normativo (Ej. Securizar los datos críticos, almacenar registros de auditoría, notificar a las partes afectadas en caso de que se haya podido ver comprometida información sensible). Permite además identificar aquellas partes de la organización que no alcanzan el cumplimiento normativo y orientarlas a alcanzar los estándares necesarios.

En Europa, la guía elaborada por ENISA *"ProSecure Secure: A Guide to Monitoring of Security Service Levels in Cloud Contracts"* describe diferentes SLA para contratos *cloud*, además de metodologías para que los CSP puedan gestionar incidentes y ataques. Este documento también examina la responsabilidad de clientes y proveedores de servicio en los modelos de nube SaaS, PaaS y IaaS, tal y como se refleja en la Tabla 44.

Modelo	Cliente	Proveedor
SaaS	El cliente no dispone de una visión en profundidad del sistema y la infraestructura subyacente. Debe solicitarse acceso SSO. El cliente tiene que contribuir con el proceso forense (Ej. Implementando pruebas de recuperabilidad).	Las herramientas de registro de *logs* deben ejecutarse en la infraestructura del proveedor. Los proveedores pueden no facilitar el acceso a los *logs* de direcciones IP de los clientes que acceden al contenido o a los metadatos de todos los dispositivos.
PaaS	Las aplicaciones *core* se encuentran bajo el control del cliente. El cliente no tiene control directo del entorno de ejecución subyacente. Pueden implementarse mecanismos de *log* y cifrado.	Algunos CSP facilitan características de diagnóstico que ofrecen la posibilidad de recolectar y almacenar gran cantidad de datos de diagnóstico de modo altamente configurable.
IaaS	Las instancias IaaS proporcionan más datos utilizables como evidencia forense que los modelos PaaS y SaaS. Ejemplos: Capacidad del cliente de instalar y configurar la imagen con finalidad forense, para ejecutar el snapshot de la VM; la *RFC 3227* contiene varias recomendaciones aplicables a IaaS que resultan de utilidad para poder responder a un incidente de seguridad, especialmente en el caso de investigaciones en sistemas en vivo.	En numerosas ocasiones, las instancias virtuales IaaS no disponen de almacenamiento persistente y la información volátil puede perderse. Los proveedores pueden negarse a facilitar datos forenses (Ej. Imágenes recientes de disco) debido a las consideraciones de privacidad que pudieran surgir. Pueden surgir algunos problemas en aquellos escenarios en los que el proveedor finaliza los contratos de un cliente o de la imposibilidad del cliente de verificar que los datos sensibles almacenados en una VM han sido eliminados de manera exhaustiva.

Tabla 44. Investigaciones forenses digitales conforme a los diferentes modelos de servicio. Fuente: ENISA.

La Directiva *95/46/EC* de *Protección de datos* de la UE impone disposiciones estrictas con respecto al procesado de datos personales y al movimiento de dichos datos. No obstante, no todos los Estados miembros han adoptado esta directiva, de modo que existe una fragmentación en la legislación de protección de datos a nivel nacional. La llegada de la GDRP (*General Data Protection Regulation*), la cual incluye nuevos requisitos de protección de datos a implementar por los Estados Miembros, ha incrementado aún más la complejidad.

En el caso de un análisis forense que requiera acceso e intercambio de datos entre fronteras, la falta de mecanismos de colaboración entre las diferentes agencias policiales de la UE y la fragmentación de las leyes nacionales, complican la coordinación entre agencias policiales y no esclarecen las responsabilidades de los actores implicados en este tipo de investigaciones.

No existen unas guías concretas a nivel transeuropeo para llevar a cabo investigaciones forenses específicas en entornos *cloud*. Además, los principales CSP tienen su sede fuera de la UE, de modo que las leyes que regulan la privacidad y protección de datos en esos países son diferentes, como también lo son las leyes multijurisdiccionales y las investigaciones transfronterizas.

Por tanto, para mostrar el estado de forense de *cloud* en el marco de la UE, ENISA define tres dimensiones:

- ▶ Técnica. Características específicas del modelo de computación en la nube deben ser consideradas en la investigación forense dentro del entorno *cloud*.

- ▶ Organizativa. Aspectos relacionados con la coordinación de las partes implicadas en la investigación forense en un entorno *cloud*.

- ▶ Legal. Aspectos y problemas legales entre las partes implicadas en la investigación forense, los marcos legislativos y los problemas legales de la adquisición de evidencias digitales en un entorno *cloud*.

10.4.3 Delitos en la nube

Se entiende como delito en la nube cualquier actividad criminal que implica un entorno *cloud* que es sujeto, objeto o herramienta de ese delito.

Se entiende **nube como sujeto** (*cloud as a subject*) al delito en el cual los atacantes intentan comprometer la seguridad de un entorno *cloud* para robar los datos o inyectar código malicioso. Un ejemplo sería el ataque MITC. Dentro de esta categoría se encuentran delitos como el robo de credenciales de usuario de usuarios en la nube, las acciones no autorizadas contra la integridad de los datos en la nube o la instalación de *malware* en la nube.

La **nube como objeto** (*cloud as an object*) hace referencia al delito en el cual la nube se comporta como un objeto que el atacante utiliza para cometer un delito dirigido contra el propio CSP. En este tipo de delitos, el atacante intenta dañar al CSP y no al entorno en la nube. Un ejemplo serían los ataques DDoS contra entornos *cloud*, en los cuales puede llegar a producirse la caída de parte o todo el entorno en la nube, con el consiguiente daño reputacional del CSP.

El término **nube como herramienta** (*cloud as a tool*) se utiliza para designar el delito consistente en utilizar una cuenta en un servicio en la nube para atacar otras cuentas. También se utiliza el término para aquellos delitos en los cuales las evidencias relativas al mismo son almacenadas y compartidas en la nube. En este tipo de delitos, podrían existir evidencias digitales tanto en la cuenta desde la que se origina el ataque como la que es objeto de él.

10.4.4 Agentes implicados en una investigación de forense en la nube

Las investigaciones forenses en la nube implican a diferentes agentes (Ej. Gobiernos, compañías, subcontratistas, agentes de la autoridad). Los investigadores deben ser capaces de comprender los roles y responsabilidades de cada una de las partes para poder llevar a buen término una investigación donde puedan existir evidencias en servicios *cloud*. Este conocimiento simplificará por un lado la búsqueda de agentes técnicos, legales y responsables corporativos, y por otro ayudará en la elaboración de informes apropiados destinados a cada uno de estos agentes. También cataliza la gestión de las diferentes tareas en la nube y depura responsabilidades contractuales.

Para poder llevar a cabo actividades forenses en la nube, debe existir una estructura interna adecuada que implique a CSP y clientes, una colaboración definida entre el CSP y el cliente, además de una asistencia externa que cumpla con los siguientes roles:

- ▶ Profesionales IT: Profesionales responsables de gestionar y mantener todos los aspectos de la nube (Ej. Arquitectos de seguridad de la nube, administradores de red, administradores de seguridad, *pentesters*). Deben de poder aportar conocimiento sobre el funcionamiento de la nube y asistir a los investigadores en tareas como la recopilación de datos. Deben poder ser interrogados en caso de que el origen del ataque a la infraestructura cloud sea interno.

▶ Investigadores: En un entorno en la nube, son responsables de llevar a cabo las investigaciones forenses que impliquen fallos humanos, vulnerabilidades detectadas y ataques externos. Deben de colaborar con investigadores externos y/o agentes de la autoridad en lo referente a investigaciones forenses sobre los activos internos.

▶ Personal implicado en gestión de incidentes: Son los responsables de intervenir como equipo de primera respuesta en el caso de que se produzca un incidente de seguridad en la nube. Constituyen la primera línea de defensa contra los ataques dirigidos contra la seguridad de la nube y su principal función es poder responder contra cualquier tipo de incidente de seguridad de manera inmediata.

▶ Consejeros legales: Su principal función es asegurar que todas las actividades forenses llevadas a cabo se encuentran dentro del ámbito legal, sin incurrir en la violación de leyes o acuerdos.

▶ Asistencia externa: En ocasiones, el equipo interno necesita de apoyo externo para poder realizar tareas para las que carece de la instrucción o el material necesarios.

10.4.5 Procedimiento forense en la nube

Potencialmente, existen tres etapas en las investigaciones forenses en el entorno *cloud*:

▶ Antes del incidente. En un entorno *cloud*, resulta de interés tanto para cliente como para el CSP acordar las acciones que podrán realizarse para llevar a cabo una investigación forense en caso de que se produzca un incidente. Esta etapa es la de mayor importancia, puesto que permite planificar las actividades afrontando los posibles inconvenientes técnicos. Este tipo de análisis es responsabilidad del CSP, debiendo realizar algunas acciones preliminares (Ej. Registro de actividades; detección de comportamiento sospechoso; recogida de *logs*; recogida de *logs* del hipervisor; recogida de *logs* de otros clientes, planificando la compartición de información y la anonimización). Habitualmente se monitoriza la red, de forma documentada y detallada en todas sus fases, intentando afrontar cada incidente desde un enfoque tradicional de forense de red. Los incidentes podrán ser gestionados de una manera más eficiente y efectiva si estas acciones y controles provisionales son adoptados por los procedimientos del CSP para llevar a cabo actividades forenses. Estos controles preventivos pueden ser incluidos en los contratos entre clientes y proveedores para apoyar el análisis forense de los incidentes.

▸ En vivo (*live*). La adquisición forense en vivo intenta la obtención de datos forenses en un sistema en ejecución antes de apagar el suministro eléctrico. En general, la adquisición de forense en vivo se realiza para adquirir datos volátiles (Ej. Memoria, procesos en ejecución, conexiones de red). Debido a la naturaleza intrínseca de la nube (Ej. Los sistemas en la nube no pueden ser fácilmente "desenchufados de la toma de corriente"), la capacidad de adquisición forense en vivo resulta esencial, pero también muy costosa desde el punto de vista económico.

▸ Post incidente. Tras un incidente, los investigadores adquieren una imagen lógica y física de cada artefacto. En estos casos, se recomienda tener mapeado todo el entorno utilizado por la víctima (tanto el entorno dedicado como el compartido), si existe y resulta posible.

En general, una de las principales necesidades para llevar a cabo investigaciones forenses digitales en entornos en la nube es la de disponer de capacidad de adquisición remota de evidencias y de triaje, aplicadas en la VM objetivo desplegada en un modelo IaaS. Tanto en los modelos SaaS y PaaS, la capacidad de acceder a la instancia virtual para recoger evidencias está altamente limitada o resulta prácticamente imposible, debiendo por tanto confiar el DFIR en las evidencias facilitadas por el CSP.

Las herramientas disponibles actualmente son las mismas que se utilizan en las investigaciones forenses digitales "tradicionales". Concretamente, se utilizan herramientas forenses de red para la captura de datos (Ej. Información, *logs*) en IaaS, al proporcionar este modelo más evidencias que los modelos SaaS y PaaS.

En el modelo SaaS, el cliente no tiene ningún control sobre la infraestructura subyacente o de la aplicación que se proporciona. Para poder realizar análisis forense, el cliente tiene que comprar servicios específicos de los proveedores (Ej. Aplicación que permita registrar *logs* y trazado de actividades, herramienta de control de accesos) para generar información útil para su posterior análisis.

En el modelo PaaS, puede resultar posible implementar mecanismos de registro de *logs* a nivel Capa Aplicación, de modo que estos sirvan de apoyo a la investigación forense digital. No obstante, el cliente no tiene control directo del entorno subyacente y la adquisición de datos para la recogida de evidencias depende enormemente del acuerdo previo firmado con el CSP.

10.5 RETOS QUE SE PRESENTAN EN LAS INVESTIGACIONES DE FORENSE EN LA NUBE

El documento *"NISTIR 8006 NIST Cloud Computing Forensic Science Challenges"*, de fecha de publicación de agosto de 2020, define los siguientes retos en las investigaciones forenses digitales que implican datos y sistemas en la nube.

10.5.1 Arquitectura e identificación

Reto	Descripción
Eliminación en la nube	El volumen total de datos y la carga de trabajo de los usuarios determina el tamaño de los *backups* que almacena el CSP. En ocasiones, los CSP que proveen modelos IaaS o PaaS no implementan métodos para recuperar información de datos eliminados.
Recuperación de datos sobrescritos	Resulta muy complicado poder recuperar datos marcados como eliminados, puesto que podrán ser sobrescritos por cualquier otro usuario que comparta el mismo hardware del CSP. El DFIR deberá comprobar si existe un *snapshot* que contenga los datos sobrescritos.
Problemas de interoperabilidad entre CSP	La recogida y preservación de evidencias forenses resulta compleja. Por un lado, no existe interoperabilidad entre CSP. Por otro, no existe un control por los clientes sobre la arquitectura o tecnología utilizada.
Punto único de fallo	La presencia de puntos únicos de fallo en los ecosistemas en la nube puede influir negativamente en el proceso de adquisición de evidencias.
Utilización de múltiples CSP por los atacantes	Desde el punto de vista del DFI, la recogida y análisis de evidencias puede resultar compleja, pues los atacantes pueden optar por utilizar diferentes CSP en sus acciones (Ej. Un CSP para almacenar datos, otro para servicios computacionales y un tercero para enrutar todas sus comunicaciones).
Detección de actividad maliciosa	Resulta complicado desde el punto de vista del DFIR la detección de actividad maliciosa en un entorno *cloud* a partir de pequeños cambios a través de diferentes sistemas y aplicaciones.
Potencia computacional elevada a disposición de atacantes con escasos recursos económicos	La computación en la nube proporciona una potencia de cálculo inalcanzable de otro modo por los agentes maliciosos con menores recursos económicos para perpetrar sus acciones. Esto incrementa el espectro de posibles atacantes contra una organización (tradicionalmente, solo los atacantes con mayores recursos económicos suponían una amenaza a las grandes corporaciones).

Imposibilidad de aplicar procesos de inteligencia en investigaciones en tiempo real	Resulta muy complejo estudiar incidentes en tiempo real en la nube debido a la necesidad de un proceso de inteligencia. Este proceso no siempre es posible debido principalmente a que, en la mayoría de los casos, resulta complicada legalmente la recogida de datos. Tampoco suelen colaborar excesivamente los CSP en las investigaciones.
Posible escape de VM	Las vulnerabilidades existentes en los sistemas de virtualización a nivel servidor pueden permitir que una muestra de *malware* escape del aislamiento de la VM donde se ejecuta, interfiriendo con otras VM o con el propio hipervisor.
Múltiples ubicaciones geográficas	Gestionar la recopilación de datos resulta complejo debido a la distribución geográfica de los datos. Esto implica una cadena de custodia en la que intervienen múltiples jurisdicciones, lo que puede conllevar problemas legales.
Falta de transparencia	Los detalles operacionales de la nube no suelen ser lo suficientemente claros para los investigadores, lo que provoca una falta de confianza y dificultades en la auditoría.
Ocultación en la nube	La naturaleza distribuida de la computación en la nube permite establecer células aisladas de operación y mantener el anonimato entre ellas. Esta forma de actuar es frecuente en grupos maliciosos con recursos económicos más elevados.
Confiscación y bloqueo de recursos en la nube	La confiscación y bloqueo de recursos en la nube puede afectar a la continuidad de negocio de otros usuarios del servicio *cloud*.
Fallos en la configuración del portal de gestión de la nube	La presencia de fallos de configuración en el portal de gestión de la nube puede permitir a un atacante obtener el control, reconfigurar o eliminar los recursos o aplicaciones de otro cliente del CSP.
Posible segregación de las evidencias	La segregación de potenciales evidencias pertenecientes a un cliente de un entorno multicliente en la nube representa un reto, pues no existen tecnologías que permitan llevar a cabo la recogida de evidencias sin comprometer la confidencialidad de los otros usuarios.
Fronteras	La protección de las fronteras del sistema resulta complicada, pues no resulta sencillo definir las interfaces del sistema.
Procedencia segura	Resulta complejo preservar tanto la cadena de custodia como la integridad de los datos, metadatos y hardware. Además, también resultará complejo determinar la propiedad, custodia o localización exacta de los datos.
Cadena de custodia de los datos	Resulta casi imposible identificar y validar una cadena de custodia de los datos debido a la naturaleza distribuida y multicapa de la computación en la nube.

10.5.2 Recolección de datos

Reto	Descripción
Limitación de acceso y control de los datos	En cada una de las posibles combinaciones de modelos de servicios y de despliegue *cloud*, el DFIR se enfrenta al reto de un acceso y control limitados de los datos de interés forense. Los CSP ocultan a propósito la localización de datos para facilitar su movimiento y replicación.
Cadena de dependencias	A menudo, los CSP y la mayoría de las aplicaciones *cloud* utilizan otros CSP, y las dependencias de las cadenas de CSP/clientes puede ser extremadamente dinámicas.
Búsqueda de evidencias	La búsqueda y recogida de evidencias supone un reto porque los datos en el *cloud* pueden ser rápidamente alterados o eliminados, existiendo generalmente una falta de conocimiento de dónde y cómo se almacenan los datos en la nube.
Localización de datos	La recogida de datos del sistema objetivo es compleja debido a la flexibilidad de los CSP para migrar los datos entre diferentes centros de datos y regiones geográficas.
Copia y aislamiento de datos	La copia y aislamiento de los datos en movimiento de un sistema objetivo resulta compleja en un entorno *cloud* debido a sus características (elasticidad, provisionamiento/desaprovisionamiento automático de recursos, redundancia y multicliente).
Disponibilidad de datos durante un tiempo limitado	La recogida y preservación de datos procedentes de instancias de VM supone un reto debido a la falta de prácticas y herramientas estándar.
Localización de los soportes de almacenamiento	Localizar soportes de almacenamiento con exactitud en ecosistemas en la nube resulta complejo, puesto que requiere un conocimiento en profundidad de la arquitectura *cloud* y de su implementación.
Identificación de evidencias	La identificación de evidencias representa un reto porque las fuentes/trazas de las evidencias no se encuentran accesibles o son creadas/almacenadas en un modo diferente al de los entornos *cloud*.
Almacenamiento dinámico	Con frecuencia, los CSP asignan dinámicamente almacenamiento en función de la demanda del cliente. En estos casos, la recolección de datos supone un reto debido a la asignación dinámica de almacenamiento y los sistemas que buscan almacenamiento tras la eliminación de un elemento.

Forense en vivo	La validación de la integridad de los datos recogidos supone un reto debido a que los datos en la nube son volátiles y cambian con frecuencia. Además, las herramientas utilizadas habitualmente para las investigaciones de forense en vivo pueden alterar el sistema objeto de la investigación.
Abstracción de recursos	La identificación y recogida de evidencias resulta un reto porque los recursos son abstraídos y la información relativa a la arquitectura *cloud*, el hardware, el hipervisor y el sistema de ficheros no se encuentra disponible para poder comprender con exactitud el entorno *cloud*.
Ausencia de detalles de las aplicaciones	Obtener detalles de las aplicaciones basadas en cloud resulta complejo porque estos detalles normalmente no se encuentran a disposición del investigador.
Imposibilidad de recogida adicional en la nube	La recogida de evidencias adicionales en la nube no suele ser factible debido a que la ubicación específica de los datos es desconocida, el tamaño de los datos a recoger probablemente será enorme y la existencia de protocolos y mecanismos no estándar utilizados para el intercambio de datos suele encontrarse poco documentada/no documentada.
Obtención de imágenes en la nube	Obtener imágenes de la nube suele resultar imposible, y las imágenes parciales pueden no ser admitidas ante un tribunal.
Adquisición selectiva de datos	La adquisición selectiva de datos en la nube supone un reto, pues requiere conocimiento previo de las fuentes de datos de interés, lo que normalmente resulta complicado.
Gestión de claves criptográficas	El descifrado de datos supone un reto porque una gestión ineficiente de las claves criptográficas implica perder la capacidad de descifrar los datos forenses almacenados en la nube.
Fronteras de confianza ambigua	En los entornos cloud multicliente, la utilización de servicios *cloud* puede incrementar el riesgo de la integridad de los datos que se encuentran en el soporte de almacenamiento o durante su procesado.
Integridad de datos y preservación de las evidencias	Debe mantenerse la calidad de la evidencia, su admisibilidad, su preservación y la integridad de los datos. Los fallos en la integridad de datos están compartidos entre múltiples actores y la posibilidad de que ocurran fallos es mayor en los entornos *cloud* debido a la compartición de responsabilidades y de los datos.
Base de confianza	Determinar la fiabilidad e integridad de los datos de una investigación forense en la nube supone un reto debido a la dependencia de la integridad colectiva de múltiples capas de abstracción a través de todo el sistema *cloud*.

10.5.3 Archivos de log

Retos	Descripción
Descentralización de *logs*	La información de los logs no se almacena en un colector de *logs* centralizado en la nube, sino descentralizado entre muchos servidores.
Evaporación de *logs*	Algunos *logs* en los entornos *cloud* son volátiles, como los de las VM. Cuando una instancia de una VM se apaga, los *logs* desaparecen.
Múltiples capas y niveles	Existen muchas capas y niveles en una arquitectura *cloud*. Pese a que los *logs* que se generan en cada nivel son de interés para el DFIR (Ej. Aplicación, red, sistema operativo, bases de datos), no siempre resulta sencillo poder recogerlos.
Menor valor de los *logs*	Cada CSP y cada capa de una arquitectura cloud proporciona logs en diferentes formatos. No todos estos logs resultan de interés para el DFIR.

10.5.4 Legales

Retos	Descripción
Términos no especificados en el contrato o en el SLA	La ausencia de términos forenses en los contratos de los servicios cloud puede implicar la generación y recogida de datos existentes apropiados.
Escasa autoridad investigadora	En los casos civiles, suele otorgársele al DFIR una autoridad insuficiente para poder obtener datos en cualquiera de las jurisdicciones implicadas.
Confianza en los CSP	La adquisición de datos forenses en la nube requiere cooperación de los CSP. Esta colaboración puede verse limitada por el personal y recursos que tenga en ese momento disponibles.
Localización física de los datos	Especificar la localización física de los datos en la citación judicial suele ser complicado, puesto que normalmente el solicitante desconoce la ubicación física de los datos.
Protección de puertos	Los CSP no proporcionan acceso a la infraestructura física de sus redes. Por tanto, realizar un escaneo de puertos resulta muy complejo.

Protocolo de transferencia	Resulta complicado poder realizar un volcado de tráfico porque los CSP no proporcionan acceso a la infraestructura física de sus redes
eDiscovery	El tiempo de respuesta para realizar *eDiscovery* resulta un problema debido por un lado a la ambigüedad de la ubicación de los datos y por otro a la incertidumbre sobre si todos los datos importantes fueron descubiertos.
Ausencia de acuerdos y leyes internacionales	La obtención de acceso y el intercambio de datos resulta un problema debido a la ausencia de colaboración internacional y de mecanismos legislativos entre naciones.
Servicios *cloud* internacionales	Dificultad para obtener acceso en vivo a datos en tiempo real en los servicios *cloud* internacionales debido a una indefinición del alcance de la adquisición de datos en servicios en la nube que se encuentran fuera del ámbito nacional o de acuerdos con las autoridades judiciales que permitan acceder a los datos.
Jurisdicción	Complicado obtener acceso legal a los datos al no existir una jurisdicción internacional.
Comunicación internacional	Complejo lograr una comunicación efectiva, eficiente y oportuna durante una investigación en entornos *cloud* multi jurisdiccionales, puesto que los mecanismos y redes existentes suelen ser lentos e ineficientes.
Confidencialidad y PII (*Personally Identifiable Information*)	Resulta complicado preservar la privacidad de la información personal, corporativa o gubernamental en entornos cloud debido a la ausencia de legislación que controle las condiciones bajo las cuales estos datos pueden ser accedidos por el DFIR.
Reputación compartida	Resulta complicado a clientes que compartan con un agente malicioso un mismo CSP, o al propio CSP, recuperar su reputación. Si el atacante utiliza el rango de direcciones IP del CSP, estas podrían ser añadidas a listas negras de dispositivos de seguridad perimetral. Esto interrumpiría el acceso legítimo a los servicios de clientes del CSP.

10.5.5 Análisis

Retos	Descripción
Correlación de evidencias	Dificultad a la hora de correlar una actividad a través de múltiples CSP debido a la ausencia de interoperabilidad.
Reconstrucción de almacenamiento virtual	La duplicación de medios de almacenamiento virtual en determinados ecosistemas *cloud* puede causar daños a los medios originales. Además, no existen algoritmos de reconstrucción validados.
Sincronización de *timestamps*	Dificultad para poder correlar actividades con una sincronización temporal precisa, debido a la posible inconsistencia horaria entre diferentes fuentes.
Unificación de formatos de *log*	Complejidad a la hora de poder unificar formatos de *log* o realizar conversiones entre ellos debido a la gran cantidad de fuentes disponibles en la nube. Esto puede provocar la pérdida de datos críticos. Existen además formatos de *log* propietarios que resultan muy complejos de integrar.
Utilización de metadatos	La utilización de metadatos como mecanismo de autenticación podría dejar de ser adecuada, debido a que los campos comunes (Ej. MACE) pueden cambiar cuando los datos son movidos hacia/dentro de la nube, o durante el proceso de recopilación de datos.
Captura de *logs*	Resulta complicado realizar el análisis de la línea temporal de los datos de los *logs* de DHCP, debido a que existen inconsistencias en el modo de recopilar datos entre los distintos CSP.

10.5.6 Gestión de roles

Retos	Descripción
Identificar al propietario de la cuenta	Dificultad para atribuir una cuenta a una identidad física, debido a ausencia de mecanismos o políticas que permitan la atribución.
Identidades ficticias	Determinar la identidad real de un usuario cloud resulta complicado debido al empleo de identidades falsas por agentes maliciosos.
No existe relación entre credenciales de usuario y ubicación física	Dificultad a la hora de atribuir positivamente las credenciales de un usuario cloud a una identidad física, al no implementarse obligatoriamente métodos de no repudio en la nube y la utilización de servicios proxy y/o de cifrado de las comunicaciones pueden generar una duda razonable sobre la validez de los metadatos de red.
Autenticación y control de acceso	Dificultad a la hora de identificar las entidades que tuvieron acceso a los datos sin autorización, debido a que los procedimientos de autenticación y control de acceso a las cuentas de usuario en la nube pueden no cumplir con la normativa de protección de datos.

10.5.7 Estándares

Retos	Descripción
Comprobable, validable e inexistencia de principios científicos	Utilizar y/o recoger resultados obtenidos de herramientas y técnicas validadas resulta difícil, pues no existen muchos expertos en forense de *cloud*.
Ausencia de procesos y modelos estándar	Complejidad a la hora de establecer procedimientos estándar y guías de buenas prácticas para llevar a cabo investigaciones en la nube debido a la inmadurez de la rama de forense de *cloud* con respecto a otras ramas de forense digital.

10.5.8 Adiestramiento

Retos	Descripción
Conocimiento de *logs* y registros limitado	La fiabilidad de los *logs* almacenados en entornos *cloud* es limitado debido a que los responsables de estas operaciones pueden disponer de un adiestramiento limitado y carecer de la cualificación necesaria para preservar este tipo de evidencias.
Adiestramiento de DFIR para investigaciones en la nube	Resulta complicado formar a DFIR en investigaciones forenses en la nube, pues la mayoría del material de preparación forense existente no contempla este tipo de entornos.

10.5.9 Empleo de técnicas antiforenses

La utilización de técnicas antiforenses (Ej. Ofuscación, esteganografía, *malware*) por los atacantes puede dificultar, impedir o invalidar llevar a cabo una investigación, o provocar que un DFIR poco experimentado alcance conclusiones erróneas sobre lo sucedido. Estas técnicas pueden afectar tanto a la disponibilidad y recogida de artefactos forenses como a la correcta preservación de las evidencias recolectadas durante una investigación forense.

10.5.10 Respuesta a incidentes

Para los clientes, la confianza y competencia del personal del CSP actuando como equipo de respuesta a incidentes es limitada, puesto que los objetivos y prioridades del CSP difieren completamente de los de sus clientes. Normalmente, las acciones de este equipo estarán encaminadas al restablecimiento del servicio, no a la preservación de las evidencias para que se pueda llevar a cabo una investigación forense.

10.6 INVESTIGACIÓN FORENSE DE SERVICIOS DE ALMACENAMIENTO EN LA NUBE

10.6.1 Introducción

Los servicios de almacenamiento en la nube (Ej. Dropbox, Google Drive, Microsoft OneDrive, iCloud) crean artefactos forenses en el sistema desde el cual se acceden. Debido a la amplia utilización de estos servicios de almacenamiento tanto por usuarios como en entornos corporativos, los artefactos pueden resultar de gran relevancia a la hora de resolver una investigación forense digital.

El acceso a estos servicios puede realizarse a través de un portal web o mediante aplicaciones basadas en la nube, disponibles para diferentes sistemas operativos (Ej. *Microsoft Windows*, *macOS X*, Linux, *Google Android, iOS*). Cuando el cliente comienza a utilizar uno de estos servicios de almacenamiento, crea carpetas y almacena archivos en el sistema que pueden constituir evidencias o artefactos en un incidente de seguridad.

Los servicios de almacenamiento públicos en la nube son más apropiados para datos no estructurados que no cambian con frecuencia. La infraestructura consiste en nodos de almacenamiento de bajo coste implementados en dispositivos de almacenamiento de bajas prestaciones. Los usuarios pueden almacenar datos en múltiples discos para obtener redundancia y acceder a estos datos a través de Internet empleando protocolos como REST (*Representational State Transfer*).

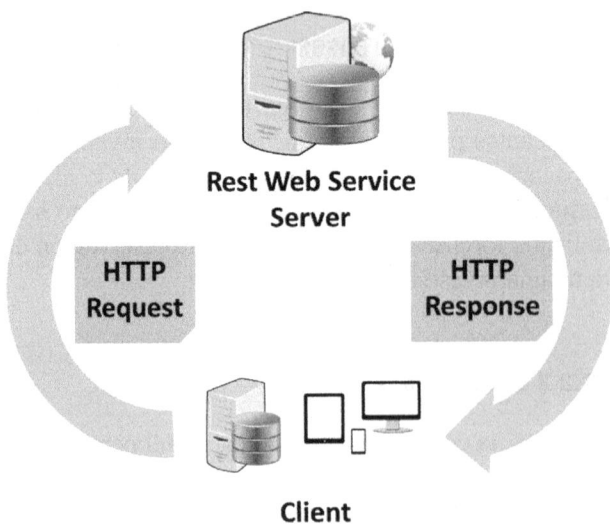

Ilustración 113. Esquema de funcionamiento de almacenamiento basada en REST.

Los servicios de almacenamiento privados en la nube son más adecuados para datos utilizados de forma activa y para organizaciones que tienen requisitos elevados de control de datos. Los CSP utilizan dispositivos dedicados para el almacenamiento de los datos que garantizan un mayor rendimiento seguridad mayores.

Entre los posibles artefactos que el DFIR podrá encontrar durante una investigación forense de un dispositivo conectado a un servicio de almacenamiento en la nube se encuentran los siguientes:

- ▼ Artefactos creados durante el proceso de instalación.

- ▼ Artefactos dejados tras el proceso de desinstalación.

- ▼ Información presente en los archivos de base de datos.

- ▼ Artefactos creados cuando un archivo es cargado o descargado del servicio de almacenamiento.

- ▼ Artefactos creados cuando un archivo es compartido.

- ▼ Artefactos creados tras la utilización de software antiforense.

- ▼ Archivos de *log* almacenados.

- ▼ Otras fuentes de información.

Existen herramientas comerciales como *Cellebrite UFED Cloud Analyzer* que permiten analizar fácilmente los artefactos forenses generados en el sistema por diferentes servicios de almacenamiento *cloud*. Esta herramienta también permite extraer de manera forense, conservar y analizar el contenido de cuentas de diferentes redes sociales y servicios de *microblogging* (Ej. Facebook, Instagram, Twitter).

10.6.2 Dropbox

Dropbox es un servicio de almacenamiento en la nube que permite a los usuarios almacenar sus archivos en la nube y compartirlos bajo demanda (Ej. Intercambio de archivos de gran tamaño, pues estos generalmente no pueden ser enviados como anexo en los correos electrónicos por limitaciones impuestas por los proveedores del servicio de correo). Para compartir estos archivos no es necesario que la otra parte sea usuaria del servicio Dropbox.

El acceso al servicio puede realizarse a través del portal web, aplicaciones de sistemas de escritorio y aplicaciones móviles. Este acceso deja evidencias tanto en el sistema operativo del usuario como en los servidores de Dropbox (Ej. Historial de la cuenta, historial de archivos de usuario, *logs*). Estos artefactos y archivos de *log* pueden ayudar al DFIR en la realización de un análisis forense detallado.

Artefactos forenses del portal web de Dropbox

Cuando los usuarios eliminan archivos de su cuenta Dropbox, estos no son completamente eliminados del servicio de almacenamiento, puesto que el CSP permite recuperar estos archivos eliminados durante un periodo de tiempo variable (30 días para las suscripciones gratuitas, permanentemente para las suscripciones comerciales). Los archivos eliminados permanecen en la carpeta *Archivos eliminados* (*Deleted files*) hasta que el propio usuario los elimina permanentemente desde el portal web o transcurre el periodo cíclico de limpieza automática.

El DFIR puede recuperar los archivos eliminados accediendo a la cuenta del usuario de Dropbox y accediendo a la carpeta *Archivos eliminados*. Para ello necesita disponer de las credenciales de acceso a la cuenta (lo que, a priori, permitiría acceder desde cualquier dispositivo) o que se encuentre la sesión activa en el navegador web del dispositivo del usuario. Dropbox permite activar inicio de sesión empleando doble factor de autenticación (debe ser activado por el usuario), lo que puede hacer inviable el acceso conociendo únicamente las credenciales del usuario.

Conviene también destacar que Dropbox mantiene un historial de los archivos que fueron eliminados y/o modificados, permitiendo recuperar versiones anteriores del archivo. Basta con pulsar sobre el botón "..." asociado a un archivo y seleccionar en el menú emergente *"Historial de versiones"* (*Version history*). Existen dos versiones de este servicio: la gratuita (limitada a 30 días) y la comercial (sin límite temporal). El DFIR debe prestar atención a versiones anteriores de los archivos que considere relevantes para la investigación.

El CSP almacena información relativa a las últimas sesiones del navegador (almacena el navegador, la dirección IP, la ubicación desde la que se realizó el acceso y la actividad más reciente), los dispositivos vinculados (nombre asignado al dispositivo, ubicación, dirección IP, versión de la aplicación y sistema operativo) y las aplicaciones de terceros vinculadas al servicio. Para acceder a esta información el DFIR debe pulsar en la ventana del navegador correspondiente a la sesión de Dropbox sobre el nombre del usuario (esquina superior derecha), escoger en el menú emergente *"Configuración"* (*Settings*) y la pestaña *"Seguridad"* (*Security*).

Dropbox también mantiene un *log* de los eventos generados por el usuario. En versiones previas del portal web, existía un acceso desde el menú lateral. Actualmente, todavía puede accederse a este histórico si la sesión de usuario abierta y en una nueva pestaña del navegador se accede al siguiente enlace:

```
https://www.dropbox.com/events
```

El DFIR puede de esta forma conocer las acciones realizadas por el usuario en la cuenta (Ej. Cuentas conectadas, cuentas que realizaron cambios, tipos de acción realizadas, objetivos de la acción, *timestamp* de la acción).

Artefactos forenses del cliente de Dropbox en Windows

Existe una aplicación desarrollada por Dropbox para el *Escritorio de Windows*, que evita que el usuario tenga que conectarse al servicio en la nube empleando un navegador web. Además, existe una versión disponible en la *Microsoft Store* denominada *Dropbox for S mode*, la cual es también válida para versiones del sistema operativo *Windows S*.

No obstante, a diferencia de otras aplicaciones de servicios de almacenamiento *cloud*, *Dropbox* solo copia aquellos archivos que son añadidos manualmente por el usuario, lo que permite desde un punto de vista forense demostrar intencionalidad de acción.

Cuando el usuario instala la aplicación *Dropbox* en un sistema *Windows 10*, el sistema crea por defecto la carpeta:

```
C:\Program Files (x86)\Dropbox
```

Si se instala la aplicación *Dropbox for S mode*, se encontrará en la ruta:

```
C:\Program Files\WindowsApps\Dropbox
```

La ruta empleada por defecto para sincronizar los archivos de subida y de descarga del usuario con el almacenamiento en la nube es la siguiente:

```
C:\Users\<usuario>\Dropbox
```

Dentro de la ruta anterior, se encuentra la carpeta oculta *.dropbox.cache*, la cual es utilizada por esta aplicación como ubicación temporal para la descarga y subida de archivos al almacenamiento en la nube.

Esta ruta es de interés para el DFI, pues en ella se encuentran los archivos que estaban siendo compartidos, ya que no siempre se tendrá acceso a las credenciales del usuario con las que poder acceder en línea al servicio de almacenamiento.

Por otro lado, durante el proceso de instalación de la aplicación de Dropbox se crean varias claves en el *Registro*. El DFIR puede obtener de estas claves la ruta de instalación y la versión, cambios realizados a la red, puertos y habilitación del *firewall* para permitir la transferencia de datos entre la aplicación y el servicio de almacenamiento. Las claves de mayor relevancia forense son:

```
HKLM\SOFTWARE\Dropbox\InstallPath
HKLM\SOFTWARE\Dropbox\Client\Version
HKLM\SYSTEM\CurrentControlSet\Services\SharedAccess\Parameters\FirewallPoli
cy\FirewallRules
```

La ruta empleada por defecto para la gestión de la sincronización de archivos es la siguiente:

```
C:\Users\<usuario>\AppData\Local\Dropbox\instance1
```

Los archivos asociados a la aplicación de *Dropbox* para *Windows 10* pueden ser visualizados con un visor de bases de datos SQLite. No obstante, parte de la información de interés en ocasiones se encuentra cifrada, como la contenida en los archivos de bases de datos *filecache.dbx* y *config.dbx*. Existen herramientas forenses gratuitas que permiten descifrar esta información (Ej. *Magnet Forensics Dropbox Decryptor*).

El archivo *filecache.dbx* contiene un listado de los archivos y de metadatos asociados a los mismos que han sido sincronizados con el servicio *Dropbox*. Resulta de interés combinar esta información con la que se puede obtener del archivo *sigstore.dbx*, donde se almacena información sobre el tamaño de los archivos sincronizados por el usuario y su valor resumen SHA-256, pero no sus respectivos nombres.

El archivo *config.dbx* contiene la dirección de correo electrónico registrada por el usuario para acceder al servicio en la nube de *Dropbox*, un listado de los archivos que cambiaron recientemente, el identificador del *host* y la ruta local empleada por la aplicación para sincronizar las copias locales en el soporte de almacenamiento del sistema.

El archivo *host.dbx* es un archivo de texto en claro que contiene los valores resumen de los nombres de usuario. El archivo *unlink.dbx* es un archivo de bases de datos binario. Ambos se encuentran en la siguiente ruta:

```
C:\Users\<usuario>\AppData\Local\Dropbox\
```

En aquellos escenarios en los que el usuario elimina los archivos locales sincronizados con *Dropbox* del soporte de almacenamiento del sistema como medida antiforense, si el DFIR consigue obtener el usuario y la contraseña de la cuenta *Dropbox*, podrá probablemente recuperar al menos parte de los archivos eliminados. Esto es debido a que, pese a que los archivos hubiesen eliminado localmente, persistiría a través de la interfaz web el acceso a los archivos que fueron almacenados en el servicio en la nube.

El tiempo de persistencia de los archivos eliminados localmente en el almacenamiento en la nube depende del tipo de cuenta empleada por el usuario. Así, si el usuario utiliza una cuenta gratuita, los archivos permanecerán almacenados en la nube durante 30 días. En cambio, para las cuentas *premium*, no existe una limitación temporal establecida para permanencia en la nube de los archivos.

El DFIR podrá recuperar los archivos eliminados empleando la interfaz web del servicio *Dropbox* pulsando sobre la opción del menú *"Mostrar elementos eliminados"* (*Show deleted files*). Los archivos eliminados se mostrarán marcados con un icono de una papelera y podrán ser restaurados o eliminados definitivamente.

Durante el proceso de restauración de los archivos eliminados, la interfaz web ofrece también la opción de ver otras versiones del archivo a restaurar (*View other versions*). De existir, se mostrarán todas las versiones precedentes, el *timestamp* de edición y el *timestamp* de la eliminación del archivo.

Análisis automatizado de las evidencias de Dropbox

A modo de ejemplo, las *suites* forenses *Magnet Forensics Axiom* y *Magnet Forensics Internet Evidence Finder* permiten encontrar, analizar y elaborar un informe de las evidencias digitales presentes en el sistema de ficheros asociadas a Dropbox.

Por otro lado, puede monitorizarse la creación, modificación y eliminación de archivos de Dropbox utilizando herramientas como *DiskPulse*, *Directory Monitor* o *WhatChanged*.

Otras evidencias de la actividad de Dropbox pueden ser obtenidas de la memoria RAM del sistema en el cual se ejecuta la aplicación. Para ello, será necesario en primer lugar volcar el contenido de la memoria RAM utilizando una herramienta forense para tal fin (Ej. *RAM Capturer*) y posteriormente analizar su contenido utilizando *Volatility*. También pueden analizarse las cadenas de texto (Ej. *Microsoft Sysinternals Strings, HxD*) existentes en el volcado de memoria RAM para obtener información de interés forense (Ej. Dirección de correo electrónico, nombre del usuario, ruta del archivo *filecache.dbx*, hora del servidor, listado de archivos, archivos eliminados).

El DFIR puede intentar artefactos relacionados con el cliente de Dropbox para sistemas *Windows* en un archivo de un volcado de memoria conforme a la búsqueda de cadenas de texto reflejadas en la Tabla 45:

Artefacto	Cadena de texto a buscar
Credenciales autenticación	AUTHENTICATE
Usuario	DisplayName
Ruta del archivo *filecache.dbx*	filecache.dbx
Hora de una instancia	server_time
Archivos actualizados/eliminados	Updated/deleted

Tabla 45. Cadenas de texto para buscar artefactos del cliente de Dropbox en un volcado de memoria RAM de un sistema Windows.

En cambio, si el usuario utiliza el acceso Web a Dropbox, el DFIR podrá encontrar el usuario y la contraseña en claro en el volcado de memoria utilizando, respectivamente, las cadenas de texto *login_email* y *login_password*. Estos artefactos también pueden encontrarse almacenados en el navegador utilizado por el usuario para acceder al servicio de almacenamiento *cloud*.

Además, existen herramientas gratuitas como *NirSoft WebBrowserPassView* que permiten recuperar contraseñas de navegadores como *Internet Explorer*, *Mozilla Firefox*, *Google Chrome*, *Safari* y *Opera*.

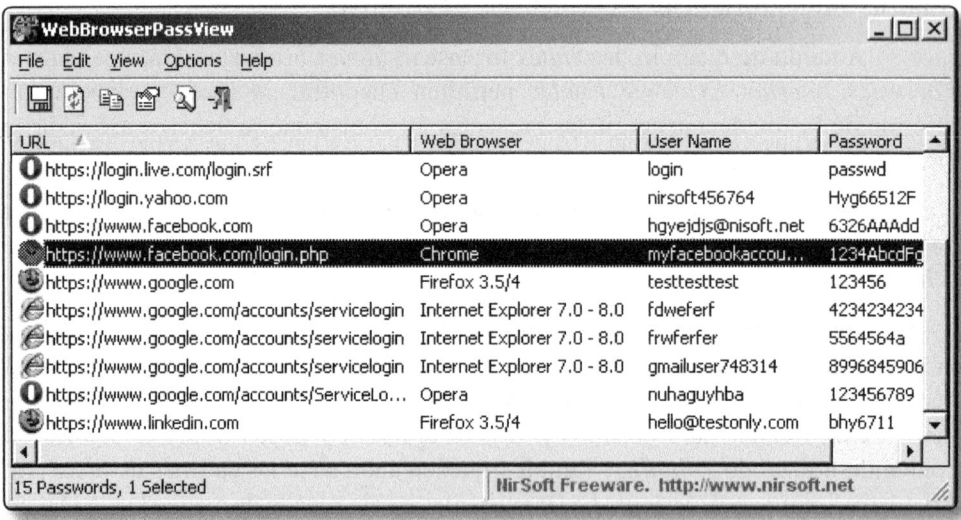

Ilustración 114. Captura de ejemplo de WebBrowserPassView. Fuente: Nirsoft.

10.6.3 Google Drive

Google Drive es el servicio de almacenamiento y compartición de archivos en la nube ofrecido por Google. Puede accederse al servicio desde diferentes sistemas operativos y desde navegadores Web.

El servicio permite que el usuario invite a otros usuarios para visualizar, descargar y colaborar con los archivos compartidos. El servicio trabaja en colaboración con las aplicaciones *cloud* colaborativas ofrecidas por Google (Ej. *Docs*, *Sheets*, *Slides*).

Artefactos forenses dejados por el portal Web Google Drive

El servicio Google Drive no elimina por completo los archivos cuando el usuario decide eliminarlos de sus cuentas, sino que los almacena en la carpeta *Trash* de forma temporal. El DFIR debe comprobar esta carpeta en la cuenta *Google Drive* investigada para recuperar los archivos temporalmente eliminados por el usuario, por si fueran constituyentes de una evidencia clave para la investigación. Además del contenido de los archivos, deberán obtenerse sus metadatos (Ej. Autor del archivo, fecha de creación/modificación).

Para poder recuperar los archivos de una cuenta *Google Drive* el DFIR deberá:

1. Iniciar sesión en la cuenta a investigar.

2. Seleccionar la carpeta *Trash* del menú lateral izquierdo.

3. Pulsar el botón derecho sobre los archivos a recuperar y seleccionar la opción *Restore* del menú.

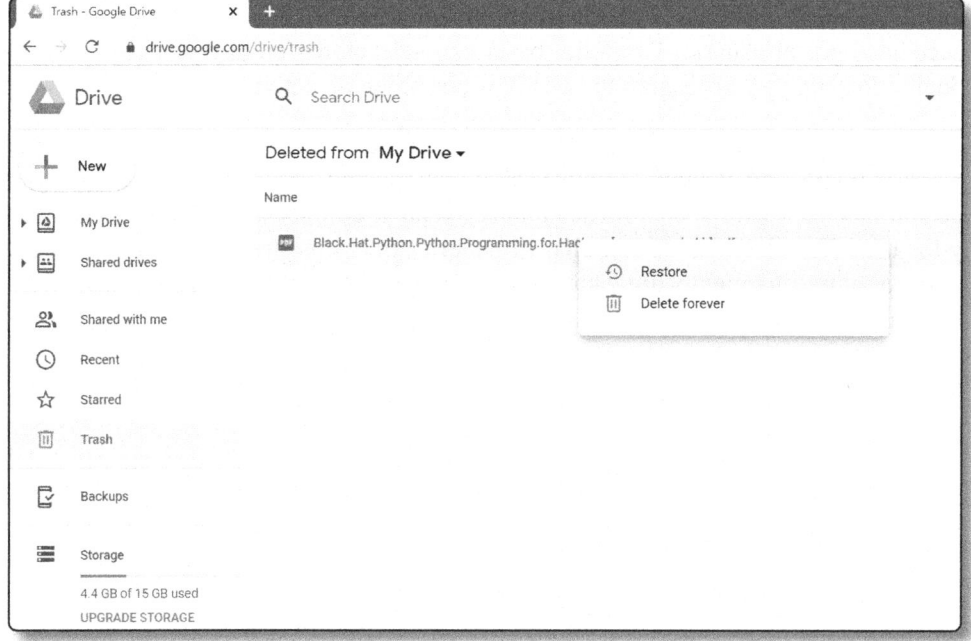

Ilustración 115. Ejemplo de recuperación de un archivo de la carpeta Trash de Google Drive.

Para aquellos archivos almacenados en el servicio que son modificados por el usuario, Google Drive realiza automáticamente el almacenamiento de las versiones precedentes durante un máximo de 30 días o hasta 100 versiones del archivo. También realiza un seguimiento de aquellos archivos que el usuario mueve de una ubicación a otra dentro del almacenamiento de *Google Drive*.

Para poder acceder a las versiones previas de un archivo, el DFIR debe:

1. Pulsar el botón derecho sobre el archivo almacenado.

2. Escoger del menú emergente la opción *Manage Versions...*

3. Pulsar sobre el botón *Options* a la derecha del nombre del archivo de la versión que se desee recuperar.

4. Seleccionar la opción *Download* de la lista de opciones.

Google Drive también almacena registros de la actividad reciente, además de ordenar los archivos conforme a la actividad realizada por el usuario. El DFIR puede comprobar gracias a esta característica cuáles han sido los últimos archivos accedidos por el usuario. Para ello, basta con seleccionar en el menú izquierdo la opción *Recent*, y se ordenarán los archivos por orden de actividad.

Además, el botón *View Details* situado en la esquina superior derecha permite mostrar al DFIR en el panel *Activity* la actividad reciente (Ej. Fecha de subida, fecha de eliminación, fecha de cambio de nombre, fecha de compartición, fecha de edición) y los usuarios relacionados con ella. El panel *Details* muestra metadatos (Ej. Tipo, tamaño, almacenamiento utilizado, ubicación, propietario, fecha de modificación, creación) del archivo.

Artefactos dejados por el cliente Google Drive en Windows

En las versiones modernas de *Windows*, la ruta por defecto de instalación del cliente de Google Drive es la siguiente:

```
C:\Program Files (x86)\Google\Drive
```

Y la carpeta por defecto para sincronizar archivos es:

```
C:\users\<usuario>\Google Drive
```

El DFIR debe prestar atención a ciertas claves de *Registro* relacionadas con la aplicación para *Windows* de Google Drive. Estas claves permiten obtener al DFIR la versión instalada de la aplicación Google Drive y la carpeta establecida por el usuario:

```
HKLM\SOFTWARE\Microsoft\Windows\CurrentVersion\Installer\Folders
HKCU\SOFTWARE\Google\Drive
HKCU\SOFTWARE\ Microsoft\Windows\CurrentVersion\Run\GoogleDriveSync
HKCU\SOFTWARE\Classes
```

Entre los archivos de interés forense empleados por la aplicación de Google Drive para *Windows* se encuentra *sync_config.db*, un archivo de base de datos en formato SQLite3. El DFIR puede utilizar la herramienta gratuita *DB Browser for SQLite* para examinar y extraer la información en él almacenada. Los artefactos más destacables que pueden obtenerse de este archivo son la versión de cliente instalada, la ruta local de sincronización de archivos y el identificador de correo electrónico asociado al usuario.

Otro archivo de interés forense es *snapshot.db*, también un archivo de base de datos en formato SQLite3. Las tablas de mayor interés de este archivo son *local_entry* y *cloud_entry*.

La tabla *cloud_entry* proporciona información relativa de los archivos relativa al nombre, tamaño, fecha de creación, fecha de modificación, fecha de eliminación, compartición, *checksum*, etc.

La tabla *local_entry* almacena en la variable binaria *is_folder* si se trata de una carpeta ('*1*' si es una carpeta, '*0*' si es un archivo). Otra información de interés forense almacenada en esta tabla es el nombre de archivo, el número de inodo, el *checksum* y el tamaño.

El cliente de Google Drive también utiliza cuatro archivos temporales con formato de archivo de base de datos SQLite3. Estos archivos son *snapshot.db-shm*, *snapshot.db-wal*, *sync_config.db-shm* y *sync_config.db-wal*. SQLite utiliza estos archivos para almacenar cambios temporales en caso de que se produzcan fallos de sincronización y poder restaurar posteriormente la información (*roll back*). Estos archivos también deben ser recopilados por el DFIR para su análisis, pues podrían contener información útil para la investigación. Se ubican en la siguiente ruta:

```
C:\users\<usuario>\AppData\Local\Google\Drive\user_default
```

En esta ruta también se ubica el archivo de texto *sync_log.log*. Este archivo almacena información relativa a la sesión de sincronización del cliente. Desde el punto de vista forense, resulta de interés por ofrecer información sobre las sesiones de sincronización, los archivos creados, los archivos almacenados y los archivos eliminados. Al tratarse de un archivo de texto, permite su análisis con un editor como *Notepad++*. Cadenas que permiten al DFIR encontrar información significativa son *RAWEVENT[CREATE*, *RAWEVENT[DELETE* y *RAWEVENT[MODIFY*. Estos eventos permiten correlar la información con detalles procedentes del cliente Google Drive y comprobar aquellas modificaciones que resulten sospechosas.

Otras fuentes valiosas de artefactos forenses del cliente Google Drive son el contenido de la memoria RAM, y los archivos *hyberfil.sys* y *pagefile.sys*. La información de mayor interés será la relacionada con las sesiones de conexión de este cliente, pues permitirán determinar si el usuario utilizó el entorno de almacenamiento *cloud* de Google.

Artefacto	Cadena de texto a buscar
Identificador de correo electrónico	*User_emailvalue*
Ruta de la carpeta de sincronización	*local_sync_root_pathvalue*
Versión del cliente de Google Drive	*Highest_app_versionvalue*
Ruta del archivo *snapshot.db*	*snapshot.db*
Ruta del archivo *sync_config.db*	*sync_config.db*

Tabla 46. Cadenas de texto para buscar artefactos del cliente de Google Drive en un volcado de memoria RAM de un sistema Windows.

Si el usuario desinstala el cliente Google Drive del sistema se elimina la carpeta de configuración de esta aplicación, pero se mantiene una copia en el soporte de almacenamiento local de los archivos almacenados en la nube.

Artefactos dejados por el acceso a Google Drive empleando un navegador Web

Si el usuario ha utilizado un navegador web para acceder a su servicio de almacenamiento *cloud* Google Drive, entonces las credenciales se encontrarán en claro en la memoria RAM.

Artefacto	Cadena de texto a buscar
Usuario	*Email=*
Contraseña	*Passwd=*

Tabla 47. Cadenas de texto para buscar las credenciales de usuario cuando accede a Google Drive utilizando un navegador Web.

También es posible utilizar herramientas como la gratuita *NirSoft WebBrowserPassView* para buscar la posible existencia de las credenciales de acceso a Google Drive en los navegadores Web del sistema.

11

FORENSE DE DISPOSITIVOS MÓVILES E IOT

11.1 INTRODUCCIÓN

11.1.1 Forense de dispositivos móviles

De entre todas las áreas en las que puede dividirse la disciplina forense digital, la relativa a dispositivos móviles es la que ha sufrido mayores cambios en los últimos años. Esto se debe a la aparición periódica de nuevos modelos, nuevas versiones de los sistemas operativos y nuevas aplicaciones (o versiones de estas) instaladas en dichos dispositivos.

Se conoce como forense de dispositivos móviles (*mobile forensics*) a la ciencia de recuperar evidencias digitales de dispositivos móviles en condiciones forenses. Con el incremento constante de la utilización de dispositivos móviles crece a la par la importancia de esta rama forense digital para las investigaciones, especialmente en las de tipo policial. Incluye la recogida, preservación y adquisición de evidencias digitales de *smartphones*, PDA, cámaras digitales, IoT (*Internet of Things*), drones, dispositivos embebidos en vehículos, etc.

11.1.2 Forense de teléfonos móviles

Puede considerarse el forense de teléfonos móviles (*mobile phone forensics*) como una subdivisión de forense de dispositivos móviles. Se entiende por forense de teléfonos móviles la ciencia de recuperar evidencias digitales de un teléfono móvil en condiciones forenses. Incluye la extracción, recuperación y análisis de datos procedentes de la memoria interna, tarjetas SD/microSD y UICC de teléfonos móviles. El DFIR analizará el archivo de *log* de llamadas entrantes/salientes, los mensajes de texto y de voz, los mensajes de las aplicaciones de mensajería instantánea, los correos electrónicos, el contenido multimedia (Ej. Fotografías, vídeos), datos de la SIM, archivos eliminados, etc. en aras de encontrar evidencias de las actividades delictivas realizadas desde el dispositivo o contra la víctima. Adicionalmente, podría analizar los archivos de *log* de las antenas que constituyen la red de acceso celular para determinar que el terminal investigado se encontraba en una determinada celda en un momento concreto (Ej. Casos de desaparición de personas).

11.1.3 Cibercrimen y ciberamenazas en dispositivos móviles

Durante los últimos años ha incrementado rápidamente el número de pagos realizados desde los dispositivos móviles. Se estima que ya en 2019 el mercado de pagos desde estos dispositivos ascendía a $1.139,43 millardos. Esto ha motivado que los cibercriminales hayan centrado sus miradas en este tipo de dispositivos. Según el informe *Mobile Threat Report 2020* de la compañía de ciberseguridad McAfee, el año 2020, se consolidó como el de mayor número de ataques contra dispositivos móviles, aumentando también los objetivos perseguidos por los agentes de la amenaza (Ej. Instalar puertas traseras, minado de criptomonedas). Durante el último cuatrimestre de 2019 detectaron una cantidad algo superior a 35 millones de muestras de *malware*. No obstante, durante 2019 los atacantes demostraron que, salvo los ataques atribuidos a agentes con apoyo estatal, tienden a monetizar sus campañas, detectándose cerca de la mitad de nuevas muestras de *malware* con respecto a 2018.

Las principales amenazas contra los dispositivos móviles son las siguientes:

▶ Ataques basados en web y en red. Ejecutados a través de sitios web maliciosos o sitios web legítimos comprometidos. Se ejecuta código malicioso en el navegador del dispositivo para lograr comprometerlo. De esta forma, pueden intentar instalar *malware* en el dispositivo o exfiltrar datos enviados por el usuario a través del navegador web (Ej. Credenciales de usuario, tarjetas de crédito).

▶ *Malware*: Troyanos, gusanos (intentan infectar todos los dispositivos de la red móvil) y virus.

▶ Ataques de ingeniería social. El atacante engaña a la víctima para que comparta información sensible (Ej. Datos personales, detalles profesionales, datos bancarios). Los más habituales son *phishing*, *baiting* (promesa de un artículo u objeto para atraer a las víctimas), *pretexting* (el atacante llama al servicio de atención telefónica de una compañía simulando ser la víctima para obtener información de ella), *quid pro quo* (prometen la obtención de un beneficio a cambio de información; este beneficio suele ser un servicio).

▼ Abuso de recursos. El atacante intenta abusar de los recursos del dispositivo móvil (Ej. Recursos de red, computación, suplantación de identidad) con fines maliciosos. Los más habituales consisten en enviar correos en campañas de *phishing* o ejecutar ataques DDoS desde un conjunto de dispositivos comprometidos y que conforman una *botnet* operada desde un C2.

▼ Pérdida de datos. Tiene lugar cuando se produce una transferencia no autorizada desde el dispositivo móvil. Esta transferencia puede producirse de forma no intencionada por el usuario legítimo del dispositivo o de forma malintencionada por un atacante que logra disponer de acceso remoto al dispositivo. Se considera la mayor amenaza contra este tipo de dispositivos.

▼ Amenazas contra la integridad de los datos. Consiste en modificar o corromper los datos almacenados en el dispositivo móvil. Estos ataques intentan perturbar el normal funcionamiento de una corporación o institución financiera. Pueden producirse de manera no intencionada por desastres naturales o porque se corrompan los datos almacenados.

11.1.4 Actividades delictivas que pueden realizarse desde un dispositivo móvil

Las actividades delictivas que pueden realizarse con un dispositivo móvil son múltiples: almacenamiento de información (Ej. Contenido pedófilo, contenido de abusos o acoso, contenido que vulnera la legislación referente a propiedad intelectual), comunicaciones a través de las redes de voz (Ej. Coordinación de actividades criminales, amenazas, extorsión) o datos (Ej. Intercambio de contenido pedófilo, descargas ilegales, *hacking*), grabaciones de contenido multimedia (Ej. Pornografía infantil, abusos, utilizadas para extorsión, acoso).

Además, los dispositivos móviles ofrecen de manera sencilla ciertas capacidades antiforenses a los delincuentes (Ej. Cifrado de datos, cifrado de las comunicaciones, borrado remoto del dispositivo, controles biométricos para acceder al dispositivo). La existencia de dispositivos de bajo coste permite a los delincuentes utilizar dispositivos de un solo uso (conocidos en inglés también como "*throw away*"), con el fin de anonimizar las comunicaciones al dificultar la asociación de un dispositivo con un usuario concreto.

11.2 TIPOS DE DISPOSITIVOS MÓVILES

11.2.1 Generalidades

Existen un conjunto de características básicas comunes a todos los dispositivos móviles. Deben disponer de al menos un transceptor para la comunicación de voz y datos; un microprocesador; y diferentes tipos de memoria, como ROM para el sistema operativo, RAM para las aplicaciones en tiempo de ejecución y algún otro tipo de memoria para el almacenamiento de información persistente. Además, dispondrán de algún tipo de conector (propietario del fabricante o alguno de los diferentes tipos de conector USB) que permiten que el dispositivo pueda comunicarse a través de esta interfaz con otro dispositivo para la carga de información o realización de copias de seguridad. Es frecuente que muchos de estos dispositivos tengan receptores GPS integrados, cámaras de fotografía/vídeo, sensores de huellas dactilares y, los dispositivos más modernos y avanzados, pulsómetros ópticos.

Desde el punto de vista del software, los dispositivos móviles disponen de: un sistema operativo; aplicaciones de gestión y configuración del dispositivo; aplicaciones tipo PIM (*Personal Information Manager*) (Ej. Reloj, agenda de contactos, calendario, tareas); y otras propias de cada fabricante (Ej. Aplicación para la cámara de fotos, reproductor multimedia, aplicación para la gestión de la galería fotográfica). Adicionalmente, en *smartphones*, tabletas e IoT domóticos, un elemento diferenciador entre fabricantes es el asistente personal, gestionado por voz (Ej. Siri, Alexa).

Entre los dispositivos móviles más utilizados durante los últimos veinte años destacan: teléfonos móviles estándar, PDA, reproductores multimedia, *smartphones*, tabletas y *phablets*.

11.2.2 Teléfonos móviles estándar

Se encuentran dentro de esta categoría los teléfonos móviles con una funcionalidad básica: pantalla monocromo o color de baja resolución, registro de llamadas, agenda de contactos y tonos personalizables. Estos dispositivos disponían únicamente de conectividad de voz GSM, datos GPRS, puerto infrarrojo y conectividad *Bluetooth*. El sistema operativo era propietario de cada fabricante y específico para cada dispositivo, siendo el más evolucionado *Symbian*. La mensajería instantánea se realizaba a través de SMS (*Short Message Service*) y MMS (*Multimedia Messaging Service*). Los modelos más modernos llegaron a disponer de un sensor CMOS de baja resolución como cámara fotográfica/vídeo digital y capacidad de reproducción de contenido multimedia (vídeos y audio en formato MP3).

Ilustración 116. Dispositivos Nokia N73 (izquierda) y Nokia 3210 (derecha).

11.2.3 PDA

Las PDA (*Personal Digital Assistant*) eran dispositivos móviles orientados a aplicaciones PIM. En la mayoría de los casos, su funcionalidad estaba restringida a poder sincronizarse con una aplicación de escritorio facilitada por el fabricante y que debía ser instalada en un ordenador, o a través de alguna aplicación nativa del propio SO del ordenador.

Entre este tipo de dispositivos destacaron las *PalmOS* y los *Windows Pocket PC*. Estos dispositivos acabaron por desaparecer del catálogo de los fabricantes al incorporarse en los *smartphones* la funcionalidad PIM.

Ilustración 117. Dispositivo Palm m515.

11.2.4 Reproductores multimedia

A medida que se hizo más popular la música en formato digital sobre los soportes tradicionales (Ej. Vinilo, cintas, CD), los reproductores de audio en formato MP3 comenzaron a convertirse en dispositivos habituales en los hogares de los países occidentales.

Quizás el más popular, y que relanzó a su fabricante hasta su fama actual, fue el *Apple iPod* (ahora conocido como *iPod Classic*). Este dispositivo utilizaba un conector USB para intercambiar los archivos de audio con un ordenador. El *iPod Touch*, que vio la luz en 2007, utilizaba el mismo sistema operativo *iOS* y las mismas aplicaciones descargables del *Apple iTunes Store* que el *iPhone* de aquel año. Las primeras versiones de *iPod* disponían de hasta 80 GB de almacenamiento, interfaz de intercambio de datos a través de puerto USB y permitían formatear el soporte de almacenamiento tanto en el sistema de ficheros FAT32 como HFS+, dependiendo de si el equipo de escritorio empleado para el intercambio de datos fuese un sistema operativo *Microsoft Windows* o *macOS*. No obstante, versiones posteriores de *iOS* solo permitían acceder al dispositivo a través del software *iTunes* y un protocolo de transferencia de datos propietario.

Ilustración 118. Reproductor iPod Classic.

11.2.5 Smartphones

Se entiende por teléfono inteligente (*smartphone*) un dispositivo de telefonía móvil con capacidades de procesamiento, memoria RAM y almacenamiento muy superiores a las de los dispositivos móviles originales.

A nivel hardware, los *smartphones* de última generación disponen de conectividad GSM, 3G, 4G, 5G, WiFi, *Bluetooth*, NFC y geolocalización (Ej. GPS, GLONASS, Galileo). Los modelos de gamas media y alta disponen de cientos de GB de almacenamiento interno, pudiendo en algunos modelos ampliarse mediante tarjetas microSD. Además del almacenamiento interno, los usuarios disponen de aplicaciones que conectan con soluciones de almacenamiento en la nube (Ej. Dropbox, OneDrive, Google Drive, iCloud). Las pantallas monocromo han sido reemplazadas por pantallas a color de alta resolución. Están equipados con varios sensores CMOS avanzados que permiten obtener imágenes HDR y grabar vídeo en resoluciones 4K y superiores.

Los *smartphones* incorporan aplicaciones PIM avanzadas y asistentes de voz, dejando obsoletos los dispositivos PDA. Con respecto a su funcionalidad adicional sobre los teléfonos móviles estándar, permiten realizar tanto llamadas de voz convencionales como empleando VoIP (*Voice over IP*), incluso establecer múltiples sesiones de videoconferencia a simultáneo. La mensajería SMS y MMS ha dejado paso al envío de correo electrónicos empleando protocolos como IMAP o POP3, y al empleo masivo de aplicaciones como *WhatsApp, Telegram, Snapchat* o *Signal*. Además, los usuarios acceden desde estos dispositivos a aplicaciones de redes sociales (Ej. *Facebook, LinkedIn, Instagram*), sitios de *microblogging* (Ej. *Twitter*), etc.

El mercado de sistemas operativos ha quedado prácticamente reducido a *Google Android* y *Apple iOS*. No obstante, durante el camino han existido otros sistemas operativos, como *Microsoft Windows Mobile* y *BlackBerry OS*.

La primera versión sistema operativo *iOS* vio la luz en 2007, con la salida a la venta del primer modelo de *Apple iPhone*. Este sistema operativo es propietario de Apple, y legalmente solo se pueden instalar aplicaciones disponibles en el *market Apple Store*. A partir de la *v4*, *iOS* permitía multitarea, y desde la *v7* descarga de actualizaciones en segundo plano.

Android es un sistema operativo multitarea basado en Linux, con el que comparte la filosofía de código abierto. Actualmente su desarrollado corre a cargo de Google y primera versión data también de 2007. A lo largo de estos años ha sido adoptado por muchos fabricantes (Ej. Google, Motorola, Samsung, LG, Motorola, Asus, HTC, Huawei, ZTE, Meizu, Xiaomi, Oppo). Además del *market* oficial

Google Play Store, los fabricantes que utilizan Android como sistema operativo de sus dispositivos disponen de sus propios *markets* con aplicaciones exclusivas para sus clientes (Ej. Samsung, Amazon). Debido a su naturaleza de código abierto, existen versiones alternativas a la versión oficial distribuida por Google, ya sea de fabricantes que modifican pequeños detalles en aras de mejorar la experiencia de usuario, como de cambios significativos que buscan modificar los permisos del usuario en el sistema (Ej. Conseguir privilegios de *root*), añadir dispositivos no estándar (Ej. Añadir un *dongle* WiFi que trabaje en modo monitor para poder esnifar tráfico inalámbrico), o mejorar el rendimiento de fábrica del dispositivo (Ej. *Cyanogenmod*).

Ilustración 119. HTC Touch Diamond.

11.2.6 Tabletas y phablets

La aparición de la tableta (*tablets*) *Apple iPad* en 2010 supuso una revolución en el mundo de los dispositivos móviles. Este dispositivo utilizaba como sistema operativo *iOS* y, prácticamente, permitía utilizar todas las aplicaciones disponibles para *iPhone*, siempre y cuando el desarrollador adaptase la aplicación a la resolución nativa del *iPad* para no perjudicar la experiencia de usuario.

El éxito comercial del *iPad* invitó a que otros fabricantes (Ej. Samsung, Asus, Sony) desarrollasen dispositivos móviles empleando el formato de tableta, utilizando principalmente como sistema operativo *Android*. No obstante, también se fabricaron tabletas que utilizaron como sistema operativo el desaparecido *Microsoft Windows RT*. Actualmente, los formatos de pantalla más habituales son 7", 8", 9", 10" y 12", si bien existen modelos de más de 18".

El progresivo aumento de las capacidades hardware de estos dispositivos y su bajada de precio ha supuesto una significativa caída en el consumo de ordenadores sobremesa y portátiles.

Por *phablet* se entiende aquel dispositivo cuyo tamaño de pantalla es intermedio entre el habitual de un *smartphone* (hasta unas 5" aproximadamente) y el habitual de una tableta, si bien este término está prácticamente en desuso hoy en día. Un ejemplo sería la saga de dispositivos *Samsung Galaxy Note*.

Ilustración 120. Apple iPad Primera Generación.

11.3 IOT

11.3.1 Introducción

El término Internet de las Cosas (IoT, *Internet of Things*) hace referencia a la digitalización de todo tipo de dispositivos, desde sensores y actuadores hasta objetos comunes como tecnología vehicular, cámaras de videovigilancia, implantes médicos

(Ej. Marcapasos), *wearables* (Ej. *Smartwatches*, *fitbands*), etc. Desde el punto de vista de las comunicaciones, todos estos dispositivos tienen dos cosas en común: conectividad transparente y una transferencia masiva de datos.

IoT ha iniciado una revolución en la forma de vivir y trabajar en las sociedades modernas. Sus aplicaciones son muy diversas, destacando especialmente en domótica, en edificios inteligentes, en *smartcities*, y en aplicaciones de Industria 4.0. La conectividad de estos dispositivos permite, por ejemplo, monitorizar el estado de una flota de vehículos, la presión de los neumáticos de un vehículo, o acceder en tiempo real desde un *smartphone* a la imagen proporcionada por de las cámaras de seguridad de una empresa u hogar.

El IoT aplicado al mundo empresarial puede suponer una gran mejora en diversas áreas de negocio: seguridad, gestión de inventarios, logística, etc. Los datos obtenidos por los diferentes dispositivos servirán, entre otras cosas, para monitorizar activos, diagnosticar posibles fallos de funcionamiento o mejorar un determinado proceso haciéndolo más eficiente.

Sin embargo, como sucede con cualquier tecnología emergente, el uso de IoT nos enfrenta a una elevada incertidumbre. Actualmente, su adopción en entornos empresariales todavía no se encuentra muy extendida debido a la reticencia de numerosas compañías a su implantación. Además, parte de las compañías que deciden apostar por esta tecnología no terminan de exprimir todo su beneficio debido a la gran cantidad de información que deben manipular.

11.3.2 Forense de dispositivos IoT

El incremento de los dispositivos IoT y su posible implicación en incidentes de ciberseguridad hace necesario desarrollar una capacidad forense digital para este tipo de dispositivos.

Esta subrama incluye la investigación de dispositivos conectados, sensores y los datos que almacenan en todas las posibles plataformas. Por tanto, se tratará de investigaciones complejas y multidisciplinares.

No existe un método específico para el análisis de dispositivos IoT que pueda ser aplicado de forma generalista. De ahí la importancia de identificar las fuentes que proporcionarán los artefactos forenses de mayor interés para la investigación. A modo de ejemplo, las evidencias podrían tener que ser recopiladas de sensores de dispositivos domóticos, de vehículos en movimiento, de *wearables* o de repositorios de datos almacenados en la nube.

Comparando con las técnicas forenses digitales "tradicionales", el forense de los dispositivos IoT representa nuevos retos debidos a la versatilidad y complejidad de este tipo de dispositivos:

- ▶ Amplia variedad de dispositivos IoT.

- ▶ Hardware y software propietario.

- ▶ Los datos que deben ser recopilados para la investigación se encontrarán en múltiples dispositivos y plataformas.

- ▶ Los datos pueden ser actualizados, modificados o eliminados.

- ▶ Posibles problemas legales para requerir judicialmente al CSP (*Cloud Servide Provider*) datos almacenados en la nube.

Por lo tanto, las investigaciones forenses de dispositivos IoT requerirán una aproximación desde múltiples perspectivas, donde las evidencias podrán ser recopiladas de diferentes fuentes, las cuales pueden ser categorizadas en los siguientes grupos:

- ▶ Dispositivos inteligentes y sensores. Dispositivos presentes en el escenario de la investigación (Ej. *Smartwatches*, dispositivos domóticos, dispositivos meteorológicos).

- ▶ Hardware y software que habilitan los enlaces de comunicaciones entre los dispositivos inteligentes y otros dispositivos (Ej. Ordenadores, *smartphones*, IPS, *firewall*).

- ▶ Recursos externos. Cualquier recurso que no se encuentre físicamente en el escenario de la investigación (Ej. Almacenamiento en la nube, redes sociales, ISP, operadores de telefonía móvil).

Una vez que las evidencias han sido recopiladas por el investigador, este deberá garantizar que se preserva su cadena de custodia. En aquellos escenarios en los cuales los dispositivos IoT utilicen almacenamiento en la nube, este almacenamiento deberá ser monitorizado para detectar si se producen modificaciones, intencionadas o no, de su contenido. De ahí la importancia de mantener durante toda la investigación de un conjunto de buenas prácticas que permitan garantizar la integridad de los datos almacenados en la nube, o la investigación podría verse comprometida.

11.4 REDES DE ACCESO CELULAR

11.4.1 Elementos de una red celular

Las redes de acceso celular se emplean para el envío y la recepción de tráfico de voz. Simplificando el sistema, una red de acceso celular consiste en dos transceptores radioeléctricos, en el que uno es la torre de telefonía celular y el otro el dispositivo móvil. Un conjunto de torres celulares, dispuestas en una determinada disposición geométrica (Ej. Circular, cuadrada, hexagonal), se interconectan entre sí, con electrónica de red y con los dispositivos móviles en su zona de cobertura. Estas zonas de cobertura son diseñadas para minimizar el solapamiento, de tal modo que un dispositivo pueda ser asociado a una torre determinada. A medida que el dispositivo móvil se aleja de la cobertura de dicha torre, esta realizará el *hand-off* de la llamada a una torre adyacente de manera transparente al usuario.

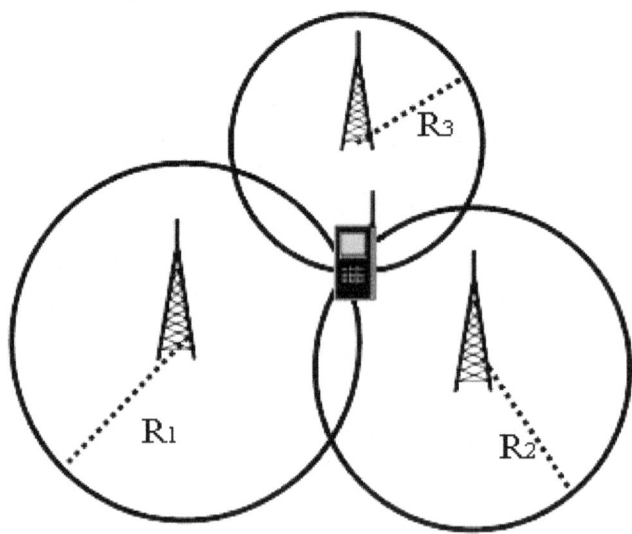

Ilustración 121. Esquema de radiolocalización TOA (Time of Arrival).

La Guía *NIST SP-101 Rev.1 Guidelines on Mobile Device Forensics* establece tres componentes esenciales en una red celular:

   ▶ BTS (*Base Transceiver Station*), también conocida como torre celular.

   ▶ BSC (*Base Station Controller*), formado por el hardware y software que gestiona las llamadas. La BSC se conecta con el MSC.

▶ MSC (*Mobile Switch Center*), que da apoyo al encaminamiento de paquetes y almacena una base de datos con información de los suscriptores. Desde el punto de vista de una investigación forense, la información más relevante sería la localización de un ME. Conviene reseñar que para que el operador de telefonía móvil facilite los archivos de *log* será necesario disponer de una orden judicial.

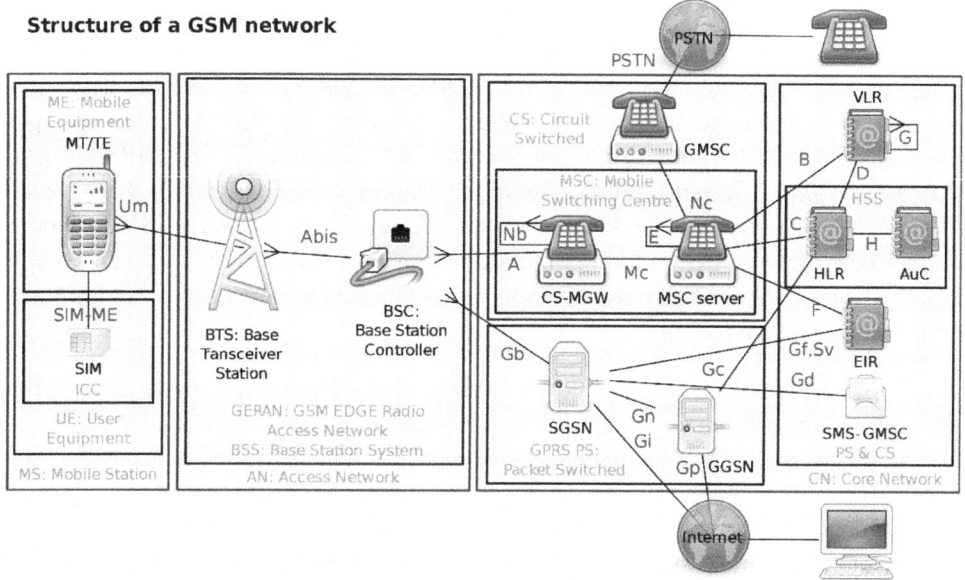

Ilustración 122. Estructura de una red GSM. Fuente: Tsaitgaist.

11.4.2 Redes celulares de datos

De un modo similar a las redes celulares telefónicas, la transmisión de información entre la dirección IP fuente y la dirección IP destino empleando redes celulares de datos debe permitir un posible *hand-off* de la MS entre BS, tal y como ocurre en la transferencia de una conexión WiFi entre puntos de acceso inalámbricos (AP, *Access Point*).

No obstante, el sistema de direccionamiento es diferente. Una MS tiene dos direcciones IP: una conocida como *home* y otra como *mobile* (también conocida como *care of*). El contacto inicial se realiza con la red *home* del dispositivo, indicándose posteriormente a la dirección IP origen que acceda al dispositivo a través de su dirección *care of*.

En las redes de telefonía celular 3G y posteriores, la información va cifrada entre la MS y la BS. No obstante, pueden establecerse medidas de seguridad adicionales empleando IPsec (*Internet Protocol Security*), SSH (*Secure Shell*) o SSL/TLS (*Secure Socket Layer/Transport Layer Security*) para forzar el cifrado extremo a extremo de la comunicación.

11.4.3 Telefonía 2G

La mayoría de los sistemas de telefonía celular 2G (segunda generación) están basados en sistemas de acceso al medio TDMA (*Time Division Multiplex Access*), con la excepción del IS-95 (*Interim Standard 95*). Sirvan como ejemplo los sistemas GSM (*Global System for Mobile Communications*), D-AMPS (*Digital Advanced Phone System*), PDC (*Personal Digital Cellular*), iDEN (*Integrated Digital Enhanced Network*) y PHS (*Personal Handy-phone System*). GSM, estándar de facto de telefonía 2G en todo el mundo menos en EE.UU., combina TDMA con FH (*Frequency Hopping*) y transmisión de banda ancha para minimizar los tipos habituales de interferencia.

El sistema de acceso al medio CDMA (*Circuit Division Multiple Access*) fue utilizado en un comienzo en EE.UU. por proveedores de servicio celular privados, aunque la mayoría de los proveedores de servicio han migrado ya a GSM y sus descendientes tecnológicos. Aunque en teoría un dispositivo compatible con TDMA no podía operar en una red basada en CDMA, aparecieron teléfonos duales capaces de conectarse a ambos sistemas, siendo conocidos como teléfonos globales (*world phones*).

11.4.4 Telefonía 3G

Para que una red de telefonía móvil pueda ser catalogada como 3G (tercera generación) tiene que cumplir con los estándares técnicos definidos por el comité IMT-2000 (*International Mobile Telecommunications-2000*) de la Unión Internacional de Telecomunicaciones (UIT). Estos estándares determinan los niveles de fiabilidad y velocidad de transferencia (al menos picos de 200 kbps) que debe garantizar el servicio.

Una de las ventajas que tienen los grupos de trabajo de la UIT es que sus miembros no son puramente teóricos, sino que los fabricantes forman parte de ellos y elaboran sus estudios a partir de tecnologías reales ya existentes.

Estándares posteriores, como 3.5G, 3.75G, UMTS (*Universal Mobile Telecommunications System*) o 4G LTE (*Fourth Generation Long Term Evolution*), permiten velocidades de transferencia de varios Mbps. Esto permite dar servicios de voz inalámbrica, acceso móvil a Internet, acceso inalámbrico fijo a Internet, videollamadas y tecnologías de TV móvil.

11.4.5 Telefonía 4G

La telefonía 4G (cuarta generación) es la sucesora de las tecnologías 2G y 3G, y la predecesora de la tecnología 5G.

El comité IMT-Advanced de la UIT fue el responsable de definir las especificaciones que tendría la telefonía 4G. Entre los diferentes requisitos técnicos de 4G destacaba el que definía las velocidades de transmisión de datos, debiendo estar estas comprendidas entre 100 Mbps (12,5 MBps) para movilidad alta y 1 Gbps (125 MBps) para movilidad baja. Una vez definidos los requisitos técnicos se comenzó a estudiar las tecnologías más apropiadas para considerarse de cuarta generación.

Siendo estrictos, el estándar LTE de la norma 3GPP no puede ser considerado como tecnología 4G, pues no cumple con los requisitos definidos por el comité IMT-Advanced con respecto a las características de velocidades pico de transmisión y de eficiencia espectral. No obstante, en 2010 la UIT autorizó a que las tecnologías candidatas a ser consideradas 4G, como era el caso de LTE, pudieran publicitarse como 4G.

4G está basado completamente en el protocolo IP, empleándose en la red tanto redes cableadas como inalámbricas. Esta tecnología es empleada en módems inalámbricos, *smartphones*, tablets, *wearables*, etc.

11.4.6 Telefonía 5G

5G (quinta generación) es la tecnología sucesora de 4G. Conforme a las previsiones de la GSMA, se prevé que las redes 5G cuenten en 2025 con más de 1,7 millardos de subscriptores en todo el mundo. A semejanza de su predecesora 4G, las redes 5G son de tipo celular, y la antena de cada celda proporciona servicios de voz y datos a los dispositivos 5G ubicados en esa celda.

5G está diseñada para proporcionar mayor ancho de banda que las generaciones anteriores, pudiendo llegar a superar el caudal de 10 Gbps. Debido a este notorio incremento de caudal, los ISP tienen previsto utilizar estas redes para proporcionar servicio no solo a *smartphones*, tabletas y *wearables*, sino también servicio de Internet doméstico, y desarrollar nuevas aplicaciones en áreas como IoT, *smartcities* y comunicaciones vehiculares.

5G opera en bandas de frecuencia elevadas, lo que permite aumentar el caudal de datos, a costa de reducirse el tamaño de celda en comparación a las generaciones anteriores.

Las redes 5G operan en 3 bandas de frecuencias: baja, media y alta.52 Una red 5G estará constituida por hasta 3 tipos de celdas, cada una con un tipo de antena diferente. Estas antenas, proveerán diferentes relaciones entre velocidad de descarga vs distancias y área de servicio.

La banda baja de 5G usa el mismo rango de frecuencia que un terminal 4G, es decir 600-850 MHZ, garantizando una velocidad superior a la de 4G: 30-250 megabits por segundo(Mbit/s).5 Como cabría esperar, una torre celular de banda baja tiene un rango y cobertura similar a la de una torre 4G. Por otra parte, la banda media de 5G, el nivel de servicio más utilizado, usa ondas de radio comprendidas entre los 2.5 y 3.7 GHz, permitiendo velocidades de 100-900 Mbits/s, en donde cada torre celular provee servicio a varios kilómetros de su radio. Finalmente, la banda alta de 5G, que es la que se espera utilizar en un futuro cercano, funciona con frecuencias comprendidas entre los 25 y los 39 GHz, para así alcanzar velocidades de descarga en el rango de los gigabit por segundo(Gbit/s), que es una cantidad comparable a la que alcanza el Internet por cable. El inconveniente de esta banda, es su límite rango que hace que se requieran muchas más celdas para garantizar calidad de servicio.6 El inconveniente de las ondas de alta frecuencia, es que experimentan problemas en atravesar algunos materiales como paredes o ventanas. Por motivos de costos, se planea utilizar estas celdas en sitios concurridos como estadios o coliseos, así como también en entornos urbanos densamente poblados. Las velocidades mencionadas previamente fueron los resultados extraídos de pruebas realizadas en 2020.5

El consorcio de la industria responsable de los estándares de 5G es Proyecto Asociación de Tercera Generación (3GPP) y define cualquier sistema que utilice software 5G NR como "5G", una definición que se popularizó a finales de 2018. Estándares mínimos son reglamentados por la Unión Internacional de Telecomunicaciones (ITU). Anteriormente, se reservaba el nombre 5G para sistemas que garantizaran descargas de 20 Gbit/s como lo especificó la ITU en el documento IMT-2020.

Actualmente está disponible su primera versión estandarizada (Release 15 - Stand Alone) aunque las empresas de telecomunicaciones continúan investigando nuevas tecnologías para posteriores versiones. Aunque a 2019 se lanzaron las primeras redes comerciales, se prevé que su uso se extienda exponencialmente desde 2020.

11.5 EL DISPOSITIVO MÓVIL

En el estándar GSM, el dispositivo móvil es conocido como MS (*Mobile Station*). La MS se compone de ME (*Mobile Equipment*) y UICC (*Universal Integrated Circuit Card*).

11.5.1 Hardware, sistema operativo y aplicaciones de un dispositivo móvil

Hardware

El hardware del dispositivo está formado por elementos como la pantalla, el teclado, la memoria RAM, la memoria de almacenamiento y los diferentes procesadores. Estos elementos hacen posible el funcionamiento del dispositivo.

Entre los diferentes elementos que se encuentran en la placa base de un dispositivo móvil destacan el procesador de aplicaciones, el procesador de banda base, el procesador de señal digital (DSP, *Digital Signal Processor*), el conversor analógico digital (ADC, *Analog to Digital Converter*), la memoria RAM, la memoria ROM y la electrónica de RF (*Radio Frequency*).

No obstante, la arquitectura y configuración de estos dispositivos puede diferir notoriamente entre un modelo y otro, lo que incrementa enormemente la dificultad para el DFIR. Este debe conocer en profundidad el amplio abanico existente de arquitecturas hardware de dispositivos móviles para poder aplicar diferentes herramientas y técnicas que le permitan obtener y analizar los artefactos digitales disponibles en ellos. Esta capacidad de reconocer los diferentes elementos hardware resulta vital a la hora de poder analizar dispositivos que se encuentren físicamente dañados, pues frecuentemente en ellos no será posible realizar una extracción de evidencias a través de sus puertos hardware (Ej. Identificar el chip de memoria para llevar a cabo una extracción de datos mediante la técnica de *chip-off*).

Sistema operativo

Un sistema operativo móvil es aquel software que permite que los dispositivos móviles puedan ejecutar aplicaciones. El sistema determina las funciones y características disponibles en los dispositivos y gestiona las comunicaciones entrantes y salientes del dispositivo. Actualmente, los sistemas operativos para dispositivos móviles con mayor cuota de mercado son *Google Android* y *Apple iOS*. Otros sistemas, como *Windows Mobile*, *RIM BlackBerry OS* y *Symbian* se encuentran prácticamente en desuso.

Del mismo modo que ocurre con el hardware de los dispositivos móviles, resulta vital que el DFIR comprenda la arquitectura, el proceso de arranque (permite obtener acceso al sistema operativo a bajo nivel) y el funcionamiento de los diferentes sistemas operativos móviles y de los diferentes sistemas de ficheros existentes para proceder con la investigación de este tipo de dispositivos.

El sistema operativo del dispositivo móvil ofrece capacidad para gestionar múltiples tareas, gestión de memoria, sincronización y prioridad de asignación. Además, proporciona interfaces para establecer comunicación entre las diferentes capas de aplicación, middleware y hardware.

El sistema operativo proporciona los componentes middleware utilizados para enlazar componentes de aplicaciones con los componentes de red distribuida.

Se conoce como capas de la arquitectura de dispositivos móviles al conjunto de capas que permiten trabajar de manera coordinada al hardware del dispositivo, el sistema operativo y las aplicaciones cliente que se ejecutan en él.

La interfaz de radio, el *gateway* y la interfaz de red permiten al dispositivo móvil comunicarse de forma segura con el operador de red a través de alguna de sus interfaces.

Para poder comunicarse con la red del operador, los datos deben pasar a través de las diferentes capas de red hasta alcanzar su destino.

Aplicación cliente			
API comunicaciones	API GUI	API telefonía	*Middleware*
Sistema operativo			
Hardware del dispositivo			
Interfaz radio, *gateway* e interfaz de red			
Red			

Tabla 48. Capas de la arquitectura de los dispositivos móviles.

Aplicaciones

Una aplicación cliente es aquella que se ejecuta en una plataforma *Android OS*. Esta aplicación necesita de recursos para poder funcionar adecuadamente. Se entiende por recursos la API de comunicaciones, la API para GUI, la API de telefonía y los componentes *middleware*.

La API de comunicaciones simplifica el proceso de interactuar con los servicios web y otras aplicaciones (Ej. Correo electrónico, Internet).

La API para GUI permite crear menús y submenús en el diseño de aplicaciones. Actúa como interfaz para el desarrollador.

La API de telefonía proporciona los servicios de telefonía relativos al operador telefónico, permitiendo realizar/recibir llamadas y SMS/MMS.

11.5.2 ME

El ME (*Mobile Equipment*) es el dispositivo móvil en sí mismo (Ej. Teléfono móvil).

El IMEI (*International Mobile Equipment Identifier*) es un identificador del ME de 15 dígitos (14 dígitos más un dígito de control, calculado mediante el *algoritmo de Luhn*). Los primeros ocho dígitos representan el TAC (*Type Allocation Code*), mientras que los seis últimos dígitos identifican al fabricante y, probablemente, el modelo de dispositivo. El TAC se divide a su vez en dos subcampos. En el formato antiguo de TAC, los dos primeros dígitos, conocidos como RBI (*Reporting Body Identifier*) permitían distinguir si un terminal era GSMA (RBI decimal) o CDMA (RBI hexadecimal, con valor superior a 0xA0).

Los teléfonos CDMA emplean como identificador el MEID (*Mobile Equipment Identifier*). El nuevo formato de MEID es idéntico al formato que utiliza el IMEI.

Las redes de telefonía satelital BGAN (*Broadband Global Area Network*), Iridium y Thuraya utilizan como identificador en sus transceptores números IMEI y tarjetas UICC de un modo similar al de los dispositivos GSM. Por el contrario, el módem Iridium 9601 se identifica únicamente con su IMEI y no utiliza tarjeta UICC.

Un DFIR puede obtener el IMEI de un dispositivo móvil GSM de varias maneras:

- Pulsando con el teclado desbloqueado *#06#.

- Si el dispositivo está apagado, desmontando la batería y mirando debajo de ella.

- Desde el propio sistema operativo del dispositivo. Ej. Dependiendo de la versión de Android, se puede obtener el IMEI pulsando en alguna de las opciones de "*Ajustes-> Acerca del Dispositivo*".

11.5.3 UICC

La UICC (*Universal Integrated Circuit Card*) es en realidad una *smartcard* de pequeño tamaño utilizada para validar el ME en la red. A nivel hardware está formada por una CPU, memoria RAM (memoria en tiempo de ejecución), memoria ROM (para el almacenamiento del sistema operativo) y memoria EEPROM.

Para operar en las redes GSM, la UICC incluye un software conocido como SIM (*Subscriber Identity Module*) (NOTA: Originalmente SIM referenciaba al hardware que ahora se conoce como UICC. En general, se ha extendido el uso incorrecto del término SIM por el de UICC).

Para operar en las redes UMTS, la UICC incluye un software conocido como USIM (*Universal Subscriber Identity Module*), que almacena una clave secreta K precompartida con el AuC (*Authentication Center*) en la red. Además, la USIM verifica una secuencia numérica que debe estar comprendida dentro de un determinado rango de valores mediante un mecanismo de enventanado para evitar ataques de repetición; se encarga además de generar las claves de sesión CK e IK empleadas en los algoritmos de confidencialidad e integridad del cifrador de bloque KASUMI en UMTS.

El software USIM es un elemento de seguridad obligatorio para la autenticación y autorización de las credenciales almacenadas del usuario. El software USIM, en conjunción con la conectividad NFC (*Near-Field Communication*) de un ME, permite la realización de pagos electrónicos en los TPV (Terminal Punto de Venta), conocidos en los países anglosajones como POS (*Point of Sale*), habilitados.

Dado que el software SIM (o USIM) es una de las diferentes aplicaciones que se ejecutan en una UICC, en teoría, una UICC podría almacenar múltiples versiones de SIM (o USIM). Esto permitiría disponer de múltiples números telefónicos en el mismo ME sin necesidad de sustituir la UICC. Existen UICC que permiten tener hasta 12 SIM diferentes en la misma UICC. Aunque originalmente las UICC tenían una capacidad de memoria entre 16 y 64KB, actualmente existen modelos con capacidad entre 512 MB y 1GB.

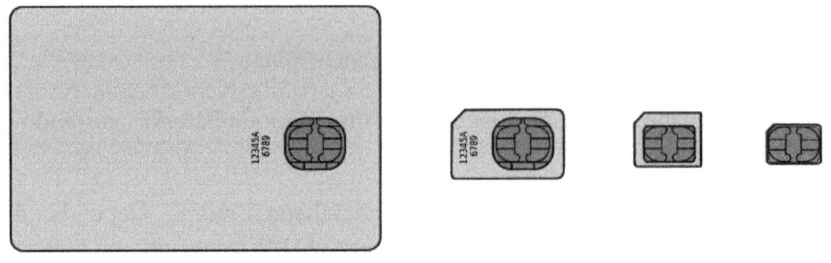

Ilustración 123. Diferentes formatos de UICC.

Por otro lado, la UICC contiene varios identificadores:

▸ ICCID (*Integrated Circuit Chip Identifier*): Se emplea para identificar una UICC ante el proveedor de servicio, puede tener una longitud de hasta 20 caracteres. La primera parte del ICCID, conocida como IIN (*Issuer Identification Number*), puede tener hasta siete dígitos de longitud, siendo los dos primeros dígitos el MII (*Major Industry Identifier*), donde 89 es el utilizado para telecomunicaciones; los siguientes tres dígitos son el código de país (*Country Code*); y el último campo, el *Issuer Identifier Number*, puede tener de uno a cuatro dígitos de longitud. El resto del ICCID, denominado *Individual Account Identification Number*, representa un número de identificación variable dependiendo de la longitud de los campos previamente mencionados.

▸ IMSI (*International Mobile Subscriber Identity*). El IMSI está formado por el MCC (*Mobile Country Code*), código de tres dígitos para representar el código del país; MNC (*Mobile Network Code*), código de dos o tres dígitos que representa la red celular (siendo EE.UU. y Canadá ejemplos de países en los que las redes de telefonía se representan con tres dígitos); MSIN (*Mobile Subscriber Identification Number*), código de nueve o diez dígitos que representa el número asignado para ese país y red de telefonía.

11.5.4 Medidas de seguridad en la UICC

Como medida de seguridad, la UICC emplea dos contraseñas numéricas:

▸ PIN (*Personal Identification Number*), que bloquea la UICC hasta que se introduce el código correcto. De este modo se evita que la UICC pueda autenticarse en la red de telefonía sin el consentimiento de su legítimo usuario. Este código es solicitado cada vez que se reinicia el ME. Se trata de un valor preasignado por el operador de la red móvil, pero puede ser modificado por el usuario todas las veces que desee desde el ME. Si se introduce erróneamente en tres ocasiones el PIN es necesario solicitar e

▸ PUK (*Personal Unlock Key*). Código que es necesario introducir para desbloquear el acceso a la UICC de haber sido introducido erróneamente hasta en tres ocasiones consecutivas el código PIN. Tiene que ser facilitado por el proveedor del servicio de red. Si se introduce el PUK de forma incorrecta en diez ocasiones consecutivas, la UICC queda inhabilitada de forma permanente y debe ser reemplazada.

Además, muchos dispositivos permiten ser configurados de tal forma que la información en ellos almacenada sea eliminada si se excede un número incorrecto de intentos consecutivos (normalmente diez intentos) en la introducción del PIN. Esta característica especialmente útil desde el punto de vista del usuario legítimo en caso de extravío o sustracción del dispositivo. En cambio, desde el punto de vista del DFI, si se desconoce el PIN y el PUK de la UICC, para evitar el borrado accidental de la información almacenada en el dispositivo a analizar al intentar acceder mediante un ataque de fuerza bruta, se debe proceder al volcado previo de la memoria física del dispositivo y a la partición del espacio de claves (Ej. Para un PIN de cuatro dígitos, que permite 10.000 posibles combinaciones, tendríamos un total de 1.000 bloques de 10 claves cada una). De esta forma, se puede restaurar la información en el dispositivo en caso de borrado accidental del mismo, y proceder con el ataque por fuerza bruta desde la primera clave del siguiente bloque al último empleado.

Adicionalmente, muchos dispositivos permiten al usuario activar opciones de borrado en remoto de la información almacenada en el dispositivo como medida preventiva de pérdida de información sensible ante la pérdida o sustracción del dispositivo. No obstante, esta característica puede ser utilizada también como medida antiforense para destruir posibles pruebas almacenadas en el dispositivo. Desde el punto de vista del DFI, esto le obliga a evitar que el dispositivo reciba el comando de borrado en remoto, para lo cual deberá aislar la conectividad de todas las interfaces de red del dispositivo (incluidas las interfaces WiFi y Bluetooth) empleando atenuadores de señal (Ej. Bolsas de Faraday).

11.5.5 Codificación de la UICC

En sus orígenes, la red GSM europea utilizaba un código de 7 bit derivado de la codificación ASCII estándar. A medida que fue extendiéndose el estándar GSM e implantándose en otros países, fue necesario poder representar un conjunto más amplio de caracteres y adoptar un código de 16 bits conocido como UCS-2, que es el estándar actual de la codificación GSM.

Este cambio en la codificación complica al DFIR la obtención de datos de las tarjetas UICC antiguas que emplean la codificación de 7 bits.

11.5.6 Autenticación Ki

La clave de autenticación, o *Ki*, es una clave de 128 bits utilizada durante el proceso de autenticación y generación de la clave de cifrado. De manera muy resumida, la clave es utilizada para autenticar la UICC en la red GSM. Cada UICC contiene esta clave, que es asignada por el operador de la red durante el proceso de personalización. La tarjeta UICC está presuntamente diseñada para impedir que la *Ki* sea comprometida empleando una interface a *smartcard*.

No obstante, se han descubierto errores en el diseño criptográfico del estándar GSM que permiten la extracción de la *Ki* de la UICC, lo que permite de facto la duplicación de la UICC.

11.5.7 Estructura de ficheros de la UICC

La estructura de ficheros de una UICC es del tipo jerárquico a partir de un directorio raíz (*root*), que ejerce como archivo maestro, o MF (*Master File*).

Colgando del directorio raíz se encuentran los archivos de directorio, o DF (*Directory Files*), cada uno de los cuales contiene archivos elemento, o EF (*Element Files*). El MF contiene una entrada de cada uno de los otros archivos en el sistema de ficheros.

Existen dos tipos de archivos: los DF y los EF. Los DF almacenan información referente al tipo de red al que el dispositivo puede conectarse o se ha conectado.

El EF LI (*Language Indication*) contiene los códigos de uno o más idiomas. Esta información, establecida por el usuario y/o el operador, define la prelación de idiomas del usuario. Esta información puede ser utilizada por el ME para establecer el MMI (*Man Machine Interface*). También puede ser empleada para mostrar los mensajes de broadcast de la celda en uno de los idiomas preferidos.

Cuando se inicia el software USIM, el ME solicita el *Language Indication*. Se utilizará la selección de idioma establecida en el EF LI por delante de la establecida en el EF LP (*Language Preference*) en el MF, salvo que se produzcan las siguientes circunstancias:

▶ Si el EF LI tiene como valor FFFF para su registro de mayor prioridad, entonces la selección de idioma preferido será la establecida en el EF LP;

▶ Si el ME no soporta ninguno de los códigos de idiomas indicados en el EF LI, o no se encuentra este archivo, entonces la selección de idioma será la definida en el EF LP;

▶ Si el ME no soporta los idiomas ni del EF LI ni del EF LP, entonces el ME utilizará su propia selección interna por defecto.

El EF LND (*Last Number Dialed*) contiene los últimos números marcados.

El EF LOCI (*Location Information*) contiene la siguiente información:

- ▶ TMSI (*Temporary Mobile Subscriber Identity*);
- ▶ LAI (*Location Area Information*);
- ▶ Estado de actualización de la localización.

El EF LOCIGPRS (*Location Information GPRS*) contiene la siguiente información:

- ▶ P-TMSI
- ▶ Valor de firma de P-TMSI
- ▶ RAI (*Routing Area Information*)
- ▶ Estado de actualización de la *routing area*.

El EF LP (*Language Preference*) contiene los códigos de uno o más idiomas. Esta información, establecida por el usuario y/o el operador, define la prelación de idiomas del usuario. Esta información puede ser empleada por el ME para MMI.

El EF LRPLMNSI (*Last Registered Public Land Mobile Network Selection Indication*) contiene información que indica al ME qué RPLMN o red debe seleccionar al encenderse el dispositivo o tras un periodo de falta de cobertura.

11.6 INTERVENCIÓN DE UN DISPOSITIVO MÓVIL

A diferencia de los ordenadores y los soportes de datos convencionales, la intervención de dispositivos móviles requiere un protocolo de actuaciones preciso al efecto no solo de proteger el material y asegurar la cadena de custodia, sino también para evitar posibles maniobras remotas del usuario que pudieran comprometer la integridad de las evidencias que pudieran encontrarse almacenadas en el dispositivo.

11.6.1 Aislamiento de redes

Normalmente es lo primero que hay que hacer cuando se encuentra un dispositivo móvil. Los s*martphones* incluyen un patrón de conectividad de red denominado *Modo avión*, que desactiva por completo la conectividad GSM, WiFi y *Bluetooth*, dejando al terminal convertido en poco menos que una agenda electrónica sin conexión con el mundo exterior. Este patrón tiene su origen en la necesidad de cumplir con la antigua prohibición de utilizar teléfonos móviles en vuelo en una aeronave comercial. No obstante, es una buena práctica aislar el dispositivo de la red introduciéndolo en una bolsa de Faraday que bloquee toda comunicación inalámbrica con el exterior a través de la operadora de red inalámbrica. El DFIR debe tener en consideración que el aislar al dispositivo móvil objeto de la investigación dentro de una bolsa de Faraday tiene como efecto colateral que el consumo de batería aumente drásticamente. Luego o se traslada rápidamente al laboratorio forense o se carga en el kit desplegable del DFIR con una batería externa para dispositivos móviles.

11.6.2 Anulación de códigos de protección

En el caso de que el aparato esté protegido por un código numérico o un patrón y sea incautado en el preciso momento en que el usuario sospechoso estaba haciendo uso de él, con un cierto tiempo antes de que se active la protección, deberán cambiarse los ajustes para prolongar este tiempo o, de ser posible, eliminar la protección mediante código. Este paso debe seguirse antes de aislar el dispositivo móvil de la red mediante alguno de los procedimientos indicados con anterioridad. Si el terminal estuviera bloqueado, existen técnicas especiales para adivinar o sortear los códigos. Naturalmente todo esto implica algún tipo de alteración del dispositivo y puede resultar crítico para la defensa del caso. Por tanto, el DFIR debe actuar con precaución y dejando constancia documental de cada una de las actuaciones que se lleven a cabo.

11.6.3 Cables de alimentación y datos

La mayor parte de los laboratorios forenses dedicados al análisis de dispositivos móviles disponen de juegos completos de cables en prevención de cualquier necesidad urgente que pueda presentarse. No obstante, forma parte de una buena práctica forense hacerse cargo, si fuera posible, de los cables hallados en el lugar de los hechos. Esto puede ser necesario por ejemplo en el caso de algunos dispositivos modernos como el *Dell Streak* y la *Samsung Galaxy Tab*, ambos con *Android* y sincronizados a través de una interfaz PDMI (*Portable Digital Media Interface*) que se emplea tanto para recargar baterías como para trasladar vídeo de alta resolución mediante USB 3.0. Sería imperdonable que la adquisición y el análisis forense de uno de estos dispositivos se retrasaran o llegaran a hacerse imposibles por agotamiento de la batería mientras se intenta localizar en el comercio un cable de esas características.

11.6.4 Dispositivos desconectados

Si un terminal se encuentra desconectado en el momento de su hallazgo, la mejor opción consiste en arrancarlo en modo recuperación para comprobar la conectividad y, en el caso de *Android*, las posibilidades de acceder a él en modo *root*. Encender un *smartphone* solo para comprobar qué sistema operativo utiliza no es una buena práctica forense móvil. En caso de que sea necesario conectarlo para proceder a su análisis, el investigador debe tener en cuenta todo lo comentado antes acerca de la necesidad de explicar y documentar cada uno de sus pasos.

11.7 ARTEFACTOS FORENSES DE INTERÉS EN UN TELÉFONO MÓVIL

11.7.1 Información proporcionada por la UICC

La UICC almacena información de gran valor para el DFIR. Por un lado, la estructura de archivos de la UICC puede incluir los identificadores ICCID e IMSI. Por otro lado, se encuentra la siguiente información:

▸ Números abreviados, o AND (*Abbreviated Dialing Number*), que acceden a la agenda almacenada en la UICC;

▸ Último número marcado, o LND (*Last Number Dialed*);

▸ Los mensajes SMS (*Short Message Service*), EMS (*Enhanced Messaging Service*) y MMS (*Multimedia Messaging Service*);

▸ La información disponible en el EF LOCI (*Location Information*), cuya información más significativa es el LAI (*Location Area Information*) para los servicios de voz y el status de actualización de la localización. Dado que el registro de la LAI almacena la última ubicación del dispositivo, correlando esta prueba con la obtenible de la geolocalización suministrada por el registro del GPS o cualquier otra forma de ubicar el ME en un área concreta (Ej. Una WiFi a la que se conectó el dispositivo), puede crear una evidencia circunstancial de que el dispositivo sospechoso (y, por tanto, su propietario legítimo) se encontraba realmente en una localización determinada en un momento concreto.

▸ La información disponible en el EF LOCI LOCIGPRS, cuya información más significativa es la RAI (*Routing Area Information*) para los servicios de datos.

11.7.2 Información almacenada en el smartphone

Los dispositivos móviles pueden convertirse en una fuente muy importante de pruebas para un DFIR durante el curso de una investigación. Incluso las PDA más antiguas podían almacenar información como agenda telefónica, calendario, tareas pendientes, correo electrónico, documentos en formato electrónico, contenido multimedia, etc.

Los *smartphones*, debido a su mayor capacidad de procesamiento y almacenamiento, pueden almacenar también la siguiente información: registro de llamadas, SMS, conversaciones de mensajería instantánea (Ej. *WhatsApp, Telegram*), datos de navegación web, credenciales de usuario de servicios online, logs de ubicación, operadores de telefonía móvil a los que se ha conectado el dispositivo móvil, redes WiFi a las que se ha asociado el dispositivo móvil, etc.

La investigación forense de dispositivos móviles puede resultar en algunas ocasiones compleja, por requerir cierto grado de improvisación por parte del DFIR (Ej. Carecer de los conectores apropiados para realizar la adquisición de evidencias, manipular dispositivos en lengua extranjera).

Además, muchos dispositivos actuales incorporan opciones de borrado remoto del dispositivo como medida antirrobo, pero que aplicada por un agente malicioso se convierte en una medida antiforense. Por tanto, el DFIR debe realizar la obtención y el traslado de la evidencia introduciendo el dispositivo móvil en un entorno aislado de perturbaciones electromagnéticas (Ej. Bolsa de Faraday).

Si el dispositivo evidencia se encontrase bloqueado (ya sea por PIN, patrón en pantalla o huella dactilar), es necesario bien que el usuario del dispositivo acceda amablemente a desbloquear el terminal o a utilizar ciertas técnicas invasivas que permitan realizar un *bypass* en determinados escenarios de esta protección de acceso al contenido del dispositivo.

Una vez desbloqueado el dispositivo, la obtención y el análisis de ciertas evidencias como el número de serie, el IMEI (*International Mobile System Equipment Identity*), la operadora de red móvil, etc., así como de ciertos contenidos básicos, como la lista de contactos, la agenda, el contenido multimedia, etc. resulta trivial.

En general, para el procesado de evidencias digitales móviles se recomienda el uso de alguna *suite* forense orientada a dispositivos móviles (Ej. *Cellebrite Physical Analyzer, Oxygen Forensics, Guidance EnCase, AccessData FTK, Magnet Forensics Internet Evidence Finder*) que simplifique la tarea al DFIR.

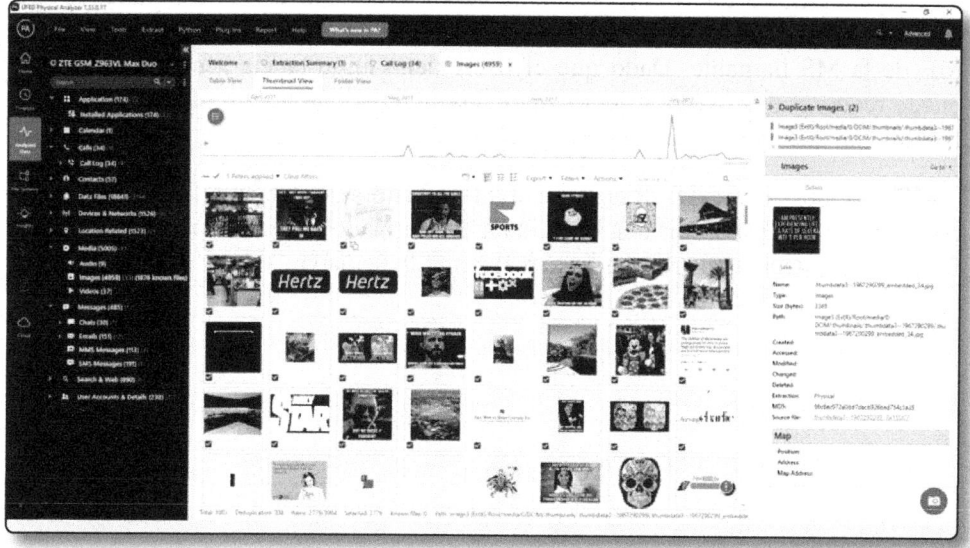

Ilustración 124. Ejemplo de análisis de evidencias de un dispositivo móvil empleando Cellebrite Physical Analyzer. Fuente: Cellebrite.

11.7.3 Información almacenada por el operador de telefonía

El sistema de facturación del suscriptor de telefonía móvil está basado en la utilización que el cliente hace del servicio (Ej. Volumen de llamadas realizadas a otros dispositivos móviles) y a la localización del ME desde la que el cliente accede al servicio (Ej. Cargos adicionales por *roaming*). El operador de telefonía registrará en sus sistemas esta información para poder emitir a su cliente la facturación por los servicios prestados. Durante el curso de una investigación, el DFIR podrá solicitar tener acceso a estos datos almacenados por el operador mediante una orden judicial.

Se presentan a continuación alguno de los registros que son almacenados por los operadores de telefonía móvil por cada llamada telefónica realizada por una MS conectada a su red:

▸ Número llamado por el suscriptor del servicio.

▸ IMSI de la UICC de la MS que recibió la llamada.

▸ El identificador de la celda en la que se encontraba la MS que realizó la llamada.

▸ IMEI del ME de la MS que realizó la llamada (no siempre está disponible).

▸ Duración de la llamada.

A partir de esta información, se puede identificar el número marcado y el código del país al que pertenece el número marcado, y el fabricante y modelo del ME de la MS llamante. Dado que el IMSI tiene importancia a nivel local, se le puede requerir al proveedor de servicios vía judicial que aporte la información de facturación que dispone del cliente asociado al IMSI.

No obstante, el DFIR no debe olvidar a la hora de elaborar el informe forense que, aunque el IMSI asocia una UICC a un determinado cliente, esto no significa que fuese esa persona la que respondiese realmente la llamada.

SÍGUENOS EN INSTAGRAM Y ACCEDE GRATIS A NUESTRA BIBLIOTECA DIGITAL DURANTE 30 DÍAS.

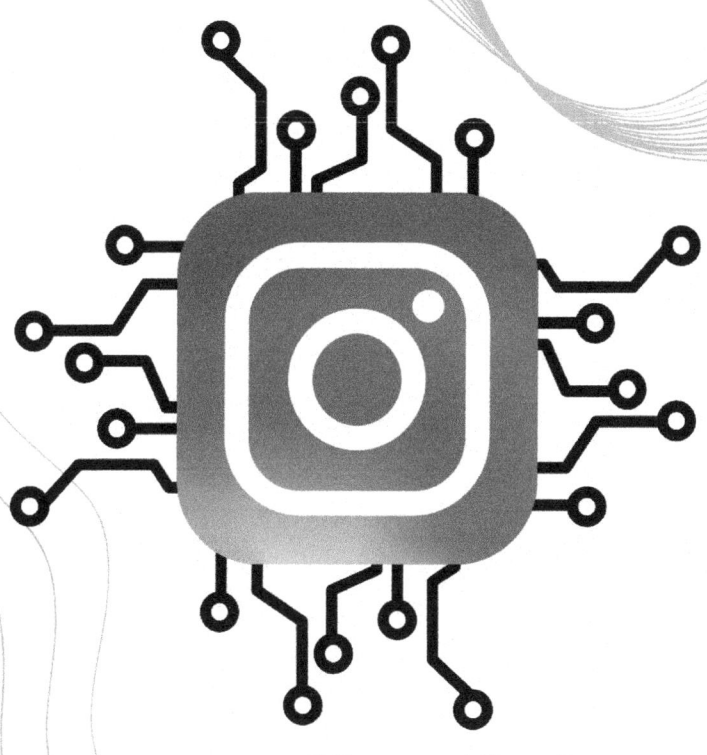

@grupoeditorialrama

¡ENVIANOS TU MAIL POR PRIVADO!

Grupo Editorial
ra-ma

40 ANIVERSARIO